U0149012

文字論叢

陳新雄題

第三輯

中國文字學會主編

文史哲出版社印行

國家圖書館出版品預行編目資料

文字論叢.第三輯 / 中國文字學會主編. -- 初版. -- 臺北市：文史哲，民 96
面： 公分
含參考書目
ISBN 957-549-718-7 (平裝)

1.中國語言 – 文字 – 論文，講詞等

802.207

文字論叢 第三輯

主編者：中國文字學會
編輯委員：王初慶、李添富、金周生、許錟輝、蔡信發
執行編輯：陳志源
目錄整理：吳浩宇
出版者：文史哲出版社
http://www.lapen.com.tw
登記證字號：行政院新聞局版臺業字五三三七號
發行人：彭正雄
發行所：文史哲出版社
印刷者：文史哲出版社
臺北市羅斯福路一段七十二巷四號
郵政劃撥帳號：一六一八〇一七五
電話886-2-23511028・傳真886-2-23965656

實價新臺幣：六〇〇元

九十六年（2007）五月初版

ISBN 978-957-549-718-7

字苑英華

王初慶

中國文字學會成立之宗旨，在於「研究中國文字學術，弘揚中國文化，促進國人對本國文字之認識與運用」。《文字論叢・第三輯》所收錄的資料分作三個部分：第一部分係基於對學會宗旨之認知，從近五年來中國文字學會所舉辦的八次學術活動中所發表的論文（包括第十三屆至第十七屆文字學全國學術研討會論文集、形聲專題研討會論文集、假借專題研討會論文集以及正俗與繁簡——漢字演化的承傳及其規律研討會）中所選錄出來的九篇論著，選文方式延續第二輯的方向，側重在貫徹普及文字知識任務的層面上；本輯所收大體上包含六書、古今文字字形之演化、字書之編輯、如何使用電腦處理銜接古今文字等四個課題。由於篇幅有限，編輯委員於選錄作品時，每位作者以收錄一篇為原則；凡是研討會後已經在其他學術刊物上另行發表的論著，皆不重覆收錄。是以如從第十三屆論文集中所選錄出季旭昇的〈由上博詩論〈小宛〉談楚簡中幾個特殊從昌的字〉（已刊載於《漢學研究》20:2 ＝ 41，民 91.12，頁 377-397）、從第十四屆論文集中選錄出曾榮汾的〈教育部異體字字典之分析〉（已刊載於曾榮汾著：《辭典學論文集 1987-2004》，頁 337-355，辭典學研究室編印，93 年 12 月初版）、從第十五屆論文集中選錄出蔡哲茂的〈《甲骨文合集》辨偽舉例〉（已刊載於《漢學研究》24:1 ＝ 48，民 95.06，頁 417-441）等三篇因而未能編入。

就中國文字學會這個成立已經五十餘年的學術社團來說，如何陸續注入新血，方能有「其命維新」的活力產生；為鼓勵年輕的學人從事文字的研究，自第十屆全國文字學學術研討會開始，特別設置「優秀青年學人論文獎」，由提出論文的青年會員中評選出一篇優異的作品予以獎勵。第二部分收錄的就是歷次獲獎的八篇論著：為保持紀錄的完整，凡是年輕會員在研討會後已經在其他學術刊物上另行發表的論著，並不排除。其中有兩位獲獎者的後續論著也被選錄到本輯《論叢》第一部分之中，更能彰顯這個獎項在學術承傳上的意義。

中國文字學會的學術活動大致可以分作兩個階段：第一個階段是民國四十四年成立初期，以對漢字繁簡的討論為主軸，《文字論叢・第一輯》可謂係此一階段的學術成果。自民國七十八年第一屆文字學學術研討會在台灣師範大學舉辦開始到現在是第二個階段：透過研討會的方式將學術活動擴展為全國文字學界共同切磋研究心得的場所。歷屆研討會所涉及的學術層面，除《說文》學與六書學等文字學上的核心議題與古文字學相關論題的探討外；涵蓋研究方法論，研究字體變遷歷史的字體史、字樣學、俗文字學、字書研究；更擴充至文字學與學術思想之關係、文化史、文化語言學以及書法史的探討。由古文字的研究，也延伸出古器物學與域外漢字文化圈的探索。在歷屆學術研討會籌辦之際，雖然皆有設定之會議主題，但由於牽涉之範圍極為廣泛，不易鎖定討論之焦點；為集聚焦點，使觀點不一的學術論題有對話的機會，自九十三年起，學會又嘗試舉辦特定議題的專題研討會；前後有形聲、假借的專題研討會以及漢字演化的承傳及其規律研討會。累積下來，十七屆的學術研討會中總計宣讀發表的論文約有三百七十篇左右，三次專題研討會則有論文十五篇。對於有志研究文字者言之，這些材料彌足珍貴。遺憾的是：前兩屆的研討會並未編印論文集；自第三屆起，雖然歷屆皆有會議論文集甚或會後論文集，但流傳並不普及；大部分主題專精，內容過於深奧或冷僻的論著，又沒有機會收錄到《文字論叢》之中。因而借《文字論叢‧第三輯》刊印之機，將歷屆論文集與專題研討會的目錄及分類索引列為附錄，以方便學術界參考。是為本輯《文字論叢》的第三部分。

大體言之，第一部分是學會在學術普及方面所作的努力，第二部分則展現會員中文字研究新秀的潛力，第三部分乃學會歷年學術研究之成果，是為弘揚文字的貢獻。總三者而曰「字苑英華」，不亦宜乎！

很幸運，在承乏兩任會務即將結束之際，能以《文字論叢‧第三輯》的刊行及第十八屆全國文字學學術研討會的舉辦畫上休止符。更幸運的是，編輯委員會選材之後，在本會秘書志源的全力支援之下以及輔仁大學研究生浩宇對歷屆論文集目錄細心的整理，本輯《文字論叢》的三部分材料得以周備。當然，沒有文史哲出版社的彭正雄先生的鼎力相助，《文字論叢‧第三輯》不會順利出刊，謹致謝忱。

文字論叢第三輯

目 次

轉注造字說綜論

許錟輝

一、前言

自來文字學界對於六書「轉注」，衆說紛紜。要而言之，不外兩大類別而已，即轉注用字之說以及轉注造字之說。轉注用字之說，學者或就形以言、或就音以言、或就義以言、或綜合形音義以言，說雖紛歧，而大致不離戴氏「四體二用」之意。而轉注造字之說，漢代劉向、歆父子提出「六書皆造字之本」之說以後，學者主其說者甚少，而劉氏「六書造字」之說，於「轉注」、「假借」二書，但言其爲「造字之本」，而未有進一步之說明。餘杭章太炎先生撰〈轉注假借說〉，申論「轉注」、「假借」二者乃造字者以爲繁省之大例。先師寧鄉魯實先先生撰「轉注釋義」、「假借遡原」，闡言「轉注」造字、「假借」造字之理。而章氏、魯師轉注、假借造字之要義，世猶未之能詳者。今擬就轉注造字說之緣起，以及章氏、魯師「轉注造字說」之論點及其同異，作一綜合論述，以見「轉注造字說」之要義，並藉以見此說持之有故，言之有理，宜得學界之重視也。

二、轉注述原

「六書」一詞首見於《周禮》，其言曰：

保氏掌諫王惡，而養國子以道，乃教之六藝：一曰五禮，二曰六樂，三曰五射，四曰五馭，五曰六書，六曰九數。[1]

而於「六書」的細目，無所說明。提出「六書」的名稱，始於漢人，凡有三說：

（一）鄭眾說

鄭玄《周禮・注》引鄭眾《周禮解詁》說：

六書：象形、會意、轉注、處事、假借、諧聲也。

（二）班固說

《漢書・藝文志、六藝略・小學類・序》說：

古者八歲入小學，故《周官・保氏》掌養國子，教之六書，謂象形、象事、象意、象聲、轉注、假借，造字之本也。

（三）許慎說

《說文・序》說：

《周禮》八歲入小學，保氏教國子，先以六書：一曰指事，指事者，視而可識，察而見意，上下是也。二曰象形，象形者，畫成其物，隨體詰詘，日月是也。三曰形聲，形聲者，以事爲名，取譬相成，江河是也。四曰會意，會意者，比類合誼，以見指撝，武信是也。五曰轉注，轉注者，建類一首，同意相受，考老是也。六曰假借，假借者，本無其字，

1 見《周禮・地官・保氏》

依聲託事，令長是也。

鄭衆只提出「六書」的六個名稱，對於此六個名稱的涵義、性質，以及此六個名稱之間的相互關係，沒有任何說明。

班固之說本於劉向、歆父子的《七略》，提出「六書」的名稱，沒有說明此六個名稱的涵義，但對此六個名稱的性質有所說明，認爲此六者是「造字之本」，也就說明此六者彼此似乎是平列的關係。

許愼提出「六書」的名稱，並分別爲此六個名稱說明它們的定義，但並未明言此六者的性質，以及彼此的相互關係。

清代戴震始提出「四體二用」之說，其言曰：

震謂：考老屬諧聲會意者，字之體；引之言轉注者，字之用。轉注之云，古人以其語言，立爲名類，通以今人語言，猶曰互訓云耳，轉相爲注，互相爲，古今語也，《說文》於考字，訓之曰老也，於老字，訓之曰考也。

是以中論轉注舉之。《爾雅・釋詁》有多至四十字共一義者，其六書轉注之法！別俗異言，古雅殊語，轉注而可知，故曰建類一首，同意相受。[2]

段玉裁承其師戴氏之說而闡釋之，其言曰：

戴先生曰：指事、象形、形聲、會意四者，字之體也；轉注、叚借二者，字之用也。[3]

又曰：

建類一首，謂分立其義之類而一其首，如《爾雅・釋詁》第一條說始是也。同意相受，謂無慮諸字，意恉略同，義可互

2 見〈荅江愼修先生論小學書〉
3 見《說文・序・注》

受，相灌注而歸於一首，如初哉首基肇祖元胎俶落權輿，其於義或近或遠，皆可互相訓釋，而同謂之始是也。獨言考老者，其□明親切者也。老部曰：老者考也，考者老也。老注考，以考注，是之謂轉注。蓋老之形从人匕，屬會意；考之形，从老丂聲，屬形聲。而其義訓則爲轉注。[4]

而章氏對「二用」之說有精要的評論，其言曰：

由段氏所說推之，轉注不繫於造字，不應在六書。[5]

又曰：

余以爲轉注、假借悉爲造字之則，汎稱同訓者，後人亦得名轉注，非六書之轉注也。同聲通用者，後人雖號假借，非六書之假借也。[6]

又曰：

戴、段諸君說轉注爲互訓，大義炳然，顧不明轉注一科爲文字孳乳之要例，乃汎謂初、哉、首、基、肇、祖、元、胎、俶落、權輿訓始，並爲轉注。夫聲韻紐位不同，則非建類也，語言根柢各異，則非一首也。雖《說文》塞窒、蓋苫之屬，展轉相解，同意相受則然矣，而非建類一首，猶不得與之轉注之名。[7]

自來各家對轉注之說，紛歧不一，但大都是由《說文‧序》的界說「轉注者，建類一首，同意相受，考老是也」引發出來的，其中差異，端在對《說文‧序》轉注界義的詮釋各有不同而已。

---

4 同注 3
5 見《國故論衡‧轉注假借說》
6 同注 5
7 同注 5

三、轉注造字說析論

綜觀各家轉注之說，可歸納爲用字說與造字說兩大派，而造字說創自劉氏父子，班固《漢書・藝文志》承此說而僅言六書「皆造字之本」，對於轉注之義未有隻字說明，轉注何以爲造字之本，自亦無從得知。

其後章太炎、魯師實先，繼班氏之後，皆主轉注造字之說而持說各異，茲分別論述如下。

（一）章太炎轉注造字說述要

章氏轉注之論，主要見於〈轉注假借說〉、〈小學略說〉二文，其要點條述如下：

1. 六書轉注爲造字之則

章氏曰：

> 余以爲轉注、假借，悉爲造字之則。8

又曰：

> 字之未造，語言先之矣。以文字代語言，各循其聲，方語有殊，名義一也。其音或雙聲相轉，疊韻相迆，則爲更制一字，此所謂轉注也。9

又曰：

> 轉注、假借，就字之關聯而言；指事、象形、會意、形聲，就字之個體而言，雖一講個體，一講關聯，要皆與造字有

8 同注 5
9 同注 5

關。[10]

章氏以「轉注」、「假借」爲「造字」之則，學長陳新雄教授曾撰〈章太炎先生轉注假借說一文之體會〉，闡論精微，其言曰：

> 班志既言“造字之本"，故後人亦誤以爲章先生“造字之則"一語，爲造字之法則。然先生卻自釋爲原則，而非法則。

2. 互訓之說非六書之轉注

章氏曰：

> 汎稱同訓者，後人亦得名轉注，非六書之轉注也。[11]

又曰：

> 戴、段諸君說轉注爲互訓，大義炳然，顧不明轉注一科爲文字孳乳之要例，乃汎謂初、哉、首、基、肇、祖、元、胎、俶落、權輿訓始，並爲轉注。夫聲韻紐位不同，則非建類也，語言根柢各異，則非一首也。雖《說文》寋窒、蓋苫之屬，展轉相解，同意相受則然矣，而非建類一首，猶不得與之轉注之名。[12]

3. 轉注假借爲造字之平衡原則

章氏曰：

> 轉注者，繁而不殺，恣文字之孳乳者也；假借者，志而如晦，節文字之孳乳者也。二者消息相殊，正負相待，造字者以爲繁省大例。[13]

章氏之意，陳新雄教授申論之云：

---

10 《國學略說・小學略說》頁 16

11 同注 5

12 同注 5

13 同注 5

文末，章先生特別指明轉注假借乃造字之平衡原則。[14]

又曰：

蓋指事、象形、形聲、會意四者爲文字之個別方法；轉注、假借二者爲造字之平衡原則。造字方法與造字原則，豈非造字之本乎！故太炎先生曰：「余以爲轉注、假借悉爲造字之則。」亦指此而言也。[15]

4. 釋「轉注」之名義

章氏釋「轉注」之義云：

以文字代語言，各循其聲，方語有殊，名義一也。其音或雙聲相轉，疊韻相迆，則爲更制一字，此所謂轉注也。[16]

又曰：

以音有小變，乃造殊字，此亦所謂轉注也。[17]

章氏之意，陳新雄教授申論之云：

蓋有聲音而後有語言，有語言而後有文字，此天下不易之理也。當人以文字代語言，各循其本地之聲音以造字，由於方言不同，造出不同之字。……如欲溝通，惟有立轉注一項，使文字互相關聯。[18]

按：章氏轉注之說，從語言切入，確爲高見。蓋人類創製文字，不論是表音文字，還是表意文字，其目的都是在替代語言作爲表情達意的工具，易言之，文字之主要功能，即在紀錄語言，而語言的要素不外語音與語意二者，則表音文字抑或表意文字，其功能

---

14 見〈章太炎先生轉注假借說一文之體會〉，1992，《國文學報》二十一期

15 同注 14

16 同注 5

17 同注 5

18 同注 14

皆在紀錄語言的音與意，只是表音文字紀錄語音的功能比起紀錄語意爲明顯，而表意文字則反是。語言會受時空的影響而有所變易，當語言發生變易，尤其是語音變易，語言與文字便會出現落差，而其表情達意的功能也就受到影響。爲使語言與文字不致有落差，以免影響其表意功能，例如屬於表音文字的英文，便用加注標音的辦法，使到文字紀錄語音的功能不致受到影響。而屬於表意文字的中國文字，也是使用加注標音的方式，所不同的，只是英文採用音標來標示語音，而中國文字則採用文字來標示語音。使用音標標音，音標與文字分開，沒有混而爲一，而採用文字標音，標音的文字與原有文字便混而爲一，呈現另造新字的狀態，此種另造新字的方法，便是轉注。章氏有見於此，所以說「字之未造，語言先之矣。以文字代語言，各循其聲，方語有殊，名義一也。其音或雙聲相轉，疊韻相迆，則爲更制一字，此所謂轉注也」。由於《說文・序》轉注舉「考老」的例子，而「考老」同在幽類，二字疊韻，章氏惟恐世人誤會疊韻是轉注的唯一條件，所以說「其音或雙聲相轉，疊韻相迆」，意謂方音變易是轉注形成的原因。

5. 釋「建類一首」之義

章氏釋「建類一首」之義云：

> 何謂建類一首？類謂聲類，……古者類律同聲，以聲韻爲類，猶言律矣。首者，今所謂語基。[19]

又曰：

> 是故明轉注者，經以同訓，緯以聲音，而不緯以部居形體，同部之字，聲近義同，固亦有轉矣。[20]

---

[19] 同注 5
[20] 同注 5

又曰：

類謂聲類，不謂五百四十部也；首謂聲首，不謂凡某之屬皆從某也。[21]

又曰：

所謂建類一首者，同一語原之謂也。[22]

章氏之意，陳新雄教授申論之云：

以聲韻爲類者，猶言以聲韻爲規律也。是則建類一首，當爲設立規律，使同語原。因爲語原必以聲韻爲規律，方可確定是否同一語原。[23]

又曰：

是則一首者，同一語基之謂矣。語基即今人恒言之語根。[24]

（二）魯師實先轉注造字說述論

1. 六書皆造字之法，轉注爲造字輔助之法

魯先生之意，六書皆造字之法，象形、指事、會意，形聲四者，戴氏謂之四體，以爲造字之法，先生亦云然，謂之造字之體。至於轉注、假借二者，先生亦謂當爲造字之法，謂之造字之輔。劉向父子六書爲「造字之本」之說，憭無疑義。其言曰：

夫六書之名始載《周禮》，循名覈實，而以六書皆造字之本者，明箸於劉氏《七略》，以劉氏父子領校書，無所不究，生逢成哀之世，亦遺書大備之時，及見舊説軼聞，遠過西京兵燹之後，宜其陳義高衢，眇合先民微恉。然則轉假借，而

[21] 同注 5

[22] 同注 10

[23] 同注 14

[24] 同注 14

與象形指事駢列爲六書者，其必如劉氏所，爲造字之準，而非用字之條例，憭無疑昧者矣。[25]

魯先生之意，《說文・序》所舉考老之例，先有初文「老」字，而後有新造之「考」字。考从老省、丂聲，即是以「老」字爲初文而造出「考」字。就考字而言，从老省、丂聲，六書屬形聲之省形字，此造字之體；由老字而孳乳爲考字，六書屬轉注，此造字之輔。

魯先生在《轉注釋義》中提到此意者有以下七條：

1)其云「建類一首」者，謂造聲韻同類之字，出於一文。[26]

2)所謂存初義者，乃以初文借爲它義，或引伸與比擬而爲它名，因續造新字，俾與初義相符。[27]

3)凡此皆以初文借爲它義，或引伸比擬而爲它名，因構新字，以符初義，此所謂存初義之轉注字也。[28]

4)所謂明義訓者，乃以語言多同音，是以字或數義，覈其義，非一義之引伸，審其形聲，非它文之假借，爲免義訓相殽，因復別構一字。[29]

5)蓋據中夏雅言以構文字，雖有時經世易，地阻山川，以語出同原，大抵音相鄰近。[30]

6)此六類者，其於字形之蛻變與異體，要皆音義無遷，而異文迭出，以視音義轉迻，復構新字者，遠別科程。[31]

---

[25] 見《假借遡原》頁 34

[26] 見《轉注釋義》頁 1

[27] 同注 26

[28] 同注 26，頁 20

[29] 同注 26，頁 21

[30] 同注 26，頁 25

[31] 同注 26，頁 74

7)許氏以「建類一首，同意相受」釋之，是如釋會意形聲之比，皆爲造字規模，非謂說文義例。[32]

以上各條，或言造、或言構，皆謂轉注是造字之法。

2. 轉注之字乃先民有意所構

此由轉注爲造字之法而推衍出的精義：

魯先生在《轉注釋義》中提到此意，其言曰：

> 是皆因其初文，別注形聲，以明義恉，以合語言，固皆睹其字形，而知爲先民有意所構之轉注字也。」[33]

魯先生所謂「有意所構」，是指初文轉迻在先，而所造轉注字在後，或爲存其初義、或爲明其義訓、或爲合其語言，魯先生在《轉注釋義》中提到此意者有以下三條：

1)凡轉注之孳乳，皆爲轉易在前，而其所構轉注之字在後。[34]

2)斯爲音轉居前，造字在後之明證也。[35]

3)循知轉注之字，胥爲轉易在構字之前，固其通例。[36]

由以上所述，可知轉注之字是在初文之音義轉迻，而有意新造之字。若非初文之音義轉迻，自無新造一字之必要，所謂不轉不注，先轉後注是也。但是也有初文轉迻而未再新造一字的，此點魯先生在《轉注釋義》中也曾提到，其言曰：

> 亦有本字借爲它義，而無轉注者。若苟、焉、之、夫、猶、耳、所、斯，借爲語詞，……而篆文并無轉注之字，以符初

[32] 同注 31

[33] 同注 26，頁 44

[34] 同注 26，頁 49

[35] 同注 26，頁 50

[36] 同注 26，頁 57

恉。[37]

3. 轉注之字，同出一文，乃先民以字造字之法

魯先生在《轉注釋義》中多次提到此意，其言曰：

> 其云「建類一首」者，謂造聲韻同類之字，出於一文。其云「同意相受」者，謂此聲韻同類之字，皆承一文之義而孳乳。[38]
>
> 可徵轉注之字，雖以諧聲爲序，而亦品類雜糅，難規一律。然而尋流溯原，必爲同出一字。[39]
>
> 凡此皆轉注孳乳，出於一文之例也。[40]

魯先生所謂「同出一文」，是指後造之新字，由初文孳乳而來，此點魯先生在《轉注釋義》中屢次提及，其言曰：

> 所謂存初義者，乃以初文借爲它義，或引伸與比擬而爲它名，因續造新字，俾與初義相符。[41]
>
> 觀夫義轉之字，增益形聲者，則有聿之作筆，其之作箕……。[42]
>
> 音轉之字增益形聲者，則有口之作噭，言之作語，……。[43]
>
> 是皆因其初文，別注形聲，以明義恉，以合語言。[44]

由以上所述，轉注之字既是同出一文，從初文孳乳而來，則轉注可謂「以字造字」之法。《說文・序》所舉考老之例，先有初文

---

[37] 同注 26，頁 56

[38] 同注 26

[39] 同注 26，頁 53

[40] 同注 26，頁 55

[41] 同注 26

[42] 同注 26，頁 41

[43] 同注 26，頁 43

[44] 同注 33

「老」字，而後有新造之「考」字。考从老省、丂聲，即是以「老」字爲初文而造出「考」字。又如魯先生所舉義轉之字增益形聲之例，聿之作筆，筆从竹聿聲，即是以「聿」字而造「筆」字。又音轉之字增益形聲之例，口之作噭，噭从口敫聲，即是以「口」字而造「噭」字。都是轉注同出一文的以字造字之例。

4. 釋轉注之名義

魯先生在《轉注釋義》中，對於《說文・序》轉注的界義，有所詮釋，對於轉注的名稱與涵義，也有所說明。

1)釋建類

魯先生說：

> 其云「建類一首」者，謂造聲韻同類之字，出於一文。[45]

魯先生之意，建類之類義爲聲韻之類。謂後造之字，必與初文聲韻同類。

魯先生又說：

> 蓋因義轉之轉注字，多爲同音，亦或僅爲雙聲，則爲後世音變。其爲音轉之轉注字，決無聲韻俱同者，此義轉與音轉之畫然有別者也。[46]

又說：

> 以故其音轉而孳乳之轉注字，有屬雙聲者，有係疊韻者。雙聲或爲發聲同類，非必聲紐相符。疊韻或兼對轉相通，無庸韻部一律。[47]

然則先生之意，「建類」之類，謂聲韻之類，又分爲同音、雙

45 同注 26
46 同注 42
47 同注 30

聲、疊韻三類。義轉之轉注字，多爲同音；音轉之轉注字、必爲雙聲或疊韻。

2)釋一首

魯先生說：

其云「建類一首」者，謂造聲韻同類之字，出於一文。[48]

先生又說：

然而尋流溯原，必爲同出一字。[49]

又說：

凡此皆轉注孳乳，出於一文之例也。[50]

魯先生之意，「一首」之首，指轉注字所從出之初文，故《轉注釋義》中往往即稱爲初文。如：

所謂存初義者，乃以初文借爲它義，或引伸與比擬而爲它名，因續造新字，俾與初義相符。[51]

是皆因其初文，別注形聲，以明義恉，以合語言。[52]

3)釋同意相受

魯先生說：

其云「同意相受」者，謂此聲韻同類之字，皆承一文之義而孳乳。[53]

魯先生之意，「同意」謂後造之字的字意，與初文之意相同。「相受」謂初文之意受與後造之字，後造之字的字意得自初文。

---

[48] 同注 26
[49] 同注 39
[50] 同注 40
[51] 同注 26
[52] 同注 33
[53] 同注 26

「相」爲由此加彼之詞，非互相之意。以《說文・序》所舉考老之例而言，初文老字从人毛匕會意，義爲衰老之意，而此老意相受與後造之考字，而考字乃有老意，此即所謂「同意相受」也。

4)釋轉注

魯先生說：

> 轉謂轉迻，注謂注釋，故有因義轉而注者，有因音轉而注者，此所以名之曰轉注也。[54]

魯先生之意，「轉注」之轉，義爲轉迻，指初文音義的轉變。「轉注」之注，義爲注釋，其義有三：其一，注釋初文之初義，使保存不墜。此對存初義之轉注字而言。其二，注釋初文之初義，使別於同形異字之他義。此對明義訓之轉注字而言。其三，注釋後造之字的字音，使與初文之音相溝通，而調適方言異讀、古今音變。此對音轉之轉注字而言。

魯先生之意，轉注之字是由於初文的音義轉迻，而後續造新字，或存其初義、或明其義訓、或合其語言，注釋之義即指此三者而言。所謂先轉後注，即指初文音義轉迻在先，續造新字孳乳在後。然則，所謂注，實亦含有新構、新造之義焉。

5. 辨轉注之溷淆

魯先生在《轉注釋義》中，特別提到六種容易與轉注溷淆的情形：

1)增易形聲，以避形溷，斯爲文字之蛻變，未可以爲轉注。[55]

魯先生之意，有些字爲了避免與其他形體相近的字溷淆，而在原來的字形上增加形符，或者更換形符或聲符，甚至另造一個形符

54 同注 26

聲符完全不同的新字，這只是文字的蛻變，初文的音義都未曾轉迻，不能視爲轉注。其增加形符者，如：厶增广爲厷，以便別於鉤識之乚。其更換形符者，如：涶改从口作唾，以便別於河津之涶。其更換聲符者，如：孌改从𤔔聲作嬌，以便別於訓慕之孌。其另造新字者，如：凵改爲坎，以便別於飯器之凵。皆不能視爲轉注。

2)增益聲文，以明音讀，斯爲文字之蛻變，未可以爲轉注。[56]

魯先生之意，有些字爲了使音讀明顯而在原來的字形上增加聲符，這也是文字的蛻變，初文的音未曾轉迻，加上聲符後的新字與初文同音，如：厂增干聲作厈，厂與厈同音，此與音轉之轉注字必爲雙聲或疊韻者不符，不能視爲轉注。

3)一字之異體，苟非義轉而易形聲，則皆不得視爲轉注。[57]

魯先生之意，有些異體字，無法辨明那一個是初文，如：刖之與抈，皆从月聲，未知孰爲初文，與說文序所云「一首」之義不符。又有些異體字，雖能辨明初文，而後造之字與初文的音義皆同，如：完之與俒，音義全同，既爲同義，則與義轉之轉注字有別；既爲同音，則與音轉之轉注字有別，所以不能視爲轉注。

4)幷析兼晐之義，以爲二文，未可以爲轉注。[58]

魯先生之意，有些後造之字，承初文之引伸義，如：父字引伸爲丈夫之尊稱，孳乳爲甫字，甫爲丈夫之尊稱，此承父之引伸義，非父兄之本義，與義轉之轉注字存初文之初義者不符，不能視爲轉注。

---

[55] 同注 26，頁 60
[56] 同注 26，頁 61
[57] 同注 26，頁 67
[58] 同注 26，頁 71

5)字義俱同，而聲韻舛背，異乎「建類一首」，未可以爲轉注。[59]

魯先生之意，有些字彼此字義相同，而聲韻乖隔，如：目、眼二字，字義俱同，而聲韻乖隔，與說文序所云「建類」之恉不符，不能視爲轉注。

6)引伸同義，非與本義相符，悖於「同意相受」，未可以爲轉注。[60]

魯先生之意，有些字說文以互訓相釋，看似同義，其實說文所釋之義，只是引伸義，並非本義，如：說文以追、逐互訓，考之卜辭，追从止𠂤，以示征伐從敵之義；逐从止豕，以示田獵迫禽之義。追、逐本義有別，而說文以二字互訓，此乃引伸義。雖然追、逐雙聲，合於音轉之指，而與說文序所云「同意相受」之恉不符，不能視爲轉注。

（三）章太炎、魯師實先轉注造字說辨異

章太炎與魯師實先皆主轉注造字之說，皆由劉氏「造字之本」說所推衍而來，故魯師實先即曾謂章氏轉注之說「蠲前修之眊謬」，其言曰：

> 近人章炳麟說之曰：「以文字代語言，各循其聲，方語有殊，名義一也。其音或雙聲相轉，疊韻相迆，則爲更制一字，此所謂轉注也。」其說信合許氏之黨言，蠲前修之眊謬矣。[61]

然細味二氏轉注之說，實有不同。

1. 章氏以轉注假借爲造字之則，魯師以轉注假借爲造字之法。

---

[59] 同注 26，頁 72

[60] 同注 31

[61] 同注 25，頁 8

章氏以轉注、假借，就字之關聯而言；指事、象形、會意、形聲，就字之個體而言。象形、指事、會意、形聲四者爲造字之個別方法，轉注、假借二者爲造字之平衡原則。

魯師以象形、指事、會意、形聲四者爲造字之體，即造字之基本方法；轉注、假借二者爲造字之輔，即造字之輔助方法。此魯先生說與章氏異者一也。

2. 章氏釋「轉注」之轉，專謂方言；魯師釋「轉注」之轉，兼賅語音、語義。

章太炎曾說：

以文字代語言，各循其聲，方語有殊，名義一也。其音或雙聲相轉，疊韻相迆，則爲更制一字，此所謂轉注也。」[62]

又曰：

是可知轉注之義，實與方言有關。[63]

魯先生嘗言：

文字所以語言，語言有古今之異，有方域之殊。蓋據中夏雅言以構文字，雖有時經世易，地阻山川，以其語出同原，大抵音相鄰。其有遷迻，則必韻變而存其聲，或聲變而存其韻。以故其因音轉而孳乳之轉注注字，有屬雙聲者，有係疊韻者。[64]

先生又言：

轉謂轉迻，注謂注釋，故有因義轉而注者，有因音轉而注者。[65]

---

62 同注 5

63 同注 10

64 同注 30

65 同注 26

又曰：

> 蓋因義轉之轉注字，多爲同音，亦或僅爲雙聲，則爲後世音變。66

章氏之言實與魯先生之意相合，只是章氏所稱「語言」，專指語音而言，語音轉迻，不外聲轉、韻轉二途，聲轉則疊韻，韻轉則雙聲，故章氏乃云「或雙聲相轉，疊韻相迆」，而魯先生也說「其有遷迻，則必韻變而存其聲，或聲變而存其韻。」。魯先生稱「語言」，實兼包語音與語義而說。造字之初，據語言而得其本義，語義之轉迻，則或轉爲引伸之義，或轉爲假借之義，而其語音並未轉迻，由是而孳乳之轉注字，此即魯先生所言「義轉之轉注」也。其因方域之殊，古今之別而導致語音之轉迻，由斯而孳乳之轉注字，此即魯先生所言「音轉之轉注」也。此魯先生說與章氏異者二也。

3. 章氏釋「建類」之類爲聲類，歧以爲三，而條例不異；魯師實先釋「建類」之類爲聲類，分以爲三，而畫然有別：

魯先生謂轉注有「義轉」、「音轉」之別，二者畫然不同，魯先生在《轉注釋義》曾特別強調此點，其言曰：

> 蓋因義轉之轉注字，多爲同音，或爲雙聲，則爲後世音變。其爲音轉之轉注字，決無聲韻俱同者，此義轉與音轉之畫然有別者也。67

而章氏則謂轉注有疊韻者，有雙聲者，有同音者，其條例不異，其言曰：

> 考老同在幽類，其義相互容受，其音小變，按形體成枝別，審語言同本株，雖制殊文，其實公族也。非直考老，言壽者

66 同注 42
67 同注 42

亦同，循是以推，有雙聲者，有同音者，其條例不異，適舉考老疊韻之字，以示一端，得包彼二者矣。[68]

此魯先生說與章氏之異者三也。

四、結 語

劉向、歆父子創言六書爲「造字之本」，餘杭章太炎先生在〈轉注假借說〉、《小學略說》中，指出轉注是造字之則。由於方言有殊，乃立轉注以爲溝通。是則以象形、指事、會意、形聲四者，爲造字之個別方法；轉注、假借二者，爲造字之平衡原則。

魯實先先生在《轉注釋義》中，指出轉注是造字之法。由於初文音義轉迻，從而孳乳出新字，或存其初義、或明其義訓，是爲義轉之例；或符其古今音變、或合其方俗異讀，是爲音轉之例。以聲韻觀之，則有同音轉注、雙聲轉注、疊韻轉注之別；以初文轉迻觀之，則有義轉、音轉之別。義轉之轉注字必爲同音，音轉之轉注字必爲雙聲或疊韻。轉注是承一個初文而有意續構新字的造字之法。

是則以象形、指事、會意、形聲四者，爲造字之體；轉注、假借二者，爲造字之輔。

章氏、魯師二家之說，皆承劉氏六書爲「造字之本」之說推衍而來，淵源有自，言之有理，其說有同有異，方家宜有定論。

68 同注 5

參考書目

清・王筠 《說文釋例》 台北商務 1968

清・段玉裁 《說文解字注》 萬卷樓圖書公司 2002

章太炎 《國故論衡》

章太炎 《國學略說》 香港寰球文化服務社 1963

丁福保 《說文解字詁林》 鼎文 1994

魯師實先 《假借溯源》 文史哲 1973

魯師實先 修訂《轉注釋義》 洙泗出版社 1992

陳新雄 〈章太炎先生轉注假借說一文之體會〉，《國文學報》二十一期，國立臺灣師範大學國文學系 1982

許愼假借說索解

陳新雄

一、前 言

《說文・敘》云：「假借者，本無其事，依聲託事，令長是也。」

假借之名，前於許愼，則班固、鄭衆固已有之，然而雖有其名，卻未對「假借」一名，加以詮釋。爲「假借」作適當之解釋者始於許愼，爲假借舉例說明者亦自許愼。故吾人探索「假借」之意義，欲對「假借」作一解釋，自不可違背許愼之說解，亦絕對要合於許愼所舉之實例，不合於許愼之解釋者，則所說之假借，非許愼假借；不合於許愼之舉例，則所說之假借，亦非許愼所謂之假借也。

二、假借與引伸

假借於六書，本是最無爭論者，但後人或以假借自假借，引申自引申，爭論由此而起。魯師實先《假借遡原》云：

「《說文》之敘假借曰：『本無其字，依聲託事，令長是也。』據義求之，若蓋爲覆苫，則爲等畫，焉爲鳥名，雖爲蟲名，亦爲臂下，也爲女陰，而經傳並假借爲語詞。夫爲丈夫，女爲婦人，而義須，汝義水，爾爲靡麗之名，若爲順服之義，〔《爾雅・釋言》云：『若、順也。』是乃若之本義，說見《說文證補》。〕而經傳皆假爲偁人之詞，如此之類，覈之聲韻，非它字之假借，求之義訓，非本義之引伸，斯正『本無其字，依聲託事』之例，乃用字之假借。」

又云：

「秦漢官名有曰縣令者，謂其爲一縣發號之官，其曰縣長者，謂其爲一縣萬民之長，是乃令長之引伸義，而許氏誤以引伸爲假借。它若鳥部載鳳之古文作朋，其說曰：『鳳飛群鳥從以萬數，故以爲朋黨字。』於來部釋來曰：『周所受瑞麥來麰也，天所來也，故爲行來之來。』於韋部釋韋曰：『韋相北也，獸皮之革可以束物，枉戾相韋背，故借以爲皮韋。』於勿部釋勿曰：『勿州里所建旗，所以趣民，故遽偁勿勿。』於能部釋能曰：『能獸堅中，故偁賢能。』於西部釋西曰：『日在西方而鳥棲，故因以爲東西之西。』是未知悤遽之勿乃𠦍之假借。（按《說文》：『𠦍、疾也。从本卉聲。』）賢能之能乃协之假借。（按《說文》：『协、材十人也。从十力，力亦聲。』）來爲往來，韋爲皮韋，西爲東西，并爲無本字之假借，而許氏皆誤以假借爲引伸。」實先師以爲許慎於引伸與假借之概念未能釐清，後人亦往往將假借與引伸混爲一談。故實先師乃爲之釐清二者之義界云：

「所謂引伸者，乃資本義而衍繹；所謂假借者，乃以音同而相假，是其原流各異，而許氏乃合爲同原，此近人所以有引伸假借之謬說，益不可據以釋六書之假借也。」

近今學人，由於對其師之尊敬，於是師步亦步，師趨亦趨，曾未考慮，師說之是否適當，師說之是否有失。語云：「吾愛吾師，吾更愛眞理。」若以實先師之說假借，衡之於許愼《說文・序》之說，則二者顯不一致，許愼明舉「令、長」二字爲六書假借之例，而實先師則以爲許愼誤以引伸爲假借，縱師說確然，亦非許愼所謂之假借，乃魯師自創之假借也。是猶仁和朱駿聲《說文通訓定聲》之改轉注假借之義爲「轉注者，體不改造，引意相受，令長是也。假借者，本無其意，依聲託字，朋來是也。」此等解釋，吾人亦只可承認爲朱氏之轉注與假借，而非許愼所謂之假借義也。

三、引伸與旁寄

清代學者於六書能不默守師說，而能發揮一己之獨見者，惟休寧戴震一人而已。婺源江永，戴氏之師也。震言轉注假借則別於江氏而不盲從。戴氏〈答江愼修先生論小學書〉云：「今讀先生手教曰：『本義外展轉引伸爲它義，或變音或不變音，皆爲轉注，其無義而但借其音，或相似之音，則爲假借。』又曰：『字之本義，亦有不可曉者。』震之疑不在本義之不可曉，而在展轉引伸爲它義有遠有近，有似遠而義實相因，有近而義不相因，有絕不相涉而旁推曲取，又可強言其義。區分假借一類而兩之，殆無異區分諧聲一類而兩之也。六書之諧聲假借並出于聲，諧聲以類附聲而更成字，假借依聲託事不更制字，或同聲，或轉聲，或聲義相倚而俱近，或聲近而義絕遠，諧聲具是數者，假借亦具是數者，後世求轉注之說不得，併破壞諧聲假借，此震之所甚惑也。」戴氏此段主要答復江永所云『本義外展轉引伸爲它義，或變音或不變音，皆爲轉注。』及

『其無義但借其音，或相似之音，則爲假借。』很顯然江氏將假借中有意義可說者劃爲轉注，純屬借音而無意義之關聯者則歸爲假借。戴氏對此種強分假借一類而兩之，以爲實破壞假借者，乃其所甚惑者，所以對於其師江氏之說，不敢苟同。於是提出戴氏本人對六書之看法。戴氏云：「《說文》老從人毛匕，言須髮變白也。考從老省丂聲。其解字體，一會意，一諧聲甚明。而引之于敘，以實其所論轉注，不宜自相矛盾，是固別有說也，使許氏說不可用，亦必得其說，然後駁正之，何二千年間，紛紛立說者衆，而以猥云左回右轉者之謬悠，目爲許氏可乎哉！震謂考老二字屬諧聲會意者，字之體，引之言轉注者，字之用。轉注之云，古人以其語言，立爲名類，通以今人語言，猶曰：互訓云爾。轉相爲注，互相爲訓，古今語也。《說文》于考字訓之曰老也，于老字訓之曰考也。是以敘中論轉注舉之。」戴氏此段文字之主旨，主要表明六書有體用之分，指事、象形、諧聲、會意者，字之體，轉注、假借者字之用，所謂體，乃指字之個體，亦即文字個別之分類，所謂用，乃指字之關聯，亦即字與字之間之關聯。至於有人批評戴氏四體二用之說，不合於班志「造字之本」之說，余著〈章太炎先生轉注假借說一文之體會〉一文，已爲之辨解。蓋指事、象形、形聲、會意四者爲文字創造分類之個別方法，轉注、假借二者爲造字之平衡原則。造字之方法與造字之原則，豈非造字之本乎！四體二用之說，戴氏更進一步闡述之云：「大致造字之始，無所馮依，宇宙間事與形兩大端而已，指其事之實曰指事，一二上下是也，象其形之大體曰象形，日月水火是也。文字既立，則聲寄于字，而字有可調之聲，意寄于字，而字有可通之意，是又文字之兩大端也。因而博衍之，取乎聲諧曰諧聲，聲不諧而會合其意曰會意。四者書之體止此矣。由是之于用，數字共一用者，如初哉首基之皆爲始，卬吾台予之皆爲我，其義轉相爲注曰轉注，一字具數用者，依于義以引伸，依于聲而旁寄，假此以施于彼曰假借，所以用文字者，斯其兩大端也。」此段論說，除闡明其所謂四體二用之區別外，更著重在假借轉注之差異。所謂書之體止此也者，乃謂無論多少字，若一字一字分析其構造，加以分類，則從文字本身來看，大概僅能區分爲指事、象形、形聲、會意四類。所以章太炎先生〈轉注假借說〉云：「構造文字之耑在一，字者指事、象形、形聲、會意盡之矣。」無論數字共一用，或者是一字具數用，此皆說明字之關聯。說明考老二字之關聯，則所謂數字共一用者也。說明發號司令引伸爲縣令縣長之令，此即所謂一字具數用者也。在此段文字中，戴氏解釋最好者，厥爲假借。戴氏之言假借曰：「一字具數用者，依于義以引伸，依于聲而旁寄，假此以施于彼曰假借。」戴氏此意蓋謂假借字可分爲二類，一爲依于義之引伸，此即許書所舉司令之令引伸爲縣令之令，一爲依于聲而旁寄，此謂二字之間，唯借其聲，於義無關。如難鳥之難，借爲困難之難，只取其聲，不關於義。所以戴氏之論假借，可分爲二類，此二類皆屬依聲託事，亦皆與聲有關，與聲有關而義亦有關聯者，戴氏稱爲引伸；一種只聲相同或相近，於字義並無任何牽扯，戴氏稱爲旁寄，無論是依于義之引伸，或依于聲之旁寄，實皆爲假此以施于彼之假借。吾人可將戴氏假借之分析，以圖表示如下：

假借	引伸→聲有關聯，意亦有關聯。
	旁寄→只聲有關，意義無關聯

從上圖顯然可知，引伸與旁寄均屬於假借之一部分，隸屬於假

借之下，非可與假借分庭抗禮者，所以說引伸只是假借之一部分，而引伸並不全等於假借，引伸只能與旁寄地位相當，皆爲假借之一部分，明乎此，則無假借與引伸相混淆之問題。而又能不違背許慎《說文解字・序》所作之解釋與舉例，實爲現今諸說之中，最爲合理之解說，故特爲拈出，以告於海內外之方家學者。照戴氏之解釋，許慎《說文・敘》之所釋，絲毫沒有問題，既不發生引伸與假借混淆問題，而又不改變許慎之原意。其實在「本無其字，依聲託事」之下，亦即同聲之條件下還可分爲有字義上之引伸，與只憑聲音而無字義聯係之旁寄兩類，引伸與旁寄皆六書假借之一部分，引伸亦爲逸出假借之範圍也。

四、假借之類別

古今學者論假借而條理之清晰者，無逾段玉裁。段玉裁《說文解字・敘》注云：

> 託者寄也，謂依傍同聲而寄於此，則凡事物之無字者，皆得有所寄而有字。如漢人謂縣令曰令長，縣萬户以上爲令，減萬户爲長。令之本義，發號也；長之本義，久遠也。縣令、縣長本無字，而由發號、久遠之義，引伸展轉而爲之，是謂假借。許獨舉令長二字者，以今通古，謂如今漢之縣令、縣長字即是也。

原夫假借放於古文本無其字之時，許書有言以爲者，有言古文以爲者，皆可薈萃舉之。以者用也，能左右之曰以。凡言以爲者，用彼爲此也。如：

𠓜233 周所受瑞麥來麰也。二麥一夆，象其芒朿之形。天所來也，故爲行來之來。(落哀切，古音之部。)

158 孝鳥也。孔子曰：『烏、亏呼也。』取其助气，故以爲烏呼。(哀都切，魚部)

150 古文鳳，象形。神鳥也。鳳飛群鳥從以萬數，故以爲朋黨字。(步登切，蒸部。)

749 十一月昜气動萬物滋也。人以爲稱。(即里切，之部。)

237 相背也。从舛囗聲。獸皮之韋，可以束物枉戾相韋背，故借以爲皮韋。(宇非切，微部)

591 鳥在巢上也。象形。日在西方而鳥西，故因以爲東西之西。(先稽切，諄部。)

言以爲者凡六，是本無其字，依聲託事之明證。本無來往字，取來麥字爲之，及其久也，乃謂來爲來往正字，而不知其本訓，此許說假借之明文也。

其云古文以爲者：

568 滌也。从水西聲。古文以爲灑埽字。(先禮切，諄部。)

85 足也。上象腓腸，下从止。…古文以爲《詩》大雅字。(所葅切，魚部。)

205 气欲舒出ㄣ上礙於一也。丂古文以爲亏字，又以爲巧字。(苦浩切，幽部)

119 堅也。从又臣聲。凡臤之屬皆从臤。讀若鏗鎗。古文以爲賢字。(苦閑切，眞部。)

315 古文旅。古文以爲魯衛之魯。(力舉切，魚部。)

206 聲也。从二可。古文以爲歌字。(古俄切，歌部。)

91 辨論也。古文以爲頗字。从言、皮聲。(彼義切，歌部)

137 目圍也。从目ㄏ，讀若書卷之卷。古文以爲醜字。(居倦切，元部。）

162引也。从受、从亏。籒文以爲車轅字。(羽元切，元部。)

127棄也。从攴、𠷎聲。《周書》以爲討。(市流切，幽部。)

此亦皆所謂依聲託事也，而與來、烏、朋、子、韋、西六字不同者，本有字而代之，與本無其字有異，然或假借在先，製字在後，則假借之時，本無其字，非有二例。惟前六字則假借之後，終古未嘗製正字，後十字則假借之後，遂有正字爲不同耳。

許書又有引經說假借者，如：

619人姓也。从女、丑聲。《商書》曰：「無有作好。」謂〈鴻範〉假㚻爲好也。(呼到切，幽部。)

146火不明也。从苜、从火。苜亦聲。《周書》曰：「布重𦳝席」。𦳝席、纖蒻席也。謂〈顧命〉假𦳝爲蔑也。(莫結切，質部。)

696古文垐。从土即。《虞書》曰：「龍，朕堲讒說殄行。」堲、疾惡也。謂〈堯典〉假堲爲疾也。

280回行也。从囗、睪聲。《商書》曰：「曰圛。」圛者、升雲半有半無。謂〈鴻範〉假圛爲駱驛也。

254槁也。從木、古聲。《夏書》曰：「唯箘輅枯」，枯、木名也。謂假枯槁之枯爲木名也。段於枯字下注云：「〈禹貢〉文。今《尚書》作『惟箘簵楛』。按惟作唯，轉寫誤也。輅當依竹部作簵，楛作枯，則許所據《古文尚書》如是。竹部引作楛非也。」

此皆許稱經說假借，而亦由古文字少，與云古文以爲者正是一例。

大氐假借之始，始於本無其字，及其後也，既有字矣，而多爲假借，又其後也，且至後代訛字，亦得自冒於假借。博綜古今，有此三變。以許書言之，本無難易二字，而以難鳥、蜥易之字爲之，此所謂無字依聲者也。至於經傳子史，不用本字，而好用假借字，此或古古積傳，或轉寫變易，有不可知。而如許書，每字依形說其本義，其說解中必自用其本形本義之字，乃不至矛盾自陷。而今日有絕不可解者，如：

𢚧爲愁，憂爲行和，既畫然矣，而愁下不云𢚧也，云憂也。

𡫳爲窒，塞爲隔，既畫然矣，而窒下不云𡫳也，云塞也。

但爲裼，袒爲衣縫解，既畫然矣。而裼下不云但也，云袒也。

如此之類，在他書可以託言假借，在許書則必爲轉寫訛字，蓋許說義出於形，有形以範之，而字義有一定，有本字之說解以定之，而他字說解中不容與本字相背，故全書訛字，必一一諟正，而後許免於誣。許之爲是書也，以漢人通借繁多，不可究詰。學者不識何字爲本字，何義爲本義。雖有《倉頡》、《訓纂》、《急就》、《元尚》諸篇，揚雄、杜林諸家之說，而其篆文既亂雜無章，其說亦零星間見，不能使學者推其本始，觀其會通，故爲之依形以說音義，而製字之本義，昭然可知。本義既明，則用此字之聲而不用此字之義者，乃可定爲假借，本義明而假借亦無不明矣。

徐紹楨《六書辨》曰：

> 至令長之爲假借者，令長本秦漢官名，古人不能逆知後世有此官，而爲制此字，後世既設此官，而即以古所有之令字長字名之，是謂假借。許君不舉他篆而舉令長者，他篆古雖借用，或其後已別制本字，學者難於辨別，令長則本義、借義相沿皆用此字，且當時之官，人無不知，尤其顯然者也。

張行孚《六書假借一》云：

六書假借之說，許君自敘曰：「本無其字，依聲託事。」義本甚明，即戴氏震所謂一字具數用者，依於義以引申，依於聲而旁寄，假此以施於彼曰假借是也。古始假借始於本無其字，故讀則依所借字之聲，而義則託於所借字之事。如來，周所受瑞麥來麰，天所來也，故借爲行來之來，其讀仍依來麰之來，所謂依聲託事也。蓋假借實兼聲義二者言之，其餘如韋字、烏字、朋字、西字皆然，段氏所謂假借之始，始於本無其字是也。逮後世文字漸多，或本無其字，而今已有；或本有其字，而今偶忘。即鄭君所謂倉卒無其字，或以音韻比方假借爲之，段氏所謂及其後也，既有其字而多爲假借是也。於是有依於義以引申而假借者，如人之身從首始，故借首爲始，中國爲最大，故借夏爲大，此既有其字而託事假借者也。有依聲而旁寄者以假借者，如借雕爲琱，借率爲達，借妖爲祦義無可通，但取其同音，此既有其字而依聲假借者也。蓋自來言假借者，未有不兼音同義異，音異義近[1]二者言之也。乃自段氏《說文注》於依聲託事之字，往往言引申之爲某而不兼言假借，而又有異字同義曰轉注之言，且近儒講假借者，又往往因依聲託事之義易明，而所講者大都皆音同義異之字，於是有疑假借一例專屬音同義異一類，而竟指依聲託事之假借爲轉注者。……試更徵諸近儒之言爲近人所折衷者，江艮庭之言曰：「凡一字而兼兩誼三誼，除本誼之外，皆假借也。」王箓友之言曰：「凡與本義不符者，皆假借也。」段若膺之言曰：「異義同字曰假借。」又曰：「有

1 新雄案：如果改音異義近爲音同義近，則更與戴氏震之說假借相合。

假借一字可數義也。」又曰：「令之本義發號也，長之本義久遠也。縣令縣長本無字，而由發號久遠之義引申展轉而爲之，是爲假借。」且段氏不惟此而已，其於「不」字之注：「鳥飛上翔不下來也。」則曰：「凡云不然者，皆於此義引申假借。」其於「至」字注：「鳥飛從高下至地也。」則曰：「凡云來至者，皆於此義引申假借。」江氏、王氏之言，其以引申之義爲假借，固與戴氏震前說契合無間矣。即段氏之言，既曰有假借而一字可數義，又曰引申展轉而爲之是爲假借，而其書言引申即其言假借也。豈其於假借之外，別有所謂引申乎！

高明《中國古文字學通論》論及假借云：

從古代文字資料考察，假借字出現的時代很早，在形聲字出現之前，主要是利用假借同音字來調濟文字之不足用。正如清代學者孫詒讓〈與王子壯論假借書〉一文中所說：「天下之事無窮，造字之功，苟無假借之列，則逐事而爲之字，而字有不可勝造之數，此必窮之數也，故依聲託事焉，視之不必是其字，而言之則其聲也。聞之足以相喻，用之可以不盡，是假借可以救造字之窮而通其變。」假借不僅解救早期造字之窮。並且對後來漢字形體結構的發展也有很大的影響，形聲字就是在假借同音字的基礎上創造出來的一種表音結構的字體。

假借字的出現當在象形、會意之後，形聲字之前。由於人類社會不斷發展，語言詞匯也必然隨著社會發展而日益豐富，如果僅僅依靠象形、會意兩種表意字體，難以適應漢語發展的要求，因而不得不采用變通辦法，利用現有同音字代替使用，這就是許愼所說

「本無其字，依聲託事」。「假借」雖屬六書之一，亦和「轉注」一樣，並非爲造字之法，而是字的方法。早在商代的甲骨文中，假借字即已普遍使用，如前文所講，東西南北及二十二個干支字等，都是經常見的假借字。不僅古代如此，後世更甚，現在日常使用的字，有許多屬於假借，甚至有些字因久假不歸，本義早失，所能了解的只是因假借或引申的別義。可見，假借字是古今共同的用字方法。尤其是現代漢語的詞匯，由單音詞向多音詞方向發展，許多多音詞匯就是利用同音字來組成的。從整個詞義來講，可以表達一完整概念，但字與字間，不一定有意義上的聯繫。說明無論古代或現代，假借字只是作爲音節使用，需用字和假借字之間必須讀音相同，彼此的意義可以無任何關係。

假借字本來是在造字之初爲了解決造字之困難，採用依聲託事的方法，以一字可代數字用，從而控制字數的無限發展。實際上到後來已不限於此，不僅是「本無其字」而用假借，而且是「本有其字」亦用假借。這種情況在先秦兩漢的古籍中，舉不勝舉，常常舍棄本字不用而借用同音字。古人用字較寬，在當時來講並不以爲然，可是到後來，因時代的變遷和受外族語言和方音的影響，漢語語音也不斷發生變化，字音也必隨同語音而改變，年長日久，古今字音差異很大。在完全不了解上古字音的情況下，根本無法知道某些假借字在當時該讀何音，也就是無法知道所借何字，因此給閱讀古籍造成許多困難。自清代顧炎武開始，先後有許多學者，從事上古音韻的研究，他們根據語音發展的規律，整理出上古音韻的發展系統，做出了很大的貢獻。通過古今字音對比和語音的發展變化，大體了解古今字音的發展關係和上古音韻系統。借助於上古音韻學的研究成果，找出古籍中假借字和被借字的聲韻關係，從而進一步讀通古籍、弄懂古文，這是清代學者的一大發明。不僅讀通大量過去難以通讀的古籍，同時把古文字的研究亦大大推向前進，通過上古音韻的研究，辨別假借字所代表的字音和字義，是清代學者所創造的科學方法，是一份非常寶貴的遺產，應在其基礎上進一步發展和提高。……

總觀漢字的形體結構，象形、會意、形聲三種方法已足以概括。六書中的指事，無非爲象形之分支，乃一本小變，無須另立一類。轉注、假借都爲用字方法。

以假借爲用字的方法，可以說是一種普世的正確的說法。

《說文》載錄後起字為本字之商兌

蔡信發

壹、前言

近人王力說：《說文解字》以後起字爲本字，收入該書正篆裡，是最大的錯誤[1]。其說新則新矣，然略經分析，即知其不無可疑，爰撰本文，予以商兌。

貳、王說之商兌

王力是對岸著名學者，對學界有相當影響，然其提出該說，似不足取。茲錄其說於下，先明其梗概。

> 《說文解字》最大的錯誤，是以後起字爲本字，一個字往往有兩個以上的意義，除了本義之外，有引申義、有假借義。引申義、例如取得的「取」，引申爲取婦的「取」，後來作「娶」；假借義、例如房舍的「舍」，假借爲取舍的「舍」，後來寫作「捨」。這類字叫做區別字。區別字是後起的，而《說文解字》作爲本字，收入正篆裡，則是錯誤

[1] 見《中國語言史》，頁 42-43，谷風出版社，下同。

的[2]。

案：王氏首以「取」字爲例，說該字除本義外，另有引伸義，不只一個義項，是沒錯的，然以「娶」由「取」之引伸義所產生，是取之後起字，而認爲《說文》視「娶」爲本字，收入正篆，是最大的錯誤，則是有問題的。查《說文》釋「取」之形義，是「捕取也，从又耳。《周禮》：獲者取左耳。《司馬法》曰：載獻聝。聝者，耳也」[3]，又釋「娶」是「取婦也，从女取聲」[4]，二字音同義別，雖引伸義可通，然娶之產生，實緣於社會用字所需，除在嫁娶一義上，由於「取」之引伸義可和「娶」義相應，在古書中能互作外，餘則不容相渾，至少在《說文》這個年代已有所區別，則是無庸置疑的。取、娶二字本義既不同，怎能說取是娶之本字？娶又怎能說是取之後起本字？嚴言之，源同而義已區別，根本是兩個不同的字。王氏繼以「舍」字爲例，以論《說文》之非。檢《說文》，「舍」作「市居」解[5]，「捨」作「釋」解[6]，二字之義，全然無涉，然則「舍」之作「捨」，純是初無「捨」字，借「舍」爲之，依王氏之說，即「舍」之假借義，後才爲之造專字，予以區分。據此，二字相通，純粹只是假借的緣故，根本不是本字、後起字的關係。充其量，只有在古書用字假借才能說先有舍、後有捨，後者因前者而產生，然一旦彼此假借關係解除，則各有其義，互不相干，絕不能說舍是本字，捨是它的後起本字。由於舍、捨本非一字，

2 見《中國語言史》，頁 42-43。

3 見《圈點段注說文解字》，篇三下，頁 117 上左，書銘出版事業有限公司，民國 83 年 10 月七版，下同。

4 見《圈點段注說文解字》，篇十二下，頁 619 下左。

5 見《圈點段注說文解字》，篇五下，頁 225 下右。

6 見《圈點段注說文解字》，篇十二上，頁 604 上左。

《說文》一併收入正篆，以義歸類，分隸二部，應無不當。以上二例，果如王氏所說，試將娶、捨分列在取、舍下爲重文，能成立嗎？總之，說取、舍和娶、捨的關係是古今字，在訓詁學上是說得通的，然說取、舍和娶、捨的關係是本字和後起本字，在文字學上應是牴牾的，宜乎清儒朱駿聲說：取叚借爲娶，舍叚借爲捨[7]。以筆者之見，所謂娶、捨是取、舍的後起字，只是就彼此用字關係而論，斷非所謂取、舍是本字，娶、捨是它們的後起字，也是它們的本字，王氏之誤，是將用字和造字渾爲一談。

進言之，取之於娶，舍之於捨，本是不同之字，也就是說，取不是娶之本字，舍不是捨之本字，只是古代字少，基於需要，借取爲娶，借舍爲捨，僅此而已，彼此沒有等同的關係，後既有娶、捨二字的出現，且已區別它們的義界，則《說文》收錄娶、捨二字爲正篆，何錯之有？再說，字書本有責任和義務搜采當世習用之字，反映文字演進的趨勢，以備查考；反之，以《說文》這麼一部權威的字書，失收娶、捨二字，倒是件不可思議的事，算是犯錯也不爲過。職是之故，王氏之說，倒因爲果，實難令人苟同。

參、先假借後區別本是文字孳乳之道

民初章炳麟氏說：文字構造是本形、本音和本義，而其用則多假借[8]。此說甚是。試以《說文》之訓釋「辟」字[9]，對照清儒朱駿

7 分見《說文通訓定聲》，需部第八，頁404，「取」字；豫部第九，頁477，「舍」字，藝文印書館印行，民國83年1月初版五刷。下同。

8 原本作「六書初造，形事意聲皆以組成本義；唯言語筆札之用，則叚借爲多」，見《章譚合鈔》，頁200，國學珍籍彙編，廣文書局，民國66年1月初版。

聲之論該字假借爲例[10]，表列如下，以明王說之非：

辟字假借表

<table>
<tr><th>《說文》辟字形音義</th><th>假借</th><th>備註</th></tr>
<tr><td rowspan="7">辟，法也，从卪辛，節制其辠也。从口，用法者也。凡辟之屬皆从辟。（頁四三七上右）。
案：該字由「卩」、「辛」、「○」構成，三文都屬獨體象形，而《說文》以「人」爲「卪」，當誤。人，此表罪人；辛，本義是曲刀，此示刑具；○，是圜之初文，此表圜土，三文相合，以示對拘於監牢之犯人，施以刑罰（說文魯先生之說，見《文字析義》，頁628），所以該字當以「施刑」爲本義，而《說文》僅以「法」釋之，是誤以引伸義爲本義，辟由人、辛、○構形，又和三文沒聲音</td><td>段借爲璧——《禮記・王制》：天子曰辟雍。</td><td>《說文》：璧，瑞玉圜也（頁一二上右）。</td></tr>
<tr><td>段借爲躄——《荀子・正論》：不能以辟馬毀輿致遠。</td><td>《說文》：躄，人不能行也（頁六八下右）。</td></tr>
<tr><td>段借爲避——《小爾雅・廣言》：辟，除也。</td><td>《說文》：避，回也（頁七三下左）。</td></tr>
<tr><td>段借爲譬——《荀子・彊國》：辟稱比方，則欲自並乎湯武。</td><td>《說文》：譬，諭也（頁九一下右）。</td></tr>
<tr><td>段借爲劈——《廣雅・釋詁四》：辟，半也。</td><td>《說文》：劈，破也（頁一八二上左）。</td></tr>
<tr><td>段借爲僻——《詩・葛屨》：宛如左辟[11]。</td><td>《說文》：僻，辟也（頁三八三上右）。</td></tr>
<tr><td>段借爲襞——《莊子・田子方》：口辟焉而不能言。</td><td>《說文》：襞，韏衣也（頁三九九下右）。</td></tr>
</table>

[9] 見拙著《說文部首類釋》，頁210，臺灣學生書局總經銷，民國91年10月二版。

[10] 見《說文通訓定聲》，解部第十一，頁567。

[11] 「如」當作「然」。

《說文》辟字形音義	假借	備註
關係，所以屬異文會意。詳見拙著《說文部首類釋》，頁210。	叚借為廦——《左・莊・廿一傳》：鄭伯享王于闕西辟。	《說文》：廦，牆也（頁四四八下右）。
	叚借為僻——〈離騷〉：扈江離與辟芷兮。	《說文》：僻，仄也（頁四五二下右）。
	叚借為闢——《詩・召旻》：日辟國百里。	《說文》：闢，開也（頁五九四下右）。
	叚借為擘——《詩・燕燕》：寤辟有摽[12]。	《說文》：擘，撝也（頁六一二下左）。
	叚借為嬖——《論語》：友便辟[13]。	《說文》：嬖，便嬖也（頁六二八下右）。
	叚借為壁——《爾雅・釋天》：營室東辟也。	《說文》：壁，垣也（頁六九一下左）。

由上表可知，璧、躄、避、譬、甓、僻、襞、廦、僻、闢、擘、嬖、壁等字，和「辟」之本義不同，而這些字的出現，必在辟後，由假借而孳乳，而《說文》都兼采並蓄，列於正篆，分別入部，以明其義。設以王氏之說，這類字都是「區別字」，不該收入《說文》正篆，問題是為什麼「辟」字要區別成璧、躄、避、譬、

12 「燕燕」是「柏舟」之誤。
13 見〈季氏〉。

劈、僻、襞、廦、僻、闢、擘、嬖、壁等字？不區別，是否會渾淆彼此的辨認，增加識讀的困難，造成使用的不便，永遠在假借中打轉？而既經區別，是否可釐清彼此的界線，避免渾淆，進而應用自如無礙？答案應是肯定的。進言之，辟字既已區別為璧、䢃、避、譬、劈、僻、襞、廦、僻、闢、擘、嬖、壁等字，而《說文》只收「辟」字，餘都摒棄在外，就文獻采錄和實際應用言，豈非昧於理勢之不得不然！

不過，話說回來，《說文》將轉注而孳乳的後起字，視作正篆，分為二字，歸屬異處，律以該書「重文歸屬例」，顯然是欠確的。如「辟」借為君長，所以孳乳為「㢢」[14]，由一文而孳乳，屬先轉後注、音義相同的轉注字，則辟是㢢之本字，是辟之後起形聲字，有別於辟之孳乳璧、僻、䢃、避、譬、僻、襞、廦、闢、嬖、擘、劈、壁等字。職是之故，自不能視㢢是辟之本字，和辟分為兩個正篆，而應以「重形歸屬例」來處理，列㢢於辟下為重文。有此認識，則取、舍不是娶、捨的本字也應作自是觀。

肆、轉注字才有本字和後起字的關係

所謂「重文」，即一字之異體。「重文歸屬」例，即《說文》中凡某字的異體都歸屬於某字之下。例如《說文・木部》「槃」字下繫「古文鎜」和「籀文盤」[15]，即是其例。《說文》中載錄不少

---

[14] 見魯先生《轉注釋義》，頁 8，修訂版，洙泗出版社。下同。
[15] 見《圈點段注說文解字》，篇六上，頁 263 上左。

後起字，而這些後起字由轉注而孳乳，由於原字和轉注之字本是一字，就應歸屬一起，而《說文》卻常分爲兩篆，視爲二字，嚴格說來，應是有背體例的。如檢之《說文》同部，豆之於梪即是。先師魯實先先生：「豆借爲尗，故孳乳爲梪。」[16] 查《說文》釋「梪」義爲「木豆」[17]，和「豆」義「古食肉器」一致，只是增「木」爲形，以示其質；「梪」從豆聲，和「豆」聲又無不同，所以梪是豆之後起形聲字，的然可信。按《說文》之例，梪應列於豆下爲重文，斷無分爲兩篆，各自成字的道理，而《說文》區分爲二，自屬非是。又檢之《說文》異部，益之於溢即是。魯先生說：「益借爲鎰，故孳乳爲溢。」[18] 一如辟之於髀，斷無益、溢分爲兩篆，歸屬二部之理，而應改列溢於益下爲重文。以上二例，「承一文之義而孳乳」[19]，由轉注而形成，有別於由取之引伸義而孳乳、捨由舍之假借義而孳乳。

再說，狀聲之字、方國之名，最早都是無本字用字假借，後始或分別爲它們造專字，是實盡人皆知，毋庸贅述。設依王氏之說類推，這類後起形聲專字應都屬區別字，不該作爲《說文》正篆。據其邏輯，似只有兩個方法來處理這類字：一是列於原先假借字下爲重文，一是排除《說文》之外。接著，試論這兩個方法：第一個方法，因這類字由假借而孳乳，二字本義不同，原非一字，有別於由轉注而孳乳之字，本屬一字，所以不能列於正篆下爲重文；第二個方法，說穿了，根本不是方法。因既不能列爲正篆，又不可列在正

[16] 見《轉注釋義》，頁 5。
[17] 見《圈點段注說文解字》，篇五上，頁 209 上右。
[18] 見《轉注釋義》，頁 5。
[19] 見《轉注釋義》，頁 1。

字下爲重文，只有將它們捨了，果眞如斯，試問《說文》「邑部」和「水部」中有多少字要刪除？合理嗎？有這個道理嗎？總之，盡如王氏之說，《說文》只可收字根，還像部經典之作嗎？

伍、結 語

綜上所述，可知娶、捨是取、舍的後起字，而絕非本字。王氏之誤，至爲明顯。至於後起本字的認定和《說文》的歸屬，筆者以爲只要掌握以下準則，即可判定：凡由引伸義或假借義而孳乳之字，因該字和原字的本義不同，當屬後起本字，宜列爲正篆；反之，由轉注而孳乳之字，因該字和原字的本義相同，則屬一字異體，不宜列爲正篆，而須改列爲重文。王氏長於訓詁，拙於字學，爲免學者受其誤導，拙論申述於上，聊正視聽。

參考書目

王力：《中國語言史》，臺北：谷風出版社，民國 76 年。

朱駿聲：《說文通訓定聲》，臺北：藝文印書館印行，民國 83 年 1 月初版五刷。

章炳麟：《章譚合鈔》，臺北：廣文書局，民國 66 年 1 月初版。

許愼著，段玉裁注：《圈點段注說文解字》，臺北：書銘出版事業有限公司，民國 83 年 10 月七版。

蔡信發：《說文部首類釋》，臺北：學生書局，民國 91 年 10 月。

魯實先先生：《文字析義》，臺北：魯實先全集編輯委員會，民國 82 年 6 月。

魯實先先生：《轉注釋義》修訂本，臺北：洙泗出版社，民國 81 年。

從古文字談六書之假借（一）

——以甲骨卜辭文書為例

許學仁

黃季剛先生《與人論治甲骨金石文字書》云：「近日閒居深念，平生雖好許書，而於數百年所出之古文字所見未宏。夫山川鼎彝，洨長所信，今不信其所信，徒執木版傳刻之篆書，以爲足以羽翼《說文》，抑何隘耶？又云洨長之書，豈非要籍？棗木傳刻，蓋已失眞，是用勤探金石之書，冀獲壤流之助。近世洹上發得古龜，斷缺之餘，亦有環寶。惜搜尋未徧，難以詳言。倘於此追索變易之情，以正謬悠之說，實所願也。」[1] 又先生論鐘鼎甲骨文字，曰：「鼎彝在今日出土者，多流於國外。吾人向日所知鼎彝之大者，爲《毛公鼎》、《盂鼎》、《曶鼎》、《散氏盤》，皆爲銘辭。甲骨卜辭與鼎彝銘辭，皆爲文章。而中國文章與文字，自古以來即不完全相應。（自注：中國文章用字皆正假兼行，凡訓詁之難於推求，文義之難於推尋，皆假借之事爲之也。）何得盡據之以改說文？（自注：《說文》爲專講文字根原之書，本之以馭其變。）雖其文字不容致疑，惜其解說猶有可疑處，故學者莫如先玩其拓文，而不必急讀其解說可也。」[2] 揆諸黃先生之意旨，殆以甲骨卜辭、鼎彝

1 黃季剛先生口述・黃焯筆記編輯《文字聲韻訓詁筆記》，頁 22，1983 年 9 月，木鐸出版社。

2 同【注 1】，頁 18-19，1983 年 9 月，木鐸出版社。

銘辭乃至戰國秦漢簡帛等古文字材料之研閱，亦如傳世典籍之文章，當本諸根抵之書，善用“假借”之道，乃能推求其詁訓，推尋其文義。且以 1973 年長沙馬王堆出土帛書《戰國縱橫家書》[3]〔觸龍見趙太后〕章爲例[4]，藉明文章之假借用字，本段記載並見於今本《戰國策・趙策四》及《史記・趙世家》，相互比勘對讀，除部

---

3 參馬王堆漢墓帛書整理小組編《戰國縱橫家書》〔?〕，18-19 頁，187-200 行【圖版】，及頁 60-61【釋文考釋】，文物出版社。放大圖版參陳松長編著《馬王堆帛書藝術》【《戰國縱橫家書》部分（六）】，頁 117-119，1996 年 12 月，上海書局出版社。

4 釋文曰：「趙大（太）后規（親）用事，秦急攻之，求救於齊。齊曰：『必〔以〕大（太）後少子長安君來質，兵乃出。』大（太）后不肯。大臣強之。大（太）后明胃（謂）左右曰：『有復言令長安君質者，老婦必唾其面。』左師觸龍言願見。大（太）后盛氣而胥（須）之。入而徐趨，至而自〔謝〕曰：『老臣病足，曾不能疾走，不得見久矣。竊自〔恕〕老，輿（與/而）恐玉體（體）之有骸（郄）也，故願見大（太）后。』曰：『老婦持（恃）連（輦）而睘（還）。』曰：『食飲得毋衰乎？』曰：『侍（恃）鬻4（粥）耳。』曰：『老臣間者殊不欲食，乃自強步，日三、四里，少益耆（嗜）食，智（知）於身4。』曰：『老婦不能。』大（太）后之色少解。左師觸龍曰：『老臣殘息訏（舒）旗最少，不宵（肖），而〔臣〕衰，竊愛憐之。願令得補黑衣之數，以衛（衛）王宮，昧死以聞。』大（太）后曰：『敬若（諾），年幾何矣？』曰：『十五歲矣。雖少，願及未寘（填）獲（壑）谷而託之。』曰：『丈夫亦愛憐少子乎？』曰：『甚於夫人。』……左師觸龍曰：『父母愛子則爲之計深遠。媼之送燕后也，攀其踵（踵），爲之泣，念其遠也，亦哀也。已行，非弗思也。祭祀則祝之曰：『必勿使反（返）。』剴（豈）非計長久，子孫相繼爲王也戈（哉）？位尊而無功，奉（俸）厚而無勞，而挾重器多也。今媼尊長安之位，而封之膏腴之地；多予之重器，而不汲（及）今令有功於國，山陵堋（崩），長安君何以自託于趙？……大（太）后曰：『若（諾），次（恣）君之所使之。』於氏（是）爲長安君約車百乘質于齊，兵乃出。」4（第 187 行-200 行）原圖版「鬻」上原有鬻字，爲“鬻（粥）”字誤寫，已作廢，參【注釋】〔九〕。又「智於身」之“智”通“知”，“知”與“和”形近，故今本《戰國策》、《史記》字誤作“和”。【注釋】引揚雄《方言》卷三：「知，瘉也。南楚病瘉謂之知。」（頁 61，文物出版社）爲佐證，可信從。

分訛誤字，如："親"作"規"，及"膿"之與"體"、"堋"之與"崩"、"踵"之與"憧"異體字外，原假借之字，如"太后"之作"大后"、"謂"之作"胃"、"恃輦而行"之作"持連而行"、"嗜食"之作"耆食"、"不肖"之作"不宵"、"若"之作"諾"、"返"之作"反"、"哉"之作"𢦏"、"俸"之作"奉"、"恣"之作"次"，今本均已改爲漢代之「本字」。然猶有其未盡改者，如：《說文》肉部：「胥，蟹醢也。」本義爲螃蟹肉之肉醬（心紐·魚韻），假借爲"等待"義之「頿」字。而「氏」（禪母·支韻）假借爲「是」（禪母·支韻），並皆漢代簡帛材料中屢見之假借字例[5]。楊樹達《積微居小學述林·彝銘與文字》謂：「古人之用字，有用其形即用其義者，亦有如今人之寫別字，用其形不用其義，而但取其音者。如用其形即用其義者，則字識而文可通。如用其形不用其義而借用其音，則雖識其字而文不可通如故也，於是通讀尙焉。」可知通讀由古文字書寫之古文獻，必先辨其異體、考其訛誤，明其假借，而後文通理暢。

5 《儀禮·覲禮》「太史是右。」鄭注：「古文"是"爲"氏"。」（《儀禮鄭註句讀》，頁 456，1978 年 9 月，學海出版社）。又《侯馬盟書·宗盟類》習見「麻夷非是」用語，學者多讀爲「滅彼族氏」。馬王堆帛書《戰國縱橫家書》〈朱己謂魏王章〉之「安陵是」即「安陵氏」，〈蘇秦謂陳軫章〉之「魏是」、「韓是」即「魏氏」、「韓氏」，銀雀山竹簡《孫臏兵法·見威王》之「有戶是」即「有扈氏」，漢器氏多作是。（書證參王輝《古文字通假釋例》頁 66，1993 年 4 月，藝文印書館。）又韓國方足布「唐是」，何琳儀讀爲「楊氏」，並考其地望在今山西洪洞東南（《古幣叢考》，頁 96-97，2002 年 6 月，安徽大學出版社。）

壹、古文字學與假借研究

一、清代學者對古文字假借之認知與應用

古代典籍文獻中存在大量通假字，前人多有總結，王念孫《廣雅疏證》、朱駿聲《說文通訓定聲》、朱起鳳《辭通》、高亨《古字通假會典》，可爲集大成之作。至利用古文字材料，用以考文字，明假借，通訓讀，則始於金文，發端乎有宋。南宋《歷代鐘鼎彝器款識》卷十四〈尤敦〉薛尚功〈釋文〉作「敬夙夕勿廢朕命」，並謂：「此言『夙夕勿廢朕命』，《寅簋》亦曰『夙夕勿廢朕命』，《晉姜鼎》云『勿廢文顜命』，《齊侯鎛鐘》云『弗敢廢乃命』，而“廢”皆用“法”，蓋“法”有十而廢，故古人通作“廢”字。」[6]晚清末造，殷墟甲骨重顯幽光，上虞羅叔言以殷商文獻無徵，已二千餘年，欲補苴往籍，實有三難，「史公最錄商事，本諸《詩》《書》，旁攬《系本》，顧考父所校，僅存五篇，《書序》所錄，亡者逾半，《系本》一書，今又久佚，欲稽前古，津逮末由，其難一也。卜辭文至簡直，篇恆十餘言，短者半之，又字多假借，誼益難知，其難二也。古文因物賦形，繁簡任意，一字異文，每至數十。書寫之法，時有淩獵。或數語之中，倒寫者一二；兩字之名，合書者七八。體例未明，易生眩惑，其難三也。」欲袪此三難，奈先考索文字，以爲進階。

---

6 「法」原作（灋）。薛尚功《歷代鐘鼎彝器款識法帖》卷十四【周器款識・敦】原名〈尤（龍）敦〉，頁67，1986年5月，中華書局。“尤”作[illegible]，即古文字習見“蔡”字之訛，器名當作〈蔡簋〉。

二、當代學者對古文字假借之開展與成果

（一）揭示甲骨文字假借研究之方向：當代學者以資料鑫出，方法完備，可得後出轉精，如王國維揭示古文字考釋之道曰：「考之古音，以通其義之假借；參之彝銘，以驗其文字之變化。由此而之彼，即甲以推乙，則于字之不可釋、義之不可解者，必間有獲焉。」[7]，並指出「古代文字，假借至多，自周至漢，音亦屢變，假借之字不能一一求其本字，故古器文字有不可強通者，亦勢也。」楊遇夫樹達撰《積微居甲文說》，其於自序云：「甲文盛行同音假借之法，識其字矣，未必遽通其義也。則通讀爲切要，而古音學尚焉。」，繼以古音爲綱，破讀甲骨文字，《卜辭求義》最爲代表。寧鄉魯實先以「不明轉注，則不知文字之孳乳；不明假借，則不知字形之衍變」，因考之殷商甲契及西周鼎彝，撰《假借溯源》，闡明假借之理。觀其遺著《文字析義》（一）“來”下按語，可見其闡論假借之要旨，兼及申辨《說文》段注引申與假借之是非[8]。海

---

7 王國維〈毛公鼎考釋序〉，見《觀堂集林（外三種）》上册，頁179，2001年11月，河北教育出版社。

8 魯實先《文字析義》（一）“來”下案語曰：「來爲行來，乃假借之義，而許氏誤以引申說之。它部之若此者，於鳥部釋鳳曰：『鳳飛群鳥從目萬數，故目爲朋黨字』。於韋部釋韋曰：『獸皮之韋可以束物，枉戾相韋背，故借目爲皮韋。』於勿部釋勿曰：『所目趣民，故遽偁勿勿。』於能部釋能曰能獸堅中，故偁賢能。』於西部釋西曰：『日在𠧧方而鳥𠧧，故因目爲東西之西』。凡此六文，許氏皆以引申義釋之，說並非是。若『遽偁勿勿』乃[illegible]之假借（勿[illegible]古音同屬威攝），能偁賢能，乃㣈之假借（能㣈古音同屬噫攝），韋爲皮韋，西爲東西，並無本字之假借，豈能以引申爲訓。鳳於卜辭作[illegible]、[illegible]，或從凡聲作[illegible]。朋黨之字於卜辭作[illegible][illegible]，於彝銘作[illegible]、[illegible]，並从人[illegible]聲，[illegible]象貫貝之形，古文之[illegible]之爲聲者，乃示以財相助之義。以[illegible]字逸傳，說文誤以鳳之古文作[illegible]者，爲朋黨之字，亦爲乖謬。」指出「習許書者率於引申與假借，說多殽亂」，並臚舉段注所言之：「若“特”爲單

城于思泊省吾嘗論及通假之道，須「律」「例」兼備，律即理論基礎之確立，例即大量文例之印證，方能令人信服。其撰群經、諸子、詩經、楚辭等《新證》，融古文字材料、傳世典籍於一爐，研究古文字義訓及通假之成就，切中肯綮，斐然可觀。

（二）應用假借之法考釋甲骨文字：判斷古文字通假之現象，十分繁複，孫仲容詒讓秉其金石之學養，以窺甲契，窮二月之力，參互采繹，成《契文舉例》一書，凡十章，經嚴一萍先生轉錄比對，稱譽得其正解者，共得一百八十餘字，其中如：釋“[illegible]”、釋“[illegible]”、釋“[illegible]”皆應用通假方法以考得文字權詁者[9]。楊樹達盛

獨，乃“讀”之借（特、讀同屬定紐）。“勒”爲物勒功名，乃“刻”之借（勒、刻同屬噫攝）。“蔑”爲細枝，乃“杪”之借，其義爲無，乃亡之借（蔑、杪、亡同屬明紐）。“[illegible]”爲迅疾，乃“迅”之借（《說文》[illegible]讀若迅）。“向”爲向背，乃“[illegible]”之借（向、[illegible]古音同屬央攝）......牢爲堅牢，羽爲五聲，爵爲爵秩，康爲康寧，倍爲加倍，儗爲比儗，從爲從橫，裵爲裵回，賈爲賈竭，足爲完足，並爲無本字之假借。從段注皆以引申義說之。（以“足”爲“完足”之引申義，說見給字下段注）此勿以假借爲引申也。若段助於角下云：『人體有觭角者，假借之辭』，箠下云：『假借爲杖人之偁』，倀下云：『猑哲狾犬，假借爲人狂之偁』，此誤以引申爲假借也。」等例證，申明假借與引申之糾葛。（《文字析義》，頁 120-122）

9 如：釋“[illegible]”下曰：「龜文易日字恆見，亦蓋皆如是。（《藏》三之二）其字作[illegible]（《藏》三之二）、[illegible]（《藏》一 七〇・二），皆易之象形字也。就是爲肜日形，義並未合。今考金文錫字多作[illegible]〈頌敦〉、[illegible]〈公姒敦〉，即借“易”爲“錫”，此字形與彼正同，而當讀爲如字。易日，猶言更日也。蓋皆吉則不易日，部吉則易日也。若是爲肜日，則於文齟?難通矣。」（《舉例》上四葉上）又釋“[illegible]”下曰：「以文義推之，似亦韋字而變其形。舛字本從，反正平列，不分箸上下，《說文》：『舛，對臥也。從中相背。』則字形當以夂中平列爲正，此本形，於字例固符合也。其義多爲“圍”之借字」（771），釋“[illegible]”下曰：「字皆作[illegible]，考《說文》叒部：『叒，日初出東方湯谷所登榑桑，叒木也。象形。』即此字。金文皆借爲“若曰”之“若”。如〈毛公鼎〉、〈盂鼎〉作[illegible]並與此同。[illegible]、若古通，《爾雅・釋詁》：『若，善也』，《釋言》：『若，順也』卜以吉爲順，故通云若也」（頁 773）參嚴一萍先生《甲骨學》（下册），頁 767-789，1978 年 2 月，藝文印書館。

讚其「通讀古籀，大都聲義密合，辭無苟設」。又如于省吾撰《甲骨文字釋林》新釋之字約三百，如〈釋气〉篇論气之用法有三：一爲气求之气，二爲迄至之迄，三爲終止之訖，驗之文義詞例，無不脗合，其後雖略有學者補訂之續作，要皆于氏導乎先河[10]。劉桓《殷契存稿》論殷人梨文之假借字，除「本無其字」外，亦有「本有其字」之假借字。其考得之例，如：用“白”爲“百”，則“白羌白宰”當讀爲“百羌百宰”。讀“庚”爲“更”，則“叀丙不庚”當讀爲“叀丙不更”。讀“庶”爲“煮”，則“庶牛於□”當讀爲“煮牛於□”。讀“旦”爲“檀”，則“于南門，旦”當讀爲“于南門，壇”。讀“屯”爲“春”，則“來屯伐[illegible]”當讀爲“來春伐[illegible]”。讀“工”爲“功”，則“我史㞢（有）工”當讀爲“我史㞢（有）功”[11]。

（三）甲骨文字與傳統六書假借說之接軌：金祥恆撰《甲骨文通借字舉隅》謂「依許氏說解，假借字以形聲義三方面而言，『本無其字』者以形言之也；『依聲』者言其音也；『託事』者言其義也。未依其同音之字託其義也，故假借字之意義，決非原字之本義，僅借其音而已。古時之假借字始於有其因而無其字，雖造字之

10 于省吾《甲骨文字詁林》，頁 79-83，1993 年 4 月，中華書局。季旭昇、沈培、張玉金續有補訂新說，蓋皆築基於于文。季旭昇說見〈說气〉，《紀念甲骨文發現百年文字學研討會論文集》1999 年 12 月，靜宜大學。（又刊載《中國文字》新廿六期，2000 年 12 月，藝文印書館）。沈培說見〈說殷墟甲骨文「气」字的虛詞用法〉《古文字研究》第二十四輯，2002 年 7 月，中華書局（修定稿〈申論殷墟甲骨文「气」字的虛詞用法〉，刊載《北京大學中國古文獻研究中心集刊》第三輯，頁 11-28，2002 年 12 月，北京大學出版社）。

11 劉桓《殷契存稿》之二・殷墟文字通論【甲骨文六書釋例】（下），頁 281-295，1992 年 6 月，黑龍江出版社。

法具備，然難免有不能造者。如狀詞、語詞、地名、人名等……蓋以不造字爲造字，章太炎所謂『節文字之孳乳』者也。然既假借之而沿用成俗，所謂『約定成俗』者謂之假借。已假借之或本有其字者，再以其他同音字書之，今謂之別字，古謂之通假。通假字殷商甲骨文亦有之」[12]。

（四）由甲骨文字窺探六書發展與分布：李孝定撰集《甲骨文字集釋》，匯證考釋甲骨文字之研究成果，並以之爲基礎資料庫，以六書理論爲架構，董理《集釋》中之已識字，重新歸類，發表〈從六書的觀點看甲骨文〉一文，並編制假借字表，凡得：假“豊”爲“禮”、假“彔”爲“祿”、假“羊”爲“祥”、假“畐”爲“福”、假“此”爲“祡”、假“且”爲“祖”、假“帝”爲“禘”、假“咼”爲“禍”、假“戉”爲“歲”等假借字例凡 129 字，進行甲骨卜辭中六書之分佈與假借比重之科學系統分析，甲骨文中假借字之使用，約佔總字數中六書之 10.53%，並揭示「假借字本是在形聲字沒有發明之前，從表形、表義的文字，過渡到表音文字，青黃不接的階段裡，所採取的變通辦法，他本身已是純粹的表音文字，形聲造字的辦法，是受了假借字啓示，纔被發明出來的。」，與黃季剛先生論「假借」云：「故之假借之法，行於太初；依其理以造形聲之字而假借之用益大。是故形聲之字其偏旁之聲有義可言者，近於會意；即無義可說，亦莫不由於假借。」若合符節。二十世紀末期至廿一世紀，朱歧祥、鍾旭元、許偉建、尙

12 金祥恆〈甲骨文通借字舉隅〉，《中國文字》第十册，頁 1147-1150，1962 年 12 月，國立台灣大學文學院古文字學研究室。又續作《甲骨文假借字續說—比母》，舉栔文爲例，說明古本無“毋”字，借“母”爲之，乃《說文》「本無其字」之假借，說見《中國文字》第十册，頁 1147-1150，1965 年 6 月，國立台灣大學文學院古文字學研究室。

久孝、鄭振峰諸氏[13]，分別選用《殷墟卜辭綜類》（島邦男編）、《甲骨文合集》（胡厚宣主編）、《甲骨文字典》（徐中舒主編）等語料數據，或抽樣，或全面，自李孝定之10.53%，以至鄭振峰之83%，其間差距高達70%，矧以基礎分析語料庫規模之大小，與判定標準之寬嚴，並皆嚴重影響統計之精確性。

（五）假借研究深入甲骨文字學專著內涵：趙誠《甲骨文字學綱要》（1993年）從語言學觀點，論述甲骨文字之「本字」和「假借字」關係，並肯定前人之分假借字爲"本無其字"和"本有其字"兩類，其說符合漢字發展之事實並將假借字區分爲：①本無其字的假借、②本有其字的假借及③未定型的假借（或稱發展中的假借）三類。三類之中本無其字的假借最多，未定型的假借比較豐富，本有其字的假借最少。[14]李圃《甲骨文文字學》（1995年）將假借字視爲表詞方式之一，「假借表詞方式指語素（或詞）本無自己的專字表示，而是通過自身的語音形式尋求音同或音近的既有字借用其字形表示自身的音和義的一種表詞方式」，並以甲骨文字字少詞多，用以記錄殷商語言，不敷使用，必須藉助"借形造字法"，因將文字學慣用術語之假借字，稱爲「借形字」。復依語法類別，區分爲①實詞借形字②虛詞借形字兩類。[15]鄒曉麗・李彤・

---

13 朱歧祥〈略談研究甲骨文字的新方向〉，《中國語文集刊》第四期，1986（後輯入《甲骨學論叢》頁313，1992年，台灣學生書局）鍾旭元、許偉建〈甲骨文金文通假字釋例〉，《華南師範大學學報》1987年第1期，頁86-88。尙久孝〈它們是假借字嗎？—《甲骨文字典》讀後〉，《殷都學刊》1992年第3期，頁18-21。鄭振峰〈從甲骨文看上古漢語中之假借現象〉（1999）、〈論甲骨卜辭中的假借現象〉（2001）、

14 趙誠《甲骨文字學綱要》第五章第四節「本字和假借字」，頁104-118，1993年6月，商務印書館。

15 李圃《甲骨學文字學》頁153-164，又173-189，1995年1月，學林出版社。

馮麗萍《甲骨文字學述要》（1999 年）「假借字研究」，並辨析 2,703 個甲骨文字中假借字個體表義情況平面、靜態考察，發現甲骨卜辭中之假借，絕大多數爲「本無其字」之假借，亦即沒有本字語借字語音之對比。[16] 朱歧祥《甲骨文字學》（2002 年）則認爲「假借、轉注屬於字的用法，而並非是形體上產生新字的方法。」[17]。

貳、甲骨卜辭假借現象及相關問題

羅振玉以籀讀商契文字其難凡三，而屬於文字問題者居其二，一則文多假借，一字數用，辭義難定，曰：「卜辭文至簡直，篇恆十餘言，短者半之，又字多假借，誼益難知」二則繁省不定，一字異文，曰：「古文因物賦形，繁簡任意，一字異文，每至數十。書寫之法，時有凌獵。或數語之中，倒寫者一二；兩字之名，合書者七八。體例未明，易生眩惑」，因撰《增訂殷虛書契考釋》，分類考釋五百六十字。徵之甲骨卜辭，庶幾無一版無假借現象。卜辭之短者如：《殷契粹編》，其第 1179 版卜辭殘銘曰：「□東」「貞：其㞢（有）𡆥（艱）自南」，七字皆爲假借。而《合集》12870 甲＋《合集》12870 乙收錄之卜問下雨與否之卜辭，云：「癸卯卜，今日雨，其自西來雨？其自東來雨？其自北來雨？其自南來雨？」，全文計 26 字，除“卜”、“日”、“雨”三字外，其餘“癸”、“卯”、“今”、“其”、“自”、“西”、“來”、“東”、“北”、“南”諸字皆屬假借字，佔總字數之 77%。而

[16] 鄒曉麗・李彤・馮麗萍《甲骨文字學述要》第二章第三節爲「假借字研究」，頁 62-88，岳麓書社。

[17] 朱歧祥《甲骨文字學》

《殷虛書契菁華》著錄雪堂所藏武丁時期牛胛骨之一[18]，爲卜辭長銘之最著者，其刻銘爲：「〔癸卯卜，㱿貞：『旬亡囚（憂）？』〕王固（占）曰：『虫（有）希（祟）』。八日庚戌，虫（有）各雲自東，冒，母（晦），昃〔亦〕虫（有）出虹自北，飲于河，□月。」又：「癸亥卜，㱿貞：「旬亡囚（憂）？」王固（占）□：「□□其亦虫（有）來（艱）。五日丁卯，子□（由）□（殊），不□（死）。」（《合集》10406 反）雖已有豐富之語言情境，可供參酌考察文文義。其中猶存“虫（有）”、“（祟）”、“自”、“東”、“北”、“母（晦）”等假借字，必待通其假借，方能破其鴻濛。魯實先《假借溯源敘》亦稱：「卜辭文辭固多繁省，古器款釋亦復遷訛，自非綜觀諦察，無以辨決音義。非明轉注假借，無以封謫然疑。不能囿於字形之相近者，而可斷其爲一文也。」

一、甲骨文字假借之類型

叔重《說文解字敘》釋“假借”名義云：「假借者，本無其字，依聲託事。」假借之生，「原夫假借放於古文本無其字之時」，古文初作而文不備，乃依聲託事，言有此音，字無其形，「凡事之無字者，皆得有所寄而有字」，“事之無字者”蓋指形不可象，事不可指，意不可會。段注發明《說文》『以爲』、『古文以爲』及『引經說假借者』反映假借之意涵，云：「凡言『以爲』者，用彼爲此也。如：來，周所受瑞麥來麰也，而以爲行來之來。……及其久也，乃謂『來』爲『往來』正字，而不知其本訓。」其

[18] 見《殷虛書契菁華》第四頁反面，又《合集》10405 反。

下臚舉來、烏、朋、子、韋、西六字例，此本無其字之假借。又云：「其云『古文以爲』者，『洒』下云：古文以爲灑掃字，……此亦皆所謂『依聲託事』也。而與“來”、“烏”、“朋”、“子”、“韋”、“西”六字不同者，本有字而代之，與本無字有異。」其下臚舉洒、疋、丂等十字爲字例，此本有其字之假借。又云：「皆許偁經說假借，而亦古文字少之故，與云『古文以爲』者，正是一例。」段玉裁遂博綜古今，約爲「假借三變」之說，曰本無其字之假借，曰本有其字之假借，曰後代訛字冒於假借。

近代學者在《說文》論述基礎上，對甲骨材料中之假借字類型，有其繼承與開展，金祥恆謂殷商甲骨文即有通假字，假借發展之途徑爲（一）始於有其音而無其字，雖造字之法具備，然難免有不能造者。如狀詞、語詞、地名、人名等（二）既假借之而沿用成俗，所謂『約定成俗』者謂之假借。已假借之或本有其字者，再以其他同音字書之，今謂之別字，古謂之通假。（一）即《說文》本無其字之假借。（二）即《說文》本有其字之假借。趙誠將假借字區分爲本無其字之假借、本有其字的假借及未定型之假借（或稱發展中之假借）三類：（一）本無其字之假借：甲骨刻辭中，爲數量夥。概括言之有人名（婦、母）、地名（亳、商）、方位名（東、南、西、北）、方國名（方）、干支字（甲、乙、丙、丁、戊、己、庚、辛、壬、癸、子、丑、寅、卯、辰、巳、午、未、申、酉、戌、亥）及虛詞（兮、乃、其、唯）、形容詞（弗、不、弜、晦、非、勿、于）和部分動詞。（二）本有其字之假借，後世文獻常見，乃音同音近字間之相互通用，或稱爲通假，殷周甲骨卜辭中則罕見其例。（三）未定型之假借字：如甲骨文中“㞢”、“又”、“有”之假借關係，與“叀”、“隹”、“唯”、“惟”

之假借關係。李圃《甲骨文文字學》將假借字視爲表詞方式之一，區分爲：實詞借形字、虛詞借形字兩類：（一）實詞借形字①人名（漁、好、尹）、地名（雇、象、沚、商）、方國名（土、象、菁、召、尸）、方位名（東、南、西、北）干支名、先公先王廟號（大甲、羌甲）等②動詞（貞、又、麥）（二）虛詞借形字①虛詞（其、不、弗、弜、亦）②介詞助詞之借形字：于、其、隹③代詞：我。[19]李圃之分類，無論實詞借形字，抑或虛詞借形字，實則與"本無其字"之假借，並無二致。而趙誠所謂未定型的假借（或稱發展中的假借），正文字發展中未臻定型必然之現象，形聲字之產生，或在其前，或在其後，而以後者爲多。

二、甲骨文「假借字」與「本字」之觀察

自來「來」、「麥」二字之形音義，傳世典籍訓讀與夫出土之古文字材料，頗見糾葛[20]。試檢甲骨文字中「來」字，比觀《說文》列於「本無其字」之首例。「來」字之構形，本取象於「麥」，中象麥桿、兩側折筆象麥葉斜垂[21]。《說文》來部：「來，周所受瑞麥來麰。一來二縫，象芒朿之形。天所來也，故以爲行來之來。」"來、牟"之書證，並見於《詩・周頌・思文》：「貽我來牟，帝命率育。」及《臣工》：「於皇來牟，將受厥明。」本義爲"麥子"，當無疑義。徵之甲骨卜辭用例，裘錫圭

19 李圃《甲骨學文字學》頁153-164，又173-189，1995年1月，學林出版社。

20 張哲撰有〈釋來麥釐〉一文，刊載《中國文字》第七册，頁759-772，1962年3月，國立台灣大學文學院古文字學研究室。

21 季旭昇《說文新證》分析"來"字構形，謂「象麥葉折形，禾葉不折」，後於其上添加橫畫「一」形，強化其分化「行來」義。謂其乃假借分化增體指事字（卷五・頁463，2002年，藝文印書館）。

《鐵雲藏龜》177・3 版釋讀爲，「辛亥卜貞：或刈來」[22]；以爲此係「來」字用其本義「麥子」僅見之例。茲檢《合集》33260 版爲第四期卜辭，卜問麥類是否有收成，曰：「〔乙〕亥卜，受來禾。」又餘則作假借爲往來之"來"解，其例見於《合集》39455 正「戊寅卜，㱿貞：沚戓其來？/ 貞：沚戓不其來」），《屯》2058 第(3) (4)「乙酉卜，亡來囚（憂）/ 有來禍自北」花園莊東地甲骨第 480 版第(1)(3)辭：「來獸（狩）自畀」及第（6）辭：「來自畀」。及周原甲骨 H11:14 卜甲：「楚白（伯）三（乞/迄）今秋來，卲（禦）于王，其則。」[23]。金文字形多承契文，或增添形符辵作「逨」；戰國楚簡文字，則添加形符"止"作「麥」，藉以增強其往來"行動"之義涵。甲骨文中假借"來 1"表示由彼及此之"往來"義之"來 2"數量大於本義"來 1"之使用。《說文》段注「及其久也，乃謂『來』爲『往來』正字，而不知其本訓。」可上溯殷商古文字，信而有徵矣！

「來」字本義爲"麥子"，進而思考「麥」字之構形，與「來」字同意，皆屬象形。與「來」並象其麥桿、斜垂麥葉。《說

---

[22] 裘錫圭說見〈甲骨文中所見的商代農業〉，《古文字論集》頁 158-160，1992 年 8 月，北京・中華書局。嚴一萍先生編撰《鐵雲藏龜新編》頁 554，1975 年 7 月，臺北・藝文印書館。嚴先生分爲四十八類，此片歸入「卜來」類，置於「卜往出」與「卜去」兩類之間，而不與「卜求年」相涉。蓋疑"來"字其不作五穀作物解。又徐中舒主編之《甲骨文字典》卷五雖據《說文》解字，惟其釋義義項凡五，其一曰返也，還也，如：「乙亥卜，貞：王其田往來亡災。」其二曰至也，如：「□貞：其有來艱，自西。」其三曰將至也，如：「戊寅貞，來戊大邑受禾，在六月。」其四曰貢納，如：「𢆶不其來舟。」其五曰地名，如：「己未卜，今日不雨，才（在）來。」獨不見用爲麥子解之詞例。（《甲骨文字典》頁 616-617，1988 年 11 月，四川辭書出版社）

[23] 又見于H31:2 卜甲：「唯衣（殷）奚子來降，其執眔（暨）氒（厥）吏」、H11:83 卜甲：「曰：今秋，楚子來，告父後哉。」

文》麥部：「麥，芒穀。秋穜後薶，故謂之麥。……從來，有穗者，從夊。」書證見於《詩・鄘風・桑中》：「爰采麥矣，沬之北矣。」「麥」字從來從夊，舊有二說，一曰象倒止（趾）形，二曰麥根之象。前說又有歧見，葉玉森以下從“夊”形，表“行來”之意[24]；邱德修則以“來”本“來麰”之“來”本字，其後“來”假借爲“往來”之來；又增添形符“夊”作“麥”，以爲“來往”義之本字，復被假借爲“來麰”之“來”[25]。王襄、李孝定、季旭昇以爲“夊”形蓋寫其麥根。李孝定謂「夊象倒止形，於此但象麥根。以“來”假爲行來字，故更制繁體之麥以爲來麰之本字。」[26]羅振玉、王襄、李孝定以“麥”與“來”當爲一字，許君誤分爲二。“麥”字所從之“夊”，實象麥根，毋須比附於行來義之“夊”形。

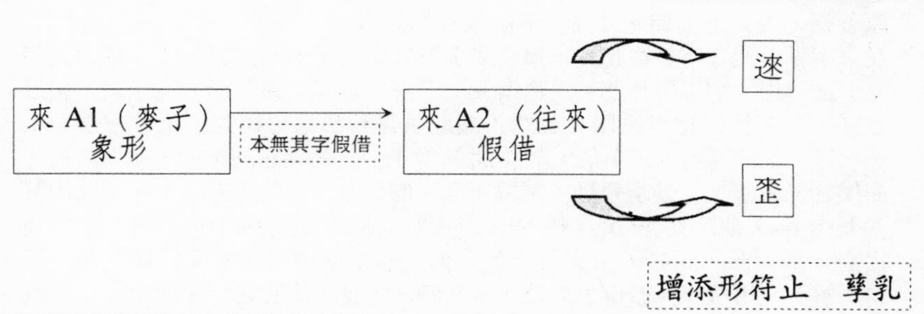

[24] 葉玉森《說契》，頁四上。李圃說見《甲骨學文字學》亦謂從「夊」，示與腳步有關的行爲動作，頁 268。

[25] 參邱德修〈說來解麥〉，《中華文化復興月刊》第五卷第六期。及《文字學新撢》頁 226-227，1995 年 9 月，合記圖書出版社。

[26] 羅振玉「《說文解字》麥字從來從夕。按此與“來”爲一字，許君分爲二字誤也。“來”像麥形，此從夊（降字從之，即古降字）象自天下降，示天降之義。來牟之瑞在后稷之世，故殷代已有此字矣。」（中 34 頁）。王襄說見《古文流變臆說》69-70。（參）李孝定說見《甲骨文字集釋》1892 頁。

甲骨卜辭“麥”字作五穀作物「麥子」解之用例，多見於第一期“告麥”卜辭[27]，如《合集》9620：「翌庚子告麥。允有告麥。一」。9623：「翌丁亡其告麥。允亡。」檢《合集》24440 著錄非卜用骨版之干支表[28]，蓋屬二期卜辭，其文例由左向右豎行，首行銘刻「月一正，曰食麥。」學者稱其與《禮記・月令》「孟春之月，食麥與羊」之“食麥”同義。或用爲地名，見於「田麥」、「田于麥」等詞例。參驗花園莊東地甲骨“麥”字之本義及假借義並見，且其假借用法，殆有其演變與發展。第 475 版（8）記載辛亥貞問，商王告以將不前往。毋須召請商王事[29]，曰：「辛亥卜，丁曰；余不其（往）㞢，不[illegible]（速）。一」。第 475 版（9）爲其驗

27 甲骨文「告麥」之詞例，可參彭邦炯著《甲骨文農業資料考辨與研究》「麥類」（圖版第 66-86 片），考辨見頁 334-343，1997 年 12 月，吉林文史出版社。胡厚宣以爲係侯伯之國來告麥之豐收於殷王。見《甲骨文商史論叢》初集第一册，頁 32。

28 原著錄《後》下 1.15。又見《卜辭通纂》第六片。

29 花東甲骨“速”字，從止從木東（束）聲，金文〈弔家父匡〉：「用速先諸兄」之“速”字字形作[illegible]，從辵束聲，“朿”正作“東”形。從止從辵義近互通，二字構形當可系聯。新進入藏北京保利藝術博物館〈榮仲方鼎〉：「己巳，榮仲速內（芮）伯、[illegible]（胡）侯子」，鼎銘正謂榮仲「邀召芮伯、胡侯之子入學」（參李學勤〈試論新發現的[illegible]方鼎和榮仲方鼎〉，《文物》2005 年第 9 期，頁 59-65，轉 69。原大名文拓片見頁 64），“速”字從辵從東（束）形，同於〈弔家父匡〉，但束形方向稍異耳。又“速”作“召請”解，其用法亦見於傳世典籍，猶《詩・小雅・鹿鳴之什・伐木》：「既有肥羜，以速諸父」、「既有肥牡，以速我舅」之“速”，鄭箋：「速，召也。」

參張玉金《甲骨文語法學》（頁 10-13,2001 年 9 月），學林出版社）之甲骨【兼類詞】第一類，原爲名詞，後又兼表動詞。如：《合集》456 正：「貞：王其疾目？」“目”爲“眼睛”，“疾目”即“眼疾”，；《合集》6194：「貞：乎（呼）目?方？」“目”爲“監視”。《合集》32419：「□置豆（鼓）於大乙？」“豆”字原象鼓形，即“鼓”之本字；又用爲“擊鼓”，《合集》：「庚寅貞：其壴彡？/ 弓壴彡。」《合集》：「甲申卜：不其網□魚」，又用爲“捕魚”，《合集》667 反：「王魚？/ 勿魚？」

辭，說明子於辛亥日爲丙〔辰〕日召請商王來格而貞卜，四天之中，商王曾命令其（帶領族人）跟婦好一起到㚇（㚇）地種麥子。卜辭曰：「辛亥卜，子曰：余丙𨔻（速）。丁令（命）子曰：㞷（往）眔帚（婦）好于㚇（㚇）麥。子𨔻（速）。一」[30]“麥”本義爲“麥子”，今則兼表“種麥子”，與《合集》235「貞：登黍？/勿登黍？」用黍爲黍子之本義，而《合集》12「貞：惠小臣令衆黍于□？」《合集》9530：「辛亥卜，㱿貞：帚（婦）妌乎（呼）黍于丘商」，則用以表示種黍之用法無別。蓋用其本義之兼類詞[31]，亦屬與造字本義侔合之罕見例證。

又花園莊東地甲骨第34版（5）：「甲辰卜：于麥（來）乙[32]，又于且（祖）乙宰。用。一二」，原釋文“麥”作“來”，姚萱諦審原圖版，釋 爲“麥”，讀爲“來”[33]。或“麥乙”即“來乙”，

[30] 釋文參姚萱《殷墟花園莊東地甲骨卜辭的初步研究》，頁133-134，2005年4月，北京・首都師範大學【中國語言文學系漢語言文字學專業】博士論文。（又見于正式刊行本《殷墟花園莊東地甲骨卜辭的初步研究》附錄一，頁368，2006年11月，線裝書局）

[31] 參張玉金《甲骨文語法學》（頁10-13,2001年9月），學林出版社）之甲骨【兼類詞】第一類，原爲名詞，後又兼表動詞。如：《合集》456正：「貞：王其疾目？」“目”爲“眼睛”，“疾目”即“眼疾”，；《合集》6194：「貞：乎（呼）目?方？」“目”爲“監視”。《合集》32419：「□置壴（鼓）於大乙？」“壴”字原象鼓形，即“鼓”之本字；又用爲“擊鼓”，《合集》34475：「庚寅貞：其壴?？/弓壴?。」《合集》16203：「甲申卜：不其網□魚」，又用爲“捕魚”，《合集》667反：「王魚？/勿魚？」

[32] 甲骨卜辭多見「來干支」之詞例，且有「叀今日」與「于來日」對文之詞例。對甲辰日而言，次日爲“乙巳”，即“今乙”，“來乙”當指下一乙日“乙卯”。

[33] “麥”字原誤摹爲“來”，姚萱經細審照片，指出其下尚存所從“夂”行之殘筆，當爲“麥”字。參【注24】姚萱博士論文《殷墟花園莊東地甲骨卜辭的初步研究》，頁134。（又見于正式刊行本附錄一，頁240，2006年11月，線裝書局）

正由“由彼至此，由遠及近”之假借義“往來”之“來”，引申而爲“未來”義。甲骨卜辭恆用「來干支」之詞例，惟距越數日之稱。如《合集》7795：「辛卯卜，貞：來辛丑王入於商？」此處倘非貞人之誤書，且原圖版亦屬殘泐，則既已有用以表麥子義之“來A1”字，假借爲表往來義之“來 A2”字；復存逆向假借表往來義之“麥B2”字引申用以表“未來”義。竊疑二字語音若無有密切關聯[34]，則或原屬一字之同源分化，致有互異承用之現象。故既恆見用“來”爲“麥”之常例，偶得見此用“麥”爲“來”之孤證[35]，其後遂形成各自封閉之通假途徑。

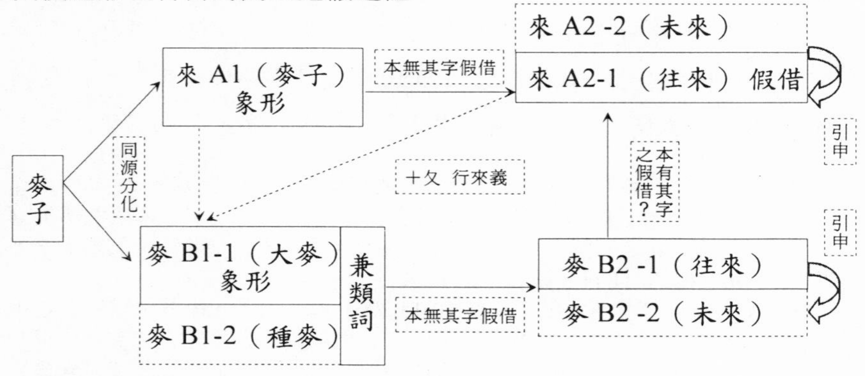

---

[34] 鄒曉麗亦陳述卜辭大量同音字所反映的商代音系，其中「舌音和脣音」例證有：“命”“令”卜辭同字，故同音，後分化“令”來母舌音，“命”微母唇音，以區分詞性與詞義；“卯”借爲干支字，或用爲動詞“殺卯”之“卯”，與後代“劉”“鎦”同，又作“柳”之聲母，後代“卯”明母唇音，而“柳”、“劉”、“鎦”均讀來母舌音。（說見《甲骨文字學述要》，頁92，1999年9月，岳麓書社）。汪啓明曾指出：先秦兩漢古齊語保留脣音與來母之複輔音，並舉“來”“麥”互換，“麥”，字從“來”而讀爲“麥” 爲例，重讀第一個音素就讀爲脣音〔m〕，重讀第二個音素就讀成邊音〔l〕。麥、牟、麰，明母。來、棶，來母。參《先秦兩漢齊語研究》，頁168，1998年8月，巴蜀書社。

[35] 朱駿聲《說文通訓定聲》「來」字下注云：「“往來”之“來”，正字是

三、甲骨文假借字形義關係之觀察

黃季剛先生推闡其說，云：「最初造字之時，或因本字不足，即用本字以爲假字，故造字之時，已有假借也。文字隨語言、音聲而變異；因聲音之變易而假借遂亦有變易。爲時旣遠，聲變日繁，其所假借之字竟與本字日遠而不易推矣。至文字應用於文章，亦多用假借，有殷正字不足而用假借；有因遵守習慣而用假借；有因避同去忌而用假借，蓋假借之用愈廣，而本字越難推求；本字欲難推求而本字與假借不相應之處愈多，其相去亦愈遠。惟研究文字之學者，故不能以難而置之也。」假借字之意義，旣非原字之本義，僅借其音而已。但「假借字」與「被假字」之關係，猶在參酌傳世典籍之假借記錄，然後尋其音聲之相因，辨其詞義之發展，定其形構之孳乳，推求二者假借之可能方式，推敲形音義之考訂先後。

《說文》以「蜥蜴」之象立說，謂其本義爲「蜥易、蝘蜓、守宮也。象形」，與今之難易字、變易字形義乖隔。徐中舒以甲骨文字形象兩酒器相傾注承受之形，故會「賜與」之義，引申之而有「變易」義，金文形義略同，經傳作“錫”、“賜”皆後起字，並直指《說文》形義皆不確[36]。甲骨文及金文字形可別爲三類，其一

“麥”。“菽麥”之“麥”，正字是“來”。三代以還，互用互異。」又於「麥」字下注云：「此字本訓當爲“往來”之來，致也。從夊來聲，與“致往”字同義。自古與“來”字互異承用。」

36 徐中舒《甲骨文字典》卷九，頁1063-1064，四川辭書出版社。蔡信發引魯實先《殷契新詮》之說，謂易之形構爲「從𠃝（涿之奇字）彡」會意，涿，由日、乁會意，《說文》釋爲「流下滴」，即刻漏計時。，涿之從乁，示流水之意。，易之從彡，表流水連緜之易。刻漏瀉流，隨時不同，以表示變易之義。（說見《說文部首類釋》頁348-349，1997年8月，萬卷樓圖書公司）說者殆以時移變易之「變易」爲本義。

具體而微，容器或雙或單，雖有多寡，均象容器之實寫。A1 ，象兩手捧一酒器傾注于另一酒器之形。其二或作 A2 ，象兩容器相互傾注之形。其三作 A3 ，但存一容器，中有酒漿。其四 A4 ，則但截取容器部分形體（?形猶存）及酒漿，酒漿（習見三滴，多者作五滴）或左或右，其酒漿于左側者，至周代中期以降，金文《師酉簋》、《毛公𤸫鼎》、《不𡢁簋》、等形體訛變作A5 ，遂與蜥蜴之象淆混[37]。而《蔡侯鐘》作A6 ，《中山王大鼎》作 ，其形體尤爲逼似。《說文》遂誤釋爲蜥蜴象形（參形變表）。且《中山王方壺》「不告者（諸）侯，而臣宗（主）（易）立（位）」之A7“ ”字，作二易正反相背，《金文編》別出一字，注云：「《說文》所無，從二易相背，義爲悖。」諸家考釋並釋爲「易」字，當強調其上下“變易”義[38]。

（一）參合構形本義，得考明假借字之本源：茲參酌「易」字于甲骨文之用例，推求其造字之本義，藉以明其假借之指歸。其一讀爲“賞賜”之“賜”，如《佚》518 收錄爲帝乙帝辛 時期之兕骨記事刻辭：「壬午王田于麥麓，隻（獲）商（賞）戠兕，王易（賜）宰丰寢，小𩰫兄（貺）。才（在）五月，隹王六祀。肜

---

37 嚴一萍先生指出〈德鼎〉之用「益」爲「錫」，當是音同相借，爲偶發現象，絕非字形演變之簡化。故其銘文所見，「益自益， 是 ，而益皆从皿，未有絲毫混同之跡象可尋。」，（《甲骨古文字研究》第一輯，頁 50，1976 年 6 月，藝文印書館。）季旭昇亦云：「師酉簋字形漸漸訛變，與蜥蜴有點類似，《說文》遂誤釋爲蜥蜴。」說可參酌，見《說文新證》（下）卷九，頁 96，2004 年 11 月，藝文印書館。

38 此以「形位」表義，當屬中山三器之文字構形特徵，一猶《中山王大鼎》「毋替厥邦」之“替”字作 ，增訂四版《金文編》卷十注云：「《說文》：『替，廢，一偏下也。』從作一上一下更替之形。」

日。」又《合集》11438：「庚戌□貞：易多女有貝朋？」銘文中之“商”“易”，讀爲今日之“賞”“賜”。其二“易”疑讀如“暘”，恆見於卜辭中「易日」之用例，如：《合集》33374反：「戊寅卜，王坎（陷），易日？允。/ 不易日？/癸酉其告于父乙一牛。」有關“易日”之語義，見解歧出[39]，或釋爲“更日”，謂更改時日；或解爲「暘日」，意即“陰日”；或謂易猶變也，“易日”猶今言“變天”，後二說均緊扣天氣變化現象，綜理諸家之說，“易日”之驗辭，就事件而論，多涉祭祀、田獵與出行；驗辭多數爲“風”、“雹”、“驟風”等，偶亦出現“𢼄”字。知無論天氣變化結果之好壞，並得偁曰“易日”[40]，均涵攝“變易”義。

[39] 「易日」諸說可參于省吾主編《甲骨文字詁林》第四册，3328「易」字下（頁 3382-3390）集錄，自孫詒讓「更日」之改易時日說，王國維、陳邦福、吳其昌之殷代祭名說，郭沫若、姚孝遂、小丁之陰日說、楊樹達之天象陰日說，孫海波、沈之瑜之變天說，饒宗頤之天雨求賜日說，嚴一萍先生之雲開日出說，大抵雨天象相關，嚴一萍先生比對相關天象，排除彼此牴迕，最富啓發，而變天說涵蓋面最廣。

[40] 陳年福根據“易日”、“不其易日”等卜辭，占卜之天氣變化，多與祭祀、田獵、巡狩活動相涉用於祭祀者，如：《合集》33724「癸酉，易日？/不易日？/癸酉其告于父乙一牛。」用於田獵者，如：《合集》33374反：「戊寅卜，王坎（陷），易日？允。/不易日？/癸酉其告于父乙一牛。」用於出行者，如：《合集》11274正：「丙寅卜，內：翌丁卯王步，易日？/翌丁卯王步，不其易日？」且以此類卜辭之驗辭，如：《合集》7370：「□亘貞：翌丁亥易日？丙戌雹」，又《合集》6037正：「貞：翌庚申我伐，易日？庚申明陰，王來途首雨。/□𢆶曰：『易日。其明雨，不其夕。』」並爲“雹”、“風”、“大雨”、“驟風”、“雹”，而不見“”之紀錄，並指天氣變化之結果，意謂卜問“易日”後並屬天氣變壞（參陳年福〈甲骨文“易日”爲變天說補正〉，《甲骨文動詞詞匯研究》頁241-244，2001年九月，巴蜀書社）。陳氏蓋失之眉睫，實則《丙》477《乙》4169：「貞：翌庚子，不其易日？/〔貞：翌〕庚子易日？王固曰：『𢼄，勿易。之夕雨，庚子』」嚴一萍先生早於考訂〈釋𢆶〉一文，就此綴合之甲骨作出合理解釋，爲己亥日天陰，卜問明日庚子是否日出。王視兆而固之曰：『𢼄』，勿

三讀爲“輕易”之“易”，見於「齒易」之用例，如：《前》4.4.2：「甲子卜，㱿貞，王疒（疾）齒，隹爲□易。」又《前》6.32.1：「甲子卜，㱿貞，王疒（疾）齒，亡易。」楊樹達謂“易”爲換牙易齒，以“換牙“釋之，商王乃武丁，似不得以“換牙”解[41]，宜從陳世輝、湯餘惠之說，“易”作“輕”解，指病情緩和、平復。四曰用牲之法，《前》6.42.8：「貞，易犢白，九月。」五用爲地名，《前》6.43.1：「貞于易。」另陳邦福舉《合集》28012：「王其乎（呼）衛于㝨，方出于之，有戈？/弜易襄，尸（夷）方不出于之 / 弜易襄，尸（夷）方不出于之」爲例，釋“易”爲本義之“傾注”，“易襄”即“決堤”，河水傾注而出也[42]。又讀“易”爲“容易”之“易”如《合集》40437（《英》1177 正）：「貞：王恆易御」之“易”。惜前例之“易襄”，缺少典籍之書證；後者以銘辭短小，未能確指。二者暫不納入詞意系統。茲就「易」字形構配搭詞義之發展，以明本字與假借字對應之梗概。

『日出』。此夜果雨，至天明庚子乃『攸』。“之夕雨，庚子”二句，是應驗之辭。且《說文》「攸，雨而後姓也。」與此所卜正合（說見〈釋攸〉，《中國文字》第四十册，頁 4430-4434）

41 參楊樹達《積微居甲文說》頁 21〈釋易〉，2006 年 12 月，上海古籍出版社。

42 同【注 40】陳年福《甲骨文動詞詞匯研究》，頁 225。

字形演變

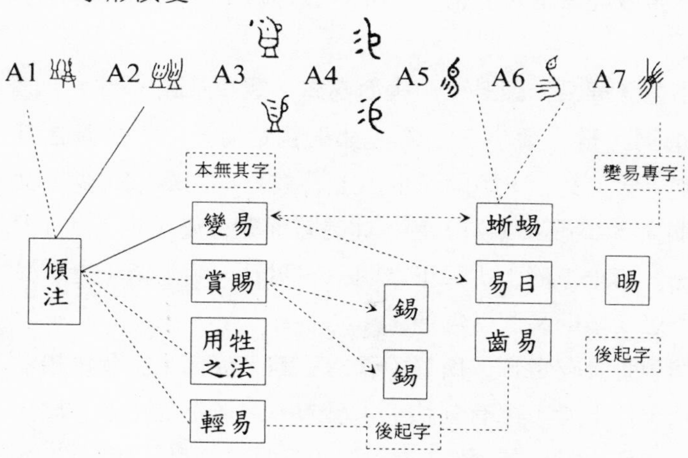

詞義系統

	A1	A2	A3	A4
	象雙手持容器傾注酒漿于另一容器之形	相象兩容器互傾注承受之形	僅存一具象容器及酒漿	截取容器局部及酒漿
商代甲骨	前 6.42.8	河 784		
商代金文				小臣系卣 小臣系卣
周代早期金文			德鼎 弔德簋	
周代中期金文	史喪尊			靜簋

（二）本字既經假借，假借義行而本義趨晦，甲骨構形猶存本義

馬王堆帛書《周易》頤卦：「舍而靈龜，觀我朶頤，凶。」假借為第二人稱稱代辭「爾」字。又《郳王義楚耑》：「余義之良臣，而□之字（慈）父」，戰國《中山王嚳壺》：「事少（少）女（如）㞑（長），事愚女（如）智，此易言而難行施（也）。」[43] 上博三《恆先》第十三簡：「天下之明王、明君、明士甬（庸）又（有）求而不患？」則又假借為連詞。

《天壤閣甲骨文存考釋》所錄甲骨為王懿榮舊藏，唐蘭撰輯並考釋，其第八十片卜骨，上有刻銘：「己未卜，雀：隻（獲）虎，弗隻（獲）。一月。才（在）𠕗（而）」（又見《合集》10201）。唐立庵考釋曰：「𠕗，舊不識。余謂是“而”字。作而者，即𠕗之變。《說文》：『而，頰毛也。』」[44] 而蓋殷墟甲骨文之地名。魯實先謂「段注本據《禮記》正義，改其釋義為“須”，其說允當，而借為語詞，故孳乳為“耏”。」[45] 徐中舒主編之《甲骨文字典》卷九據《說文》而部：「頰毛也。象毛之形。《周禮》『作其鱗之而』[46]。」解字，謂其本義為「象頜下鬚毛之形」，而【釋義】下僅收錄地名及方國（而君之而）二義項，不見“而”字獨用作“鬚

---

[43] 中山王墓銅器銘文「而」字用為「連詞」者凡 13 例，為春秋戰國時期金文中之最多者，計：《方壺》5 例，《大鼎》7 例，《𧊒𧊒圓壺》1 例，皆用作「連詞」，不見用為其他通假字者。

[44] 王懿榮舊藏，唐蘭撰集《天壤閣甲骨文存並考釋》第五十八頁。

[45] 魯實先遺著《文字析義》（二），頁 0195，魯實先全集編輯委員會，1993 年 6 月。

[46] 《周禮・冬官・考工記・梓人》：「深其爪，出其目，作其鱗之而，則于視必撥爾而怒。」王引之曰：「而，頰毛也。……作其鱗之而，謂起其鱗語頰毛也。若龍有鱗，虎有須，接象其形，使之上起耳。」

毛”解之字例。[47] 然則聯繫相關古文字材料，檢索構形從“而”之字形，安陽所獲牛胛骨其族氏有作[古文字]者，突出人之髯鬚形，郭鼎堂因稱象人「口旁有鬚」。《盂鼎》鼎銘：「有[古文字]𦦨祀」，「[古文字]」字從[古文字]從此，裘錫圭以「[古文字]」字即《說文》解爲「口上鬚也」之“髭”，係從而添加此聲。[48]，劉釗並指出古文字之異體，有「整體」與「局部」之不同[49]，可作整體正面之人形大而突顯鬚毛之 ，亦可作整體側立人形 而突顯鬚毛之 ，亦可作局部而突顯鬚毛之 。

（三）辨析甲骨文字，得以補苴假借文獻：

傳世經籍，多見假“蚤”爲“早”之例。惟古文字材料，不見“早晨”之“早”字身影。《中山王𰯌鼎》鼎銘：「昔者𪓿（吾）先考成王，曐（早）弃群臣」，曐作[古文字]從日棗聲，“棗”與“早”並屬精紐幽部字，故可讀爲“早”字。山西長治分水嶺出土《宜□之[古文字]戟》，“[古文字]”與《中山王𰯌鼎》曐字下不全同，當即“棗”字，讀爲“造”，棗字精紐幽部，造字從紐幽部，器名當讀爲「宜□之棗（造）戟」。郭店楚簡《緇衣》第 18-19 簡：「彼求我則，如不我得。執我𢧐𢧐，亦不我力。」其左旁近於“來”形，原釋文作從考從戈。黃德寬、徐在國改釋爲“棗”之省形。“棗”形略去其半，復於豎筆之上，增添短橫釋筆，遂與來字形相混，棗精紐幽部，仇群紐幽部，故可讀爲“仇”。《語叢》三第 19 簡「陀（地）能均之生之者才（在）曐（早）」，“曐”字下半亦早之省

47 徐中舒主編《甲骨文字典》，頁 1045-1046，1988 年 11 頁，四川辭書出版社。

48 字形《金文編》未釋，納入附錄下 445，頁 1244。裘錫圭系聯甲骨材料，釋爲「髭」，說見〈讀《安陽新出土的牛胛骨及其刻辭》〉，《考古》1972 年第 5 期（又輯入《古文字論集》，頁 335/331-335，1992 年 8 月，中華書局）。

49 劉釗《古文字構形研究》第肆節，頁 117-118。吉林大學博士論文。

形，讀爲“早”。1952年安徽蔡家崗照家孤堆二號墓出土〈者旨於睗戈〉，爲越王勾踐之子鼫與之器，字作鳥蟲書，正背銘文各六字，吳振武新作釋文[50]，正面銘文爲：「〔戉（越）王〕者〔旨〕於睗。」背面銘文爲：戠□亭邑侯（候）之早（造）。」宜爲“早”字之首見之例。

又花園莊東地甲骨第267〈3〉版：「甲辰卜：㕚（早）祭且（祖）甲，叀（惠）子祝。一」又〈4〉：「甲辰：㕚（早）祭且（祖）甲友　一。一」，《說文》丑部：「㕚，手足甲也。」本義爲手爪。黃天樹以槧文中屢見「夕酒」、「暮酒」、「明歲」等“時段”十“祭名”之詞例，疑上述卜辭中“㕚”字讀爲“早晨之早”之“早”[51]，猶《詩・豳風・七月》：「四之日其蚤，獻羔祭韭。」

綜觀上列古文字材料，知花園莊東地甲骨假“㕚”爲“早晨”之“早”，與典籍假“蚤”爲“早”若出一脈。戰國中山王譻大鼎、郭店楚簡《語叢》三則假“⿱日棗”爲“早”。《宜□之棗戟》假“⿱日棗”爲“造”，〈者旨於　戈〉假“早”爲“造”。而郭店楚簡《緇衣》則假“⿰棗戈”爲“仇”。

附記：本文中華民國94（2005）年12月17日，曾于中國文字學會・國立彰化師範大學國文學系主辦〈假借專題學術研討會〉中宣讀，並得李旭昇教授暨與會師長之點撥指正，特此申謝。

---

50 吳振武〈蔡家崗越王者旨於睗戈新釋〉，《古文字研究》第二十三輯，頁100-102，2002年6月，北京・中華書局。

51 黃天樹〈花園莊東地甲骨中所見的若干新資料〉，《陝西師範大學學報（哲學社會科學版）》2005年第2期，頁58。

漢字演化的規律

王初慶

提 要

文字之基本功能在於紀錄語言，當語言因古今之變遷，或以地域之差異而有所改變之際，文字亦隨之而演變。而造字非一人一時一地，文字自衍生起即多異體，於是歷代皆有新的字形衍生，舊有的形體也往往有所變異，其間自有其內在之規律在焉。本文旨在探討文字演化之規律，先以《說文》爲依據，從歷時與共時兩個角度考察，探討由先秦至漢代古文、籀文、篆文字形上歷時性之變化之方式以及將漢代共時性的異體字——或體、俗字等字形與正字彼此對照觀察，歸納出不外省簡與增繁兩條途徑。而隸變之後，在字形上又產生同化與異化的現象；隨著字義的引申及假借，語言之孳乳，導致字形陸續分化：文字在數量上因而越來越多。文字在流傳之際，往往將繁瑣之形構簡化，固然有其規律在焉，自籀篆之變已然；而孳乳分化出來的新字，或加形符偏旁、或加聲符偏旁、或改易字之形構，皆爲繁化之字，亦有其內在之規律。簡化與繁化的角力，至於今而未衰，但是就質與量言之，繁化絕不比簡化遜色。

關鍵詞

演化　異體字　共時　歷時　俗字　或體　繁化　簡化　同化　異化　分化

前　言

在探討與文字相關的論題以前，誠如大家所知，作為人類相互溝通的工具，語言是先於文字的。一直到現代，世界上尚有不少只有語言卻沒有文字的民族。在主觀條件上，由於語言難以突破時間與空間的阻隔，不能傳播於異時異地；先民才醞釀出文字：所以文字的基本功能本在紀錄語言。然而文字之肇造非一蹴可及，在客觀條件上，當先民意識到以圖繪與語言結合，才衍生出早期的象形文字。是以凡是在主觀上要突破語言在時空上的阻隔，在客觀上又注意到可以藉圖繪的方式以表示語言的意義者，都是造字的先驅。所以說，早期的造字者非一人，在不同的時空裏，各自創造各自的文字。當然，這樣紛歧的文字體系，如果不能整合，對於象形的符號所記誌的語言不能達到共識，仍然不能具備作為紀錄語言的公器的功能。所以說，把傳說上是黃帝時的史官倉頡視為史上第一次統合整理漢字體系者，較諸倉頡造字之說更為近理。但是文字即或經整齊統合以後，使用日久，在字形上以工具化、符號化甚至訛誤等因素，不免有所變革；同時，所記誌的語言也或因時空而變易：所以每隔一段時間，當使用文字的狀況凌亂無序時，整理文字的工作就會成為當務之急；根據〈說文敘〉，在倉頡以後，秦代「書同文」

統一文字之前，周宣王的大史籀也曾經整理過當時的文字。對於大史籀的人名及時代，王國維疑之，曾提出「戰國時秦用籀文，六國用古文說」，然《漢書・古今人表》中有「史留」，「留」乃「籀」之初文[1]，而上海博物館所藏周厲王十九年器〈鼎〉銘文有「史留受王命書」，厲王為宣王之父，仍可斷定，「籀文」乃周宣王時太史籀整理文字之字體。

但是對於文字之整理，可以從兩個層面來看：一是對於既有之文字，經歷時的承傳，在字形上加以釐清與規範；一是對同一字形，共時所並行的異體，定其正俗，作為公文書之依據。同時，當新的時代所衍生的新事物，名物，則孳乳一新字以對應之；這個新造的字，是前無所承的。

壹、語言與文字相輔相成

以文字記誌語言時如果不夠精確，在紀錄的過程就會有所落差：如本省通俗的兒歌：

城門、城門、雞蛋糕，
城門、城門、雞蛋糕，三十六把刀，
騎白馬，帶腰刀，走進城門滑一跤。

安徽人是這樣唱的：「城門城門幾丈高，三十六丈高。騎大馬，帶把刀，走進城門繞一遭，問你吃桔子吃香蕉。」

南京人是這樣唱的：「城門城門幾丈高，三十六丈高。騎大馬，帶把刀，城門底下走一遭。」

---

1 據王先謙《漢書補注》引周壽昌曰「即史籀也，〈藝文志〉周宣王太史。籀之為留，古字通省耳」。（頁383）

對照之下，可以探知這三則童謠本出於一源，由於小兒牙牙學語，口齒不清，傳著傳著，「幾丈高」竟然變成「雞蛋糕」，「三十六丈高」也變成「三十六把刀」。

我國自秦漢以來，幅員廣大，在語言上往往隨著時間的演進與地域之差異而有所變遷，在當時的典籍中，已經注意到這樣的變遷，如《爾雅》的〈釋詁〉：

> 初、哉、首、基、肇、祖、元、胎、俶、落、權輿；始也。（〈釋詁・上〉）
>
> 卬、吾、台、予、朕、身、甫、余；言我也。（〈釋詁・下〉）

所紀錄的就是文獻中所呈顯的「始」及「我」二詞的古今異言。揚雄的《方言》則紀錄語詞因地域不同所致的差異：如：

> 黨、曉、哲：知也；楚謂之黨，或曰曉，齊宋之閒謂之哲。（〈卷一〉）

著錄「知」在不同的地域中辭彙之異名。

漢語的特色是具有四聲的分辨，（在某些方言之中甚或不止四聲，如廣州話就分陰平、陰上、陰去、陽平、陽上、陽去六聲）古漢語的四聲是平上去入，現代漢語則爲陰平、陽平、上聲、去聲；有了文字以後，在語言中不易分辨者得以明確的表達，如趙元任有意突顯四聲的困擾所擬的「施氏食獅史」：

> 石室詩士施氏，嗜獅，誓食十獅，氏時時適市視獅，十時，適十獅適市，是時，適施氏適市，氏視十獅，恃矢勢，使是十獅逝世，氏拾是十獅屍，適石室，石室濕，氏拭室，氏始試食十獅屍，食時，始識是十獅屍，實是十石獅屍，試釋是事。

這一篇文字，光憑藉語言本身，是難以分辨的。無怪乎後來「施氏食獅史」被用作繞口令的材料。

語言與文字本來是相輔相成的，但是因地域背景不同形成的方言，導致置身於不同的語言區裡面，僅憑藉語言彼此反而不易溝通，透過文字的書寫，卻可以解決這樣的困擾，於是乃有以爲漢字可以脫離漢語而獨存的誤解。其實，各地的方言雖然紛歧，作爲官方的標準語言，我國歷來皆有「官話」的系統，自《詩經》采詩的情況已然，「國風」是誌各地方的聲調，「雅」則誌中原雅正之聲。由《論語・述而》所云：「子所雅言：《詩》、《書》、執禮，皆雅言也。」可以推知，平素孔子與弟子論道或許用方言，但是在讀《詩》、《書》即擔任司儀之際，則必用中原之正音。[2]是以基本上可以說，歷次文字整理的工作，大體上是以合於官方的標準語爲目標。

單就漢字本身而言，積傳以單音節、單形體爲特色，大體並無疑義；傳統韻文得以考究平仄對仗用韻，基本上就是立足於這項特色。然而從漢字所紀錄的漢語而言，語言最基本的單位是詞；而就單詞言之，是單音節的，對應的字形，當然是單形體；不過從連緜詞、複詞等觀之，則係多音節的，與之相應的字形，就不僅止單形體而已，如「珊瑚」、「鼅鼄」等，只有詞義而無個別的字義，當《說文》解析這類字詞時，「珊：珊瑚，色赤；生於海，或生于山。」「瑚：珊瑚也。」（一上玉部頁十八）「鼅：鼅鼄，鼄蟊也。」「鼄：鼅鼄也。」（十三下黽部頁六八六）當然只能把兩個字形合在一起訓解。

2　參見王師靜芝《經學通論・上册・第四篇》頁二六四「乙　雅」條下

貳、文字自衍生即多異體，歷代之諟正文字雖以正字為標準而不廢異體字

由於造字時非一人一時一地，此文字往往多異體之一項因素。是以早期同一字的寫法常常有若干種，如「旁」字，孫海波的《甲骨文編・卷一・二》中收錄甲二四六四、河六三一、拾五・一〇、前二・三・二、後二・三七・二、誠三五五、林一・一七・一五、庫一五九六等八個異體，容庚的《金文編・卷一》收錄周亩旁尊、旁鼎、妣𧹞母簋等三個異體，《說文・上部》「旁」下收錄古文、亦古文、籀文等三個異體字。這些異體字，有些時候是共時性同時存在，有時是字形上歷時性的演化，如、或許是共時的古文，卻是後世歷時的演化。

在歷次的文字整合統一的工作時，面對這些異體字，固然要釐清當代正字所應用的正確字形，但是除卻秦代的「書同文」是強制的「罷其不與秦文合者」外，自《說文》以降的歷代字書，於正字之外都是併收共時或歷時各字的異體，《說文》重文中所謂「或體」、「通人說」、「今文」、「俗體」等，此當代共時性的異體；「古文」、「籀文」、「篆文」、「秦刻石」等則爲古今文字歷時性流變所衍生的異體。就解讀文獻的角度言之，這些異體字皆有並錄的必要，此《說文》的字數會由前後〈三倉〉的七千三百八十字擴充成九三五三字也。再者，即或秦代罷六國文字與秦文不合者，秦代本身又焉得無異體字歧出？隸書與篆文之並用，此其明白昭彰者；此外，「秦刻石」「也（也）」字作「」，「（攸）」字作「」，也與篆文之形構不一。以 1977 年安徽阜陽双

阜堆出土之漢代《倉頡篇》與《說文》相較，在字形上也有「簪」「簪（[illegible]）」、「簽」「籢（[illegible]）」等之差異[3]。唐代的正字，在正字以外，也以「通」、「俗」等標註其他的異體字；顏元孫在〈干祿字書序〉中云：「所謂俗者，例皆淺近，唯籍帳、文案、券契、藥方，非涉雅言，用亦無爽，儻能改革，善不可加。」；「所謂通者，相承久遠，可以施表奏箋啓、尺牘判狀，固免詆訶。」；「凡所謂正者，竝有憑據，可以施著述文章、對策、碑碣，將爲允當」。其說雖然尚可作進一步的分析，[4] 然可知異體字乃文字上習見的現象，縱然當代視爲俗字的異體，後世卻可能取代正字。如據《說文・旡部》「[illegible]」爲「兂」之俗體，〈蚰部〉「[illegible]」爲「蟁」之俗體；而後世卻以「簪」、「蚊」爲正字。《顏氏家訓・雜藝篇》譏爲鄙陋的「百念爲憂，言反爲變，不用爲罷，追來爲歸，更生爲蘇，先人爲老」等俗字，其於形構無理可說者，固然終究會被淘汰，然而「甭」、「甦」二字，卻融入正字的系統通行至今。

在文字歷時的演化中，尚有「古今字」的現象，段玉裁指出：

> 凡讀經傳者不可不知古今字，古今無定時，周爲古則漢爲今，漢爲古則晉宋爲今。隨時異用者謂之古今字。（《說文解字注・三下・言部》頁九四）

如據《說文・糸部》「綫」本爲「綫」的古文，段注謂：

> 〈漢・功臣表〉「不絕如綫」，晉灼曰：「綫，今線縷字。」蓋晉時通行線字，故云尒。許時古線今綫，晉時則爲古綫今線；蓋文字古今轉移無定如此。（頁六六二）

---

[3] 參見張標〈阜陽出土《倉頡篇》的若干問題〉，河北師範大學學報 1990 年第 4 期

[4] 參見曾榮汾《字樣學研究・第四章》頁 104-111

由是可知，在文字流變的立場言之，所謂「不薄今人愛古人」，縱使在官方進行正字之工作，民間所日用，仍有「約定俗成」的狀況。而官方統整文字，也不能違背文字本身流變的規範。無論吾人對於古、籀、篆的承傳認爲係一脈相承亦或有東西二土之異，基本上由籀文到秦篆之間的階段屬於戰國文字；「戰國文字是上承殷周文字，下啓秦漢文字的過渡文字」，「是殷周文字形體演變的繼續。殷周文字形體變化的某些規律，諸如簡化、繁化、異化等，與戰國文字形體變化規律也大致相同。只不過由於地域的差別，這類變化表現得更爲激烈而已。」[5]由於戰國文字「言語異聲，文字異形」，於是到秦代以小篆統一文字。秦篆是依據史籀大篆「或頗省改」而已，並不是製作另一套新的形體取代大家所習用的字形。唐代的正字稱爲「字樣學」，「字樣學」之興起，「乃因楷書出現以後，欲樹立書寫之準繩，以解決東漢以來文字之混亂也。因此，字樣學實以整理異體，擬訂正字爲宗旨。」[6]也無所謂創製新字。

後世也有將一字之異體分化爲兩個獨立的字之情況，如《說文・手部》以「杭」爲「抗」的或體，〈它部〉以「蛇」爲「它」的或體：然後世假借「杭」字爲方舟之「航」，又用爲「餘杭」之地名，於是「抗」、「杭」異用；假借「它」爲代稱，或體的「蛇」，反而成爲正字。

如果官方之統整文字，不能立足於文字本身演化之條件，只是憑藉政治的力量，強行將一套或許在理論上有一孔之見，在形體上卻無所承傳的新字去推行，當然無法收約定俗成的效果，這樣的文

5 引文見何琳儀《戰國文字通論（訂補）》頁 202，江蘇教育出版社，2003

6 見曾榮汾《字樣學研究》頁 12

字，終不能長久流傳，此武則天之造字，王安石《字說》之以會意解析所有文字，雖盛於一時，而今安在焉？

參、歷時及共時所衍成之異體字形體變遷略說

一、古籀篆之歷時變遷

對於由古文而籀文、籀文而篆文字形歷時的變遷，〈說文敘〉云籀文與古文或異，篆文則「皆取史籀大篆或頗省改」，以《說文》收錄之資料爲依據，就字形變革中形態之繁簡來觀照其間之變化：

（一）由古文變籀文

籀文上承古文，頗有增繁或複重者：如「旁」字易「□、□」爲「□」，「棄」字易「□」爲「□」，「乃」字易「□」爲「□」，「雷」字易「□、□」爲「□」；省簡者則未見，章太炎先生論籀文「筆畫繁重，結體方正」良有以也。

（二）由籀文變篆文

1. 省簡——篆文承籀文，其省簡之狀況大體有：

⑴省簡繁複之形構：如「□」字省「□」爲「□」，「原」字省「□」爲「□」。

⑵易象形爲形聲：如「囿」字改「□」爲「□」。

⑶省簡複重的聲符：如「讐」字省「□」作「□」，「融」字省「□」作「□」，「槼」字省「□」作「□」。

⑷以簡單之聲符取代繁複之聲符：如「祺」字省「□」爲「□」，「匧」字易「□」爲「□」，「嫡」字易「□」爲「□」。

2. 增繁——篆文承籀文，其增繁之狀況大體有：

⑴加形符偏旁以明義：如「箕」字由「」加竹作「」，「磬」字由「」加石作「」。

⑵加聲符偏旁以誌聲：如「甽」字由「」、「」爲从田犬聲之「」，「枉」字由「」加「」聲作「」。

⑶易象形、指事、會意之結構爲形聲：如「糵」字由「」而「、」，「絕」字由「」而「」，「災」字改「」爲「」。

⑷更換形符：如「嘯」字易「」爲「」，「韙」字易「」爲「」。

可知在歷時性之衍化時，漢字的形貌由繁而簡以及由簡而繁是齊頭並進的，字形繁複時則省簡之，聲義不明，則加聲加形以示之。

二、共時的或體字形上之繁簡

《說文》重文中之或體及通人說，可視爲與字頭共時性的異體字，仍就字形之繁簡來觀照其間之變化。

（一）省簡

1. 簡省字形之筆畫：如「箇」字由「」省簡作「个」，「法」字由「」省簡作「」。

2. 以指事取代會意者：如「（繼）」或作「」[7]。

7 或體二徐本皆無，此據段注本。

3. 簡省形聲字繁複之形符：如「星」字由「[illegible]」省簡作「[illegible]」，「蚍」字由「[illegible]」省簡作「[illegible]」，「蛾」字由「[illegible]」省簡作「[illegible]」。

4. 以會意取代形聲：如「災」字作「[illegible]」，或作「[illegible]」。

5. 以形聲取代會意：如「[illegible]（糜）」或作「[illegible]」。

6. 以簡單之形符取代繁複之形符：如「[illegible]（阯）」字或作「[illegible]」，「[illegible]（鼄）」或作「[illegible]」。

7. 以簡單之聲符取代繁複之聲符：如「[illegible]（墣）」或作「[illegible]」，「[illegible]（垠）」或作「[illegible]」，「[illegible]（营）」，司馬相如說從弓作「[illegible]（芎）」。

8. 同時以簡單之形符、聲符取代繁複之形符、聲符：如「蜉」字由「[illegible]」作「[illegible]」，「根」字由「[illegible]」而「[illegible]」。

（二）增繁

1. 由指事、會意而形聲：如「[illegible]（西）」或作「[illegible]」，「[illegible]（番）」或作「[illegible]」，「創」字改「[illegible]」為「[illegible]」，「驚」字改「[illegible]」為「[illegible]」。

2. 增益形符：如「[illegible]（防）」或作「[illegible]」，「[illegible]（蝘）」或作「[illegible]」，「[illegible]（或）」或作「[illegible]」，「[illegible]（匧）」或作「[illegible]」。

3. 增益聲符：如「[illegible]（処）」或作「[illegible]」，「鬲」字漢〈令鬲〉作「[illegible]」。

4. 以繁複之形符取代簡單之形符：如「[illegible]（蟹）」或作「[illegible]」，「[illegible]（瑱）」或作「[illegible]」。

5. 以繁複之聲符取代簡單之聲符：如「[illegible]（蜮）」又作「[illegible]」，「[illegible]（絀）」或作「[illegible]」。

6. 更替原字之形符聲符：如「[illegible]（迹）」或作「[illegible]」，「[illegible]

（迒）」或作「□」。

《說文》或體，有時一字數體，甚至旣有省簡，也有增繁者：如「□（訩）」或省作「□」，或作「□」；「抽」，本作「□」或作「□」作「□」；「□（沚）」或作「□」作「□」。所以說，共時性之異體字，仍然是由繁而簡以及由簡而繁二者齊頭並進的。

三、《說文》俗字之繁簡

《說文》重文中尙列有當時（漢代）的「俗字」，這些俗儒鄙夫製作，流俗習用的字，雖然也可視爲異體字，但相對於秦篆而言，當爲歷時性的異體字，在形構上也是繁簡併用的。

（一）省簡：

1. 省簡字形之筆畫：如「肩」字由「□」省簡作「□」。

2. 易象形、會意之形構爲形聲：如「凾」字由「□」而「□」，「躬」字由「□」爲「□」。

3. 以簡單之聲符取代繁複之聲符：如「袖」字由「□」而「□」，「觥」字由「□」而「□」。

4. 同時以簡單之形符、聲符取代繁複之形符、聲符：如「□（蚊）」爲「□」之俗體，「饕」則由「□」作「□」，「嗽」字由「□（𣤶）」而「□」。

（二）增繁

1. 增加形符偏旁：如「抑」字由「□」而「□」。

2. 易象形、會意之形構爲形聲：如「簪」字由「□」而「□」，

「穗」由「采」作「穗」，「塊」由「凷」作「塊」，「冰」字由「冰」而「凝」。

3. 以繁複之形符取代簡單之形符：如「鼓（鼓）」爲「鼓」之俗字。

4. 以繁複之聲符取代簡單之聲符：如「稉（稉）」爲「秔」的俗字，「⿸尸足（⿸尸足）」[8]爲「居（居）」的俗字。

由於文字不斷的演化，在約定俗成之下，今日所通行的正字，有相當的數量是來自《說文》的或體與俗字，段玉裁以爲「古今字轉移無定」，我們也可以說，正俗字轉移無定，但是無論正字或被後世認同的或體與俗字，都是有演化之跡可循，而非任意編造出來的。

肆、文字的同化與異化

漢代易篆爲隸，在隸變的過程中，易波漇爲平直，承傳的文字形構受到破壞，朱宗萊在《文字學形義篇》中指出隸書在字形之承傳上有「強異爲同」以及「將一作二」兩項特點。就文字衍化之角度言之：「強異爲同」就是文字流變上的「同化作用」，當兩個字形極爲相似時，常有同化成一個字的現象，這種現象，在隸書形成以前已然存在。如燕字：《甲文編》及《金文編》皆未收，而《甲骨文字集釋》作[甲骨文]、[甲骨文]、[甲骨文]，是很明確的象形字；篆文作「燕」，嘴部與「廿」同化、頭部與「口」同化、翅膀與「北」同化、尾部

8 「居」之俗字，小徐及段注本作「⿸尸足」，大徐本作「踞」。

與「火」同化，隸變之後，象尾部之「火」又與「魚」、「鳥」「馬」、「然」之魚尾、鳥足、馬足、燃燒之火類化爲四點作「燕」，文字既經同化，往往已失所象之形之本貌。「虎（虎）」字之下半本象簡省後虎之後足與長尾，與古文其字之「儿」同化，變爲「从虍从儿」[9]；「相與比敘」之「比」與「一名柶」之「匕」本兩形各義，《說文》誤合爲一字，[10]皆爲在《說文》中可以看到的字形同化之迹。其實，把這種同化的現象視爲文字流傳中發生的訛誤，亦未嘗不可。「尒」本爲「詞之必然」，「爾」本爲「麗爾」，由《說文》、《玉篇》一直到《干祿字書》，二者皆不混用。而《集韻・上聲・四紙》「尒」下謂「通作爾，亦書作尔」，二者已經同化，「爾行而尒廢」[11]；訓爲「日晞」之「暴」與訓爲「疾有所趣」之「**暴**」在篆文中猶能分辨，後世同化爲「暴」而「**暴**」廢，則爲隸變以後發生的同化。

篆隸之變中所謂的「將一作二」，本指原來相同的文字結構在隸變的過程裏，或有變異成兩個不同的形構。如「塞」與「展」篆文本作「塞」、「展」，中間的形構本皆作「㠭」；「丞」與「奐」，篆文本作「丞」、「奐」，本皆從「𠬞」：隸書卻變成不同的寫法。這些乃文字體勢上的改變。

然而當文字在形、音、義上不夠明確時，常常透過在字形上或改變筆畫、或增省符號、或加形符、或加聲符以分辨之：則係文字上的「異化作用」。如前述之「暴」、「**暴**」同化，然「暴」爲急遽、猛烈之義所專，又加日爲篇旁另造出「曝」字以別「日晞」之

9 參見金祥恆〈釋虎〉，《中國文字・第一期》
10 參見王筠《說文釋例・卷十八・存疑》
11 見段氏《說文解字注》「尒」下注。

義，是為「異化作用」。如「七」於甲文作前二・二〇・四、後一・五・九、佚四四〇，金文作銖簋、伊簋、廿七年諸形。「十」十於甲文作甲八七〇、鐵四二・一、佚七・一八，金文作令簋、命簋、五年師簋、申鼎、酓章作曾侯乙鎛諸形。然「漢金文則十字作，七字作，以橫畫之長短別之，閒有相混者，〈蘭台令史殘碑〉作，《三字石經》作，〈會稽刻石〉作，皆非古」。[12] 二字既混，於是篆文七字作「」，十字作「」，此改變筆畫以別異者。「亯」本為祭享，篆文作「」，隸變下半與「子」同化作「享」，既在概念上擴充為「亨通」、「烹飪」諸義，於是異化為「亨」「烹」，此乃由引申所導致之異化。由於「气」本為雲氣，假借為「乞求」之意，乃別作「乞」字，此乃由假借所導致之異化。從有文字以來，「異化作用」一直是文字孳乳分化的重要關鍵。

伍、文字之孳乳與分化

於文字體勢之沿革以及由音義的擴充，章太炎、黃季剛師徒提出「變易」與「孳乳」的概念。大體言之，文字歷時與共時在衍化過程裏，經同化與異化產生的各種形態皆可涵蓋在其中。唐蘭論及「文字的構成」時，除提出新創之「三書說」外，對於文字形式之增益，以「六技」的方法解析之。認為：

> 「分化」、「引申」、「假借」，是文字學史上三條大路。
> 「分化」是屬於形體的，「引申」是屬於意義的，「假借」

12 見容庚《中國文字學・義篇》頁四九左

> 大都是屬於聲音的，不過也有借形體的。……有這三種方法，使我們上古的圖畫文字，曾經過一個很長的時期。

又以爲「六技」：

> 是說明古今文字構成的過程的。分化、引申、假借是一類，自有文字，就　離不開這三種方法。由圖畫文字變爲形聲文字後，又增加孳乳、轉注和緟益三類。文字的構造，因而顯得愈錯綜，也愈複雜了。[13]

由於唐氏將轉注、假借視爲用字，是以放到六技之中，本文無意討論其三書說之是非，但是由以上的引文作進一步的探討，引申、假借正是文字在形體上分化的重要因素。任何一個字，除卻必有的本意以外，尚可具備「資本義而衍釋」的引申義以及「以音同而相假」的假借義；當以文字紀錄語言，往往以既有紀錄本義的字爲基礎，分化出新的字形分別記誌不同的引申義、假借義；於是由「句」之引申義分化出「鉤」、「笱」、「拘」、「苟」，由捕鳥畢之「率」分化出將逵之「逵」與先導之「衛」。前者相當於形聲字中「由於語言孳乳而加形」一類，後者相當於形聲字中「因文字假借而加形」一類。這樣的關聯，也就是唐氏所謂的孳乳。至於緟益，也就是王筠所指的絫增字。這些大體而言皆係文字繁化的途徑。

當吾人論析文字的變遷時，由於切入之觀點不一，分別在材料上作不同的處理。其實即或立足於現代，探討文字之正俗與繁簡，固然可以平面的由字的形構分析出各種仁智之見，然而進一步追溯其形構之所以然，都可以在歷時與共時兩條軸線裏，找到線索。是

13 見《中國文字學・十六　六技》

以文字字形之變革，基本上是有規律可循的。

結論、漢字演化的規律

如前文的分析，無論是歷時的衍化抑或共時的變革，文字的繁簡，相互爲用，自古已然，如今日所用的「法」字，一直可以上溯到漢代的簡化字；「蚊」在漢代本爲「䖟」之俗體；「憂」、「愛」諸字則爲後世積非成是，約定俗成的以繁化的形構取代原先較爲簡易的「㥑」、「㤅」。我們所使用的正體字未必皆繁，大陸的簡化字也未必爲簡。簡化字也不等同於簡體字，雖然有一些簡化字是可以在歷時的變遷裏找到根源，如「礼」爲「禮」之古文，「个」爲「箇」之或體，「尔」爲「尒」之異體，「凷」爲「塊」之篆文。雖說在現代的運用上，「礼」、「个」仍然是我們在手頭上使用的簡體字；但是正體字是「爾行而尒廢」，簡化字卻是「尒行而爾廢」。「塊」雖爲漢代俗字，在唐代的《干祿字書》裏，「塊」、「凷」「竝爲正字，多行上字」；《字彙・卷首・古今通用》以「凷」爲古，「塊」爲今；簡化字卻回到在約定俗成的規範裏已經被汰換的古字。

又《簡化字總表・表一》以簡化之「复」字代替「復、複」二字，甚或「覆」字（見《簡化字總表・說明 4》）；併「后、後」爲一字；〈表二〉以「汇」代「彙、匯」二字：徵之《說文》，「复、復、複、覆」各爲「行故道也、往來也、重衣也、覂也」之義，而段注云「復行而复廢」，則「往復、複衣、反覆」各自異體異詞，以簡化之形混三詞義爲一；「后」乃「繼君體」，「後」爲「遲也」，宋元以後俗字方以「后」代「後」；以「汇」代「匯、彙」，則《字彙》與「字匯」無以區隔：夫文字之功能本在記誌語言，若僅以音同混之為一，則何異於拼音？徒以簡化為工，完全昧於文字存在的目的，寧可從耶？簡化字以「圣」為「聖」，以「灭」代「滅」，以「华」代「華」：以「圣」為「聖」，雖說「圣」字也見於《說文》，然而本訓為「汝潁之閒謂致力於地曰圣，……讀若兔鹿窟」[14]，明代郭一經《字學三正．體制上》指以「圣」字為「聖」，是「時俗杜撰字」；是以雖有根源可求，卻未必正確。以「灭」代「滅」，以「华」代「華」，則是眞正杜撰的字。

其實當文字之形構較為繁瑣時，在書寫上往往加以簡化，簡化的法則，由

前文各項簡化中所歸納出的：

1. 簡省字形之筆畫
2. 以指事取代會意
3. 易象形、指事、會意之形構為形聲
4. 以會意取代形聲
5. 簡省形聲字繁複之形符
6. 簡省形聲字複重的聲符
7. 以簡單之形符取代繁複之形符
8. 以簡單之聲符取代繁複之聲符
9. 同時以簡單之形符、聲符取代繁複之形符、聲符數端。

本文所舉之字例，雖然側重《說文》的體系，即使隸變之後，大體說來，皆可涵蓋在這些規律之中。在此外，有實際有之字字形

---

14 《說文解字注．土部》

較為繁複時，也偶爾襲取另一筆畫較簡單的同音字以代之：如「鱻」為新鮮的本字，「鮮」本為貉國所產的鮮魚之名，後世假「鮮」為新鮮字；「頌」為「皃（貌）」的本字，「容」本為盛受之意，後世假「容」為「頌」，這些字，在段玉裁「假借三變」之說中列為「後代譌字自冒於段借」一類，雖不合文字衍化之規律，然積非成是，與訓詁中之通假迥異。當然，這種「後代譌字自冒於段借」的現象，如以「憂」代「𢝊」，以「愛」代「㤅」，在繁化中也有一席之地。

當文字於形、於音、於義各方面不易分辨，於是將字形繁化以區隔之。繁化的法則，歸納前文，大體有：

1. 增加形符偏旁
2. 增益聲符偏旁
3. 易象形、指事、會意之形構為形聲
4. 以繁複之形符取代簡單之形符
5. 以繁複之聲符取代簡單之聲符
6. 更替原字之形符聲符

在此六類之外，尙有一類係透過類化的原因所產生的繁化：如「峨嵋」本作「蛾眉」（據說是兩山相對如蛾眉），後來以其為山名，寫作「峨眉」，眉字再被峨字的偏旁同化，遂成為「蛾嵋」。「鳳凰」本作「鳳皇」或「鳳鷬」，皇字受到鳳字形構之影響，類化成「凰」。

繁化的字，不乏由分化所孳乳出來的字。如「箕」係由「其」加形的異體字，「棲」是「西」的異體字，「域」是「或」的異體字，「蹯」是「番」的異體字；然而後世二者分用。此外，以「草斗」代「艸」，以「宴饗」為「祭享」，以「氣」代「气」等，則係「後代譌字自冒於叚借」中繁化之一類。

在文字演化歷時的長河裏，簡化與繁化的角力一直在進行，同一字根，有時分化出若干繁簡不同的形體：如省「气」爲「乞」，由「气」引申爲「汽」，又從假借孳乳出「訖」、「迄」諸字；省「享」爲「亨」，又由引申孳乳爲「烹」。有時即或以避免假借義與本義混淆，特別爲假借義分化出繁化的專字，如以「渻」、「媘」專誌「省減」，以「頾」誌「立而待」。而共時歧出的異體字，如「迹」「蹟」、「詾」「訩」「説」等，亦爲繁簡並見的。這些歷時與共時所產生的異體字或分化字，在約定俗成的過程裏，或隨時代不同而取捨有別，此古今字之所以轉移不定也；或有因好繁惡簡而有所存廢，如以「憂」代「㥑」、以「爾」代「尒」之比，觀諸《說文》段注「譌字自冒於假借」及「某行某廢」之例可知也；或有好簡惡繁而有所存廢，如後世仍假借「省」、「須」以爲省減、立而待之意，新造的「媘」、「頾」遂廢而不用。

縱使文字演化繁減的規律可以客觀的分析爲若干類，而同一字在共時上常有若干異體，於是不得不有所取捨，是以歷代官方遂有正字的工作。但是正字之外，只要不違背文字演化規範的異體字，不但當代與正字並行不悖，後世甚或取正字而代之。作爲文化人，我們不能不認識正字，並且在使用文字時遵守正字之規範；不過也不可忽視異體字與俗字。然而「時俗杜撰字」，則無論其繁簡，吾不知其可也。

引用書目

漢・許慎著、宋・徐鉉注《說文解字》靜嘉堂藏本　臺北：華世出

版社 民國七十一年十一月初版

南唐・徐鍇　《說文解字繫傳》（清道光十九年祁刻本）北京：中華書局 1998 年 12 月第二次印刷

清・段玉裁注　《說文解字注》　經韻樓藏版　臺北：洪葉文化景印　1999 年 11 月增訂一版一刷

清・王筠　《說文釋例》　北京：中華書局 1998 年 11 月第二次印刷

容庚　《中國文字學》　臺北：廣文書局 民國五十四年四月再版

唐蘭　《中國文字學》　臺北：樂天出版社　民國五十九年四月

曾榮汾　《字樣學研究》　臺北：臺灣學生書局　民國七十七年

何琳儀　《戰國文字通論（訂補）》　南京：江蘇教育出版社 2003 年 1 月出版

金祥恆　〈釋虎〉　《中國文字・第一期》　臺灣大學中國文學系編

張標　〈阜陽出土《倉頡篇》的若干問題〉《河北師範大學學報》1990 年第 4 期

論「形似」在漢字發展史上的意義與作用

李淑萍

壹、前　言

漢字屬形系文字，以形表義，從某構形之字則含有某義，形義關係至爲密切。由於文字的發展，隨著社會的多元演化而日趨複雜，以有限的字形，欲表無窮之字義，難免會產生義蘊不同而形體相似之情形。在漫長的學術發展過程中，歷代文獻典籍因字體結構相似而誤識誤讀，或傳寫譌用的情形，屢見不鮮。爲辨證此等錯誤，斠讎考證之學由是而更顯重要。

本文將從文字發展的角度著眼，討論文字「形體相似」在漫長的演變過程中所產生的作用。文中除了敘述文字形體近似造成前人識讀誤用之情形外，也說明了後代學者藉由形似譌用的概念，進行考校駁正的工作。本文重點放在「形似」對我國字體演化所造成的影響，文中將針對文字發展中之省形省聲的出現，孳乳演化新字的過程，以及假借造字的現象，進行歸納與分析，試圖在「形似」此一命題下，探索其於漢字發展史上的意義與作用。

貳、文字形似造成前人誤用之情形

漢字爲形系文字，單音獨體則爲我國文字之特質，其特殊的方塊體製，讓國人稍有不察，則易致誤。因文字形似所產生的譌渾情形，包括了識讀文字之誤、詮釋古籍之失等等，層出不窮，其中當然也鬧了不少的笑話。如《顏氏家訓》中記載：

> 江南有一權貴，讀誤本《蜀都賦》注，解「蹲鴟，芋也」，乃爲「羊」字；人饋羊肉，答書云：「損惠蹲鴟。」舉朝驚駭，不解事義，久後尋迹，方知如此。
>
> 元氏之世，在洛京時，有一才學重臣，新得《史記音》，而頗紕繆，誤反「顓頊」字，頊當爲許錄反，錯作許緣反，遂謂朝士言：「從來謬音『專旭』，當音『專翾』耳。」此人先有高名，翕然信行；期年之後，更有碩儒，苦相究討，方知誤焉。[1]

文中云「解『蹲鴟，芋也』，乃爲『羊』字」，係因羊字篆文作羊，與芋字形體近似，故有此誤。同理，以「錄」「緣」二字形似，故以「許錄反，錯作許緣反」，一字之誤，造成音讀由「旭」變爲「翾」，二者相去有如宵壤之別，所鬧的笑話也就大了。《顏氏家訓》中所舉二例，皆是因文字形似所造成的錯誤。此等之誤，不僅誤導他人，且遺笑大方，有辱其高名。更有甚者，一字之誤，更有可能會鬧出人命。如明馮夢龍《古今譚槩》所載：

> 金華戴元禮，國初名醫，嘗被召至南京。見一醫家，迎求溢

1　見《顏氏家訓集解・卷第三・勉學第八》，頁 195。漢京文化事業有限公司。

戶，酧應不閒。戴意必深於術者，注目焉，按方發劑，皆無他異，退而怪之。日往視焉，偶一人求藥者既去，追而告之曰：臨煎時，下錫一塊。麾之去。戴始大異之，念無以錫入煎劑法，特叩之。答曰：是古方。戴求得其書，乃餳字耳，戴急為正之。[2]

餳字，《說文》訓作「飴和饊者也」，即飴之屬，亦即今之所謂麥芽糖是也。餳與錫二字形似，然其物性作用迥然有別。以餳入藥煎煮，可調和口感，或可提助藥性，於病有益；置錫於藥中，則未知其意，不僅無助於病症，或恐使藥性產生變化，鬧出人命呢！

在文字學史上，因字體形似而譌渾之情況，層出不窮，學者認為「字形混淆多半出在篆書時期」[3]。延伸其意義來說，其實是指當書寫符號仍處圖畫式文字的時期，描繪物形的線條，在人們「苟趨約易」的心理要求下，進行簡化、改造的過程中，常常會出現失其原形、字形近似、或類化混同的現象。因此，古代文字因形體未定，致使一字多形、異字形近，或同形異字的情形，時時可見。在《說文》中頗為常見的例子，便是「人」與「卪」的淆渾。

人字，《說文》小篆作[illegible]，古文奇字作儿，卜辭、彝銘則作[illegible]、[illegible]、[illegible]、[illegible]，字正象人之形，或立或坐，其形不一[4]。其中坐姿之[illegible]，便時常與訓「瑞信」之[illegible]相渾。如「令」字，許慎釋「从亼卪」，段玉裁附會注曰：「號嘑者，召集之卪也。[5]」羅振玉先生考釋曰：

2 見馮夢龍《古今譚槩・謬誤部第五・醫誤》，頁4031。新興書局，明刻本，民國66年8月。

3 見王鳳陽《漢字學》，頁808。吉林文史出版社。

4 魯實先先生以為古文奇字儿，當為坐姿[illegible]之譌變。見《文字析義》，頁181。

5 見《圈點段注說文解字》，頁435。書銘出版公司。下同。

《說文解字》：「令，發號令也。从亼卩。」案古文令从亼人，集眾人而命令之，故古令與命爲一字一誼。許書訓卪爲瑞信，不知古文卪字象人跽形，即人字也。凡許書从卪之字，解皆誤[6]。

他如「邑」、「即」、「辟」等字形構中之「卩」，皆古文「人(卪)」之誤也。

文字發展至由篆變隸時期，文字的異形淆亂已漸趨緩和，其演變情形亦漸顯統一與規律化。蓋隸書形體由古、籀、篆體改易增減而變，其字形爲求美觀或書寫方便起見，已難求其初形本義，並失六書之旨。由於文字隸變的過程中有許多一分爲二，或二合爲一的情形，使文字產生許多混同的現象，此乃研究文字演變時不可不詳察之處[7]。

文字經由「隸變」而形似渾用之情形，碑銘典籍，屢見不鮮，例如訓爲「艸木華也」之𠌶、訓爲「榮也」之𦾔，與訓爲「華山也，在弘農華陰」之𡶳，三字隸變爲一字，均作「華」也。今三義一字已渾用不別矣。又如訓爲「胤也」之𦙍，與訓爲「兜鍪也」之𠂔，二字形近而義別，分別隸變作胄（孔霔碑）與冑（魏上尊號奏），二字渾而爲一，其例甚明。《隸辨》云：「《說文》胄裔之胄從肉，甲骨之冑從月。《佩觿》云以胄子爲甲冑，其相承有如此者。[8]」可知胄與冑渾用的情形顯矣。又如訓爲「厚也」之毒，本從屮毒聲，與訓爲「士之無行者」之毐，二字隸變後形體相似，往往有混用情

---

6 見羅振玉《增訂殷墟書契考釋・卷中》，頁 54。

7 有關篆隸演變之分化、類化與混同之現象與演變規律等等，詳見拙作《漢字篆隸演變研究》，第四章「篆隸之變」。84 年國立中央大學碩士論文。

8 見顧藹吉《隸辨・卷四》，頁 155。中華書局。下同。

形。毒字隸變作毒（斥彰長田君斷碑）、毐（楊君石門頌），《隸辨》按云：「碑譌以毐爲毒。[9]」皆其例也。

參、學者據以考訂前人之失

古今學者頗知「形似」在我國學術史上造成許多的識讀錯誤，因此斠讎經籍、考釋文字，於焉興起。許多學者將此一觀念具體落實在他們的研究之中。因文字形似，且所見古文資料不足，東漢「五經無雙」許慎在訓釋文字本義時也產生了誤判的情形，如「習」字，《說文》云：「數飛也，从羽白聲。」該字從白聲，義無可取。魯實先先生以古文資料考釋之，其云：

> 習於卜辭作㫚、㫚，古璽作㫚……并從日羽會意，以示日日常飛，而以習飛爲本義。〈月令〉云『鷹乃學習』，斯正習之本義，引伸爲重複常久，與凡學習之義。[10]

魯先生以「習」字當從日羽會意，非從白聲也。從羽，表鳥飛翔之義，從日，表每天每日之義。二文相合，以示禽鳥每日不斷飛翔，引伸而有練習、學習之義。細觀二者之別，實因「日」與「白」二字形體近似所造成之誤。

再者，「士」、「土」二字形似，叔重亦時有渾用而誤釋者，如「壬」字，《說文》云：「善也，从人士。士，事也。一曰：象物出地挺生也。[11]」許慎以「从人士」析其形構，訓「善也」，實非壬之本形本義。另有「牡」字，《說文》云：「畜父也，从牛土

---

[9] 見顧藹吉《隸辨・卷五》，頁164。
[10] 見《文字析義》，頁553。
[11] 見《圈點段注說文解字》，頁391。

聲。[12]」土非其聲，且從土無義可說，當「士」字之誤也[13]。許書中因「士」、「土」形似而不辨，魯實先先生則以卜辭資料檢覈古文，辨章許說，其云：

> 卜辭之𡈼（朢）所從之壬，爲從人從土，以示挺身而立，𡈼之從壬，乃示挺身遠視，《說文》釋之曰「壬從人士」，是誤以土爲士，亦猶牡本從士會意，而《說文》誤以爲從土諧聲也。

魯先生以古文資料考辨，示挺身而立之「壬」從士，畜父之「牡」從土，皆義無可取，實乃「士」、「土」形近所誤，其說允然。

又如《說文》「突，深也。一曰：竈突。[14]」今人李國英先生認爲：

> 「一曰：竈突」者，此字義之別一說也，是蓋緣突、突二字形近而誤用也，竈突非突之本義。[15]

清儒段玉裁因而於「一曰：竈突。」下補釋之曰：

> 《廣雅》竈窻謂之堗。《呂氏春秋》云竈突決則火上焚棟。蓋竈上突起以出煙火，今人謂之煙囱，即《廣雅》之竈窻。今人高之出屋上，畏其焚棟也。以其顛言，謂之突；以其中深曲通火言，謂之突。《廣雅》突下謂之突。今本正奪突字耳。[16]

是知「竈突」實非「突」字之義訓，蓋以突突二字形近而誤

[12] 見《圈點段注說文解字》，頁 51。
[13] 見《假借遡原》，頁 69，並見於《文字析義》，頁 446。
[14] 見《圈點段注說文解字》，頁 348。
[15] 見李國英《說文省形省聲字研究》，頁 50。景文書局。
[16] 見《圈點段注說文解字》，頁 348。

釋，李氏之說是也。

因「寀」形似而致誤之例，尚不止於此。東漢之經學大家鄭玄亦有因形似而「易字注經」之例。《詩・殷武》：「罙入其阻，裒荊之旅」，《毛傳》云：

> 罙，深。裒，聚也。〈箋〉云：「罙，冒也」。……罙，面規反。《說文》作罙，從𠘧米，云冒也。[17]

清儒段玉裁夷考其實，曰：

> 《毛詩》罙入其阻。〈傳〉曰：罙、深也。此罙字見六經者，毛公以今字釋古字，而許襲之。此罙之音義原流也。〈鄭箋〉易罙爲罙，訓爲冒也，蓋以字形相似易之。罙在侵韻，罙在脂韻。鄭注經有易字之例也。他經云某讀爲某，〈箋〉詩不介，讀經者誤謂毛鄭同字。[18]

寀字隸變作罙，《說文》訓「深也」，其音「讀若《禮》三年導服之導」；罙字，則从网米聲，本訓爲「网也」，引伸爲「冒也」[19]，二字音義絕別，蓋以其形體近似而致誤也。

民初王國維先生在訓釋古文字時，也常引用此一概念，進行其考訂工作。一個常見的字例，如王國維《觀堂集林》釋「唐」字，其云：

> 卜辭又屢見唐字，亦人名。……疑即湯也。《說文》口部：『啺，古文唐，从口易。』與湯字形相近，《博古圖》所載〈齊侯鎛鐘銘〉曰：「虩虩成唐，有嚴在帝，所尃受天

[17] 見《毛詩正義》，頁 804。《十三經注疏》，藍燈出版社。

[18] 見《圈點段注說文解字》，頁 347。

[19] 段玉裁以爲「蓋罙亦网名，其用主自上冒下，故鄭氏箋《詩・殷武》改毛之『罙入其阻』爲罙入，云冒也，就字本義引伸之。」見《圈點段注說文解字》，頁 358。

命。」又曰：「奄有九州，處禹之都。」夫受天命有九州，非成湯其孰能當之。卜辭之唐，必湯之本字，後轉作啺，遂通作湯。[20]

王氏以《說文》唐字之古文从口易作「啺」，與湯字形相近，湯、啺二字幷從易得聲，固本可通用。由唐轉作啺，遂通作湯，因而推斷卜辭中「唐」字，亦爲人名，即成湯是也。

肆、因「形似」所產生之文字現象

由於漢字形似之不可避免，在文字發展的漫長過程中，自然而然會有一些因文字形似所產生的文字現象。據筆者觀察，因避形渾所產生的文字現象有「省形省聲字的出現」、「孳乳新字」及「假借造字的運用」等。茲條舉說明如下：

一、《說文》之省形省聲字

《說文》全書所載省形省聲之字，約有三百餘字。所謂省形之字，乃省減其形符之筆畫者；所謂省聲之字，乃省減其聲符之筆畫者；另有形符、聲符皆省減筆畫者，謂之形聲併省。至於省形省聲字的產生原因，李國英先生云：

《說文》所載省形省聲之字，……。究其產生之由，厥有二耑：一曰爲避形繁……；二曰爲避形掍，如訓瀁之漢，从水難省聲以構字，不省則字當作灘，而與義訓水濡而乾矣之灘字形掍，又如義訓長沙汨羅淵也之汨，从水冥省聲以構字，

20 王國維《王觀堂先生全集・觀堂集林・卷九・釋唐》，頁410。

不省則字當作溟，而與小雨溟溟之溟字形混矣，是以必省其筆畫以區別之。[21]

「漢」字，《說文》云：「漾也，从水難省聲。[22]」若不省其字當書作「灘」，而「灘」字亦見於同部，爲「灘」之俗，訓「水濡而乾矣[23]」，故訓漾之漢，省其聲符，以與灘字有別。「汨」字，《說文》云：「長沙汨羅淵也，从水冥省聲。[24]」若不省其字當書作「溟」，而「溟」字亦見於同部，訓「小雨溟溟也[25]」，故訓長沙汨羅淵之汨，省其聲符，以與溟字有別。李氏之例，證之《說文》，其說可從。

類此之例，如「縱」字，《說文》云：「絨屬，从糸從省聲。[26]」許書中另有「縱」字，《說文》云：「緩也。一曰：捨也。从糸從聲。[27]」若使「絨屬」之「縱」不省其聲符筆畫，則字當書作「縱」，而將與「緩也、捨也」之「縱」字相渾不別矣，故前者省其聲符筆畫以區別之。

由於前人對於許書中省形省聲之字，每多置疑，以爲不可盡信[28]，故此例雖有，但爲數不多。

---

[21] 詳見李國英《說文省形省聲字研究》之「弁言」，頁 1~2。景文書局。
[22] 見《圈點段注說文解字》，頁 527。
[23] 見《圈點段注說文解字》，頁 560。
[24] 見《圈點段注說文解字》，頁 534。
[25] 見《圈點段注說文解字》，頁 560。
[26] 見《圈點段注說文解字》，頁 661。
[27] 見《圈點段注說文解字》，頁 652。
[28] 如段玉裁注「哭」字，見於《圈點段注說文解字》；邵君樸釋「家」字，見於中研院《歷史語言研究所集刊》；王元稚《說文亦聲省聲考》等等，皆以許書省聲之說可疑也。

二、孳乳新字

研究漢字學的學者們常說，漢字的發展，從甲骨文、金文、籀文、篆文、隸書、楷書，到中國大陸的簡化字，其演變的總趨勢就是不斷地簡化[29]。這是就文字的書體筆勢上來說的。事實上，文字的演變發展實況，是遠比人們想像的還要複雜許多，除了「筆畫簡約」外，更有「增益偏旁」、「改易偏旁」、「換形加聲」、「省形加聲」、「換形換聲」等情形不斷地發生，此類增減替換的現象，絕非單一「簡化」或「繁化」等語詞可涵蓋的。

學者以為，在漢字發展過程中，因文字非一時一地一人之作，義蘊不同，而形體相同的字，自屬難免，因而在原來的文字，加上形符或聲符以避相掍[30]。故知，《說文》中一部分加形加聲字的產生，乃肇因於避免文字形渾所致。事實上，文字孳乳的過程中，除了增益形符、聲符外，還有替換形符、聲符等方式的交互作用，衍生出各種類型的孳乳現象。如此孳乳演變，正是我國文字由無聲字發展至有聲字的過程，茲以寧鄉魯實先先生平素主張之例證擇要論述，並說明其六書類例的變化：

---

29 如蔣善國《漢字學》，王鳳陽《漢字學》，黃建中、胡培俊《漢字學通論》等人，皆有類似的看法。

30 見張建葆〈說文中的加形加聲字〉，頁 105，載於《魯實先先生學術討論會論文集》，民國 81 年 12 月。

31 見《假借遡原》，頁 19。

32 見蔡師信發《說文部首類釋》2 版，頁 104。

33 此乃魯先生早年之說，其晚年所作之《文字析義》云「厽乃壘之初文」，頁 285。

34 見蔡師信發〈象形兼聲分類之商兌〉一文，頁 104，今收錄於《說文商兌》。萬卷樓圖書有限公司。下同。

1. 絫土爲牆之厽，孳乳爲垒，以別於古文之曐[31]。

謹案：厽字，像鍤土累積之貌，乃據實像所造之獨體象形[32]，其與《說文》訓「精光也」之晶字古文（೦೦）相似，魯先生云：「晶爲曐之初文，卜辭作೦೦，其形與厽相近。」爲免形渾，故自厽孳乳爲垒。垒字从土厽、厽亦聲，爲厽之後起形聲字[33]。由厽孳乳出垒，觀其形構乃初文「厽」增益形符「土」字而來。同理，೦೦與厽形似，則另外孳乳出曐。晶爲衆星羅列之形，乃獨體象形；曐字从晶从生聲，爲晶之後起形聲字。觀其形構乃初文「晶」增益聲符「生」字而來，曐爲晶之增益形符的後起形聲字，惟晶加生聲爲曐，旨在標音[34]，故聲不示義也。

2. 凵爲坎之古文，形同飯器之凵，故字凵而孳乳爲坎，其於飯器則孳乳爲笶[35]。

謹案：坎陷之凵字[36]，與凵盧飯器之凵字，俱屬據實像所造之獨體象形，二字形似相渾，故各依其義孳乳出坎與笶字。由凵孳乳出坎，字从土欠聲，欠與凵發聲同屬牙聲溪紐，收韻同在陽聲奄攝，二字同音。觀坎字形構，从土示其坑坎之義，另加欠字以爲聲，應爲凵之換形加聲的後起形聲字。又案，由凵孳乳出笶，字从竹去聲，去與凵發聲同屬牙聲溪紐，收韻同在陰聲烏攝，二字同音。觀笶字形構，从竹示其飯器之材質，另加去字以爲聲，亦爲凵之換形加聲的後起形聲字。

3. 㐫爲齒之古文，形似舂米之臼，故自㐫孳乳爲齒[37]。

謹案：口齗骨之㐫字，與舂臼之臼字，二字形似相渾，故由㐫孳

---

[35] 見《轉注釋義》，頁76。
[36] 《說文》訓「凵」爲「張口也」，當誤。
[37] 見《轉注釋義》，頁76。

乳出齒字。𠚕字，隸變作𠚕，象口齒之形，爲合體象形；齒字，《說文》作「象口齒之形，止聲[38]」，當改作「从𠚕止聲」，爲一形聲字。觀其形構乃初文「𠚕」增益聲符「止」字而來，應爲𠚕之增益聲符的後起形聲字，惟𠚕加止聲爲齒，旨在標音[39]，故聲不示義也。

4. 厷之古文作𠃋，鳦之古文作乚，其形并似鉤識之𠄌，故孳乳爲厷、鳦[40]。

謹案：臂上之𠃋字，象曲肱之形，與燕燕乞鳥之乚字[41]，俱屬據實像所造之獨體象形，二字俱與鉤識之𠄌，形似相渾，故各依其義孳乳出厷與鳦字。由𠃋孳乳出厷，其字乃在初文𠃋上，另加形符又字，以示其手臂之義，从又乚聲構形，應爲𠃋之增益形符的後起形聲字。又案，由乚孳乳出鳦，其字乃在初文乚上，另加形符鳥字，以示其燕鳥之義，鳦字从鳥乞聲構形，應爲乚之增益形符的後起形聲字。

5. 諅、諆於篆文不別，故自諅而孳乳爲忌，自諆而孳乳爲欺[42]。

謹案：訓「忌也」之諅與訓「欺也」之諆，其字俱从言其聲構形，二字同形，爲避形諢，故各依其義孳乳出忌與欺字。由諅孳乳爲忌，其字从心己聲，形符一从言，一从心，言爲心聲，故言與心義可通作[43]。聲符其與己二字，發聲同屬牙聲見紐，收韻同在陰聲

---

38 見《圈點段注說文解字》，頁 79。

39 蔡師信發云：「齒之構體，既以𠚕爲形，以止爲聲，形聲俱全，合而爲一，則應是一個標準、典型的形聲字，只是其聲符擔負的功能是標音而已。」見〈象形兼聲分類之商兌〉一文，今收錄於《說文商兌》，頁 102。

40 見《轉注釋義》，頁 75。

41 蔡師信發云：「乞，字象燕鳥側飛之形」，見《說文部首類釋》2 版，頁 87。

42 見《轉注釋義》，頁 76。

43 如譎之與憰。見張建葆《說文音義相同字研究》，頁 48。弘道文化事業公司。下同。

噫攝，二字同音。觀忌字形構，乃音義同「諅」之換形換聲的形聲字。又案，由諆孳乳爲欺，其字从欠其聲，聲符不變，形符一从言，一从欠，言與欠義可通作[44]。觀欺字形構，乃音義同「諆」之替換形符的形聲字。

6. 口液之涶，形同河津之涶，故孳乳爲唾[45]。

謹案：《說文》訓「口液也」之涶，爲「唾」之或體，其與訓「河津也」之涶，俱从水垂聲構形，二字同形，爲避形渾，魯先生以爲口液之涶，孳乳爲唾。由涶孳乳爲唾，聲符不變，訓「口液」之字，形符一从水，一从口，義可通作。觀唾字形構，乃音義同「涶」之替換形符的形聲字。

7. 采、采形近，故自采而孳乳爲穗[46]。

謹案：《說文》訓「禾成秀，人所收者也」之采，字从爪禾構形，與訓「捋取也」之采，字從木從爪構形，二字俱爲會意字。因禾、木形近，致使采、采二字形似相渾，故由采而孳乳爲穗字。其字从禾惠聲，爲一形聲字。觀穗字形構，从禾示其黍禾之義，另加惠字以爲聲，由采孳乳爲穗，由會意變爲形聲，穗爲采之省形加聲的後起形聲字。

8. 𪗋、穧同形，故自𪗋而孳乳爲秶[47]。

謹案：《說文》訓「稷也」之𪗋，與訓「穫刈也」之穧，俱从禾齊聲構形，二字同形，爲避形諢，故訓「稷也」之𪗋而孳乳爲秶。秶字，从禾次聲構形。聲符齊與次二字，齊爲從紐，次爲清

---

[44] 如歌之或作謌。見張建葆《說文音義相同字研究》，頁 49。
[45] 見《轉注釋義》，頁 75。
[46] 見《轉注釋義》，頁 77。
[47] 見《轉注釋義》，頁 77。

紐，發聲部位同爲齒聲，收韻同在陰聲衣攝，二字聲近韻同。由䆋孳乳爲䅂，形符不變，并从禾，以示禾稷義。觀䅂字形構，乃音義同「䆋」之替換聲符的形聲字。

9. 獸足之釆，形似粟實之米，故孳乳爲番[48]。

謹案：《說文》訓「辨別也」之釆，字形象獸指爪分別之形，與訓「粟實也」之米，俱爲據實像所造之獨體象形。二字篆文形似相渾，故由釆孳乳爲番字。觀番字形構，从釆，田象其掌。田非成文，只是象獸掌之實像，六書類例歸屬於合體象形。由釆孳乳爲番，由獨體象形變爲合體象形，僅於「釆」字外，增益不成文之具體實象耳。

10. 牀之初文作爿，形同判木之片，故於爿孳乳爲牀，於片孳乳爲版[49]。

謹案：牀之初文爿字，爲據實像所造之獨體象形；判木之片字，爲「木」之省體象形，二字形似相渾，故各自孳乳出牀與版字。由爿孳乳爲牀，字從木爿聲，以初文爲聲符，另加形符「木」以示其材質，牀字爲爿之增益形符的後起形聲字。又案，由片孳乳爲版，字牀片反聲，片字屬滂紐，反字屬非紐，發聲部位同屬脣聲，收韻同在陽聲安攝，二字聲近韻同。觀其形構乃初文「片」增益聲符「反」字而來，惟片加反聲爲版，旨在標音[50]，故聲不示義也。

11. 多言之嵒，孳乳爲讘，所以別於山巖之嵒[51]。

---

[48] 見《轉注釋義》，頁 75。
[49] 見《轉注釋義》，頁 75。
[50] 見蔡師信發〈象形兼聲分類之商兌〉一文，《說文商兌》，頁 103。
[51] 見《轉注釋義》，頁 76。

謹案：《說文》訓「多言」之喦，字由「品」加「⼐」而成，爲會意附加指事[52]，與訓「山巖也」之嵒，二字形似相渾，故多言之喦，孳乳爲讘字。觀讘字形構，从言聶聲，从言示其言語之義，以聶爲聲。《說文》謂喦「讀與聶同」，意即聶與喦二字非僅擬音，義亦相成[53]，故讘爲喦之換形加聲的後起形聲字。

12. 稠髮之㐱，形近於新生羽之㐱，故孳乳爲鬒[54]。

謹案：《說文》訓「稠髮」之㐱，从彡人聲，爲一形聲字，與訓「新生羽而飛」之㐱，二字形似相渾，故段玉裁注「㐱」字下云：「此與彡部㐱音同形似而義殊[55]」，故稠髮之㐱，孳乳爲鬒字。觀鬒字形構，从髟眞聲，从髟示毛髮之義，另改以眞爲聲。人、眞收韻同屬陽聲因攝，二字疊韻，故改人聲爲眞聲。由从彡人聲之㐱，孳乳爲从髟眞聲之鬒，故鬒爲㐱之換形換聲的後起形聲字。

茲據上舉字例的說明，得知爲避免形渾而孳乳之字約有以下幾種類型：有「增益形符」者，如厽之於厶、厷之於𠃋、𠃊之於乚、牀之於爿屬之；有「增益聲符」者，如曐之於晶、鹵之於⿶、版之於片屬之；有「換形加聲」者，如穗之於采屬之；有「換形加聲」者，如笑之於凵、坎之於凵、讘之於喦屬之；有「替換形符」者，如欺之於諆、唾之於涶屬之；有「替換聲符」者，如⿰之於⿱屬之；有「換形換聲」者，如忌之於㠱、鬒之於㐱屬之；有「增益不成文之實象者」，如番之於釆屬之。

[52] 見蔡師信發《六書釋例》，頁 167。萬卷樓圖書有限公司。
[53] 見蔡師信發《六書釋例》，頁 167。
[54] 見《轉注釋義》，頁 77。
[55] 見《圈點段注說文解字》，頁 121。

綜上所知，文字因避形渾而孳乳新字，觀其增益替換之類型多樣，是知文字之發展極其複雜，此亦吾人探求文字演變所不可輕忽者。

三、造字假借的產生

歷來討論文字之造字方法有六書之說，雖然清儒戴震所主張「四體二用」之說頗爲盛行，然近年來轉注、假借爲造字法則之說亦漸被學者們普遍接受。有關造字假借之種種問題，魯實先先生曾撰寫《假借遡原》一書，多有論述與舉證，可供參看。就避免形渾一耑，魯氏曾舉「鋋」字爲例，云「鋋從延聲者，蓋以示別於小盆之鋗也。[56]」說明了造字時爲避免字形相渾，有時候會假借他字來相代，這即是造字假借的一種情形。蔡師信發教授承魯先生之說，進一步說明：

> 如鋋字改用有小義的肙字爲聲符，就成了「鋗」字，又會和小盆解的「鋗」字相渾。在此情形下，做小矛解的鋋字，不用肙字爲聲符，改用延字爲聲符，就可避免二字形體的相渾；同時，可用假借造字來說明鋋字的聲符延字是肙字的假借，形義就可相合，所以假借造字確可避免字與字之間形體相渾的尷尬。[57]

假借造字爲避形渾而作，其證不孤，茲另舉數例，以明其說。

例如《說文》禾部有訓「多也」之「稠」字，從禾周聲。稠從周聲，聲不示義，魯先生以爲周聲爲「多」字之假借[58]。「稠」字

---

[56] 見魯實先《假借遡原》，頁 85。
[57] 見蔡師信發《說文答問》，頁 212。
[58] 見魯實先《假借遡原》，頁 122。

从禾，「本謂禾也，引伸爲凡多之偁[59]」，知稠以禾多爲其本義。周字訓密也，是就其質地言，與數量之多義有別，然稠字若改從多字構形作「移」，則將與訓「禾相倚移也」之「移」字相渾。因此採假借造字之法，另造从周聲之「稠」字，以避形渾。

又如《說文》金部有訓「可已句鼎耳及鑪炭」之「鋊」字，從金谷聲。鋊從谷聲，聲不示義，魯先生以爲谷聲乃「句」字之假借[60]。谷爲山谷義，與句鼎之義無涉，然鋊字若改從句字構形作「鉤」，則將與訓「曲鉤也」之「鉤」字相渾。因此採假借造字之法，另造从谷聲之「鋊」字，以避形渾，故魯先生云：「鋊從谷聲乃句之借，示其以句鼎耳，蓋以別於曲鉤之鉤，故假谷而爲鋊也。[61]」其說可證。

又如《說文》木部有訓「高木也」之「桹」字，從木良聲。桹從良聲，聲不示義，魯先生以爲良聲乃「長」字之假借，長高其義相成，物長則高[62]。良爲善義，與高木義無涉，然桹字若改從良字構形作「棖」，則將與訓「杖也」之「棖」字相渾。因此採假借造字之法，另造从良聲之「桹」字，以避形渾，故魯先生云：「桹從良聲者，所以示別於訓杖之棖。[63]」其說是也。

透過上舉字例的說明，便可理解造字假借與避免形渾二者的關係，正如蔡師所言「假借造字確可避免字與字之間形體相渾的尷尬」，實是說明了避免形渾也是假借造字產生的原因之一。

---

59 段注語。見《圈點段注說文解字》，頁 324。
60 見魯實先《假借遡原》，頁 121。
61 見魯實先《假借遡原》，頁 121。
62 見魯實先《假借遡原》，頁 104。
63 見魯實先《假借遡原》，頁 105。

伍、結　語

如文前所言，「形似」現象對形系文字之我國文字而言，實難避免。然而透過上述的討論，吾人可明確了解到「形似」在漫長的演變過程中所產生的作用。「形似」造成了典籍傳鈔釋讀的錯誤，也突顯了我國學術史上斠讎考證之學的重要性；從另一角度來看，由於「形似」，爲避形渾，而出現了省形省聲字，運用假借來造字，孳乳更多音義相同的新字等等，似乎也活絡了文字演變的豐富多樣，這便是「形似」在我漢字發展史上的特殊意義了。

參考書目

于省吾主編，《甲骨文字詁林》，中華書局。一九九六年五月一版。

王鳳陽，《漢字學》，吉林文史出版社。一九八九年十二月第一版。

李國英，《說文省形省聲字研究》，景文書店。民國六十四年二月初版。

張建葆，《說文音義相同字研究》，弘道文化事業公司。民國六十三年二月初版。

許慎著，段玉裁注，《段注說文解字》，書銘出版公司，民國七十五年九月。

黃建中、胡培俊，《漢字學通論》，華中師範大學出版社。一九九〇年十月第一版。

魯實先，《假借遡原》，臺北文史哲出版社，民國六十二年十月。

魯實先，《轉注釋義》，洙泗出版社，民國八十一年十二月。

魯實先，《文字析義》，魯實先編輯委員會印行，民國八十二年六月。

蔡信發，《說文商兌》，萬卷樓圖書有限公司，民國八十八年九月。

蔡信發，《六書釋例》，萬卷樓圖書有限公司，民國九十年十月。

蔡信發，《說文部首類釋》，萬卷樓圖書有限公司，民國九十一年十二月二版。

羅振玉，《增訂殷墟書契考釋》，臺北藝文印書館，民國五十八年十二月。

論秦文字之繁化現象

洪燕梅

壹、前　言

近年來，秦文物相繼出土，無論書寫工具或文字之數量均極為可觀，亦引起學界廣泛討論。由於秦始皇統一天下，行「書同文字」政策，使秦文字於漢字史中，居承啓之地位，因此有關字體演變過程的種種現象，如繁化、簡化、異化、類化等，均成為探論秦文字時的焦點之一。筆者自撰寫碩士、博士論文起，即注意到相關問題，直至近幾年，參閱許多先進學者相關作品，亦時有所得，故欲藉此文重新整合探討，又因篇幅所限，僅以「繁化」為題，盼能對秦文字之歸納析理，有所裨益。

一般探討秦文字之繁化現象，通常先就繁化的定義及類別著手，再取現存秦文字字形與甲骨文、金文及其他春秋戰國文字，相互比較。然而，它的建構必須立基於一個前題：即現存各時期的秦文字文獻資料，能呈現完整的序列[1]。近年來，秦文獻持續出土，無論簡牘、青銅器、封泥等，相關古文字數量均在累積之中，誠如陳昭容所言：「我們仍能從已有的材料中，具體看見自殷周古文到

1　李學勤曾認為秦文字「還不能建立各時期鏈環具備的完整序列」。見王輝《秦銅器銘文編年集釋・序》（西安：三秦出版社，1990 年）。

漢代文字間的演變面貌。」[2] 此外，在釐析影響秦文字字形變化時，亦能以更審慎、周延的態度，彌補這項缺憾。筆者以為，在字形資料比對的過程裡，需考量許多層面，如地域、斷代、歷史背景、書寫工具、器類、書手等，這些因素將影響結論的客觀性。因此，本文將參酌學者相關之論述，並配合現存古文字材料，重新檢視秦文字繁化過程時，必須兼顧之相關問題。所述雖近於毛舉細故，還望博雅方家不吝垂教，以廣吾見。

貳、「繁化」界義

「繁化」屬於漢字形體結構演化的問題。黃季剛先生於《文字聲韻訓詁筆記》云[3]：

> 古今文字之變，不外二例：一曰變易，二曰孳乳。

先師孔仲溫先生於《文字學》一書中衍其義云[4]：

> 變易是指文字的演化，一個相同的意義，由於時空的變遷，產生一些形體、讀音有變化的文字，它會形成文字的「同字異體」、「一字數形」的現象，不過我們可以從形體、讀音上去推求。而孳乳則是指文字的分化，從一個本字字音的基礎上，繁衍出形體與意義有某種程度變化的孳乳字，因此孳乳是以聲音為主軸而孳生繁衍出新生字來，與變易以意義為主軸，只是改變形構而已不同。所以黃季剛先生總結說：

---

2 見陳昭容《秦系文字研究》（台中：東海大學中國文學研究所博士論文，1996 年），頁 10。

3 見黃季剛《文字聲韻訓詁筆記》（台北：木鐸出版社，1983 年），頁 34。

4 見林慶彰、竺家寧、孔仲溫《文字學》（台北：國立空中大學，1995 年），頁 159。

「變易性為蛻變，孳乳性為分裂。」「變易」著重在字形的改變，而「孳乳」則涉及文字由少到多的繁衍增遞。

本文所稱「繁化」，即專指字形因時空變遷所產生之由簡而繁的過程，致使產生「一字數形」的現象。

漢字字形繁化，甚為常見，裘錫圭《文字學概要》云[5]：

> 另一方面，在漢字發展的過程裏也存在著字形繁化的現象。字形繁化可以分成兩類。一類純粹是外形上的繁化，一類是文字結構上的變化所造成的繁化。

所謂「外形上的繁化」又分二類：一是「為了明確字形以避免混淆而進行的」，如「上」、「下」二字古文字寫為「二」、「二」，二字增繁的一豎，是為了避免與數字的「二」相混；一是「書寫習慣上的一種變化，並沒有什麼有意義的目的」，裘氏強調此類繁化的寫法在使用了一段時間之後，就會被淘汰，例如春秋時期「天」、「正」曾出現上加短橫的「[illegible]」、「[illegible]」寫法，這些寫法至秦漢時代便已絕跡了[6]。至於「文字結構上的變化」，則專指部件的增添。此外，裘氏將分化後，與本字形異而音、義仍同的字例，排除在繁化之外。

近年來，殷周至春秋戰國的古文字出土數量日增，其中又以春秋戰國的文字現象，最為繁雜。學者論及春秋戰國文字的繁化問題，大多側重在字形的演變，其中有較為明確規範者，見於何琳儀《戰國文字通論》[7]：

> 所謂「繁化」，一般是指對文字形體的增繁。「繁化」所增

5 見裘錫圭《文字學概要》（台北：萬卷樓圖書公司，1994 年），頁 43。

6 此類演變，學者又稱之為「贅筆」、「飾筆」。

7 見何琳儀《戰國文字通論》（北京：中華書局，1989 年），頁 194。

加的形體、偏旁、筆畫等，對原來的文字是多餘的。因此有時「可有可無」。

此說涵蓋了漢字字形繁化過程所有可能產生的現象，包含形體、偏旁及筆畫的增加，也爲多數古文字研究者所採用。其中「對原來的文字是多餘的」一語，即限定了文字在改變後，除了「形」產生變化，「音」、「義」應該都不受影響。何先生又將繁化分爲兩類[8]：

> 繁化，可分有義繁化和無義繁化兩大類。嚴格說來，二者都屬疊牀架屋。有義繁化，通過分析尚可窺見繁化者的動機：或突出形符，或突出音符等等。至于無義繁化，則很難捉摸繁化者的動機。既可以解釋，或失之勉強，如「[illegible]」（二「各」重疊）有「犯上之義」云云；或失之籠統，如加「彡」有「行動之義」云云。因此，根據我們現有的認識，暫名這類繁文爲「無義繁化」。

「有義」、「無義」之分，不僅在分析增添筆劃或部件對本字的影響，更追溯制字者的動機，其中無法推求的部分，何先生亦以「暫名」存疑，顯示刻意維持的客觀要求。何先生於分類中，以六書概念剖析演變結果，是符合訓詁精神的見解。

綜觀以上所述，目前古文字研究中所涉及的繁化問題，均屬於「字形」的改變，其類別不外三種：一是增添筆畫，包含贅筆；二是增添部件，又可分形符、音符或義符；三是重複形體。由於本字與繁化之字在形體上相異，而音義皆同，因此與「異體字」無別，亦與黃季剛先生所說之「變易」相關。

8　見何琳儀《戰國文字通論》，頁 194。

參、比較過程宜兼顧歷時與共時之別

據《史記・秦本紀》所載，秦史祚從非子以前的傳說時期，至子嬰降劉邦（206BC），約近 700 年，本文所論「秦文字」，即涵蓋此一時期；但現存秦文字，最早見於春秋晚期的〈不其毀〉，最晚則是統一後的〈二世元年詔版〉，其間約 600 餘年，這 600 餘年又可區分為西周春秋、戰國及秦代三部分，其中西周春秋及戰國時期，諸侯名義隸屬王室，卻擁有實質上的自治勢力，兼以弱肉強食的吞併，獨據一方的封國在地理、社會、經濟等不同環境下，逐漸蘊育出各具特色的區域文化，漢字之發展，亦不免受到影響，《說文解字・敘》（以下簡稱《說文》）所言「言語異聲，文字異形」[9]，正反映出漢字於此一時期的紛雜現象。

針對上述現象，學者於春秋戰國文字之研究，遂有分域、分國、分類或分系等法[10]。目前最常被採用者，應屬李學勤先生及何琳儀先生的齊、燕、晉、楚、秦等 5 系分類法[11]，此類乃依文字風格、結構，再以諸侯國為單位而區分，由於齊、燕、晉、楚各系之

---

[9] 見（漢）許慎著，（清）段玉裁注《說文解字注》（台北：黎明文化公司，1996 年），頁 765。

[10] 如：王國維先生〈戰國時秦用籀文六國用古文說〉區分為東土（戰國六國）、西土（東周、秦）；夏鼐先生〈齊楚古金表〉分為殷、周、齊、楚四大流派；唐蘭先生《古文字學導論》分為殷周、兩周、六國、秦四大系；郭沫若先生《兩周金文辭大系圖錄考釋》細分 32 國，概分南、北二系。各家分類異同，見洪燕梅《秦金文研究》（台北：政治大學中國文學系博士論文，1998 年），頁 207-211。

[11] 見李學勤〈戰國時代的秦國銅器〉（北京：《文物參考資料》第 8 期），頁 38-40、53；何琳儀《戰國文字通論》，頁 16。

下均繫有許多諸侯國，唯秦獨以一國存在，因此，本文稍加修訂，未採「秦系」之名而僅以「秦文字」稱之。

春秋戰國文字具有複雜、歧異的地域特性，相對於漢字整體歷程，探討秦文字的繁化現象，實有區隔「歷時」與「共時」的必要[12]。學者探討春秋戰國文字字形變化的過程及現象，常見取甲骨文、金文爲文字比對的標準，筆者認爲，其論述過程之中，應兼顧幾項重要的層面：

一、現存最早且成熟的漢字，一般多以甲骨文屬之，但今稱「甲骨文」、「金文」，其區隔是建立在書寫工具的特性上，二者在實際的年代上，常有重疊；正因此時金文仍有先於甲骨文的可能，實不宜驟然將甲骨文視爲現存最早的字例。以「用」字爲例：甲骨文有作「□」（前.七.三二.四）之例，同屬殷商時期的金文〈缶鼎〉作「□」，秦文字則多作「□」（〈秦公一號墓磬〉）；以秦文字與甲骨文相較屬簡化，與金文相較則無別。又以「長」字爲例：甲骨文作「□」（後上一九.六），金文或作「□」（〈長子鼎〉）、「□」（〈長日戊鼎〉）、「□」（〈中山王鼎〉）；現存秦文字多作「□」（《睡虎地秦簡・日書・甲種》），取之與本身即繁簡不一的甲骨文、金文相較之下，頗難以斷論秦文字字形屬於繁化或簡化。因此，當同一時期及現存甲骨文、金文字形不一時，應以何爲準據，必須審慎考量。當然，「用」字現存大量字形之例，以金文觀之，十分穩定，其間雖偶有繁簡之例，充分的字數

12 「歷時性」（Diachronic）及「共時性」（Synchronic）二詞，轉取自語言學術語，於本文：「歷時」指文字在歷史中的不同時期，屬於歷史的縱向發展；「共時」則是指文字在歷史中的某一階段，即歷史的橫向發展。見費迪南．德．索緒爾（Ferdinand de Saussure）《語言學教程》（Course in General Linguistics）（台北：弘文館出版社，1985 年）。

及穩定性，足以判別甲骨文、金文中的「[illegible]」爲正體，但是古文字的發展，常摻雜許多外在環境因素，且現今探討漢字演變規律，「由繁而簡」的說法已經被重新考量，從許多古文字的現象也發現，它並非漢字發展的必然規律，因此在面對類似「長」字甲骨文、金文字形不一的情形時，應更爲謹愼而不宜驟下斷論。

二、春秋戰國文字也常有一字數形的現象，取之與甲骨文、金文比較，若相似之字形均有二類以上，其取捨之依據亦應遷思迴慮。承前項「長」字之例，秦文字又作「[illegible]」（《詛楚・巫咸》）、「[illegible]」（〈十六年商鞅矛鐓〉）、「[illegible]」（〈壽戈〉）、「[illegible]」（〈繹山碑〉），如此繁簡不一的字形裡，應擇取某類字形以爲代表，抑或全面比對以呈現所有現象，需一併考量。若選擇某類字形爲代表，則關涉春秋戰國文字裡的「正體」與「俗字」之分。陳昭容先生以「製作時的態度和工具對象」，將現存秦各類書寫工具上的文字分爲「官方、嚴謹」與「俗書、簡率」兩類[13]；據此，則前者數量明顯不足，後者又因器類（如陶文、簡牘、璽印）不同而時有歧異。

基於分析春秋戰國文字所需考量的因素，頗爲複雜，筆者以爲探討秦文字之繁化現象時，宜先限定在現存西周至秦代之間的秦文字，並劃分出三個階段：西周春秋、戰國及秦代，釐析秦文字於此三階段形構演變的類別。若有一定數量之甲骨文及金文字例，或取之參酌，藉以規擬漢字演變之規律及過程，但在文獻未十分明確之前，應著重在列述、鋪陳現象而不宜貿加定論。

---

[13] 見陳昭容《秦系文字研究》，頁 54-62。

肆、擇取春秋戰國文字宜考量地域因素

現存甲骨文若無可資比對字形時，金文自然成爲最早的比較對象。然而金文自進入春秋以後，由於諸侯各自擴張國力，影響所及是地域文化意識高升，文字也開始嶄露地方特色。此外，秦文字相較於其他各系文字，因文化繼承意識濃厚，變化程度趨於保守，差異明顯。因此，取春秋戰國金文與秦文字相互比較，必須考量相互之間的歷史、地理環境、社會、民族性等因素，將春秋戰國金文先行自先秦金文中加以區隔，做爲參酌之字例，再加入發展序列之中比較，是較爲妥當的做法。以「鑄」字爲例，金文晉系作「」（〈中山壺〉），齊系作「」（〈國差罎〉），楚系作「」（〈楚子〉），秦文字則作「」（〈秦公鼎〉）、「」（《睡虎地秦簡・日書・甲種》），不僅本身有繁簡之別，與他系文字之字形結構亦明顯有異。

筆者不主張直接將春秋戰國各系文字列入漢字發展序列合併比較，並非有意區分東土、西土文字之別。相反的，這類作法一方面有助於探討王國維先生「戰國時秦用籀文六國用古文說」之主張，另一方面則更能突顯秦文字對漢代文字及《說文》字形的影響。前項筆者已於碩士及博士論文探討，認爲「『文字異形』是普遍存於戰國時期各國之間的現象，基於歷史文化的薰染、地域特質的轉化因素，國與國之間的差異，無可避免，問題只在於其程度是否有如學者所說般畫然分明。」[14] 至於後者，藉由各系文字與漢代文字及

---

[14] 見洪燕梅《秦金文研究》，頁 309。

《說文》的比較，不難看出漢代文字與秦文字之間的繫聯，以及《說文解字》小篆的來源，實深受秦文字影響。以「爲」字爲例，現存甲骨文作「」（前.五.三〇.四），金文作「」（〈散盤〉）；五系文字之中，齊系作「」（〈陳逆簋〉），楚系作「」（〈鑄客鼎〉），晉系作「」（〈中山墓圖〉）；秦文字陶文作「」（一六一〇瓦書）、「」（《睡虎地秦簡·秦律雜抄》），以及秦代文字統一後的「」（〈泰山刻石〉）、「」（〈始皇詔橢量二〉），相對於甲骨文、金文及他系文字，明顯均屬繁化字形，而《說文》小篆作「」[15]，證明是直接承繫秦文字。

伍、字形取樣宜考量書寫工具之特性

前文提及，春秋戰國是一個地域特色發達的時期，漢字發展至此，也極爲繁富，其關鍵即在於書寫工具的多樣，這也是影響此期字形演變的一個重要因素[16]。不同的書寫工具，可能影響字體的發展，如秦金文與秦簡牘文字之間所衍生出的秦篆與秦隸的關係，也可能影響字形的演變，如「中」字，甲骨文、金文、春秋戰國文字均繁簡互見，秦文字基本上是由「」（〈石鼓文〉）朝「」（〈詛楚文〉）簡化發展，但其中有一字作「」（〈中壹

[15] 本文《說文》小篆字形采自逢甲大學宋建華教授所製之光碟。

[16] 周有光於《比較文字學初探》說：「在同的規律中間有不同的演變特徵。書寫工具的不同，造成迥然不同的筆畫形式。」此說雖然用於探討世界不同民族之間文字形體、結構，但對於使用許多不同書寫工具的漢字而言，亦不失爲參考的要點。見周有光《比較文字學初探》（北京：語文出版社，1998年），頁18-19。

印〉），應是璽印文字特性所致，或具仿古之意，或展現藝術風格，甚至不可排除有書手個人書寫習慣之可能。由於目前僅屬孤例，不宜將之視爲秦文字維持繁寫之證。

書寫工具的特性，有時可能影響對字形變化的判斷。例如學者或以「空間填實」（即飾筆、贅筆）爲秦文字繁化現象之一，並舉二例：一是《睡虎地秦簡・日書》編號 1037「犯」字所从之「㔾」作「」；一是《睡虎地秦簡・日書》編號 185「肥」字所从之「巴」作「」，二例之部件均有中間填實的現象[17]。然而此類現象，若進一步細察，實尚有疑慮。查閱現有秦文字字典中，《秦文字類編》均無類似字例[18]；《睡虎地秦簡文字編》中「肥」字載錄有所謂填實之字形，但「犯」字則無類似字例[19]。其次，檢視圖版資料，「犯」字位於舊版《睡虎地秦墓竹簡》（線裝本）編號 1037[20]、新版《睡虎地秦墓竹簡》《日書・乙種》編號 142[21]，二書所刊圖版照片上之字跡，均非十分清晰，部件「㔾」看似有前述情形，但是參照其他「犯」字，純屬孤證。再者，簡牘文字乃以毛筆墨書，毛筆是一種柔軟的書寫工具，加上沾濡墨汁後，在有限的書寫空間裡，遇有方折筆勢，實極易形成這「填實」的現象。因此，

---

17 見徐筱婷《秦系文字構形研究》（彰化：彰化師範大學國文教育研究所碩士論文，2001 年）。

18 見袁仲一、劉鈺《秦文字類編》（西安：陝西人民教育出版社，1993 年），頁 162、221。

19 見張守中《睡虎地秦簡文字編》（北京：文物出版社，1994 年），頁 62、156。

20 見睡虎地秦墓竹簡整理小組《睡虎地秦墓竹簡》（北京：文物出版社，1978 年）。

21 見睡虎地秦墓竹簡整理小組《睡虎地秦墓竹簡》（北京：文物出版社，2001 年）。

在沒有更多字例足以證明它屬於一種常見的書寫方式之前，不妨暫時置疑，待日後有更多類似材料發掘，再將其列為秦文字繁化現象之一。

書寫工具對字形變化的影響，是相對而非絕對的。學者一般多以「簡率」一詞突顯簡牘文字的書體風格，整體而言，這的確是一個趨向，但是漢字之發展，既有其整體風格，亦有其個體性差異，唯兼顧二者，始能全面建構其完整之歷史面貌。以「奴」字為例，秦金文作「」（〈二十五年上郡守厝戈〉）或「」（〈高奴禾石銅權〉），簡牘文字則多从繁化字形。又如「賜」字，秦西周春秋金文〈不其毀〉作「」，陶文作「」（三二〇俑），均从「貝」「易」，但《睡虎地秦簡》又多从「易」作「」。從筆畫的角度言，秦簡牘文字屬於增添一橫劃之例；但從部件的角度觀察，則屬聲符的不同。

陸、秦文字繁化現象所反映之歷史意義

有關秦文字繁化之類別，學者已有許多相關論述[22]，筆者亦曾針對金文部分加以分析[23]，因此本文不再贅述。綜觀各家看法，多有一共同結論，即秦文字相對於春秋戰國其他各系而言，無論將之置於歷時或共時的觀察角度，其繁化比率極低，程度都明顯較為保守，呈現較為穩定的發展趨勢。

---

22 見黃靜吟《秦簡隸變研究》（嘉義：中正大學中國文學研究所碩士論文，1993 年），頁 63-69、徐筱婷《秦系文字構形研究》頁 117-124、洪燕梅《秦金文研究》頁 187-69。

23 見洪燕梅《秦金文研究》頁 187-193。

相對的，因秦文字發展的穩定性較強，許多繁化之形，常見僅有孤證，必須暫時置疑。此類字形，除可能是書手個人行爲外，尚有其它可能，如：「平」字，齊、楚、燕、晉皆有从「平」从「土」之例，秦文字則多不从「土」，唯秦代〈二十八年平安君鼎〉及〈三十三年平安君鼎〉及〈三十三年平安君鼎〉「平」字有从「土」之例。前者於 1980 年河南省泌陽縣附近官莊北崗編號 M3 墓壙出土，有關墓主的身分，歷來有秦人及魏人兩種說法，器物年代也有秦、衛、魏三種不同主張。筆者曾於〈試論河南官莊 3 號墓及其器銘〉及《秦金文研究》綜合分析[24]，定此器爲秦始皇二十八年（219BC）之器。「平」字从「土」，是否土地兼併而受有當地文字之影響，或因書手身分非秦人而導致字形差異，都有待更多文獻始能定論。

秦文字發展之穩定性，也是決定秦統一天下後，能在短短的 15 年國祚中，即使未必貫徹「書同文字」政策，卻可發揮極大力量的關鍵，進而使漢初即能快速實行文字學習的考核政策。《說文・敘》云[25]：

> 漢興有草書。尉律：學僮十七以上始試。諷籀書九千字，乃得爲史。又以八體試之。郡移太史並課。最者，以爲尚書史。書或不正，輒舉劾之。

在歷經兵燹蹂躪，極需生養休息之際，穩定的文字系統，有助於政令推行，成爲鞏固政局時，無形的重要力量。

---

24 見洪燕梅〈試論河南官莊 3 號墓及其器銘〉（台北：《第七屆中國文字學全國學術研討會》，1996 年），頁 93-116、洪燕梅《秦金文研究》頁 148-150。

25 見（漢）許愼著，（清）段玉裁注《說文解字注》，頁 766-767。

柒、結　語

繁化僅屬字體演變規律之一隅，尤其在繁化現象頗不顯著的秦文字之中，並無舉足輕重之地位，然即因此，更需謹愼看待每個字例，釐析種種可能的演變因素。前文所述，包括界義、取材時兼顧共時與歷時，以及考量地域、書寫工具、書手等因素，均可衍用至簡化、類化等其他演變規律的範疇，有助於建構更爲確實的秦文字（乃至漢字）的發展序列。

此外，藉由繁化現象的分析，也提供了探索秦文字「正體」與「俗寫」，或「新體」與「舊體」之分時[26]，有不同的切入角度。春秋戰國時期的秦文字，明顯存在著嚴謹與草率兩種書寫風格，但是它不能僅以書寫工具或器制來區分；呈現普遍現象之外，亦不能忽略個體現象所形成的差異，而分析繁化現象時的原則要求，正可突顯此一問題的複雜性。

秦文字之發展，有其特殊之歷史性、社會性、民族性、繼承性及適應性，與其他各系文字的繁化現象相較，突顯其文字系統的穩定性。此一穩定性，直接影響了漢代的文字發展，也間接影響了漢代的政治運作。

秦文字之繁化現象，亦有助於《說文解字》研究。例如秦金文「余」字，《說文》云[27]：

> 余，語之舒也。从八，舍省聲。

---

[26] 林清源分楚文字字形之演變爲「舊體」與「新體」。見林清源《楚國文字構形演變研究》（台中：東海大學中文所博士論文，1997 年），頁 203-204。
[27] 見（漢）許愼著，（清）段玉裁注《說文解字注》，頁 50。

現存甲骨文及金文，均未見从「八」之形，秦文字部分从「八」的繁化字形作「秦」（〈秦公〉），為《說文》小篆所采用。再如：「畯」字，《說文》云[28]：

畯，農夫也。从田，夋聲。

此字甲骨文、金文均从「田」、从「允」，秦金文則有从「夋」之例作「畯」（〈秦公及王姬編鐘〉），亦為《說文》所采用[29]。至於秦簡牘文字部分，現存字類極多，取之研究其字形演變規律，亦應有助於《說文》之研究，對此，筆者已於拙著《睡虎地秦簡文字研究》進行簡文與《說文》小篆的初步比對，其中蘊涵之意義，將另文深入探討。

---

[28] 見（漢）許慎著，（清）段玉裁注《說文解字注》，頁 704。
[29] 見洪燕梅《秦金文研究》，頁 189、193。

明代大型字書編纂特色探析

巫俊勳

摘要

明代之大型字書，主要有三類：一是承繼《說文》系統，以篆文爲字頭，並逐字釋義析形之字書，如《大明同文集》、《六書正義》、《說文長箋》；一是以《四聲篇海》爲主要參考底本，重新增删修訂之字書，如《海篇直音》、《海篇心鏡》、《詳校篇海》、《字彙》、《海篇正宗》、《五侯鯖字海》、《字韻合璧》、《篇海類編》等；一是仿《類篇》將《集韻》改部首編纂之方法，將《洪武正韻》重新編次之字書，如《類纂古文字考》《正韻彙編》、《六書賦音義》等。總體而言，明代字書之編輯用心，主要在追求便於尋檢之各種編次策略，因此在字書檢索便捷上有其貢獻，故本就字書類型、收字範圍、分部特色、文字詮解、索引附錄之建立及刊刻版式等角度，深入探討明代各類字書之編輯特色，辨析流別，冀能進一步定位明代字書之歷史地位。

關鍵詞：明代　字書　編纂　部首

壹、前 言

自《說文》建立依據篆文逐字說解，並據以分部的大型字書[1]編纂體例，往後的字書編纂，主要便衍成兩條途徑發展：一是承繼《說文》以篆體爲依據的六書學系統，如〔宋〕戴侗《六書故》、〔元〕楊桓《六書統》、〔明〕吳元滿《六書正義》、趙宧光《說文長箋》及田藝蘅《大明同文集》等。一是以楷書爲依據的字書系統，從〔梁〕顧野王《玉篇》、宋司馬光《類篇》、〔遼〕釋行均《龍龕手鑑》、〔金〕韓道昭《四聲篇海》，至明代達於高峰，主要有兩類，一是以《篇海》爲基礎增刪改編之字書數量衆多，如章黼《重訂直音篇》、朱之蕃《玉堂釐正字義韻律海篇心鏡》、李登《重刊詳校篇海》、屠隆訂正之《篇海類編》、徐孝《合併字學集篇》、梅膺祚《字彙》、朱孔陽《字韻全璧》、湯顯祖《五侯鯖字海》等；一是仿《類篇》改編《集韻》之方法，將《洪武正韻》重新編次之字書，如都俞《類纂古文字考》、周家棟《正韻彙編》、張士佩《六書賦音義》等。

明代大型字書數量雖不少，但自清以來，評價卻不高。前述明代各書，《四庫全書》一部都未收入，列入存目中者，或稱「傳寫失眞，益不足據」，或稱「殊爲刺謬，不足以言小學」，評價極爲低劣。胡樸安《中國文字學史》承四庫之說，認爲明代字學著作，在文字學上多無價值。即使專論字典之著作，如劉葉秋《中國字典史略》、錢劍夫《中國古代字典辭典概論》等，除《字彙》外，其

[1] 本文所稱「大型字書」乃指收字全面、逐字音釋且依部首編排之字書，至於以韻編次之韻書，雖與字書之功用無異，本文不列入討論。

餘均無著墨。

明代之字書，在宋學的氛圍下，大都擺脫《說文》之束縛，勇於立說。因此，自清代以降之漢學角度觀之，明代字書殊無足觀，但就字書編纂發展來看，明代字書之編纂用心卻不容抹滅。張其昀《中國文字學史》從宏觀之字學角度，對明代字書已有較全面客觀之探討，故本文在此基礎上，擬就字書類型、收字範圍、分部特色、文字詮解、索引附錄之建立及刊刻版式等角度，再深入探討明代各類字書之編輯特色，辨析流別，冀能進一步定位明代字書之歷史地位。

貳、明代大型字書簡述

一、六書類字書：此類字書承繼《說文》及《六書故》、《六書統》的編寫模式，以篆文爲字頭，逐字釋義析形，收字較全面者主要有田藝蘅《大明同文集舉要》、吳元滿《六書正義》及趙宧光《說文長箋》三部[2]，分述如下：

（一）田藝蘅《大明同文集舉要》：序刻於明萬曆十年（1582），卷首云：「夫謂之大明云者，一以紀聖世文教之盛，一以昭古今字學之成也；謂之同文云者，經傳子史同一書也，則同一文也，則同一解也，其有不同焉者，繁簡結構之少異其制耳，平上去入同一文也，則同一母也其有不同焉者，南北風氣清濁重輕之稍異其音耳，形雖不同而義實同，聲雖不同而書實同，稽之保氏，肄

2 明代六書類著作，尙有趙撝謙《六書本義》、魏校《六書精蘊》、楊愼《六書索隱》等書，唯各書主要在六書判分，收字並不全面，故以上各書不列入討論。

之小學，達于里巷，考于朝廷，豈特車同軌行同倫而已哉，殆見貫今古，合華夷，而書亦莫不同其文矣。」冀能透過本書，貫通古今華夷。全書五十卷，主要特色如下：

1. 全書內容楷書、篆文、古文、草書混列，類似今日之《字形匯典》。其章則云：「因稽《說文》、《玉篇》、《書統》、《正譌》諸家，輯爲此編，首之以楷，欲其易曉也，次之以小篆，欲知其原也，既正其訛，復辯其俗，略總其韻，刪訂其註，悉類而附之，然後證以古文，博以鍾鼎，并隸與艸而略載焉，使龍文龜畫重見目前，商鼎周彝並陳几上，豈不爲學書者一大快事也哉。」

2. 全書收字約一萬四千字，部首分爲三百七十[3]，各部之下又立若干小目，如大部之下又立「太、夫、扶、介、乔、亦、央、夭、夨、吳」等目。全書主要以聲符歸部，故多爲聲符部首，如艮部，收錄「恨、硍、銀、垠、根、痕、齦、跟、鞎、艱、狠、佷、很、眼、限、懇、墾、裉」等字。

3. 部次採始一終萬，所謂「一以貫萬，所謂得其一而萬事畢者也」之意。整體大致上採天（天、日）、地（土、火、山、水）、人（人、勹、自、心、口、手、足、女）、事（立、入、十）、物（艸、禾、竹、木、隹、虎、它）之序排列。部中字次則據聲符系聯。

4. 釋音僅注出韻部，釋義則以常用義爲主，釋形則針對象形、指事、會意之字，形聲則多不註明。

5. 卷首附〈大明同文集舉要章則〉，分〈自引〉、〈大明同文集釋〉、〈六書考略〉、〈六書辯正〉、〈二書形聲彙編解〉、

3 本書分部卷前目錄目錄與正文不盡相同，今依正文統計得三百七十部。

〈音韻考略〉、〈楷書所起〉、〈形聲辯異〉、〈形聲始終解〉、〈廣德守吳公書二首〉、〈復耆一首〉、〈字學之原〉、〈說文序〉、〈玉篇字原之異〉、〈諸家字母考〉、〈字學舉要〉、〈注釋舉要〉、〈聲韻舉要〉等篇，多屬附錄性質。

6. 版口加刻全書總葉數：本書版心中央刻記卷數，上方版口部分記全書總葉數，下方則記每卷之葉數。

（二）吳元滿《六書正義》：吳元滿爲明代後期字學大家，早年裒集諸說所長，著《六書泝源》十六卷，取象形二百七十文，指事二百五十六文，會意八百八十四字，諧聲七千一百七十字，闕疑五十三字，缺義八十字，共八千七百二十字，仍分爲五百四十部（刪去八十四部，另增八十四部），因注疏浩瀚，無力鋟版，乃刪去諧聲字六千八百五十，摘取象形、指事、會意及諧聲復可爲聲母者，并闕疑合計一千八百三十字，名爲《六書總要》，序於萬曆十二年，仿魏校《六書精蘊》按義分類方式，分爲數位、天文、地理、人倫、身體、飲食、衣服、宮室、器用、鳥獸、蟲魚、艸木等十二門類[4]，象形、指事、會意、諧聲，推廣爲二十九體，假借、轉注敷衍爲一十四用。《六書正義》序於萬曆三十三年（1605），

---

4 吳元滿《六書總要》敘云：「其先有太極，始分陰陽，有陰陽然後天地尊位，故數位第一，天文第二，地理第三。聖人參天兩地，補化工之不足，故人倫第四，人與飛潛動植皆物也，惟人最靈，造化所賦形質，皆適于用，故身體第五，事、工皆爲人而設，先聖造火食制衣裳，以變茹毛飲血之俗，故飲食第六，衣服第七，構堂屋以革巢居穴處之勞，故宮室第八，法天圜地方，制規矩準繩，作器皿以濟民利物，故器用第九，有情者爲動物，卵生者爲飛禽，胎生者爲走獸，故鳥獸第十，溼生化生者爲蟲魚，不可雜于鳥獸之內，故蟲魚第十一，無情者爲植物，弱者爲艸，著者爲木，然春生夏長，秋成冬斂，不違于時令，多合干支，故艸木第十二。」仍以陰陽五行架構論之。

立部五百三十四[5]，全書含附錄、存疑、闕義、備攷共計篆文九千三百五十三字，楷書備用，俗借俗轉共計一千一百八十二字，訓釋約計四十餘萬言，應即《六書泝源》之修訂本。

本書主要編輯特色如下：

1. 部首字之處理：採趙撝謙《六書本義》以母統子之法，「凡象形文署於本部之首，凡指事、會意、諧聲字，注見各部之內，則本部不錄。」即部首字若可拆分，仍做歸部處理。如「正」立爲部首，但正字說解則見於一部。

2. 本書以符合初形本義之字形爲正文，與《說文》以篆文爲正文，古文、籀文爲重文之編次不同，因此《說文》篆文、古文並出者，本書多以爲古文爲正文，篆文爲重文。

3. 說解編排方式：每字先以反白列出六書分類，再以大字篆文列爲字頭，其下小字列出楷書字形，再直音、釋義、釋形，最後則列出異體。

4. 六書內容多以己意說之，如卜字歸上部，云：「从仄上，指事。正義曰：居上下之間，吉凶疑惑之際，故用卜。」按卜之甲文即象龜兆之縱橫，以上字之古文「丄」右轉九十度而成卜字，歸爲轉體指事，與實際情形不符。

（三）趙宧光《說文長箋》：本書趙宧光序於萬曆三十四年（1606），當是成書之年，其子趙均序於崇禎辛未（1631）則是出版之年。本書卷前列有〈長箋解題〉一卷，載其平生所著字學，分本、述、作、體、用、末等六大部分，合計五十八類二百一十四卷，今所見僅《說文長箋》與《六書漢義》而已。卷前〈本部總釋〉云：「本部者，詞就《說文》，次從《韻譜》，《說文》闕

[5] 序稱五百三十四，實爲五百三十六部。

義，補以長語，義有不協，續之箋文。《韻譜》但取易于檢尋，至其得失，自有《通韻》，故元文爲綱，滿行滿格，長語爲綱之目，隨文讓格，亦滿行。若箋文爲紀，讓行滿格，箋注亦隨文讓格亦讓行。凡元文仍譌坿正，箋文悉正而坿以通俗諸文，二注則但正而不贅，其佗收錄百家異說竝仍不正，非欲顯提彼失，蓋謂十九皆作者用意更張，或巧相徇俗，正之，翻破亂一家成法，倍作者用心，是故我不應正，就彼所正也。凡校讎法，苟以己意入之，兩敗傷矣。」

本書主要特色如：

1. 詞就《說文》，次從《韻譜》：《說文》在明代並未受重視，今所見明代之《說文》刻本均是李燾《說文解字五音韻譜》，《說文長箋》之編次即以《五音韻譜》爲據，取其易於檢尋。從本書各部首下均注出大徐本《說文》[6]與《玉篇》部次，可知趙宧光雖以《五音韻譜》爲次，應是有參考大徐本的[7]。

2. 說解分長語、箋文及箋注三類：長語隨原文雙行小字，箋語則讓行低一格大字，箋注則箋語下雙行小字，眉目清楚。

3. 卷前附有〈總目〉與〈目錄〉：〈總目〉列各卷所收部首，〈目錄〉則詳列各卷所收之字，部首加圈標示，版心則配合該葉目錄內容列出卷數，檢索更爲簡便。

4. 本書字形皆採正體，其所謂正體，多據篆文隸定而來，如：鄦－許、毐－每、忻－近、㑥－便等，若不識篆文，幾不可讀。

---

6 大、小徐本部次略有不同，如㚤、畐二部，大徐本作「㚤－畐」，小徐本則作「畐－㚤」，《說文長箋》所記部次爲大徐本部次。

7 卷首亦收入徐鍇《繫傳・部敘》，惟凡例中稱《繫傳通釋》己佚，則趙宧光並未見小徐本全書。

5. 卷首上下兩卷，列出兩種不同的《說文》編排方式，上卷錄徐鍇《繫傳・部敘》，下卷〈說文表〉，將《說文》五百四十部重新按類編排，計分爲數位、天官、形气、地輿、宮室、人民、肞體、事爲、器用、服飾、動物、植物等十二類，接近吳元滿之分類。每類獨體部首列第一層，由此部首衍出者列第二層，再次第三層、第四層，次第井然。

二、《四聲篇海》改進本：《四聲篇海》乃〔金〕韓道昭所編，原名《五音增改併類聚四聲篇》，全書收字五萬五千餘字，分爲四百四十四部，依部首之聲類編排。李登《詳校篇海》序云：「顧字書以四聲紀者，檢之爲稍繁，而以偏傍紀者，檢之爲甚易，古今紀以偏傍而字又甚備者，莫如《篇海》一書。其書大都出於釋子輩檢閱藏教之所爲，其人不可謂無六藝之學，而好奇務博，濫收而無辨者居多，學士大夫嘉其大備而亦病其大備也。」因其檢索方便，故至明代仍甚爲流行，今日仍有多種翻刻存世。又因其濫收無辨者居多，亦有多種大幅據其修訂的字書出現，分述如下：

（一）章黼《直音篇》：卷首有章黼天順庚辰（1460）誌語，吳道長重訂「萬曆丙午仲秋校刻練川明德書院」牌記（萬曆三十六年，1608）。全書七卷，搜集四萬三千餘字，分爲四百七十三部，末爲雜部。主要編輯特色：

1. 全書編次，採用《說文》始一終亥模式，先略分義類，再據形系聯；部中屬字則依韻部先後，同韻部之字依平上去入排列。

2. 注釋簡略，釋音或直音，或反切，釋義簡略。

（二）《新校經史海篇直音》：本書不著撰者，今可見最早爲明嘉靖二十三年（1546）勉勤堂刻本。本書最大特色即將《篇海》之反切全改爲直音，釋義略作增減，其餘均與《篇海》相同。

（三）《海篇心鏡》：本書今傳有數種刻本：一題《翰林筆削字義韻律鰲頭海篇心鏡》，蕭良有撰，明萬曆十一年（1583）書林吳氏三友堂刻本；一題《翰林重攷字義韻律大板海篇心鏡》，劉孔當撰，萬曆廿四年（1596）書林葉會廷刻本；一作《玉堂釐正字義韻律海篇心鏡》，朱之蕃撰，刊於萬曆三十年（1602）。國內可見爲後兩部，兩册內容不完全相同，其編輯特色如下：

1. 全書編輯分上下兩層，《翰林重攷字義韻律大板海篇心鏡》上層依次爲〈十字釋義〉、〈諸家篆式〉、〈夷字音釋〉、〈異施字義〉、〈分毫字義〉、〈諸經難字〉、〈韻律〉；下層則是〈蒼頡始製字式〉、〈篆書八體式〉、〈韻律六書式〉、〈夷語音釋〉、〈字有六書〉、〈字有八體〉、〈字有五音〉、〈字有四聲〉、〈定聲方位〉、〈分聲清濁〉、〈辨聲要訣〉、〈調聲掌法〉、〈背部字文〉、〈奇字便覽〉及依部首編排之字書。

《玉堂釐正字義韻律海篇心鏡》上層則包括〈篆書義〉、〈六書〉、〈五音〉、〈四聲〉、〈定聲方位〉、〈分聲清濁〉、〈切韻字訣〉、〈字母切韻法〉、〈辨聲要訣〉、〈調聲掌訣〉、〈字學正訛〉、〈字義兼音〉、〈韻律〉、〈諸經難字〉、〈字義總要〉、〈分毫字義〉等內容；下層則是〈秦漢篆千文〉及依部首編排之字書。

2. 下層將《篇海》之部首重新據義編次，兩書部首部次相同，僅字次略有不同。分爲天文、時令、地理、人物、聲色、器用、身體、花木、宮室、鳥獸、飲食、干支、卦名、文史、珍寶、人事、衣服、數目、通用等十九項。全書收字與《篇海》相近，分爲四百五十六部，較《四聲篇海》多出十二部，每字釋義簡略，多數只有直音而已。

（四）《海篇正宗》與《海篇朝宗》：《海篇正宗》全名《三台館仰止子考古詳訂遵韻海篇正宗》，共二十卷，卷首有陳仁錫序及仰止子余象斗引，刻於萬曆四十八年（1628）。本書與《海篇心鏡》編排方式相同，亦分上下兩層，上層計有〈集類四聲輕清重濁字法切要詳辨〉、〈字義異施〉、〈諸經難字〉、〈分毫字辨〉、〈分毫字義〉、〈韻律〉、〈增百家姓引用類〉等篇，下層則卷一列〈蒼頡始制文字〉、〈字有六書式〉、〈篆書八體式〉、〈諸家篆式〉、〈字有五音〉、〈字有四聲〉、〈四聲字譜〉、〈四聲指義〉、〈定聲方位〉、〈分聲清濁〉、〈辨聲要訣〉、〈切字指義〉、〈六體指義〉、〈切字要法〉、〈六律六呂八隔相生圖〉、〈律呂八隔相生五音十二變旋相爲宮以節聲音上下〉、〈翻切呼調歌〉、〈三十六字母切韻法〉、〈三十六字母反切圖〉、〈夷字音釋〉、〈九語音釋〉、〈五樣奇字類辨〉等篇，卷二則爲依部首編排之字書，部首與部次均與《海篇心鏡》相同，收字與音釋亦極相近。

《海篇朝宗》，全名《陳明卿太史考古詳訂遵韻海篇朝宗》，卷前有陳仁錫序，內容與《海篇正宗》之序不同。全書十二卷，未分上下兩層，卷一至卷十爲《海篇正宗》之下層內容（卷一少〈篆書八體式〉、〈諸家篆式〉兩篇，另有上層〈集類四聲輕清重濁字法切要詳辨〉、〈字義異施〉），卷十一、十二爲《海篇正宗》上層之〈諸經難字〉、〈分毫字辨〉及〈韻律〉。本書卷一題「長洲陳仁錫明卿父閱，景陵譚元春友夏父訂」，未著年月。就各卷部首之計數來看，本書將卷五身體門分兩組且分別計數，《海篇正宗》則分爲卷八與卷九；卷六花木門亦分兩組，《海篇正宗》則分爲卷十與卷十一。若爲原作，同卷同類部首應採同一計次即可，因此，

《海篇朝宗》成書於後之可能性較大，將《海篇正宗》上下兩層的排版方式調爲單層，第八、九兩卷合爲卷五，第九、十兩卷合爲卷六，但保留原來部首計次方式。惟其前已有《海篇心鏡》，亦有可能《海篇朝宗》據《海篇心鏡》攷訂，《海篇正宗》則據以還原爲上下兩層。孰先孰後，亦未可驟定。

（五）李登[8]《重刊詳校篇海》：刊於萬曆三十六年（1608）。全書部首四百四十五部，較《四聲篇海》新增一臭部。收字約三萬八千字，較《四聲篇海》少約一萬七千字。

本書主要編輯特色有：

1. 歸部有以形似而附載者：其凡例云：「偏傍山則山，水則水，無相混也。頗有字非部頭，直以形似而附載之者，如艹頭非艸，而收在艸部；舟傍非肉而反從月傍之類，本書亦有仍舊本者，第注曰：形似附例。」

2. 釋義兼重古今：其凡例云：「字書多祖漢唐人注疏，因襲至今，若宋儒所注，經書多未收載，觀者因右漢唐而左宋，殆非也，漢儒附會，唐人蹈襲，從來矣，至宋儒悉從前人注疏而訂正之，如

8 《詳校篇海》之作者，《訂正篇海》「稱爲李如眞先生彙定，趙新盤先生梓傳。」《篇海類編》則稱趙新盤著，按《詳校篇海》序云：「我舊公祖新盤趙翁，自束髮讀書，已循文切理，不苟於所從，一値所疑，疑質諸字書，而若音若義若文，與夫假借轉注二書中音義之別出者，亦參考而靡遺，於是取篇海舊本爲槀草，而參考者，自正韻而下，如韻會，如集韻，如集成等書，悉采而輯之，則知篇海舊本之載者傷於濫，而注則傷於疎，濫者思以損之，疎者思以益之，宦轍所至，輒貯行笥，當尹我應天時，正詩論修飾時也。數年來，茲復摠督南糧，猶以政暇隨檢隨注，幾以成書，而絓於政務，未克成也。謂朽夫登嘗從事藝學，雖精力不逮而尙能佐校訂之役，舉而屬之，所未安者不輕聽也，於以見小物之克勤，邇言之必察，斷斷休休之度可占識矣，久之，任登恣所損而酌所益，公曰：可稱成書矣，遂捐俸入梓以惠域中。」可知本書乃趙新盤創始於前，李登完成於後，由趙新盤捐俸梓行。

籩條戚施，體仁執中之解，此豈得循古注而置今注耶，本書所錄多沿舊注而亦常錄用今注云。」

3. 釋音採反切加直音，並加注濁音：其凡例云：「字音不可不確，舊本五音篇海有切而無音，海篇直音有音而無切，一有差譌，便難訂證，今本既用反切，又加直音，不厭重復者，直欲人呼字確當而無差失也。」

4. 字形以楷隸爲主：其凡例云：「古文鐘鼎籀篆，難使民間通習，秦漢以來，亦既變爲楷隸以便民，至今從而不改，乃舊爲篇海者，往往錄入而又往往失眞，今於可存者存之，其左右停分，彎環圓轉不可施之楷隸者，不載也。」

5. 釋義時，若遇原字，則以「丨」表示。如卷一金部金字下云：「居吟切，音今，五色丨，《釋名》：『丨，禁也。』爲進退之禁；又黃丨一兩曰一丨。」

崇禎甲戌，張忻重刻，名曰《重刻訂正篇海》十卷，內容相同。

（六）《篇海類編》：二十卷，題宋濂撰，屠隆訂正。本書分部、收字、音釋都與李登《詳校篇海》相同，應是改編自《詳校篇海》，題宋濂撰實爲托名[9]。未著刊刻年月，惟卷前字學書目錄有《字彙》，成書應在《字彙》之後。

本書與《詳校篇海》主要差異有二：

9 《四庫全書存目提要》云：「其書取韓道昭五音篇海以部首之字，分類編次，舛陋萬狀，無論宋濂本無此書，即以所引之書而論，如田汝耔、都俞、李登、湯顯祖、趙銘、章黼、楊時喬、劉孔當、趙宧光，皆明正德至萬曆時人，濂何從見之。」《提要》所辨並不精確，《詳校篇海》並無附錄，因此《篇海類編》首卷所附內容，應爲後人所增，《提要》以此斥此書非宋濂所作，證據並不充分。

1. 部序依類分卷：本書將《四聲篇海》依聲列次的編排方式改爲依類編排，計分十九類，依天文、地理、時令、人物、身體、花木、鳥獸、鱗介、宮室、文史、珍寶、器用、數目、聲色、衣服、人事、干支、蓍卜、通用之次第排列，與《海篇心鏡》略有不同。

2. 增加附錄：本書首卷附錄收入〈字學淵源〉、〈經史引證〉、〈古書盛衰存亡譜〉、〈蒼頡始製文字〉、〈伏羲始分六書〉、〈歷代字分八體〉、〈總述來源譜〉、〈聲分清濁〉、〈聲辨清濁〉、〈清音四聲〉、〈濁音四聲〉、〈辨聲要訣〉、〈三十六字母切韻法〉、〈切字要訣〉、〈翻切呼調歌〉、〈三十六字母反切圖〉、〈直指玉鑰匙門法〉、〈辨疑略指〉、〈談苑〉、〈製述字學姓氏〉、〈字學書目〉、〈外夷語音之殊〉等篇，部分與《海篇心鏡》相同。

本書凡例多取自梅膺祚《字彙》，代表《字彙》之凡例亦適用於《篇海類編》，呈顯出《字彙》之編輯深受《詳校篇海》影響。

（七）梅膺祚《字彙》：全書依十二地支分爲十二卷，收錄三萬三千餘字，分爲二百一十部。刊於萬曆四十三年（1615）。本書在收字理念、注音方式、歸字方法上等都與《詳校篇海》有神似之處，可見《字彙》在編輯體例方面，都深受《詳校篇海》影響[10]，因此《字彙》凡例十二則，《篇海類編》幾乎全數收入。本書主要之編輯特色：

1. 將版式與部首編排結合：《字彙》於每卷前立一圖分若干行，每行十欄，每一欄代表一葉，將該卷該葉之部首或畫數列入；再將版心由上至下分爲十格，依次刊刻黑框，將卷前圖與版心黑框

---

10 詳見拙著《字彙編纂理論研究》頁九，輔仁大學中研所博士論文，民九十年。

配合，即可迅速檢索欲查之字。

2. 設立多項附錄：《字彙》卷首有〈運筆〉、〈从古〉、〈遵時〉、〈古今通用〉、〈檢字〉五項，卷末則有〈辨似〉、〈醒誤〉、〈韻法直圖〉、〈韻法橫圖〉等四項。各個附錄各有其功用：〈从古〉、〈遵時〉、〈古今通用〉是內文正字原則之範例，〈檢字〉是部首編輯法之補充，〈辨似〉、〈醒誤〉則是字形分析之歸納，〈韻法直圖〉、〈韻法橫圖〉則是內文釋音之參考。

3. 圈號之運用：《字彙》以圈號區隔異音、說明四聲別義、制字之旨、辨析字形、說明假借、異體、辨正俗字、區隔按語等各項內容。

（八）、徐孝《字學集篇》：徐孝輯《合併字學篇韻便覽》，分《合併字學集篇》與《合併字學韻篇》兩部分，《字學集篇》共十卷，收入約五萬字，序於萬曆三十四年（1606）據部首編輯；《韻篇》據韻次編排，本文就謹《字學集篇》部分簡述。全書將《篇海》四百四十四部，刪去二百四十四部，外增連身部，合計二百零一部，主要特色如下：

1. 卷末設連身部，將無法歸部的字依筆劃多寡編排。

2. 部次是將二百部或據義或據形，編成七言韻語。字次則是屬字字數多的依筆劃多寡，每一筆劃數都另起新行；字數較少的則雜亂無次。

3. 注音多採直音方式，偶採反切，釋義則簡略，多從《篇海》之舊。

（九）朱孔陽《字韻合璧》：本書全名《新刻瑞樟軒訂正字韻合璧》，序於崇禎改元之際（1628），與《海篇心鏡》同樣採上下兩層，上層內容亦相近，下卷則爲字書，收字約七萬字，分爲六百一十二部，部次按類編排，依天文、地理、時令、人物、宮室、器用、鳥獸、花木、人事、身體、衣服、珍寶、文史、飲食、聲色、數目、干支、卦名、通用及補遺等門排列。本書主要特色在於以形符與聲符分別歸部，兩部互見，故字數衆多，乃重覆計算之結果。如設立希部，收入「俙、唏、悕、稀、絺、豨」等字，這些字又分別歸入人、心、口、禾、絺、豨等部。文字詮解採直音方式，釋義簡略，遇釋重覆之字，亦以「丨」號表示。

（十）《五侯鯖字海》：題爲湯顯祖撰，未著年月。全書二十卷，分爲七百零八部，收入約七萬字。陳繼儒序云：「取《海篇》原本，遵依《洪武正韻》參合成書。」部序亦採《四聲篇海》依聲類編排，始於金部而終於亼部。本書之分部亦依形符與聲符分別歸部，收字及音釋與《字韻合璧》相近，兩書部首數與編次雖不同，仍應有相承關係，惟本書不著年月，未知孰先孰後[11]。

如上所述，上列各書，可整理如下表：

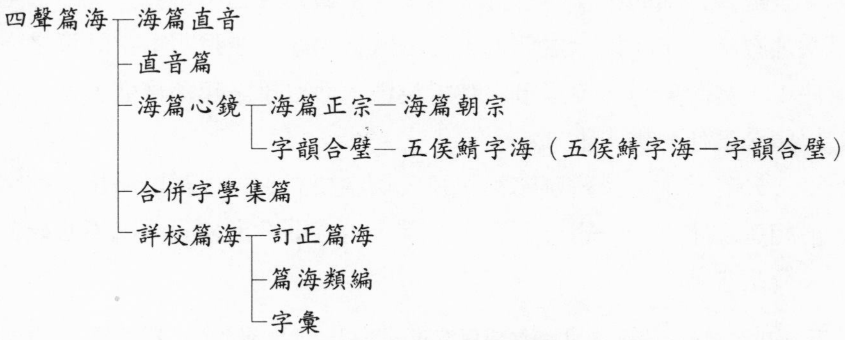

表一：《篇海》類字書傳承表

[11] 《五侯鯖字海》見於《篇海類編》字學書目中，《字韻合璧》則未見，《五侯鯖字海》或在《字韻合璧》之前，因無確證，姑仍置此。

三、《洪武正韻》改編本：《洪武正韻》爲明太祖所敕編，享有崇高地位，但因查檢不便，故多有將《正韻》重新依部首編排者，集中在萬曆年間，分述如下：

（一）都兪《類纂古文字考》：刻於明萬曆二十四年（1596）。其凡例云：「余覽《正韻》一書，刪蕪舉要，正義辨音，一洒千古之陋，眞盛世同文之典矣，第以韻收而不以形類，稽疑者不能遽得，茲悉從偏旁分爲諸部，俾窺《正韻》者不若望洋，蓋竊比從周之意。」全書僅將《正韻》改以部首編排，故書名稱「古文字考」，但與古文無涉。

全書據形分爲三百一十四部：凡例云：「《玉鍵》之作，於《正韻》良有裨益，但音義闕然，若塵飯塗，靡得而用之也，況傳訛頗多，不可枚舉，若鼠、鼓之不立部，致索者茫然，釋番之附於釆，令觀者莫辨，又若月之與⺼，西之與襾，顚倒錯亂，莫此爲甚，不媿管見，敢一僭及，惟高明者原之。」其分部主要是針對《玉鍵》分部的不當而進行改革，《玉鍵》今已不可見[12]。部中字次凡屬字五十字以上之部首，均依筆畫爲序，並說明筆劃計算之方法：「其計畫也，不以畫之轉折爲數，而以筆之起落爲數，如乚、乛之類，俱作一畫。」

3. 卷首附有〈辨疑略指〉及〈切字要訣〉，〈辨疑略指〉列字形相近之字六十一組一百二十二字，內容則多出自與《海篇心鏡》〈分毫字義〉。

---

12 《正韻彙編》序云：「海篇部目浩繁，每以一部而搜全卷，觀者苦之，是編部本《玉鍵》，而直以數彙之，如偏旁在一即探一部可得，不必他求，故稱便也。」既稱「部本《玉鍵》」，則部首應與《玉鍵》相同，但是都兪所斥「鼠鼓之不立部」，在《正韻彙編》卻有鼠鼓二部，因此《玉鍵》之分部如何仍不可得知。《篇海類編》卷前書目著錄有「《玉鍵》二十卷」。

（二）周家棟《洪武正韻彙編》：序於萬曆壬寅三十年（1602）。是編收字一以《洪武正韻》爲主，間有所增。全書分爲二百三十九部[13]。主要編輯特色：

1. 立部亦依據楷書字形，立有「夬、冉」等非字部首，部末設有雜部。

2. 部次依筆劃數編排，其凡例云：「是編部本《玉鍵》而直以其數彙之。」惜《玉鍵》已佚，不可考。部中字次不論字數多寡，也都依筆劃排列，只有最後雜部隨意編排，沒有次序。梅鼎祚序稱《字彙》「其耑其終，悉以數多寡」，早《字彙》十二年之《正韻彙編》，即採此種編排方式了。

3. 注音方式，先直音再反切：其凡例云：「直音有聲矣，而五方多有未合反切於聲確矣，初學有所未通，是編兼而用之，其韻下一字撮本字之首字註之，即直音也，又下二字爲反切，使能等者由反切以正音，而不能等者，由直音以求切，第以求其便識耳。」

4. 釋義多義並陳，若爲常用字，則僅列出反切，不再釋義：其凡例云：「字既得韻而其義或一解，或多至數十解，並因韻註之，即叶韻之類，亦有所據，使之易曉，如兩韻並見，而義或重出者，刪其重者，以省觀耳。」又云：「或如常用之字，止有反切，不復贅也。」

5. 版心列出當葉部首：本書版心除列出書名、卷數及葉數外，更列出當葉主要之部首及其於該卷次第，裝訂之後，於書側即可翻到想要查的部首，檢索更爲方便。

（三）張士佩《六書賦音義》：序於萬曆三十年（1602），全

13 《四庫全書總目提要．小學類存目一》云：「其書取《洪武正韻》以偏旁分八十部。」誤以第四卷的部首數爲全書的部數。

書也是將《洪武正韻》依部首重新編輯，書名稱「六書」，但內容與當時六書類字書不同，與都俞《類纂古文字考》及周家棟《正韻彙編》則同屬一類。主要編輯特色如下：

1. 分為八十五部，末列雜部：所立八十四部都是部中字數較多者，其目錄雜字下注云：「雜字數不敷四句難為部者，同零字為雜部。」也就是要立為部首，屬字要超過十六字以上。

2. 部次略以義為次，部中屬字以賦體編排：全書後附〈六書賦〉，四字一句，兩句一韻，字數若不足，以其他字少的部首附見補足，屬全文索引性質。

3. 說解先反切再直音，再釋義釋形，最後以「o」號將異體字區隔。如卷一水部涓字下云：「平聲先韻，圭淵切，音與娟同，小流滴也，从口从肉，俗从肙 o 洕同。」

參、明代字書編纂之總體特色

一、分部編次之調整

（一）歸部原則：《說文》建立五百四十部之分部模式，部首與屬字均有嚴謹之歸部依據。當部首大量刪併之後，以形歸部之原則勢必有所調整。明代字書，如上所述，可整理如附表一，從表中可知部首多者如《五侯鯖字海》多至七百零八部，少者如《六書賦音義》僅八十五部。部首數不同，歸部原則也就有所調整：

1. 設立雜部，收納不能歸部之字：從《龍龕手鑑》二百四十二部到《四聲篇海》的四百四十四部，都設立雜部收納不能歸部之字，明代字書也延用此法，《直音篇》、《類纂古文字考》、《正韻彙編》、《六書賦音義》、《字學集篇》都採設立雜部之法。但各書標準不一，《直音篇》與《類纂古文字考》只要有一個屬字即立部，《正韻彙編》有兩個屬字才立部，《六書賦音義》則需十六字以上才立部。部首數多，雜部字則少；部首數少，雜部字則多。

2. 形近歸部：不設立雜部而將全部之字歸部，勢必調整歸部方法，《詳校篇海》、《字彙》等字書便採取形似附見的方法，將所有之字歸入現有之部首中。也就造成部首從具有形義關聯的學理性部首轉爲純爲檢索方便的工具性部首。

3. 以聲符歸部：以形符歸部是《說文》所建立的歸部原則，當部首大量刪併後，部分字改以聲符歸部是權宜的辦法，明代字書則有更進一步運用聲符歸部：

（1）《大明同文集舉要》改立聲符部首，以聲符作爲歸部依據。《四庫提要》批評云：「是編割裂《說文》部分而以其諧聲之字爲部母，如東字爲部母，即以棟涷之屬從之，顛倒本末，務與古人相反。」以聲符歸部雖非部首歸部的主要方式，透過聲符部首即掌握該字聲音，因此，聲符部首仍有其價值存在。

（2）《字韻合璧》與《五侯鯖字海》不嫌部數繁多，採互見方式，依形符與聲符分別歸部。就檢索而言，極爲便利。

4. 部首字亦進行歸部：《六書正義》承《六書本義》之法，將非獨體之部首字仍做歸部處理，是符合檢索之便的。如欲查「古」字，若依《說文》之例，若不知「古」立爲部首，必然遍尋不著；若依《六書正義》之法，翻檢口部即得。再就《說文》之編次而言，古部系聯在與口部相關之部首中，因有「嘏」字，故古獨立爲部首，若無「嘏」字，則古字亦必歸入口部之中，故《六書正義》此法既符合部首之學理性，亦便於尋檢。

（二）部次之編排：《說文》採陰陽五行之架構，始一終亥，據形系聯之方式編次五百四十部，檢索極為不便，後來字書便多所調整：

1. 據形系聯，參以義類：《說文》據形系聯之方式，明代仍有繼承者，如章黼《直音篇》始一終亥，田藝蘅《大明同文集舉要》始一終萬，其間則依義略作分類。後者更保留陰陽五行之說，全書分五十卷，以附易大衍五十之數，其〈章則〉云：「始一終萬，所以紀二气之運而貫天下之事者也，有形而後有聲，一為平聲而萬為入聲，始於東而終於北，所以備四方之音也；一為入聲而萬為去聲，則始于北而終于西，所以合五行之用也，與許氏大同而小異焉，要不悖于先天兩畫之旨而已。」

2. 據音編次：〔宋〕李燾將《說文》改為以韻編次，作《說文解字五音韻譜》，始東終甲，〔遼〕之《龍龕手鑑》以韻編次，〔金〕之《四聲篇海》以聲編次，均以字形與聲韻結合之編次方法。今日所見明代之《說文》刻本，均為《五音韻譜》，趙宧光《說文長箋》凡例云：「割裂古人書，大為可恨。然書有惡而便于用者，《韻譜》之類是也。流而為篇韻等書，算畫捱取，尤易為力，而淺陋彌甚。」明知《韻譜》割裂《說文》可恨，撰作《說文長箋》仍以《韻譜》為據，僅於每部下註明原書部次，可見趙氏仍以檢尋方便列為第一要務。李登《詳校篇海》對《篇海》大幅刪字增註，仍保留原書以聲編次之架構。《五侯鯖字海》增部至七百零八部，亦採《篇海》架構以聲編次，始金終叒。

3. 據義編次：〔宋〕戴侗《六書故》分為數位、天文、地理、人、動物、植物、事工七類；趙撝謙《六書本義》則分為數位、天文、地理、人物、艸木、蟲獸、飲食、服飾、宮室、器用十類，將事工分爲四類；魏校《六書精蘊》則將人物分爲人倫與身體兩類，蟲獸分爲鳥獸與蟲魚兩類，合爲十二類，吳元滿《六書正義》採用。《海篇心鏡》則擴爲天文、時令、地理、人物、聲色、器用、身體、花木、宮室、鳥獸、飲食、干支、卦名、文史、珍寶、人事、衣服、數目、通用等十九類，《篇海類編》」《海篇正宗》、《字韻合璧》等從之。

4. 據筆畫數編次：周家棟《正韻彙編》及梅膺祚《字彙》均以部首之筆畫數多寡編排部次。此法爲《康熙字典》採用，衍爲今日字典編排之主要方式。

（三）部中之字次編排：

1. 據韻編次：早期字書字次之編排，《說文》、《玉篇》、《類篇》都不甚注重，《五音韻譜》、《龍龕手鑑》始依韻編之，將部首與韻部結合，作爲字書之編次依據。明代字書亦有承襲者，如《直音篇》、《說文長箋》等。

2. 據筆畫數編次：《四聲篇海》字數衆多之部以筆劃編次，明代字書也多承襲，各《篇海》類字書（《直音篇》除外）、《類纂古文字考》、《正韻彙編》均以筆畫數編次，爲最實用之編次方法。

3. 依六書次第：楊桓《六書統》以六書爲第一層分類之依據，略顯雜亂，吳元滿《六書正義》則將六書分類作爲部中字次編排之依據，依象形、指事、會意、形聲之次編輯。

4. 編爲賦體：《六書賦音義》將各部之字編製成賦，以利記憶。

二、符號版式之運用：明代出版業興盛，出版樣式亦有別出心裁處：

（一）符號之運用

1.「O」號之運用：《六書賦音義》以之區隔異體字，《字彙》以之區隔釋形用語，都達到醒目分類之效果[14]。

2.「｜」號之運用：以「｜」代替該字之重覆出現，於明刻《篇海》即出已現[15]，《詳校篇海》、《正韻彙編》、《字韻合璧》、《五侯鯖字海》等均充分運用。

（二）版式之運用

1. 分上下兩層，類似註解方式：《海篇心鏡》、《海篇正宗》、《字韻合璧》均採上下兩層，使字書、韻律互見的方式。顧秉謙於《字韻合璧》序云：「每見坊刻字多詭怪，載多無裨經傳，是猶治絲而紛之也，秖災紙耳。且字韻不能合併，門類不分，未便查考，斯則苦心分輯…俾觀者一展卷而在目，以供文士之稽覈，且快詩客之推敲，故命曰字韻合璧。」目的即在查考方便。

2. 版心充分運用：版心刻記之內容，一般不外乎書名、卷數、每卷葉數三項，明代字書則偶有不同內容：

（1）加記總葉數：《大明同文集舉要》版心依次記全書總葉數、卷數、每卷葉數，全書五十卷，計六百四十三葉。

（2）列出當葉部首：《正韻彙編》版心除依次記書名、卷數、該卷葉數外，中間加計當葉部首，欲查某部，翻檢書側即得，

---

14 詳見拙著《字彙編纂理論研究》第三章第一節。

15 《四聲篇海》今日尚可見金刻與元刻之殘本，均未使用「｜」號取代重覆之字，明代成化間刻重刻本則已開始運用。

極爲方便。

（3）刻黑框計葉次：趙宧光《說文長箋》凡例云：「全卷部目，總幖卷首，若字廣部，更分四聲，併鼻音閉口等，其格多寡，縱橫各十，至分册處，刻畫爲絕。當于格外識分册數，每部所在，亏版葉心，視幖高下，刻作匚框，及成帙後，隨匡設色，或鉗彩繒，若檢閱時，先檢幖目，按幖取册，採彩取部，按聲得字，卷帙雖多，如指諸掌，其法出自篇韻，余特整次，視彼更便，凡書可用，而于字書尤宜。」與《字彙》刊刻方式相近，可惜今日傳本未見此法之運用。《字彙》版心依葉次由上而下次第刻黑框，搭配卷前附圖即可翻檢即得，極爲便利。

三、字書之收錄內容：

（一）收字：字書收字多寡取決於編輯目的，求其實用，則足用即可；求其全備，則搜羅務盡。明代字書收字從一萬至七萬，主要在於依據原本之差異。

1. 以《說文》、《正韻》爲原本，則收字少，如《六書正義》、《說文長箋》、《類纂古文字考》、《正韻彙編》、《六書賦音義》。

2. 以《篇海》爲修訂底本，則收字衆多，如《海篇心鏡》、《海篇朝宗》、《字學集篇》收字均與《篇海》相近，超過五萬字；採兩部互見，一字兩收之《字韻合璧》、《五侯鯖字海》更高達七萬字；以《篇海》爲底本而刪減者，如《詳校篇海》、《字彙》，仍超過三萬字。

（二）文字詮釋：

1. 注音：明代字書注音之方式，除《大明同文集》僅註韻部，

《說文長箋》仍依《韻譜》採反切方式外，其餘都採直音方式，《正韻彙編》、《六書賦音義》、《詳校篇海》、《字彙》等更採或反切與直音並列，《正韻彙編》並加注出韻部，《六書賦音義》加注出四聲與韻部，《詳校篇海》加註濁音，使用者能儘速掌握音讀。

2. 釋義：明代字書除《六書賦音義》、《詳校篇海》、《字彙》釋義較豐外，其餘各書多屬蜻蜓點水，點到爲止，收字四、五萬字以上者，則往往有音無義。

3. 釋形：六書類字書目的即在釋形，因此都列出篆文，並逐字分析。楷書類字書目的在音義之認識，因此少有字形分析。

（三）、附錄之設立：附錄設立普遍，主要有以下四類：

1. 索引附錄：爲便利字書之翻檢功能，明代字書亦建立數種索引檢索之方式，如張士佩〈六書賦〉與《說文長箋》卷前〈目錄〉，屬全文索引性質；《字彙》首卷所附〈檢字〉則屬難檢字索引。

2. 字學附錄：明代有不少專爲辨析字形而作之字學著作，如周宇《字考啓蒙》、夏宏《字考》、焦紘《俗書刊誤》等。部分大型字書則將取其成果滙爲附錄，如《海篇心鏡》上層所附〈字學正訛〉、〈字義總要〉、〈分毫字義〉，《海篇正宗》、《字韻合璧》、《五侯鯖字海》之〈分毫字辯〉，《類纂古文字考》、《篇海類編》所附〈辨疑略指〉，《字彙》卷前〈辨似〉與卷後〈醒誤〉，均屬此類。

此外，《字彙》所附〈運筆〉，亦將書法列入字書之附錄。

3. 韻學附錄：宋代與《集韻》與《類篇》，金代韓道昭《五音集韻》與《五音篇》，均篇韻相輔而行。至明代，則將兩者合刊，如徐孝所輯《合併字學篇韻便覽》，分《集篇》十卷與《集韻》十卷。《海篇心鏡》、《海篇正宗》、《字韻合璧》，則將篇韻合爲一書，分爲上下兩層，以達到方便檢索之目的。此外，《類纂》所附〈切字要訣〉，《字彙》所附〈韻法橫圖〉與〈韻法直圖〉均屬此類。

4. 諸經難字附錄：《海篇心鏡》、《海篇正宗》等均附諸經難字。

肆、明代字書編纂之評價

一、明代字書編纂之價值：字書之編纂，既要便於尋檢，更要追求精確，明代字書，精於前者而疏於後者。如前所述，明代大型字書雖多，但總體成就並不高，上述十七部字書，《四庫全書》一本都未收入，《篇海類編》、《六書賦音義》、《大明同文集》、《正韻彙編》、《字學集篇》、《類纂古文字考》、《六書正義》、《說文長箋》、《字韻合璧》、《五侯鯖字海》等僅列入存目；至於《海篇直音》、《直音篇》、《詳校篇海》、《海篇心鏡》、《海篇朝宗》、《海篇正宗》、《字彙》等七部，則連存目都未收入。細究《四庫提要》之評述，未必皆精當，明代字書仍有其價值。

1. 追求檢索之便捷，功不可沒：四庫館臣以《說文》、《玉篇》之架構審視明代各字書，稱《篇海類編》「取韓道昭《五音篇海》以部首之字分類編次，舛陋萬狀」；《六書賦音義》「所分諸部，不遵《說文》、《玉篇》之舊。如月字入肉部，戶字入尸部，支字入攴部之類，皆與六書不合」；《大明同文集》「割裂說文部分，而以其諧聲之字爲部母。如東字爲部母，即以棟涷之屬從之。顚倒本末，務與古人相反。」；《正韻彙編》「分部頗多乖迕。至於乃字丹字之類，以爲無偏旁之可歸，編爲雜部，附於末。尤不可考古義矣」；《字學集篇》「皆不究《說文》、《玉篇》之旨，偏旁多誤」。但在《康熙字典》下則云：「《說文》體皆篆籀，不便施行；《玉篇》字無次序，亦難檢閱。」兩者標準不一。既肯定《康熙字典》編次，則不宜全數否定明代字書編次之努力。

2. 以實際語音注音，便於童蒙習字：明代字書注音多採直音方式，多以當時語音注之，故《四庫提要》批《類纂》云：「其字皆用直音，直音不得，則用四聲，四聲不得，乃用翻切。如鈞音君，銘音明，全乖沈陸之舊」；批吳元滿《六書泝源直音》：「所用直音尤多舛誤。如凡音煩，千音籤，必音碧，禎音眞，皆參雜方言，有乖舊讀」；稱《字韻合璧》：「天音添，則以兩韻爲一聲」，對明代字書不注沈、陸之舊音，不以爲然。顯然忽略了語音演變之事實，也突顯了四庫館臣泥古之觀念。明代字書以當時語音注音，應是務實之作法，既易於童蒙習字，亦保留了當時之語音現況。

二、明代字書編纂之缺失：

1. 部分字書仍受陰陽五行學說影響：《說文》採陰陽五行之架構，以「始一終亥」編次；韓道昭《篇海》以易卦三百八十四爻加六十甲子，刪併部首四百四十四部。至明代，部分字書仍深受陰陽五行學說之影響，仍將其納入編次之中，如《直音篇》既已依韻編輯部中字次，部次卻仍採始一終亥之次；《大明同文集》以聲符歸部，仍採「始一終萬」之編次；《六書正義》採《六書精蘊》之門類，仍以陰陽之說輔之，殊爲可惜。

2. 字書數量雖多，卻有抄襲托名之作：如前所述，《訂正篇海》即《詳校篇海》，《篇海類編》僅改編《詳校篇海》之部次，卻托名宋濂所作；《海篇朝宗》與《海篇正宗》則是一書兩種版式，與《海篇心鏡》亦關係密切；《字韻合璧》與《五侯鯖字海》亦相去不遠，近乎一書兩式。因此，數量雖多，整體成就卻有限。此外，書之命名亦不甚精確，如都兪《類纂古文字考》，與古文無關；《六書賦音義》不精六書，名實不盡相符。

3. 內容注釋不夠精確：字書編輯之要求，一是內容正確，一是檢索方便。若內容正確，檢索不便，則需多耗時間，將降低翻檢意願；若檢索方便，內容卻不正確，則易以譌傳譌，貽誤後學。明代之字書，做到了後者，卻忽略了前者。

《四庫提要》論《篇海類編》云：「至於以趙撝謙列林罕、李陽冰閒。既有一鄭樵，註曰著《六書略》。又有一鄭漁，註曰字仲明，夾漈人。他如以《玉篇》爲陳新作。以韻會箋爲黃紹作。以高似孫爲高衍孫。以《洪武正韻》爲毛晃作。以《古文字號》爲馬融作，鄭元注。以《五聲韻》爲張有作。以《別字十三篇》爲孫強作。以《六書精蘊》爲孫愐作。殆於醉夢顛倒，病狂譫語。」論《說文長箋》則云：「其書用李燾《五音韻譜》之本，而凡例乃稱爲徐鍇徐鉉奉南唐敕定，殊爲昧於源流。」同樣情形不勝枚舉，如田藝蘅〈大明同文集舉要章則〉，於〈說文序〉前冠以「徐鉉曰」三字，直以爲徐鉉所作。《字學集篇》之〈引用先賢姓氏〉，稱遼金有「王與祕」其人，案韓道昭〈重編改併五音篇序〉序云：「先有後陽王公與秘詳等以人[16]，推而廣之，以爲《篇海》」，所稱

[16] 刑準〈增修絫音引證群籍玉篇〉云：「是以洨陽王太集上數家篇韻，總之爲一，庶乎詳而不雜，條不紊，抑又祕祥等八人，校讎編類以成一家之書。」可知王太與祕祥爲二人，韓序「以」字爲「八」字之誤。

「王公」、「秘詳」爲二人，王公即王太，秘詳爲校讎之人，《字學集篇》誤讀「王公與秘」爲一人。

此類訛誤，部分反映出明代出版雖盛，卻往往校勘不精，加以作者之粗心，故訛舛叢生。即如《四庫提要》編纂之用心，《提要》所述內容，亦有偏誤，如對明代字書之批評，周家棟《正韻彙編》分爲二百三十九部，《提要》卻稱「其書取《洪武正韻》以偏傍分八十部」，乃以第四卷之部數爲全書部數；熊文登《字辨》全書十門中僅前三門依《字彙》分部，卻稱十門「皆從梅膺祚《字彙》分部」，此類譌誤，應是纂修官粗心所致。明代字書，或大量翻刻，或捐助家刻，校勘遠不如《四庫全書》，此類譌誤便更多了。

每部字書編輯都有其理想，都是爲改正當時流行之字書而編纂，每一部字書之編纂都希望超越前賢，如《海篇朝宗》陳仁錫序云：「緣有《海篇》行乎其世，而諸坊間亦多踵襲，刻者縷縷然。而缺而不全，全而不詳者，有矣。甚有即五經字義而遂以窮其蘊而莫可考者，斯則何以利用而垂世也哉。…是編也，執一而應萬，萬殊而統一，其與水之浩浩洋洋，無際無涯，而罔不朝者，何以異老氏之言曰：『海善下爲百谷王。』余亦曰：此編善納爲群書宗，爰顏曰朝宗。」然本書內容與其他海篇之作，卻相差無幾。趙宧光《說文長箋》凡例云：「吳元滿許氏膏肓，改作皐言，百一可取。又《六書正義》獨得故多，改作躝甚，其搜引書史百家，于義無取，大半當削。」而《四庫提要》論《說文長箋》云：「所註所論，亦疎舛百出。顧炎武《日知錄》，摘其以《論語》虎兕出於柙，誤稱《孟子》，爲四書亦未嘗觀。雖詆之太甚，然炎武所指摘者，如《詩》『錦衾爛兮』本有衾字，乃以爲『青青子衿』之衿即袠字；瓜分字見《史記・虞卿傳》及《漢書・賈誼傳》，乃以爲瓜當作爪。…凡十餘條，皆深中其失。」《說文長箋》自身亦多有訛舛。

部分訛誤則是大環境之知識層次使然，以吳元滿《六書正義》爲例，序云：「元滿潛心字學旣踰三紀歷寒暑而不輟，經歲月以鑽研。思而未得則達旦不寐，豁然貫通則舞蹈忘疲。」以其《六書總要》與《六書正義》相較，未必後出轉精，以「八」字爲例，《六書總要》依《說文》釋作「象分別形」，至《六書正義》則釋作「从兩丨，會意」，師心自解而愈解愈遠。當時並沒有新的材料或新的研究方法出現，因此，每一部著作都面臨相同的困境，也都陷在自己所批判的現象當中，這是大環境使然。

伍、結　論

綜上所述，明代大型字書之編纂，總體而言，在於追求便於尋檢之各種策略，因此勇於立說在檢索便捷之努力上有其貢獻。《四庫提要》以《說文》、《玉篇》所論編次缺失並不公允。惟明代字書數量雖多，對後世字書編纂影響深遠者僅有《字彙》一書。清初承繼《字彙》之大型字書，有《正字通》、《黃公說字》、《康熙字典》三部，都以《字彙》爲增刪參考。《康熙字典》一出，奉爲聖典，王錫侯《字貫》一案，導致終清一代，便沒有其他新編的字書再出現。上述明代字書編纂之盛況，僅曇花一現，今日仍可見清代之翻刻本者，僅剩《字彙》一書，其餘多已銷聲匿跡。但是各書在字書編纂史上所做的努力，仍應給予肯定。

參考資料

〔金〕韓道昭《改併五音類聚四聲篇海》，〔明〕正德乙亥刊本，國家圖書館善本書室藏

〔金〕邢準《新修絫音引證群籍玉篇》，《續修四庫全書》據北京圖書館藏金刻本影印

〔明〕《新校經史海篇直音》十卷，不著撰者，《續修四庫全書》據復旦大學圖書館藏明嘉靖二十三年勉勤堂刻本影印

〔明〕田藝蘅《大明同文集》五十卷，《四庫全書存目叢書》據北京大學圖書館藏明萬曆十年汪以成刻本影印

〔明〕朱之蕃《玉堂釐正字義韻律海篇心鏡》，萬曆壬寅（三十年）博古堂刊本，中央圖書館善本書室藏

〔明〕朱孔陽《新刻瑞梓軒訂正字韻合璧》二十卷，《四庫全書存目叢書》據湖南圖書館藏明崇禎刻本影印

〔明〕余象斗《三台館仰止子考古詳訂遵韻海篇正宗》，萬曆庚申序刻本，國家圖書館善本書室藏

〔明〕吳元滿《六書正義》十二卷，《四庫全書存目叢書》據浙江圖書館藏明萬曆三十三年刻本影印

〔明〕李登《訂正篇海》十卷，崇禎甲戌張忻序刻本，國家圖書館善本書室藏

〔明〕李登《重刊詳校篇海》五卷，《續修四庫全書》據北京大學圖書館藏萬曆三十六年趙新盤刻本影印

〔明〕周家棟《洪武正韻彙編》四卷，《四庫全書存目叢書・經部》第一九一冊，據北京大學圖書館藏萬曆三六年趙新盤刻本

影印
〔明〕徐孝《合併字學篇韻便覽》二十三卷（存二十二卷），《四庫存目叢書》據西北師範大學圖書館藏明萬曆三十四年張元善刻本影印
〔明〕張士佩《六書賦音義》二十卷，《四庫全書存目叢書．經部》第一九一冊，據清華大學圖書館藏明萬曆刻本影印
〔明〕都俞《類纂古文字考》五卷，《四庫存目叢書》據華東師範大學圖書館藏明萬曆二十四年刻本影印
〔明〕陳明卿訂《陳明卿太史考古詳訂遵韻海篇朝宗》十二卷，《四庫未收書輯刊》第捌輯第三册，影印奇字齋刊本
〔明〕章黼《重訂直音篇》，吳道長重訂，《續修四庫全書》據北京圖書館藏明萬曆三十四年明德書院刻本影印
〔明〕趙宧光《說文長箋》一百卷，《四庫全書存目叢書》據首都圖書館藏明崇禎四年趙均小宛堂刻本影印
〔明〕劉孔當《翰林重攷字義韻律大板海篇心鏡》二十卷，萬曆廿四年(一五九六年)書林葉會廷刻本　傅斯年圖書館藏
〔明〕題宋濂撰，屠龍訂正《篇海類編》二十卷，《四庫全書存目叢書》據北京圖書館藏明刻本影印
〔明〕題湯顯祖《五侯鯖字海》二十卷，題曰湯海若訂正，《四庫存目叢書》據湖北省圖書館明刻本影印
〔清〕紀昀等《四庫全書總目》，臺灣商務印書館影印
呂瑞生《歷代重要字書部首觀念研究》，文化大學中研所碩士論文，民 83 年
巫俊勳《字彙編纂理論研究》，輔仁大學中研所博士論文，民 90 年
張其昀《中國文字學史》，江蘇教育出版社，1994 年

曾榮汾《辭典編輯學研究》，台北世界文物出版社，民 77 年
陽海清等《文字音韻訓詁知見書目》，湖北人民出版社，2002 年
趙振鐸《字典論》，台北正展出版公司，2003 年
劉葉秋《中國字典史略》，北京，中華書局，1992 年
胡樸安《中國文字學史》，臺灣商務印書館，民 77 年
錢劍夫《中國古代字典辭典概論》，北京，商務印書館，1986 年

附表一：明代大型字書編年編纂一覽表

序刊之年	書名 作者	收字數[17]	部首數	部次	字次	歸部方式	字頭	備註
天順 4 1460	直音篇 章黼	43000 餘	473 +雜部	始一終亥 略依形義	依韻編排	據形	楷書	
嘉靖 23 1546	海篇直音 不著撰人	55000 餘	444	同篇海 據聲爲次	大部依筆畫數	據形	楷書	
萬曆 10 1582	同文集舉要 田藝蘅	約 14000	370	始一終萬 義形編次	無	據聲	篆楷並陳	版心加全書總頁數
萬曆 24 1596	類纂古文字考 都俞	約 10000	315 +雜部	雜亂無次	大部依筆畫數	據形	楷書	
萬曆 24 1596	海篇心鏡 劉孔當	約 55000	456	據義爲次 19 門	大部依筆劃數	據形	楷書	分上下兩層
萬曆 30 1602	正韻彙編 周家棟	約 10000	239 +雜部	部首筆畫數	筆畫數	據形	楷書	版心加列部首
萬曆 30 1602	六書賦音義 張士佩	約 10000	84 +雜部	雜亂無次	賦體韻語	據形	楷書	
萬曆 33 1605	六書正義 吳元滿	10500 餘	534	據義爲次 12 門	六書次第	據形	篆文	篆文字頭
萬曆 34 1606	字學集篇 徐孝	約 50000	200 +連身	始金終言 七字韻語	筆畫數	據形	楷書	篇韻合輯

---

17 各類字書，凡原書有載字數者，稱「餘」，凡原書未載字數，由筆者自行統計者稱「約」。

萬曆34 1606	說文長箋 趙宧光	約 10000	540	依韻譜據 韻爲次	據韻爲次	據形	篆文	
萬曆36 1808	詳校篇海 訂正篇海	約 38000	445	同篇海 據聲爲次	大部依筆 畫數	據形	楷書	運用重覆符 號「丨」
萬曆43 1615	字彙 梅膺祚	33000 餘	214	部首筆畫 數	筆畫數	據形	楷書	版心依次加 黑框
不著年 月	篇海類編 題宋濂撰	同詳校篇海				據義 編次		
萬曆48 1628	海篇正宗 余象斗校	約 55000	456	據義爲次 19門類	大部依筆 劃數	據形	楷書	上下兩層
不著年 月	海篇朝宗 譚元春訂	同上	同上	同上	同上	同上	同上	
崇禎元 1628	字韻合璧 朱孔陽	約 70000	612	據義爲次 20門	大部筆畫 數	據形 據聲	楷書	上下兩層
不著年 月	五侯鯖字海 題湯顯祖	約 70000	708	始金終亟 據聲爲次	大部依筆 畫數	據形 據聲	楷書	

如何使用電腦處理古今文字的銜接
——以小篆為例

莊德明、許永成、謝清俊

摘　要

中央研究院資訊所文獻處理實驗室自1993年起，即研擬漢字在電腦中的制式表達，以登錄漢字的字形結構，並建置漢字構形資料庫。經過多年來的持續努力，目前漢字構形資料庫收錄的字形已涵蓋《漢語大字典》的54,678個楷體字形及12,208組異體字、《說文解字詁林》的11,100個小篆字形及重文。

在漢字構形資料庫中，小篆與楷體等古今文字間的銜接問題，包括字形對映、字形分析及字義對映。小篆與楷體的字形對映，可參考《漢語大字典》單字條目下的字形源流演變。小篆字形的分析，是依《說文》的解形；而楷體字形結構的登錄，則參考《康熙字典》的部首，再將部件以橫連、直連、包含三個法則拆分。至於字義對映，可參考《漢語大字典》的〈異體字表〉。

漢字構形資料庫目前除了提供說文小篆字型及四萬多字的標楷體、細明體外字，還提供界面程式讓使用者利用部件來檢索字形、查詢字形結構及異體字。本文的重點僅在以小篆爲例來說明如何使用電腦處理古今文字的銜接，其他的相關技術及說明可參考本實驗室先前所發表的論文及漢字構形資料庫使用手冊。

壹、前 言

中央研究院資訊所文獻處理實驗室自1993年起，有鑑於中文電腦裡的漢字資訊嚴重不足，即開始研擬漢字在電腦中的制式表達，作爲登錄漢字結構的依據，並建置漢字構形資料庫。漢字構形資料庫早期收錄的字形是以楷書的現代印刷字體爲主，並且用來解決中文電腦的缺字問題。楷體字形結構的登錄，是參考《康熙字典》的部首，再將字形以橫連、直連、包含三個法則拆分，這和《說文》對小篆的構形分析是不同的。

《說文》中的小篆字形不但已形成一個嚴密而有規律的構形系統，而且小篆更是研究古今文字的過渡橋樑，無論對古文字的研究考釋，還是對今文字的整理，都起了很大的作用[1]。要在漢字構形資料庫增收小篆，不僅要納入《說文》的構形分析，更須先解決小篆和楷體的對映問題。相關問題的探討及解決，可在《漢語大字典》[3]的單字條目下找到重要的線索。圖一、圖二是摘錄自「棓」、「咅」兩字在《漢語大字典》的單字條目，說明如下：

一、字形源流演變。例如字頭「棓」、「咅」兩個楷體字分別爲小篆「[illegible]」、「[illegible]」的隸定字。

二、解形。例如「棓」字在《說文》的字形解說爲『棁也。从木，咅聲。』，而「咅」字爲『相與語唾而不受也。从丶从否，否亦聲。』

三、釋義及異體字。例如「棓」的字義是『棍，杖。』，後作「棒」。異體字的對映還可參考《漢語大字典》的〈異體字表〉。

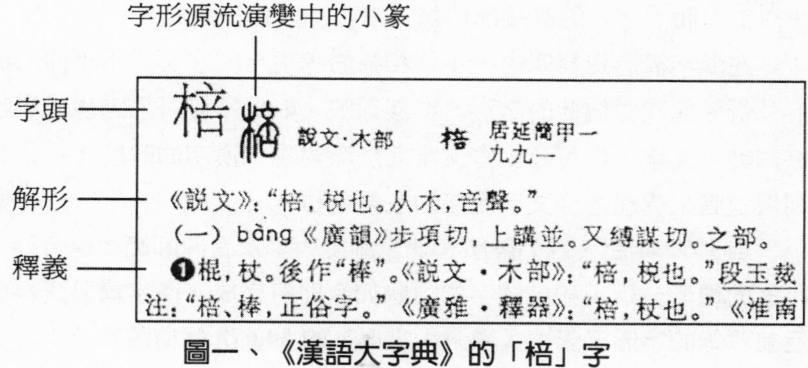

棓 棓 說文·木部 棓 居延簡甲一九九一

《說文》："棓，棁也。从木，咅聲。"

（一）bàng《廣韻》步項切，上講並。又縛謀切。之部。

❶棍，杖。後作"棒"。《說文·木部》："棓，棁也。"段玉裁注："棓、棒，正俗字。"《廣雅·釋器》："棓，杖也。"《淮南

圖一、《漢語大字典》的「棓」字

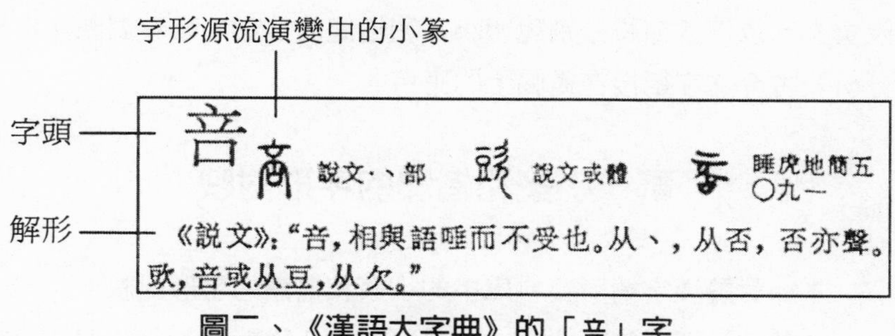

音 音 說文·丶部 欧 說文或體 音 睡虎地簡五〇九一

《說文》："音，相與語唾而不受也。从丶，从否，否亦聲。欧，音或从豆，从欠。"

圖二、《漢語大字典》的「音」字

《漢語大字典》單字條目下的字形源流演變及〈異體字表〉是解決小篆和楷體字形、字義對映問題的主要依據。字形源流演變是反映漢字形體的關係，異體字則反映漢字在使用上的關聯。例如小篆「棓」隸定成「棓」，而它的字義則和「棒」相同。因此，在建置小篆構形資料庫時，可用「棓」替代「棓」；而與「棒」意對映的小篆，可透過〈異體字表〉的「棓」再找到「棓」。至於字形分析，小篆可依《說文》的解形，而楷體字則沿用先前的横連、直連、包含三個法則來拆分。例如「音」的直接部件爲「丶」、

「[illegible]」，而「音」的直接部件為「立」、「口」。

在漢字構形資料庫中，小篆和楷體等古今文字可採用不同的構形分析，並建立彼此的字形、字義對映，如此不僅可透過現代漢字來認識古文字，更可藉由古文字而加深對現代漢字的理解，這也是利用電腦來處理古今文字銜接的主要目標。

自 1999 年起，我們陸續和北京師範大學及台灣師範大學合作，小篆的構形分析、和楷體字的對映如今即將完成。漢字構形資料庫目前收錄的字形已涵蓋《漢語大字典》的 54,678 個楷體字及 12,208 組異體字、《說文解字詁林》(以下簡稱《詁林》)的 11,100 個小篆及重文。以下各節將分別說明小篆和楷體的字形、字義對映，字形分析及古今文字銜接在電腦上的應用。

貳、小篆和楷體的字形對映

本節討論漢字構形資料庫中的小篆和楷體的字形對映。

《詁林》總共收錄 9831 個小篆及 1269 個重文，合計 11,100 個字形。這些字形絕大多數可透過《漢語大字典》的字形源流演變找到對映的楷體字頭，有些小篆對映的字頭可能不只一個，有些仍然沒有對映的字頭，有些則對映到同一個字頭。字形對映的情形說明如下：

一、部分《詁林》的字形，由於重複或是相似，以致對映到同一個楷體字頭。重複的字形有 31 個，包含 8 個小篆及 23 個重文；相似的字形則有 5 個。以上合計 36 個。表一列出重複的小篆在《詁林》的編號、出現的册、頁，以及對映的楷體。重複的重文可見表二(見下頁)，相似的字形則見表三(見下頁)。

表一、《詁林》重複出現的 8 個小篆

組號	小篆	楷體	編號	備註	冊-頁
1		藍	282		2-512
			594	傳誤	2-849
2		右	873	議刪	2-1205
			1894		3-1000
3		吁	912		2-1248
			3053	議刪	4-1272
4		敹	2502	議刪	4-559
			3846		5-1013
5		吹	828		2-1147
			5499	議刪	7-790
6		愷	3076		4-1313
			6682	議刪	8-1123
7		塗	7384	議刪	9-594
			9010		10-1141
8		否	933	議刪	2-1271
			7665		9-950

表二、《詁林》重複出現的 23 個重文

組號	小篆	楷體	編號	重文	冊-頁
1		淫	821	或體	2-1140
			7073		9-265
2		悊	837	或體	2-1158
			6702		8-1140
3		⿰𢆶欠	954	或體	2-1290
			5553		7-842
4		𢀜	1878	或體	3-979
			7805		9-1149
5		劇	2035	或體	3-1254
			2756		4-855
6		揫	3379	或體	5-379
			7902		9-1245
7		柅	3477		5-515
			3730	或體	5-830
8		院	4545	或體	6-659
			9656		11-536
9		輟	4808	或體	6-971
			9538		2-708
10		踞	1387		3-336
			5376	或體	7-609

組號	小篆	楷體	編號	重文	冊-頁
11		蘺	474		2-708
			6387	或體	8-720
12		螌	8814		10-884
			8925	或體	10-1004
13		槾	3640		5-708
			9320	或體	11-102
14		叡	103	籀文	2-263
			2517		4-587
15		歗	866		2-1194
			5524		7-813
16		孌	8159	籀文	10-102
			8223		10-174
17		百	2221	古文	4-153
			5663		7-975
18		鞈	1826		3-904
			3072	古文	4-1305
19		恁	3190	古文	5-61
			6781		8-1229
20		羑	2346		4-345
			5814	古文	7-1205
21		沿	6991	古文	9-114
			7245		9-443
22		章	3310		5-238
			9035	古文	10-1172
23		糸	2495	古文	4-545
			8471	古文	10-511

表三、5 個《詁林》相似的字形

組號	小篆	楷體	編號	重文	冊-頁
1		乁	1908	古文	3-1030
			8322		10-272
2		普	4235		6-107
			6662	或體	8-1080
3		寒	6723		8-1164
			6825	或體	8-1271
4		㞢	3842		5-1003
			9027	古文	10-1157
5		帀	6045	古文	8-283
			9831	古文	11-884

二、仍有 8 個《詁林》的古文，目前並無對映的楷體字頭。表四列出這些古文及小篆字頭。

表四、8 個仍無對映楷體字頭的《詁林》古文

組號	小篆	楷體	編號	重文	冊-頁	組號	小篆	楷體	編號	重文	冊-頁
1	[illegible]	杶	3451		5-488	5	[illegible]	旡	5567		7-861
	[illegible]			古文			[illegible]			古文	
2	[illegible]	柙	3807		5-940	6	[illegible]	雲	7536		9-805
	[illegible]			古文			[illegible]			古文	
3	[illegible]	日	4168		6-1	7	[illegible]	曲	8399		10-417
	[illegible]			古文			[illegible]			古文	
4	[illegible]	㫃	4259		6-133	8	[illegible]	蠭	8913		10-985
	[illegible]			古文			[illegible]			古文	

三、同一個小篆，可能同時存在著楷化字、隸定字或異寫字，以致對映的楷體字頭不只一個。目前至少有 1278 個小篆在《漢語大字典》找到一個以上的對映楷體字頭，合計 2658 個。例如《詁林》以「[illegible](音)」爲直接部件的 19 個小篆中，有 5 個同時存在著楷化字及隸定字；以「[illegible](攸)」爲直接部件的 15 個小篆中，有 5 個多了異寫字。表五列出這些小篆及對映楷體字頭出現在《漢語大字典》中的冊、頁、字。

表五、同一個小篆對映到不同的楷體字頭

序號	小篆	楷體	冊-頁-字
1		剖	1-345-13
		[illegible]	8-10-18
2		俖	1-182-8
		倍	1-183-4
3		[illegible]	3-1659-1
		涪	3-1659-7
4		[illegible]	1-456-7
		培	1-457-2
5		[illegible]	6-3587-13
		醅	6-3588-1

序號	小篆	楷體	冊-頁-字
6		[illegible]	1-218-8
		[illegible]	6-3709-13
7		[illegible]	1-189-5
		[illegible]	4-2491-11
8		[illegible]	1-176-4
		[illegible]	1-189-2
9		[illegible]	1-202-15
		[illegible]	1-210-15
10		[illegible]	6-4209-5
		[illegible]	6-4209-6

綜合上述，《詁林》收錄的 11,100 個小篆及重文，扣除重複對映的 36 個，仍無對映的 8 個外，其餘的 11,056 個字形，目前對映的楷體字頭合計為 12,437 個。

參、小篆和楷體的構形分析

本節分別討論漢字構形資料庫中的小篆構形分析以及楷體字形在電腦中的表達。

首先討論小篆的構形分析。小篆字形結構的登錄是依據《說文》的解形，而部件功能的區分及構形模式的歸類，則參考《漢字漢語基礎》第二章[1]。圖三為小篆「(棓)」字的構形分析，以下分別說明。

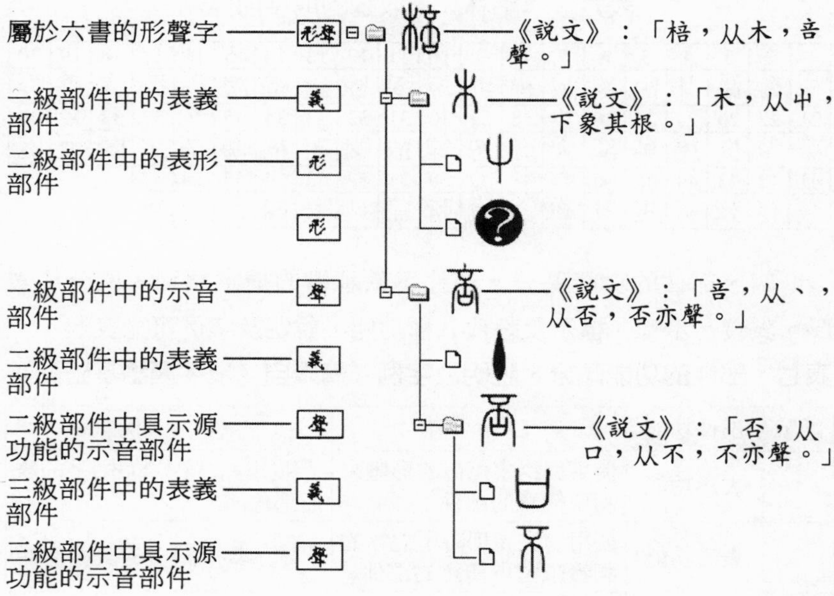

圖三、小篆「棓(棓)」的構形分析

一、小篆部件登錄的順序是依據《說文》解形的順序。例如「棓」的直接部件先登錄「木」，再登錄「音」；「否」的直接部件先登錄「口」，再登錄「不」。

二、非字部件或《詁林》未收錄的成字部件，目前一律以「?」代表。例如「木(木)」的「下象其根」的非字部件；「壯」的成字部件「爿」，《詁林》未收錄。

三、《詁林》9831 個小篆使用的部件總數爲 1,947 個，其中 1,831 個部件爲小篆，其他的 116 個部件爲重文。另外，《詁林》未收錄的成字部件共有 57 個，詳見表六。

表六、《詁林》末收錄的成字部件

1	2	3	4	5	6	7	8	9	10	11	12	13	14	15	16	17	18	19	20
二	鬲	畾	爿	由	劉	叡	稊	洴	矩	妥	昏	筮	备	謣	佐	畀	龠	杀	弅
21	22	23	24	25	26	27	28	29	30	31	32	33	34	35	36	37	38	39	40
兔	希	㲋	煬	屮	緜	爽	廿	恝	綷	敵	閔	丽	稫	鬲	朶	二	繄	攸	厎
41	42	43	44	45	46	47	48	49	50	51	52	53	54	55	56	57			
差	孖	蓺	吳	㞷	叟	囪	簹	貧	斬	監	夭	臺	甾	弓	手	甲			

四、部件的功能區分。部件可依承擔的構意類別，區分成表形、表義、示音、標示及替代五種功能，說明及字例可見表七。

表七、部件的功能區分、說明及字例（摘錄自《漢字漢語基礎》）

編號	部件功能	說　　明	字　　例
1	表形功能	使用與物象相似的形體來體現構意的部件	「屮(屮)」爲「木(木)」的表形部件
2	表義功能	使用它在獨用時所記錄的詞義來體現構意的部件	「木」爲「棓」的表義部件
3	示音功能	體現示音構意的部件	「音」爲「棓」的示音部件
4	標示功能	不獨立存在，而是附加在另一個部件上，起區別和指示作用的部件。	「末」上面的一橫爲標示部件
5	替代功能	部件本身不表示構意，而是作爲另一部件的替代物。	「柷」的部件「兄」是替代部件「祝」。《說文》：「柷，从木，祝省聲。」

在示音部件中，有一部分還同時可以提示詞源意義，也就是具有示源功能。例如「不」是「否」的示音部件，同時又可以提示「否」的意義與「不」有關。但提示意義來源只是示音部件附帶的功能，不能單獨存在，所以不單分一類。

另外，漢字的大多數部件都有多種功能，這些功能在不同的結構環境中分別顯示出來。例如「刀」在「召」中有示音功能，而在「切」中具有表義功能。

《詁林》9831 個小篆使用的 1,947 個成字部件中，示音部件可依解形中的「从某某聲」、「省聲」、「亦聲」等來標記，計有 1,708 個。1,708 個示音部件中，有 215 個具有示源功能，即「亦聲」的部件。可被替代的部件可依「从某省」、「省聲」等來標記，計有 295 個。若把 215 個具有示源功能的示音部件也計算在內，其他尚未標記的表形、表義及標示部件則共有 647 個，由於標示部件數量很有限，這些絕大多數都是表義或表形部件。各類部件的重疊的情形可見圖四。

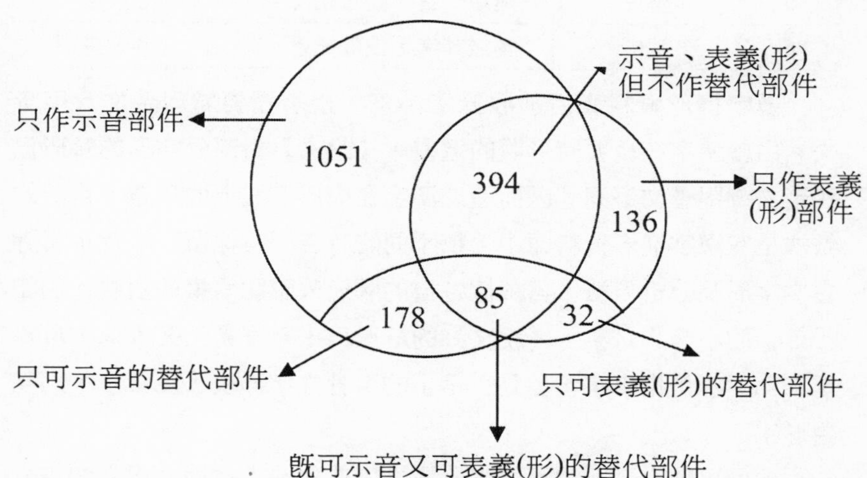

圖四、示音部件、表義（形）部件、替代部件的重疊情形

五、小篆的的構形模式與六書。六書是漢字發展到小篆時，許慎對漢字構形模式的概括。嚴格來說，只有象形、指事、會意、形聲前四書才是用來說解形義關係的條例。表八是摘錄自《說文解字·序》的六書說明。

表八、六書說明（摘錄自《說文解字·序》）

編號	構形模式	說明	字例
1	象形	畫成其物，隨體詰詘。	日、月
2	指事	視而可識，察而可見。	上、下
3	會意	比類合宜，以見指撝。	武、信
4	形聲	以事爲名，取譬相成。	江、河
5	轉注	建類一首，同意相受。	考、老
6	假借	本無其字，依聲托事。	令、長

漢字構形資料庫目前收錄了小篆，接著還要處理金文及甲骨文。由於漢字在發展時形體的遞變，《說文》對部分字形的解形已和金文或甲骨文不同，因而造成漢字在構形模式上的爭議。目前的做法是在漢字構形資料庫中，依不同的時空同時保留小篆及金文等古文字形及分析方法，再根據各自的解形來確認六書的對映。例如「示」的小篆「示」，《說文》的解形爲「天垂象，見古凶，所以示人也。」是指事字，但是「示」的甲骨文字形表「地祇」，則爲象形字。

即使可依字形解說不同來確認六書的對映，然而六書之間的分際仍嫌模糊，缺乏一個較制式化的定義。《漢字漢語基礎》另外根據漢字的合成情況及部件在組構中的五種功能，從歷代漢字的實際狀況出發，而總結出表九(見下頁)的十種漢字構形模式。這十種漢字構形模式和六書的對映如圖五，透過這樣的對映，大多數的小篆可依示音部件的有無、部件組合的個數來確認出形聲字及會意字。

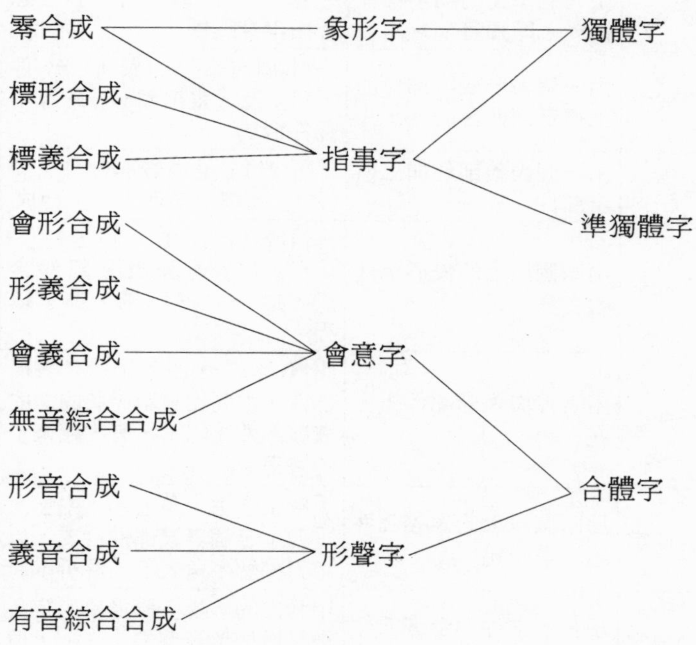

圖五、十種漢字構形模式、構形三分法及六書之間的對映

表九、十種漢字構形模式（摘錄自《漢字漢語基礎》）

編號	構形模式	說明	字例
1	零合成字	由一個單獨的成字部件構成，即獨體字。	「(鳥)」的形、音、義信息都由本身提供
2	標形合成字	由一個表形成字部件加上標示部件合成	「(眉)」是由表形部件「目」及「畫出眉形」的標示部件合成
3	標義合成字	由一個表義部件加上標示部件合成	「(音)」是由表義部件「(言)」及標示部件「一」合成
4	會形合成字	由兩個以上的表形部件組合在一起	「(弄)」是由「(玉)」、「(廾)」兩個表形部件合成，以兩手把玩玉，表示玩弄。
5	形義合成字	用表義與表形部件組合在一起	「(興)」，四手相對是表形部件，中間加表示「共同」的表義部件「同」，有「起來」的意思。
6	會義合成字	用兩個以上的表義部件組合在一起	「解」字由「角」、「牛」、「刀」三個表義部件合成，以用刀剖解牛角表示「解析」。
7	形音合成字	用表形部件與示音部件組合	甲骨文的「星」原爲象形字，後又增加示音部件「生」，使字面所含的信息更爲豐滿。
8	義音合成字	用表義部件與示音部件組合，即形聲字。	「論」字由表義部件「言」及示音部件「侖」組成
9	無音綜合合成字	表形、表義與標示部件的一次合成，但沒有示音部件介入。	「(葬)」由表示草的表形部件「茻」，表示「死」的表義部件和標示部件「一」組合而成。
10	有音綜合合成字	由多個表形、示音、表義、標示部件一次合成。	「(春)」由表形部件「艸」，表義部件「日」及示音部件「屯」組合而成。

表十爲圖四提到的獨體、準獨體及合體的構形三分法。

表十、構形三分法（摘錄自《漢字漢語基礎》）

編號	構形模式	說　　明
1	獨體字	由一個成字部件構成
2	準獨體字	由一個成字部件和一個非字部件構成
3	合體字	由兩個以上的成字部件構成

六書的標記目前雖未開始進行，但是由於示音部件已標記完畢，根據圖四的對映，包含示音部件的組合即可定爲形聲字。在《詁林》中 9,823 個小篆中(扣除 8 個重複字形)，形聲字的個數爲 8,433 個，佔 85.85%。至於其他的 1,390 個字形中，還有 77 個包含兩個以上的部件，64 個各包含一個表義(形)部件及替代部件，這 141 個都是會意字。最後剩下的 1,249 個字則留待人工標記。

其次討論楷體字形在電腦中的表達。在漢字構形資料庫中，楷體字形結構的登錄，是參考《康熙字典》的部首，再將字形以橫連、直連、包含三個法則拆分。圖六爲「棓」的字形結構，以下分別說明。

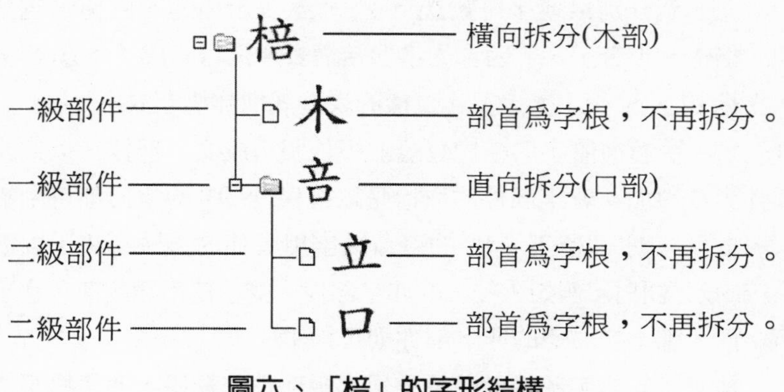

圖六、「棓」的字形結構

一、直接部件的確認是參考《康熙字典》的部首，因此部首就是字根。例如「棓」爲「木」部，直接部件爲「木」、「咅」；「咅」爲「口」部，直接部件爲「立」、「口」，而部首「木」、「立」、「口」都是字根。

二、部件拆分的方式可分橫向(由左到右)、直向(由上到下)、包含(由外到內)三種拆分。部件若因重疊而無法以橫向、直向或包含來拆分的，也視爲字根。例如「棓」橫向拆分成部件「木」、「咅」；「咅」直向拆分成部件「立」、「口」；「因」是由部件「囗」包含「大」；「東」雖爲「木」部，但是部件「木」、「日」重疊，因此也是字根。

三、部件登錄的順序是依據部件結合的順序。例如「棓」的直接部件登錄順序爲「木」、「咅」，「咅」爲「立」、「口」，「因」爲「囗」、「大」。

四、異寫部件的登錄必須反映形體。例如部件「衣」在「初」登錄成「衤」、部件「刀」在「刻」中登錄成「刂」，如此才能區分「初」、「刴」及「刻」、「刻」等異寫字。

五、若分別以連接符號⿰、⿱、⿴表示橫連、直連、包含，則「棓」、「咅」、「因」的字形結構表達式可寫成『木⿰咅』、『立⿱口』、『囗⿴大』。這樣的表達式稱作構字式。

六、由於楷體字形結構登錄並不依照《說文》理據，以致非字部件大量增加。非字部件的取捨是以確保 99.9%的字形都可由構字式組成爲原則(即留下 0.1%的殘留缺字用其他的方法解決，以增進系統的效益)[9]。例如「侵」的非字部件「㑴」使用頻度高，應予保留；而「牖」字右邊的非字部件則可捨棄。

捨棄後的非字部件，必須改用次級部件來登錄，連帶捨棄構字符號，並在部件的前後加上起始符號[形]、終止符號[⊡]。例如「牖」字的構字式改寫成『[形]片戶甫[⊡]』，這也恰好符合「牖」字在《說文》的解形：「从片、戶、甫。」

七、爲了方便和小篆部件作比較，若以《詁林》9,831 個小篆對映的楷體字形爲統計對象，這些字形使用的部件總數爲 2,137 個，其中 1,835 個爲《漢語大字典》的字，非字部件爲 302 個。2,137 個部件中的字根個數爲 556 個，其中 397 個爲字，非字字根爲 159 個。

八、構字式可用來識別字形，並當作電腦缺字的交換碼。例如《詁林》中以「㕻（音）」爲直接部件的 18 個字形中，有 6 個字所對映的楷體字形是五大碼的缺字，這些字形即可透過表十一中的構字式來交換。

表十一、使用構字式來交換缺字

小　篆						
楷　體	趫	腤	箁	錇	髻	綹
構字式	走△音	月△音	竹△音	缶△音	髟△音	糸△音

九、構字式是以楷體字形結構爲依據，和小篆字形結構無關。例如表十二「柷」、「況」、「怳」、「祝」四個字的部件「兄」在《說文》的解形都不相同，但是在構字式中一律當作「兄」。

表十二、「柷」、「況」、「怳」、「祝」四個字的解形及構字式

小　篆				
楷　體	柷	況	怳	祝
解　形	从木，祝省聲	从水，兄聲	从心，況省聲	从示，从人、口
構字式	木△兄	氵△兄	忄△兄	礻△兄

肆、小篆和楷體的字義對映

本節討論漢字構形資料庫中的小篆和楷體的字義對映。

小篆和楷體的字義對映，可參考《漢語大字典》的〈異體字表〉。〈異體字表〉的編排是採用主體字統領異體字的方式，將同一主體字統領的簡化字、古今字、全同異體字(指音義全同而形體不同的字)、非全同異體字(指音義部分相同的異體字)，集中在該主體字下編爲一組。〈異體字表〉目前收錄12,208組，涵蓋36,309個字形。

《詁林》收錄的11,100個字形中，有9,278個所對映的楷體字形出現在〈異體字表〉中。圖七(見下頁)列出〈異體字表〉和「棓(𣐥)」相關的三組異體字。其中「棓」不但是「桮」等字的主體字，還是「棒」和「杯」的異體字。注意的是，「𣐥」在《說文》的意義是「棒」，並不是「杯」，所以「棒」才是「棓」在《說文》的本義。

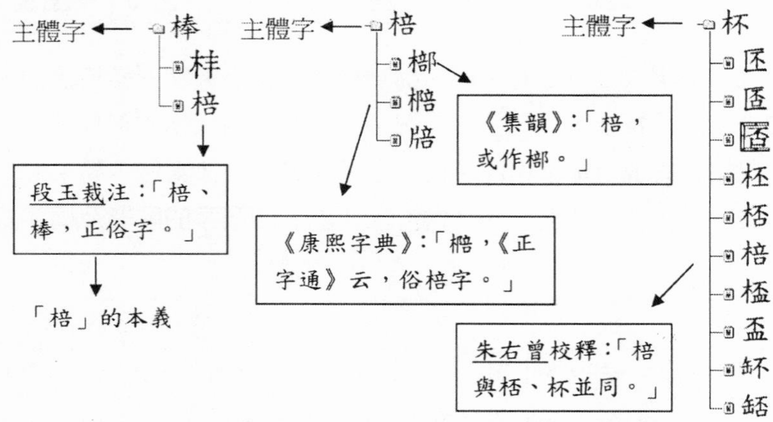

圖七、<異體字表>中和「棓」相關的三組異體字

圖八列出和「右」相關的三組異體字。從字形來看，小篆「[illegible]」隸定成「右」，楷化成「㕛」。但由字義來看，「[illegible]」是「助」的意思，即楷體的「佑」字。然而「又([illegible])」在《說文》的本義爲「右手」，即楷體的「右」字。

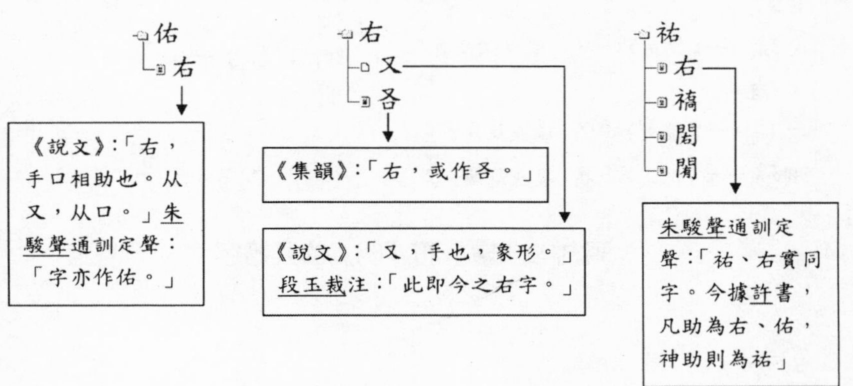

圖八、<異體字表>中和「右」相關的三組異體字

《詁林》的 9,278 個出現在〈異體字表〉中的對映楷體字形，只作主體字的有 5,088 個，只作異體字的有 2,302 個，其他的 1,888 個則同時當作主體字及異體字。使用〈異體字表〉必須注意，主、異體字只是表達某一時空下兩個字使用上的關聯，至於是否爲該異體字在《說文》的本義，〈異體字表〉並未標明。

由於〈異體字表〉爲古今漢字的集中反映，所以《詁林》的 1,269 個重文所對映的楷體字形，也都收錄在〈異體字表〉中。重文並不一定都作異體字，有時反而是主體字。圖九(見下頁)列出「瓊([illegible])」及「明([illegible])」的異體字，其中異體字「琁([illegible])」、「瓗([illegible])」、

「瓗(𤩴)」都是小篆「瓊(瓊)」在《詁林》的或體字；而主體字「明(◎))」反而是小篆「朙(朙)」在《詁林》的古文。

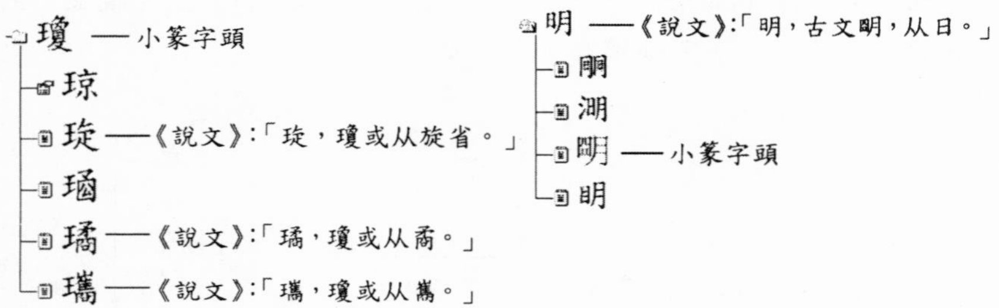

圖九、「瓊」和「明」的異體字

伍、古今文字銜接在電腦上的應用

本節僅就古今文字銜接方面，舉例說明漢字構形資料庫在電腦上的應用。

漢字構形資料庫目前提供了五大碼缺字 41,658 個及小篆(含重文)11,100 個字形。缺字字型原先由葉健欣先生免費提供給學術界使用，去年我們開始重新造字，其中 35,838 字目前都已有標楷體和細明體可用。小篆字型的 11,100 個字形原爲北京師範大學製作，我們透過小篆和楷體的字形對映，目前已重製成「北師大說文小篆」及「北師大說文重文」兩套字型，前者涵蓋《詁林》的 11,056 個字形，後者僅收錄重複對映的 44 個字形。我們同時在去年取得小篆字型的授權，現在免費提供給學術界使用。

圖十、圖十一說明如何在Microsoft Office處理缺字及小篆，兩個圖的差別僅在於使用的字型是楷體或是小篆，其中的缺字「𧂇」、「𧃾」分別用構字式『菹⿱皿』、『[形]艹缶且皿[⊡]』來表達，再透過漢字構形資料庫的缺字增益集將構字式轉換成字形。圖十二(見下頁)說明如何透過漢字構形資料庫的界面程式，以部件「立」依序檢索出「音」、「棓」，並列出「棓」在〈異體字表〉中的三組異體字、「棓」的對映小篆「棓」及楷體字形結構。圖十三(見下頁)說明以部件「不(不)」依序檢索出「否(否)」、「音(音)」、「棓(棓)」，並列出「棓」的對映楷體「棓」及《說文》的解形，而「棓(棓)」在《詁林》則沒有重文。

菹　酢菜也从艸沮聲
菹⿱皿　或从皿　[形]艸缶
且皿[⊡]　或从缶

缺字預覽 →

菹　酢菜也从艸沮聲
𧂇　或从皿　𧃾　或从缶

圖十、缺字預覽(楷體)

菹　酢菜也从艸沮聲
菹⿱皿　或从皿　[形]艸缶
且皿[⊡]　或从缶

缺字預覽 →

菹　酢菜也从艸沮聲
𧂇　或从皿　𧃾　或从缶

圖十一、缺字預覽(小篆)

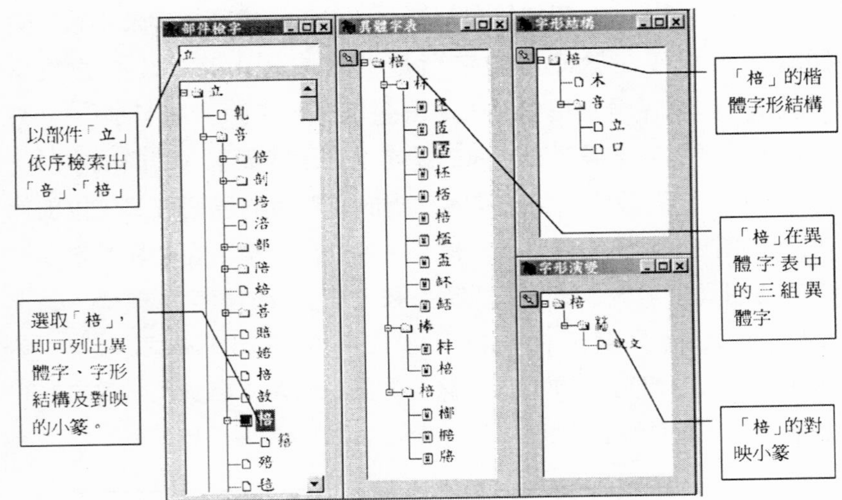

圖十二、古今文字銜接(楷體)

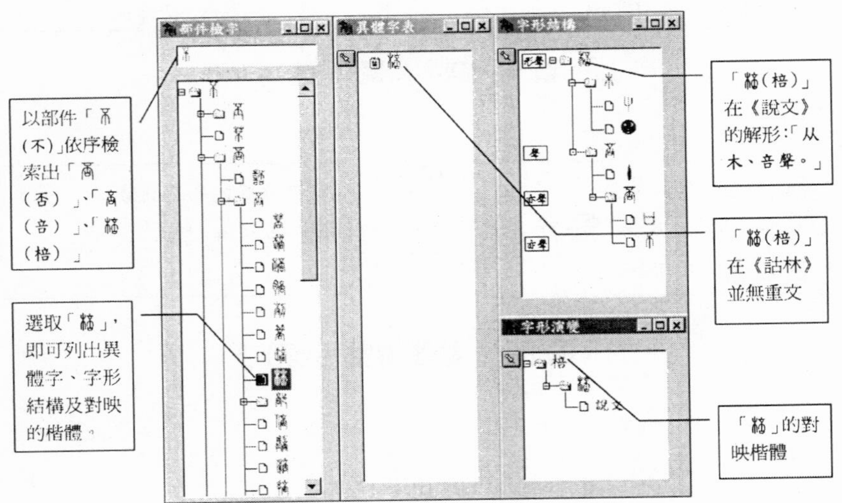

圖十三、古今文字銜接(小篆)

陸、結　語

漢字構形資料庫目前仍在持續建置中，只待小篆的六書標記完成後，就要開始處理金文了。利用電腦整理古今漢字，始終是一件繁重和冗長的工作，在此感謝中央研究院資訊所這十年來的支持，也希望這些成果能讓所有使用漢字的人來分享。由於文字學並非我們所長，本文若有疏失，也希望讀者不吝指正。

附錄、漢字構形資料庫光碟

漢字構形資料庫光碟內容如下：

- 涵蓋《漢語大字典》及 Big5 的楷體字形共 54,711 個。
- 收錄《漢語大字典》的異體字表，共 12,208 組，包含 36,309 個字形。
- 涵蓋《說文解字詁林》的小篆及重文字形共 11,000 個。
- 提供 4766 個部件以檢索字形，其中包含 1,324 個字根。
- 整理異體字根 296 組，共包含 716 個字根。
- 支援 Truetype 缺字及小篆字型。
- 擴充 Microsoft Office 的功能，可在 Office 下使用 54,711 個楷體字形及 11,100 個小篆及重文。
- 開發漢字構形資料庫使用界面，讓使用者可以利用部件檢字及查詢異體字、字形結構及字形演變。
- 提供處理網頁缺字的 Java Applet。

漢字構形資料庫光碟下載網址：http://www.sinica.edu.tw/~cdp/

參考文獻

《漢字漢語基礎》，王寧等，北京科學出版社，1996 年 7 月

《說文》小篆字根研究，李佳信，國立台灣師範大學國文研究所碩士論文，2000 年 7 月

《遠東・漢語大字典》，徐中舒等，遠東圖書公司，1991 年 9 月

《漢字印刷字形的整理》，莊德明，電子古籍中的文字問題研討會（台北），1999 年 6 月

《中文電腦缺字解決方案》，莊德明，全國技專院校圖書館自動化規劃第七屆研討會（屏東），2001 年 12 月

《漢字構形資料庫使用手册》，莊德明等，中研院資訊所，2002 年 7 月

《說文解字詁林》楊家駱，鼎文書局，1994 年 3 月

《電子古籍中的缺字問題》，謝清俊，第一屆中國文字學會學術討論會（天津），1996 年 8 月

《中央研究院古籍全文資料庫解決缺字問題的方法》，謝清俊等，第二次兩岸古籍整理研究學術研討會（北京），1998 年 5 月

《康熙字典》解義釋例[1]

李淑萍

壹、前　言

我國辭典學的發展頗具歷史，早在漢代就有了詞典和字典。《爾雅》專門訓釋古籍語詞與蟲魚鳥獸草木之名，是我國歷史上最早的一部詞典。字書的產生則始自《說文》，東漢許愼嗟歎時人好奇、俗儒穿鑿，故作《說文》以正其風。魏晉之後，韻書產生，這三種類型便成了我國字辭典編排的主要方式。隨時代社會不斷發展，語彙文字因應所需而日益增多，除文字形體不斷有增省改易外，詞彙的含意也有所引申和轉用，因此歷代都有析形、切音、解義的相關作品產生。

清初統治者集合了官方力量，纂修一部集歷代字書之大成的字書，《康熙字典》於是完成。「字典」一詞正式成爲我國工具書的名稱之一。王力先生認爲一部理想的字典，除了「該是形、音、義三方面兼顧的」，「它又該是以義爲主的」[2]。檢覈《康熙字典》一

[1] 原發表於第十屆中國文字學全國學術研討會論文集，頁 113~138。本文曾獲「中國文字學會」第一屆優秀青年學人獎(民國 88 年)。

[2] 見王力先生〈理想的字典〉一文，原載《國文月刊》第三十三期，1945 年 3 月，今收錄於《王力文集・第十九卷・字典》，頁 38。

書，其形、音、義的注釋相當詳備，規模遠超出歷代的字書、韻書，姑且不論其引證資料之正確性如何，單就這方面而言，它已經具備了字典該有的條件。

「解義」是《康熙字典》中的一大重點，不論是「字義」或「詞義」，幾乎都有一套完整的訓釋與書證。本文的目的將對《康熙字典》一書中解義的情形作一呈現，分析其訓釋字義、詞義時存在的缺失，並探究其存在的意義與價值，俾後人對《康熙字典》能有更進一步的了解。

貳、《康熙字典》釋義依據與來源

《康熙字典》的編纂，除了政治因素外[3]，亦肇因於康熙皇帝有感歷來字書無一可奉爲典常而不易者，其書前〈御製序〉文云：

或所收之字，繁省失中；或所引之書，濫疏無準。或字有數義而不詳；或音有數切而不備，曾無善兼美具，可奉爲典常而不易者。

其他字書之不備不詳，是促使《康熙字典》開始編纂的一大要因。尤其《康熙字典》在〈御製序〉文與〈凡例〉中屢言《字彙》與《正字通》之譌舛疏漏，爲了要「增《字彙》之闕遺、刪《正字通》之繁冗」，於是提出了編纂字典切音解義的依據：

爰命儒臣悉取舊籍，次第排纂，切音解義一本《說文》、

3 《康熙字典》編纂的政治意圖，很明顯是爲了宣揚清王朝保存中華民族文化的德政，字典的完成，能「助流政教」、「昭同文之治」，以鞏固其封建統治。見丰逢奉〈《康熙字典》編纂理論初探〉，《辭書研究》，1988 年第二期，上海：上海辭書出版社。

> 《玉篇》，兼用《廣韻》、《集韻》、《韻會》、《正韻》，其餘字書一音一義之可採者，靡有遺逸。至諸書引證未備者，則至經史百子，以及漢晉唐宋元明以來，詩人文士所述，莫不旁羅博證，使有依據。4

是知，其所據以釋義的來源，約可分成以下數耑：

一、引《說文》、《廣韻》、《釋名》等小學類書以釋其義

文字有義、形、音三部分，《四庫全書總目》據此將小學類分爲訓詁之屬、字書之屬、韻書之屬。大體說來，以字義爲編纂條綱者，如釋天、釋鳥、釋畕，歸爲「訓詁之屬」；以字形爲編纂條綱者，如手部、人部、金部，歸爲「字書之屬」；以字音爲編纂條綱者，如東韻、宵韻、豪韻，歸爲「韻書之屬」。以前的小學爲經學附庸，是專爲注經、解經而存，然縱觀歷代重要字書、韻書，罕有專講某一部分的，例如《說文解字》爲字書之屬，當以形體爲主，但它是由分析字形進而推求音義，自然是形、音、義三部分都兼顧到了；又如《廣韻》、《集韻》均爲韻書之屬，卻也兼重字義之訓釋；再如訓詁之屬的《釋名》經常以聲爲訓，也是脫離不了字音的。是知，不論是字書、韻書，或是訓詁之屬的書，其撰著的目的均在讓人明瞭單字或語詞的音聲義訓，故《說文》、《玉篇》、《廣韻》、《集韻》、《廣雅》、《釋名》等小學類書是《康熙字典》解義的一個主要來源。茲舉數例如下5：

4 見《康熙字典》書前〈御製序〉文。

5 爲避免引文龐雜，以下所舉例證只列相關義項而不列出書證。

例 1：七畫「前」字：「《增韻》前後之對，又進也。《廣韻》先也。」（頁 68）

例 2：刀部八畫「剖」字：「《說文》判也，从刀音聲。《蒼頡篇》折也，《玉篇》判也，中分爲剖。」（頁 69）

例 3：口部六畫「品」字：「《說文》衆庶也，《廣韻》類也。又《增韻》物件曰品。又《韻會》品格也。又《玉篇》齊也。又《玉篇》官品。又《廣韻》式也，法也。又《廣韻》二口則生訟，三口乃能品量。又《廣韻》姓也。」（頁 116）

例 4：土部一畫「圠」字：「《六書故》土密凝也。」（頁 151）

例 5：巾部十一畫「幕」字：「《說文》帷在上曰幕。《廣雅》帳也。《釋名》幕絡也，在表之稱也。 又《類篇》覆食案亦曰幕。 又《廣雅》幕覆也。 又《廣韻》姓也。」（頁 263）

例 6：日部五畫「昧」字：「《說文》爽旦明也。一曰闇也。《博雅》冥也。」（頁 421）

例 7：曰部六畫「書」字：「《釋名》書，庶也，記庶物也。」（頁 430）

例 8：木部十三畫「檄」字：「《逸雅》檄，激也；下官所以激迎其上之書文也。」（頁 484）

例 9：毋部一畫「母」字：「《廣雅》母，牧也；言育養子也。《釋名》冒也，含生也。《增韻》慕也，嬰兒所慕也。《說文》从女象懷子形；一曰象乳子也。《蒼頡篇》其中有兩點，象人乳形，豎通者即爲毋。」（頁 516）

例 10：馬部十畫「騭」字：「《六書統》乘馬登山也，从陟。陟，登也。」（頁 1370）

故知，《說文》、《玉篇》、《蒼頡篇》、《類篇》、《字彙》、《正字通》、《字彙補》、《篇海》、《廣雅》、《博雅》、《駢雅》、《釋名》、《廣韻》、《集韻》、《韻會》、《五音集韻》、《增韻》、《六書故》、《六書統》……等等小學類書，皆為其釋義的來源之一。

二、引經史百子及其傳註以釋其義

除了以小學類書來說解字義外，《康熙字典》也引用歷代流傳下來的經史百子及其傳註來訓釋字義，其引用之典籍極多，茲聊舉數例如後：

例1：一部一畫「丁」字：「《逸書・諡法》述義不克曰丁。」（頁1）

例2：口部十一畫「嘌」字：「《詩・檜風》匪車嘌兮。〈傳〉嘌嘌無節度也。」（頁133）

例3：口部十一畫「嘏」字：「《爾雅・釋詁》嘏，大也。〈疏〉方言云：凡物壯大謂之嘏。」（頁133）

例4：心部六畫「恙」字：「《爾雅・釋詁》恙，憂也。〈疏〉恙者。〈聘禮〉云：公問君，賓對，公再拜。鄭註云：拜其無恙。郭云：今人云無恙謂無憂也。」（頁312）

例5：斗部一畫「斗」字：「《群經音辨》升十之也。《史記・李斯傳》平斗斛度量。《前漢・律歷志》斗者，聚升之量也。」（頁405）

例6：曰部二畫「曲」字：「《禮・中庸》其次致曲。〈註〉曲，猶小小之事。〈朱註〉一偏也。」（頁430）

例7：曰部二畫「曹」字：「《楚辭・招魂》分曹並進。〈註〉曹，

偶也。」（頁 430）

例 8：示部六畫「祭」字：「《尚書大傳》祭之言察也。察者，至也，言人事至於神也。又《孝經・士章疏》祭者，際也。人神相接，故曰際也。詳見《禮記・祭法・祭統・祭義》諸篇。」（頁 771）

例 9：龜部一畫「龜」字：「《莊子・逍遙遊》宋人有善爲不龜手之藥者，世世以洴澼絖爲事。〈註〉不龜，謂凍不皸瘃也。」（頁 1465）

三、引文人學士之說以釋其義

除了以小學類書、經史百子來說解字義外，《康熙字典》也引用歷代詩人文士之說來訓釋字義、詞義，舉凡詩文詞曲、辭賦碑帖可供釋義者，無不引用之，茲舉例如後：

例 1：二部二畫「云」字：「〈陸佃曰〉[6] 云者，有應之言也。」（頁 4）

例 2：二部六畫「亞」字：「〈趙古則曰〉物之岐者曰亞，俗作丫、椏。」（頁 15）

例 3：人部二畫「什」字：「〈朱子曰〉《詩》雅頌無諸國之別，故十篇爲一卷，猶軍法，十人爲什也。」（頁 19）

例 4：人部七畫「俗」字：「不雅曰俗。〈黃庭堅曰〉士俗不可醫。或問不俗之狀，庭堅曰：難言也。視其平居，無以異於人，臨大節而不可奪，此不俗人也。」（頁 33）

例 5：女部三畫「妃」字：「天妃水神。〈司馬光曰〉水陰類其神，

6 本文引用人名或人名暨書名乃仿照《康熙字典》原文，將人名置於書名號中，並以新式標點將人名與書名斷開。下同。

當爲女子。」（頁 183）

例 6：示部八畫「禁」字：「天子所居曰禁。〈蔡邕曰〉漢制，天子所居門閤有禁，非侍御之臣不得妄入，稱禁中；避元后父名，改省中。」（頁 772）

例 7：虫部九畫「蝌」字：「〈李時珍曰〉蝌蚪狀如河豚，頭圓，身上青黑色。始出有尾無足，稍大則足生尾脫。治疥瘡，又可染鬚髮。」（頁 1016）

例 8：角部九畫「鶩」字：「〈郭璞曰〉鴨也。」（頁 1423）

四、引方言以釋其義

「各方風土不同、南北音聲各異」[7]，蓋時有古今，地有南北，各地方音用語的不同，容易造成溝通上的隔閡，《康熙字典》作爲一部集古今大成之官定字書，自然要蒐羅各地方言語詞，以補其不備。茲將《康熙字典》引用方言來訓義之例列舉於後：

例 1：毛部一畫「毛」字：「《高麗方言》謂苧曰毛，苧布曰毛施，皆見《雞林類事》；又閩南人謂毛曰膜，見《井觀瑣言》。」（頁 520）

例 2：水部十二畫「潑」字：「《孫穆・雞林類事》高麗方言謂足曰潑。」（頁 576）

例 3：火部八畫「無」字：「《佩觿集》河朔謂無曰毛。《通雅》江楚廣東呼無曰毛。」（頁 601）

例 4：犬部五畫「狚」字：「《揚子・方言》掩索取也；自關而東曰掩，自關而西曰索，或曰狚。」（頁 637）

---

7 見書前康熙 49 年 3 月 9 日〈上諭〉文

例 5：米部一畫「米」字：「《廣東新語》薏苡一名藾米，亦曰薏珠子。又《日本土風記》[8]倭國十二支之巳曰米。」（頁834）

例 6：艸部八畫「秙」字：「《揚子・方言》江南呼粳爲秈，秙與秈同。」（頁 968）

例 7：馬部八畫「騏」字：「《古今注》兗州人呼白鯉爲白騏。」（頁 1368）

五、加入晚出之詞義與外來詞

《康熙字典》在各類典籍雜書中網羅大量材料來充實義項內容的同時，也注意到收錄一些晚出的詞義與西域、印度等外來的語詞。該書輯錄晚出詞義之處，例如：

例 1：人部八畫「們」字：「今塡詞家，我們、俺們。」（頁 35）

例 2：手部四畫「找」字：「俗音爪，補不足曰找。」（頁 347）

例 3：立部六畫「章」字：「又俗或謂舅曰章。」（頁 799）

例 4：車部八畫「輪」字：「又輪轉，迴旋也。」（頁 1173）

此類晚出之詞語，因無古籍引證，故多只列義項而不加例證。又該書加入外來之詞義者，如：

例 1：人部五畫「伽」字：「《梵書》那伽，龍也；竭伽，犀也；僧伽，藍衆園也。譯云：園取生植義，今浮屠所居是也。凡稱釋者曰僧伽。」（頁 25）

例2：人部五畫「佛」字：「三佛齊、佛郎機、柔佛，皆外國名。」（頁 27）

例 3：女部二畫「奴」字：「梵言馱索迦，華言奴。」（頁 182）

8 《日本土風記》當爲《日本風土記》之誤。

例 4：毛部一畫「毛」字：「梵言欽跋羅，此云毛𩔮鉢羅；《西域記》云：織細羊毛褐賴縭；《西域記》云：織野獸毛。」（頁 520）

例 5：火部八畫「無」字：「梵言，南無呼那謨；那如拏之上聲，謨音如摩，猶云歸依也。」（頁 601）

例 6：示部十二畫「禪」字：「靜也，浮圖家有禪說。」（頁 774）

例 7：舟部四畫「般」字：「梵言般若，華言智慧；若音惹。」（頁 937）

例 8：艸部五畫「若」字：「般若，梵語謂智慧也。」（頁 951）

綜合以上所舉，得知《康熙字典》釋義來源極廣，對字義的解說非常詳備，除引用《說文》、《玉篇》、《廣韻》、《集韻》、《韻會》、《正韻》及其他字書外，還旁及經史百子、歷代詩人文士所述，其引用書證之廣泛爲歷來字書所不及，這也正成就了其集大成者的地位。

參、《康熙字典》義項排纂原則

《康熙字典》書前〈凡例〉敘其編纂體例云：

> 字兼數音，先詳考《唐韻》、《廣韻》、《集韻》、《韻會》、《正韻》之正音作某某讀；次列轉音，如正音是平聲，則上去入以次挨列。正音是上聲，則平去入以次挨列，再次列以叶音，則一字數音，庶無掛漏。

又云：

> 字有正音，先載正義，再於一音之下，詳引經史數條，以爲證據，其或音同義異，則於每音之下分列訓義，其或音異義

> 同，則於訓義之後，又云某韻書作某切，義同，庶幾引據確切，展卷瞭然。

知其釋字的原則是先音後義，即先列舉《唐韻》、《廣韻》、《集韻》、《古今韻會舉要》、《洪武正韻》之正音，再分層解說字之本義、他義；其次再列轉音、叶音、別義，或古音等等；簡言之，「以音統義」是《康熙字典》面對繁多義項時排列的一大原則。今舉貝部六畫「賈」字爲例：

> 《唐韻》公戶切、《集韻》《韻會》果五切、竝音古。《說文》賈，市也。一曰坐賣售也。《書・酒誥》肇牽車牛遠服賈。《詩・邶風》賈用不售。《周禮・天官・大宰》商賈阜通貨賄。〈註〉行曰商，處曰賈。又《左傳・桓十年》吾焉用此以害賈。〈註〉賈，買也。
>
> 又《廣韻》古訝切、《集韻》《韻會》居迓切、《正韻》居亞切、竝音駕，與價同。《類篇》售直也，《論語》求善賈而沽諸。
>
> 又《集韻》《韻會》《正韻》竝舉下切，音斝，姓也。《急就篇・註》賈本姬姓之國也，晉呑滅之，其後稱賈氏。（頁1136）

《康熙字典》以「賈」字之三音「古、駕、斝」爲綱，而以「音古」爲正音，其下統攝「市也」、「坐賣售也」、「買也」；又音「駕」，與價同，爲售直（値）之義；又音斝，作爲姓氏之用也。各義項下再分舉書證釋之。編者認爲「《正字通》音訓每多繁冗重複」，故采「以音統義」的方式，期使該書「引據確切，展卷瞭然」。這種對多音多義的處理方式，是較爲合理而井然的作法，在近代字、詞典編纂史上也產生了一定的影響。

肆、《康熙字典》引用《說文》概況

《說文》是字書之始祖，故《康熙字典》所列之本義或正義，原則上是以《說文》爲據，然《說文》釋義若有義不顯豁或今世不用時，則另取他書爲說。其采用之版本乃兼收徐鉉《說文》校定本與徐鍇《說文解字繫傳》之說，但其引用內容與二徐本原文偶有出入，或逕取其義以爲說。茲將《康熙字典》解義與《說文》之關係，分條敘述如下：

一、采《說文》之義爲首要義項

《康熙字典》解義時引用《說文》之義爲首要義項之情形頗多，茲舉例說明如下：

例 1：一部四畫「丙」字（頁 6）

《康熙字典》丙字首要義項爲「十幹名之一。」並采《爾雅》、《說文》之義而說解之。

謹案：《說文》：「丙，位南方。萬物成炳然，陰气初起，陽气將虧。」[9] 許慎以陰陽五行解其義，其說不可據。丙象插旗的磐石，爲磐之初文 [10]。後借爲干支字，本義遂不行。《康熙字典》取丙字之假借義來解義，並輔以《說文》之例證，而云「南方屬火，而丙丁適當其處，故有文明之象。」

例 2：亅部二畫「亢」字（頁 6）

---

9 本文採《說文解字》徐鉉校定本，以下簡稱《大徐本》，由香港中華書局印行，1996 年 2 月重印。本例「丙」字見卷十四下，頁 308。

10 見《說文部首釋例》，頁 173。

《康熙字典》亢字首要義項爲「《說文》人頸也。」正釆《說文》之義而說解之。

謹案：《說文》：「亢，人頸也。从大省，象頸脈形。」[11] 許愼釋亢爲「人頸」，是以字之本義說解之，然其釋形則有誤，字當從弁省，象頸形，以示頸在弁冕之下，手臂之上，所以從弁而省其収。[12]《康熙字典》釆用《說文》以亢字之本義來解義，是也。

例 3：衣部一畫「衣」字（頁 1039）

《康熙字典》衣字首要義項爲「《說文》上曰衣，下曰裳。」正釆《說文》之義而說解之。

謹案：《說文》：「衣，依也。上曰衣，下曰裳。象覆二人之形。」[13] 衣字以同音爲訓，「依也」謂衣服乃依附在人身上者，音訓之義不明，故以「上曰衣，下曰裳。」補充說明之[14]。衣字於卜辭彝銘中，并象衣之領、衣襃及衣襃之形[15]，爲獨體象形，許愼釋爲「象覆二人之形」，誤也。《康熙字典》以「依也」義訓未明，故釆用「上曰衣，下曰裳。」釋之。

二、釆《說文》之義爲其次義項

雖未釆《說文》之義爲首義，但仍保留《說文》之音義者，茲

---

[11] 見《大徐本》，卷十下，頁 215。
[12] 見魯實先先生《文字析義》，頁 709。
[13] 見《大徐本》，卷八上，頁 170。
[14] 見《說文部首釋例》，頁 103。
[15] 見《文字析義》，頁 181。

舉例說明如下：

例 1：口部二畫「句」字（頁 99）

《康熙字典》句字以「音巨」爲首音，列「《玉篇》止也，言語章句也；《類篇》詞絶也」爲首要義項。《說文》之音（音溝）、義則列爲第三順位。

謹案：《說文》：「句，曲也。」〈徐鉉註〉「古侯切、又九遇切」[16] 句字據彝銘本義當作「帶鉤」，爲獨體象形，許慎云「曲也」，是以字之引申義釋之[17]。「句」本義「帶鉤」，引申爲「曲也」，後假借爲章句字，而以假借義通行於世。《康熙字典》以通行之音義爲主，並保留《說文》之音義。

例 2：艸部七畫「莫」字（頁 963）

《康熙字典》莫字以「音寞」爲首音，列「《韻會》無也、勿也、不可也。」爲首要義項。《說文》之音（音木）、義則列爲第二順位。

謹案：《說文》：「莫，日且冥也，从日在茻中。」[18] 徐鍇註曰：「平野中望日且莫，將落，如在茻中也。今俗作暮。莫度反。」[19] 字象日在茻中，爲夕陽西下之狀，故云「日且冥也」，是以字之本義釋之。「莫」本義「日且冥」，後假借爲否定義，本義漸不顯，而以假借義通行於世，故後人加日作暮字。《康熙字典》以通行之音義爲主，並保留《說文》原有之音義。

---

16 見《大徐本》，卷三上，頁 50。
17 見《說文部首釋例》，頁 36。
18 見《大徐本》，卷一下，頁 27。
19 《說文解字繫傳》卷二，頁 13，臺北：臺灣中華書局。

例 3：言部七畫「誘」字（頁 1090）

《康熙字典》誘字以《爾雅・釋詁》「進也」爲首要義項。《說文》之義則列爲第四義項。

謹案：《說文》誘字本作「羑厶」謂「相訹呼也，从厶从羑。」〈徐鉉註〉「羊部有羑，羑，進善也。」[20] 謂相互誘導招呼之義，段玉裁注：「羑厶與訹二篆爲轉注，今以手相招而口言羑厶，正當作此字。今則誘行而羑厶廢矣。」[21] 與《康熙字典》以「進也」爲首義，乃取《說文》本義之衍伸，並保留《說文》之本義。

三、不采《說文》之義

《康熙字典》相當尊崇《說文》，析形釋義大致上以《說文》爲準則，然書中仍有完全不提《說文》之義者，茲舉例說明如下：

例 1：丶部四畫「主」字（頁 8）

《康熙字典》主字以「君也」爲首要義項。其次列「大夫之臣稱其大夫曰主。又天子女曰公主。又賓之對也。又宰也、守也、宗也。又神主宗廟，立以棲神，用栗木爲之。又主、猶坐也。又上也。 又姓。」又列別音住，同注。《說文》有其字，而《康熙字典》不采《說文》之義。

謹案：《說文》：「主，鐙中火主也。从𡈼象形。从丶，丶亦聲。」[22] 據其形構，外象鐙架，內象火炷，爲丶字之異構，許慎云「鐙

[20] 見《大徐本》，卷九上，頁 189。

[21] 見《圈點段注說文解字》，頁 441。臺北：書銘書版公司。

[22] 見《大徐本》，卷五下，頁 105。

中火主也」，爲字之本義；惟字之本義已不顯，後假借爲主宰、君主之義，而以假借義通行於世。《康熙字典》取其通行義來解義，而火炷之本義因世已不用，故捨而不錄。

例 2：乙部一畫「乙」字（頁 11）

《康熙字典》乙字首要義項爲「十幹名，東方，木行也。」二徐本《說文》有其字，而《康熙字典》不采《說文》之義。

謹案：《說文》：「乙，象春艸木寃曲而出，侌氣尙彊，其出乙乙也。」[23] 許愼以陰陽五行解其義，其說不可據。乙象胸骨之形，當爲肊之初文 [24]。後借爲干支字，本義遂不行。《說文》之說解，於理無據，義不顯豁，《康熙字典》逕取其假借義來解義，故捨而不錄。

例 3：儿部二畫「元」字（頁 51）

《康熙字典》元字之首要義項爲「《精蘊》天地之大德，所以生生者也。……在天爲元，在地爲仁，在人身則爲體之長。《易乾卦》元者，善之長也。」二徐本《說文》有其字，而《康熙字典》未采其說，以《精蘊》爲據。

謹案：《說文》「元，始也。」[25] 元字甲文作□、□，與篆文同體，從人上會意。以示人上爲首，而以首爲本義 [26]。許愼釋「始也」，乃疊韻爲訓，是誤以引申爲本義。《精蘊》云「人身則爲體之長」義指首也，其說近於本義，故《康熙字典》取爲首義。

---

[23] 見《大徐本》，卷十四下，頁 308。
[24] 見《說文部首釋例》，頁 172。
[25] 見《大徐本》，卷一上，頁 7。
[26] 見《文字析義》，頁 1077。

綜上所述，《康熙字典》不引《說文》之因，約有以下數耑：一、《說文》本無之字，《康熙字典》不引，固無可議矣；二、《說文》之義今世已不用，爲便於世人理解，《康熙字典》遂取通行義解之，如「主」字、「自」字是也；三、《說文》之解說字義不夠顯豁，如部分以陰陽五行解之，訓義不明者，如「乙」、「亥」字，又如部分音訓之字，本義不明，《康熙字典》不引，如「元」字、「事」字是也[27]。四、沿襲《字彙》、《正字通》之釋義條目。前二書不采引《說文》，《康熙字典》編者仍循其舊而不引。

伍、《康熙字典》釋義之缺失

收字多，材料豐富，引用資料旁羅博證，是《康熙字典》的一大特點，但由於「卷帙浩繁，成書較速，纂輯諸臣迫於期限，於引用書籍字句，間有未及詳校者。」[28]故書中解義引證時有譌誤，其舛奪情形，據清儒王引之《康熙字典考證》[29]之校改，除音讀、字句、筆畫、字形之辨⑧諟正外，約可歸納成以下幾類，茲分述如後，並聊舉三例爲證。

一、引證資料來源有誤。

(一)書名出處相譁。

[27] 《說文》之義訓不明，是《康熙字典》不取的主因，故有音訓字而取其義者，如「日」字、「月」字、「天」字屬之；亦有以陰陽五行說解而取其義者，如「丙」字、「丁」字、「庚」字屬之。

[28] 見王引之《康熙字典考證》前之奏文。

[29] 以下簡稱爲《考證》。

《康熙字典》引用書證中，本應出自甲書而錄爲乙書，其誤注書名者，不乏其例。例如：

例1：子部九畫「孲」字：「《揚子・方言》吳人謂赤子曰孲孲。」《考證》云：

謹按《方言》無此語，見《集韻》孲字註，謹將「《揚子・方言》」改爲「《集韻》又曰」。

是《揚子方言》與《集韻》二書相諢之例。

例2：尸部五畫「居」字：「《禮・曾子問》居吾語女。」《考證》云：

謹按〈曾子問〉無此語，查係《論語》文，據改爲「《論語・陽貨》」。

是《禮記》與《論語》二書相諢之例。

例3：玉部九畫「瑄」字：「《說文》通作宣。」《考證》云：

謹按《説文》無此語，查係《集韻》宣字註，謹將「《説文》」改爲「《集韻》」。

是《說文》與《集韻》二書相諢之例。

(二)引書時有不舉篇名，或雖引篇名，卻出錯誤。

《康熙字典》對於經史之例證多半舉出篇名，以便於後世讀者檢閱原書，惟子集之例證則多有不舉篇名者，如《法苑珠林》、《韓詩外傳》、《山海經》、《寰宇記》、《酉陽雜俎》、《風俗通》等。至於詩人文士之所述，或詳列其篇章名，如〈嵇康琴賦〉、〈白居易悟眞寺詩〉、〈蘇軾滕王閣詩〉、〈柳宗元饗軍堂記〉等，但亦有逕云「某某詩」、「某某文」者，如「杜甫詩」（見人部仙字）、「盧諶詩」（見人部佗字）、「王安石詩」（卜部占字）、「柳宗元詩」（見又部叉字）、「王逸曰」（見口部召字）、「王筠詩」（口部吞字）、「元結詩」（心部　字）、「曹植文」（火部焚字）等。其書中篇名相譌之例，不勝枚舉。例如：

例 1：弓部九畫「彌」字：「《前漢・刑法志》君臣故彌茲謂悖。」《考證》云：

> 謹按所引係〈五行志〉文，非〈刑法志〉文，據改〈五行志〉。

是《漢書》中〈五行志〉與〈刑法志〉二篇相譌之例。

例 2：口部十畫「嗅」字：「《莊子・逍遙遊》嗅之，則使人狂醒三日而不已。」《考證》云：

> 謹按〈逍遙遊〉無此文，謹照原書〈逍遙遊〉改〈人閒世〉。「醒」改「酲」。

是《莊子》中〈逍遙遊〉與〈人閒世〉二篇相譌之例。

例 3：手部九畫「揭」字：「〈司馬相如・子虛賦〉涉水揭河。」《考證》云：

> 謹照原書〈子虛賦〉改〈上林賦〉。

是司馬相如賦作中〈子虛賦〉與〈上林賦〉二篇相譌之例。

(三) 誤植人名。

《康熙字典》引證出處之誤，除前述書名、篇名譌譌外，尚有人名誤植之失。例如：

例 1：支部五畫「叜」字：「〈張衡・西都賦〉衛以嚴更之署。」《考證》云：

> 謹按〈西都賦〉，班固所作。謹照原書「張衡」改「班固」。

是原書誤班固為張衡之例。

例 2：口部二畫「㕣」字：「《說文》山閒陷泥地……〈徐鉉曰〉口象山門，入半水……。[30]」《考證》云：

謹照《說文》「徐鉉」改「徐鍇」。

是原書誤徐鉉爲徐鍇之例。

例 3：木部十二畫「橮」字：「《周禮・天官・典枲》衣翣柳之材。〈註〉翣柳，一作接橮，鄭元曰接讀爲澀，橮讀爲柳。」《考證》云：

謹照原文〈典枲〉改〈縫人〉，省「註」字，「一作接橮」改爲「故書作接橮」，「鄭元」改爲「鄭眾」。

是原書誤鄭衆爲鄭元（玄）之例。

二、轉引資料而致外誤。

《康熙字典》引用書證，偶有採用舊說，未經查核原書，逕轉引之，遂致訛誤。例如：

例 1：口部十二畫「嘾」字：「《莊子・馬蹄篇》大甘而嘾。」《考證》云：

謹按〈馬蹄篇〉無此語，查係《玉篇》引《莊子》文。「《莊子・馬蹄篇》」改「《玉篇》引《莊子》」。

查《莊子》書無「大甘而嘾」之語，《玉篇》、《字彙》、《正字通》皆云「《莊子》大甘而嘾」，而《康熙字典》云「《莊子・馬蹄篇》大甘而嘾」，未知何據。

例 2：部四畫「冰」字：「《韓詩外傳》冰者，窮谷陰氣所聚不洩，則結爲伏陰。」《考證》云：

30 據渡部溫《康熙字典考異正誤》當改作「徐鍇曰：口象山閒也，八半水也。」

謹按《韓詩外傳》無此語，查《初學記》引作《韓詩》。謹照《初學記》原文省「外傳」二字，「冰」上增「說」字，「結」下增「而」字。

《初學記》引《韓詩》以釋結冰義，《康熙字典》轉引誤作《韓詩外傳》，當據《初學記》改之。

例 3：木部三畫「杏」字：「《禮・祭法》夏祠用杏。」《考證》云：

謹按《禮・祭法》無此語，《太平御覽》引盧諶〈祭法〉曰「夏祀用杏」。謹將「禮」字改爲「盧諶」，「祠」字改爲「祀」字。

《太平御覽》引盧諶〈祭法〉曰「夏祀用杏」，《康熙字典》轉引誤作《禮・祭法》，當據《太平御覽》改之。

三、引文不確，或有脫衍。

《康熙字典》引用書證，任意增減改動文字，遂致引文不確，有脫文、有衍文。例如：

例 1：心部九畫「惸」字：「《周禮・秋官・大司寇》凡遠近惸獨老幼之欲。〈註〉無兄弟曰惸，無子孫曰獨。」《考證》云：

謹按所引經句未全，謹照原文之欲下增有復於上四字，註上增鄭字，省下無子孫曰獨五字。

據王引之《考證》之意，當改作「《周禮・秋官・大司寇》凡遠近惸獨老幼之欲有復於上。〈鄭註〉無兄弟曰惸。」爲是。

例 2：辛部六畫「辟」字：「又與擘同，析裂也。《禮・喪大記》爲三不辟。〈註〉大斂之絞旣小，不復擘裂其末。」《考證》云：

謹按「爲三」二字文義未全，謹照原文「爲三」上增「絞一幅」三字，「註」改「疏」。

據王引之《考證》之意，當改作「又與擘同，析裂也。《禮・喪大記》絞一幅爲三不辟。〈疏〉大斂之絞既小，不復擘裂其末。」爲是。

例3：耳部五畫「聇」字：「《揚子・方言》秦晉之閒言心內慙矣；趙魏之間謂之聇。」《考證》云：

謹按所引非本書文義，謹照原文改「山之東西自愧曰恧，趙魏之閒謂之聇」。

據王引之《考證》之意，當改作「《揚子・方言》山之東西自愧曰恧；趙魏之間謂之聇。」爲是。

四、誤記年數。

《康熙字典》引用《春秋》三傳之文，時有誤記年數之情形，例如：

例1：山部二十畫「巖」字：「《公羊傳・僖三十二年》殽之嶔巖，文王所避風雨處。」《考證》云：

謹照原文「三十二年」改「三十三年」，「處」改「也」。

例2：木部二畫「朽」字：「《左傳・僖三十三年》恐燥濕之不時，而朽蠹以重敝邑之罪。」《考證》云：

謹照原文改「襄三十一年」。

例3：木部八畫「植」字：「《左傳・襄三十一年》子產曰。」《考證》云：

謹照原文「三十一年」改「三十年」，「子產」上增「鄭」字。

五、誤以經文、正文爲傳、注文。

《康熙字典》引用書證，誤以經文、正文爲傳、注文者，例如：

例 1：女部六畫「婁」字：「《左傳・隱四年》莒人伐莒，取牟婁。」《考證》云：

謹按所引係《春秋》經文，謹將「《左傳》」改「《春秋》」。

例 2：木部一畫「本」字：「《曲禮・註》韭曰豐本。」《考證》云：

謹按「韭曰豐本」係經文，非註文，謹省註字。

例 3：疋部七畫「疏」字：「又〈地官・稍人〉疏材木材。〈註〉凡畜聚之物，瓜瓠葵芋禦冬之具。」《考證》云：

謹按此「委人」，非「稍人」。「凡畜聚之物」乃經文，非註文。「瓜瓠葵芋禦冬之具」乃「畜聚之物」之註，非「疏材」二字之註。謹照原文改爲「〈地官・委人〉凡疏材木材，凡畜聚之物。〈註〉疏材，艸木有實者」。

六、傳注箋疏相混。

《康熙字典》引用書證，時有傳注箋疏相混，張冠李戴之情形，例如：

例1：口部五畫「命」字：「《論語》爲命裨諶草創之。〈疏〉命，謂政令盟會之辭也。」《考證》云：

謹照原文「註」改「疏」。

例 2：手部十二畫「撥」字：「《詩・大雅》枝葉未有害，本實先撥。〈疏〉撥者，撥去之，去其餘根，故猶絕也。」《考證》云：

謹按「故猶絕也」四字是釋〈箋〉之詞，當先〈箋〉後〈疏〉。謹改爲〈箋〉撥，猶絕也。〈疏〉撥去餘根，故猶絕也。

例3：玉部五畫「珈」字「〈傳〉珈笄，飾之最盛者，所以別尊卑。副笄，既笄而加飾也。」《考證》云：

謹按「既笄」句乃〈箋〉文，非〈傳〉文。謹照原文「副」上增「箋」字。

七、斷句錯誤，或引文斷章取義。

《康熙字典》引用書證，亦有斷句錯誤，或引文斷章取義之情形，例如：

例1：宀部二畫「宄」字：「《書・舜典》寇賊姦宄。汝作士。又《漢書》作姦軌。」《考證》云：

謹按「汝作士」，文義屬下，此誤連引。姦宄下謹改「又通作軌」，《史記》寇賊姦宄。

據查《尚書・舜典》原文作「蠻夷猾夏，寇賊姦宄。汝作士，五刑有服……」《康熙字典》誤將分屬兩句之「寇賊姦宄」、「汝作士」連引爲一，應改。

例2：水部九畫「湯」字：「《楚辭・九歌》浴蘭湯兮沐芳華。」《考證》云：

謹按原文「華」字屬下爲句，不連「芳」讀。謹省「華」字。

據查《楚辭・九歌・雲中君》首二句作「浴蘭湯兮沐芳，華采衣兮若英。」《康熙字典》誤將屬下句之「華」字連引爲上句，應改。

例 3：竹部九畫「箴」字：「《前漢・藝文志》醫經箴石湯火所施。」《考證》云：

謹按原文「醫經」字不與「箴石」相屬爲句，今照原文改「用度箴石」。

據查《漢書・藝文志》原文作「醫經者，原人血脈經絡骨髓陰陽表裏，以起百病之本，死生之分，而用度箴石湯火所施。」《康熙字典》誤將「醫經」字與下句之「箴石湯火所施」連引，應改。

八、改寫原文。

《康熙字典》引用書證，亦有改寫原文，使引文與原文不同之情形，例如：

例 1：木部四畫「枉」字：「《周禮・秋官・司寇》救日以枉矢。〈註〉漢時名飛矛，用以守城利火射。」《考證》云：

謹按〈秋官・司寇〉無「救日以枉矢」之文，註亦無「漢時名飛矛」之語。今照《周禮》改〈夏官・司弓矢〉枉矢利火射。〈註〉今之飛矛是也，或謂之兵矢。

例 2：戈部三畫「成」字：「《周禮・天官・大宰》職有官成。〈註〉官成者，謂官府之有成事品式也。」《考證》云：

謹照原文改爲「八法，五曰官成。〈註〉官成，謂官府之成事品式也」。

例 3：疒部七畫「痣」字：「〈師古註〉吳楚俗爲黑子爲誌，通呼黶黑子。」《考證》云：

謹照〈師古註〉原文改「今中國通呼黶子，吳楚俗謂之誌」。

上舉「引證資料來源有誤」、「轉引資料而致舛誤」、「引文不確，或有脫衍」、「誤記年數」、「誤以經文，正文為傳、注文」、「傳注箋疏相混」、「斷句錯誤，或引文斷章取義」、「改寫原文」等八項，實為《康熙字典》釋義引證時常見的錯誤。關於《康熙字典》書中的舛誤，王引之與陳奐之書信中曾提及：

> 現有校刻《康熙字典》之役，錯誤太多，不可勝改，只能去其太甚者耳。[31]

是知，他雖校改了二千五百八十八條之多，然書中錯誤實不止於此，故後來日人渡部溫作《康熙字典考異正誤》糾正了四千七百餘條，近人王力先生則花了一年工夫針對其音讀部分訂誤了五千兩百餘條，完成《康熙字典音讀訂誤》一書，《康熙字典》原書中譌舛脫誤之處，可見一斑。

《康熙字典》釋義引證上的缺失，除了上述幾類外，又有說解簡略，未舉書證者。它雖強調要引證有據，但在書中仍有許多只列義項而未舉書證之例，如亅部七畫「亮」字：「又明也；又姓。」（頁17）；人部十二畫「僖」字：「又姓也。」（頁44）；口部六畫「哇」字：「又吐也。」（頁117）；曰部八畫「替」字：「又止也。」（頁 431）；火部五畫「炪」字：「又火聲。」（頁596）；石部五畫「砟」字：「又人名。」（頁 756）等等，皆屬之。又引用書名、篇名體例不一，書名前或加作者，或不加，或取全名，或取簡稱，如《道藏洞靈經》又作《道藏洞靈眞經》、《道藏經》；《戴侗六書故》又作《戴氏六書故》、《六書故》；《佩

31 見《高郵王氏遺書・王文簡公文集・卷四》「與陳碩甫書之八」，頁9。收輯於《羅雪堂先生全集》六編第十九册，民國65年。

鱅集》又作《郭忠恕佩觿集》；《演繁露》又作《程氏演繁露》；《通雅》又作《方以智通雅》；《星經》又作《白氏星經》、《甘氏星經》；〈毛傳〉又作〈毛氏曰〉；《說文》有〈徐鉉曰〉、〈徐鍇曰〉，或作〈徐曰〉、〈徐註〉，或逕作《說文徐註》等等。以今日編纂字、辭典的客觀立場言，爲統一全書體例，這些缺失都是應該避免的。

陸、《康熙字典》釋義之價值

一、詳列古今字義，俾後人明字義、詞義之演變。

義項豐富，保留古今字義，是《康熙字典》釋義的一大特點。今舉火部八畫「然」字爲例，將其所錄之義項條列如下：

1.《說文》燒也。〈註〉徐鉉曰：俗作燃，蓋後人增加。《孟子》若火之始然。……《集韻》通作難。

2.《玉篇》許也，如是也，譍言也。《史記・張耳陳餘傳》此固趙國立名義不侵爲然諾者也。

3.《廣韻》語助。《禮・檀弓》歲旱，穆公召縣子而問然。〈註〉然之言焉也。

4.《廣韻》如也。《詩・邶風》惠然肯來。《禮・檀弓》貿貿然來。

5.承上接下語。《禮・曲禮》然後客至。……

6.《禮・祭義》國人稱願，然曰：幸有子如此。〈註〉然，猶而也。

7.果然、獸名。《周禮・春官・巾車》然榠髹飾。〈註〉然，果然也。〔按〕《稗雅》作猓。詳犬部猓字註。

8.率然、蛇名。《孫子・九地篇》率然者，常山之蛇也。……

9.連然、縣名。《前漢・地理志》益州郡連然有鹽官。

10.燕然、山名。《前漢・匈奴傳》至速邪烏然山。

11.姓。《左傳》楚然丹；鄭然明。

《康熙字典》對「然」字之訓釋，首列《說文》之「燒」義，以示其本義[32]，次列然字之其他義項，以明然字歷來之實際運用情形。然字本來作「燒」之義，而後借用爲允諾詞、語助詞，甚者作爲專名或姓氏，使燒義不顯，後人再加火旁造「燃」字，以還其燒之義，故徐鉉註曰：「俗作燃，蓋後人增加。」[33]，其說是也。透過《康熙字典》完整的訓釋與書證，吾人對然字之字義演變得以了然於心；由字義的訓釋，拓展至詞義的解說，更有助於後人明白語言文字演變運用之情形。是知，該書完整保存文字之本義古義及其他引申、假借之詞義，在我國語言文字學史上是不容忽略的。

二、解說中附有詞語，使解義的內容更加豐富，兼具有詞典的作用。

《康熙字典》雖名爲「字典」，側重於文字形、音、義之訓釋，然其說解過程中附有一些詞語之訓釋，如人部「伽」字義項中附有「伽藍」、「那伽」、「竭伽」、「僧伽」、「那伽花」、「畢楞伽」、「伽那」、「摩伽」、「頻伽」之詞語解釋；女部「妹」字義項中附有「外妹」、「歸妹」之詞語解釋；「奴」字義

[32] 《說文》「燒也」實爲然字之引申義，蓋就形構言，然字本專指「狗肉之燒」，而後引申凡物之燒皆曰然。

[33] 見《大徐本》，卷十上，頁207。

項中附有「木奴」、「錫奴」、「茘枝奴」、「貍奴」、「竹奴」、「青奴」之詞語解釋；手部「搖」字義項中附有「招搖」、「扶搖」、「步搖」、「消搖」、「須搖」之詞語解釋……等，使解義的內容更加豐富，兼具有詞典的作用。

三、引用書證加上篇名，以補《正字通》之不備，並使資料出現的年代得以呈現。

《康熙字典》書前〈凡例〉云：

> 正字通援引諸書不載篇名，考之古本，譌舛甚多，今俱窮流溯源，備載某書某篇，根據確鑿。

明確駁斥《正字通》之引用書證未載篇名，進而要求引證資料備載某書某篇，這樣的作法有兩個好處：一是便於讀者檢閱原書；一是使讀者容易看出例句的時代。[34]因一部書的完成時代或有先後，如《莊子》分成〈內篇〉、〈外篇〉和〈雜篇〉；〈內篇〉完成的時代最早，〈外篇〉其次，〈雜篇〉則是較晚出的作品。如果引用書證時逕云《莊子》而不列其篇名，則例證之實際年代便溷沌不明了。《康熙字典》引用書證加上篇名，除了補足《正字通》之不備外，並使資料出現的年代得以呈現，提供後人檢閱參考，自是功不可沒。

四、確立書證資料的排列原則，影響後世字、詞典之編纂。

---

[34] 見王力先生〈理想的字典〉一文，原載《國文月刊》第三十三期，1945 年 3 月，今收錄於《王力文集・第十九卷・字典》，頁 54。

《康熙字典》對書中引用例證之先後次序也作了明確的規定，其〈凡例〉云：

> 引用訓義，各以次第，經之後次史，史之後次子，子之後次以雜書，而於經史之中，仍依年代先後，不致舛錯倒置，亦無層見疊出之弊。

它確立了義項書證的排序原則，除了前述「以音統義」外，同音之字其引用書證依經、史、子、雜書爲序，並依資料出現年代先後排列，使書中繁多義項，各有次第，開卷瞭然。其影響所及，今日的字、詞典例證之編排還是遵循這樣的作法。

柒、結　語

《康熙字典》收字廣泛、引證繁富、體例明確，是爲人所稱道的，故《四庫全書總目》云：「無一義之不詳，無一言之不備；信乎六書之淵海，七音之準繩也。」[35]；然由於成書倉促，譌舛脫誤，自是難免，故後世學者頗多微詞。近人錢玄同謂《康熙字典》「殆是學究多人亂抄元明時種種不高明之書而成者，凡所采引，什九錯誤。」[36]其批判可謂甚矣！然則「清初小學本未大明，又以一二顯官率數十冗官以領其事，而字典之爲事又本視其所爲，《淵鑑類函》等書獨難宜，其乖遠譌舛，莫可究詰也。」[37]雖然《康熙字典》未能達到自己所期許「善兼美具、可奉爲典常而不易」的目標，然

[35] 見《四庫全書總目》經部小學類二。

[36] 見王森然〈錢玄同的一封信〉，《光明日報》，1982 年 3 月 14 日第四版。

[37] 見蟫魂〈書康熙字典後〉，《大中華雜誌》民國四年五月號，梁啓超主編，第一卷第五期，頁 1085～1086，臺北：文海出版社。

而它承繼了《說文》至《字彙》、《正字通》的字書編纂傳統，博采衆長，另闢新法，不僅保存了許多寶貴的文獻資料，其所確立的體例法則，也使後世字典的編纂更趨規範化與合理化。清儒周中孚稱贊它：「集古今小學之大成，垂昭代同文之至治，後之言聲音文字者，莫能出其範圍已。」是知，在我國語言文字學、辭書編纂學中，《康熙字典》都是一部不容忽視的大型漢語字典。

重要參考書目

王力，《康熙字典音讀訂誤》，北京：北京中華書局，1988 年。

丰逢奉，〈康熙字典編纂理論初探〉，《辭書研究》，上海：上海辭書出版社，1988 年第二期，頁 72~80。

吳孟復，《訓詁通論》，合肥：安徽教育出版社，1983 年。

岑師溢成，《訓詁學與清儒訓詁方法》，香港：新亞書院博士論文，1984 年。

周大璞，《訓詁學要略》，臺北：新文豐出版公司，1984 年。

林尹，《訓詁學概要》，臺北：正中書局，1987 年。

南唐徐鍇，《說文解字繫傳》，北京：北京中華書局，1987 年。

胡楚生，《訓詁學大綱》，臺北：華正書局，1989 年。

胡樸安，《中國訓詁學史》，臺北：臺灣商務印書館，1988 年。

張玉書等人，《康熙字典》，臺北：文化圖書公司影印同文書局石印本，民國 83 年。

張玉書等人，王引之校改《康熙字典》，上海：上海古籍出版社，1996 年。

張自烈，《正字通》，潭陽成萬材梓行。

梅膺祚、吳任臣，《字彙、字彙補》合刊本，上海：上海辭書出版社，1991 年。

許慎著，宋徐鉉校定，《說文解字》，香港：中華書局，1996 年。

陸宗達、王寧，《訓詁學簡論》，臺北：新文豐出版公司，1984 年。

陸宗達、王寧、宋永培，《訓詁學的知識及應用》，北京：北京語文出版社，1990 年。

黃典誠，《訓詁學概論》，福州：福建人民出版社，1988 年。

齊佩瑢，《訓詁學概論》，臺北：漢京文化事業公司，1985 年。

劉又辛、李茂康，《訓詁學新論》，成都：巴蜀書社，1989 年。

蔡師信發，《說文部首類釋》，臺北：萬卷樓圖書公司，民國 86 年。

魯實先，《文字析義》，臺北：魯實先編輯委員會，1993 年。

《郭店楚墓竹簡・五行》「遱」字考釋

袁國華

一、前　言

《郭店楚墓竹簡．五行》45 號簡有「耳目鼻口手足六者，心之[illegible]也」句，就目前所見相關著作，大都將「[illegible]」字逕讀作「役」或認爲係「役」字的異構，但從該字構形考察，字實从「辵」从「又」从「户」，「户」乃「石」字之省，應隸定爲「[illegible]」即「遱」字。本文根據此論點，嘗試進一步釋讀相關文句，唯疏漏不足之處，尚期大雅君子，不吝賜教。

二、釋「遱」

《郭店楚墓竹簡・五行》45 號簡有一字字形頗爲特殊，字形作：

[illegible]

〈五行〉45、46 號簡云：

耳目鼻口手足六者，心之[illegible]也。心曰唯，莫敢不唯；如（諾），莫敢不如（諾）；進，莫敢不進；後，莫敢不後；深，莫敢不深；淺，莫敢不淺。和則同，同則善。[1]

〈五行〉亦見馬王堆漢墓帛書第209號簡，簡云：

（上略）耳目鼻口手足六者，心之役也。[2]

故《郭店楚墓竹簡・五行》注釋〔六十〕云：

遉，帛書本作「役」。[3]

雖然從異文互勘，可知「遉」與「役」乃對應的字，因此，有學者懷疑「遉」字所从的「[illegible]」是「殳」字的異構[4]，但是由「遉」字的構形觀察，字右旁所从，未必就是「殳」字。「役」字，《說文解字》云：

戍邊也。从殳从彳。伇古文役从人。[5]

由此可見「役」字右旁所从應爲「殳」字無疑。唯《郭店楚墓竹簡・五行》「遉」字右旁所从，作：[6]

[illegible]

與目前能夠確認的楚系文字中的「殳」字，作：[7]

[illegible]曾侯𨛭殳 [illegible]曾侯乙簡（梫字所从）

---

[1] 參荆門市博物館，《郭店楚墓竹簡》，頁151，北京：文物出版社，1998年5月。除必須情況外，本文引簡文概用寬式隸定。

[2] 參國家文物局古文獻研究室編，《馬王堆漢墓帛書〔壹〕》，頁18-19，北京：文物出版社，1980年3月。

[3] 參荆門市博物館，《郭店楚墓竹簡》，頁154，北京：文物出版社，1998年5月。

[4] 參魏啓鵬，《簡帛〈五行〉箋釋》，頁50，台北：萬卷樓圖書有限公司，2000年7月。

[5] 參大徐本《說文解字》，頁66，香港：中華書局，1985年9月。

[6] 參張光裕、袁國華《郭店楚簡研究・第一卷・文字編》頁387，台北：藝文印書館，1999年1月。

[7] 參張光裕、袁國華《曾侯乙墓竹簡文字編》頁68，台北：藝文印書館，1997年1月。又參湖北省博物館《曾侯乙墓》上册，頁292，圖178，北京：文物出版社，1989年7月。

頗有差別，故不宜將「遚」字直接讀同「役」字。拙意疑字當从「辵」「度」聲。「度」字的構形，《說文解字》云：

法制也。從又庶省聲。[8]

從古文字發展的情況考察，「庶」字本从「石」，「厈」是「石」的訛體，林義光云：

《說文》云：「度，法制也。从又庶省聲。」按：又象手形，則本義當爲量度。庶本从石得聲，則度亦石聲。[9]

至於「度」字的構形的演變，裘錫圭先生云：

秦權量詔文中的“度”字間有作度、度等形的（容庚《金文續編》3・9下－10上），正是“度”字由从“石”變爲从“厈”的中間環節。“又”旁和“攴”旁在古文字裏往往可以通用。……从“又”的大概是簡體。由此可見“度”字本來應該是从“攴”从“石”聲之字。[10]

既然「度」字的構形本來是从「攴」「石」聲，「攴」又可訛爲「又」，故字亦可从「又」「石」聲。由秦詔版「法度量則」句「度」字作：[11]

度

睡虎地秦簡爲吏之道簡19「喜度民力」作：[12]

度

[8] 參大徐本《說文解字》，頁65，香港：中華書局，1985年9月。

[9] 參《文源》，卷十一・五・下，1920年9月。

[10] 參〈古璽印考釋四篇〉，《文博研究論集》，頁79-88，上海：古籍出版社，1994年。

[11] 參王輝《秦文字考證》，頁67-69，又圖版45-46及47.2，48-49，台北：藝文印書館，1999年1月。

[12] 參《睡虎地秦墓竹簡・爲吏之道》，圖版頁82，北京：文物出版社，1990年9月。

可證戰國文字「度」字，的確是既可从「攴」「石」聲，亦可从「又」「石」聲的。至於「[illegible]」字从「辵」从「又」从「厈」，「厈」乃「石」字之省。楚文字「石」字一般書作：[13]

[illegible]　[illegible]　[illegible]

亦有作省寫的。如一九七八年，湖北隨縣發現時代屬戰國早期的曾侯乙墓，墓中出三件多格的長方形漆盒，在盒蓋上分別刻寫了「姑洗十石又三才（在）此」、「新鐘與少羽曾之反十石又四才（在）此」、「間音十石又四才（在）此」等文字。其中「石」字即書作：[14]

厈

對於這些銘文的內容以及盒子的用途，陳振裕先生有很詳細的說明：

> 姑洗、新鐘、少羽曾之反與間音等，均是關於音律的名稱。這種器物也是由蓋與器身相扣合而成，整器呈長方盒狀，平頂蓋，兩端有短把，把上有凹槽以纏縛繩索，盒裡有十三格或十四格。蓋上陰刻「十石又三」或「十石又四」的文字，恰與盒裡的十三格或十四格相符，而且每格的裡面均爲兩端低而中間高的弧形，又恰與石磬之弧形相符，從而說明這類多格長方形盒是放置石磬的。[15]

---

13 參滕壬生《楚系簡帛文字編》，頁 731-732，武漢：湖北教育出版社，1995 年 7 月。又參張光裕、袁國華《郭店楚簡研究・第一卷・文字編》，頁 305，台北：藝文印書館，1999 年 9 月。

14 參湖北省博物館《曾侯乙墓》，頁 145-148，北京：文物出版社，1989 年 7 月。

15 參〈湖北出土戰國秦漢漆器文字初探〉，《古文字研究》第十七輯，頁 160-193，北京：中華書局，1989 年 6 月。又參湖北省博物館，《曾侯乙墓》，頁 145-148，北京：文物出版社，1989 年 7 月。

由此可知，曾侯乙墓三件多格的長方形漆盒蓋上的「石」字乃指「石磬」；又《尚書・益稷》「擊石拊石」句中的「石」字即指「石磬」[16]，亦可以證「石」字有「石磬」義。據此，「十石又三」意謂有「磬十三件」；「十石又四」即指有「磬十四件」。

既然「𠩺」乃「石」字的省體，則將从「辵」从「又」从「石」字省體的「𨓍」隸定作「遮」，讀同「度」，理應可从。《郭店楚墓竹簡・成之聞之》16 號簡有「故君子不貴𢕟（庶）物而貴與」句，「庶」字从「彳」从「庶」省，字形作：[17]

𢕟

其中「庶」字所从「厈」（石）即省作「𠩺」。又古陶文中，有兩個字，何琳儀先生隸定爲「度」，字形分別作：𢋁 5.296、𢋁 5.297，如何氏釋讀無誤，更可證明將「𨓍」釋作「遮」之可信。[18]

既然「𨓍」應釋作「遮」。「遮」「役」二字，古音殊遠。「役」上古音屬「余」紐「錫」部[19]，「度」上古音屬「定」紐「鐸」部[20]，似無通假的可能。「遮」可从「度」得聲，故字當有「限度」義。

---

16 參阮刻十三經注疏本《尚書・益稷》，頁 73，臺北：藝文印書館，1985 年 12 月。

17 參張光裕、袁國華《郭店楚簡研究・第一卷・文字編》，頁 173，台北：藝文印書館，1999 年 9 月。

18 字形參高明、葛英會《古陶文彙編》，頁 477，北京：中華書局，1990 年 3 月，釋字參何琳儀《戰國古文字典》，頁 546-547，「度」字條，北京：中華書局，1999 年 9 月。

19 參郭錫良《漢字古音手册》，頁 65，北京大學出版社，1986 年 11 月。

20 參郭錫良《漢字古音手册》，頁 34、103，北京大學出版社，1986 年 11 月。

三、「渡」字的意義以及相關文句的釋讀

「度」作「限度」義，《左傳・昭公二十年》「徵斂無度，宮室日更，淫樂不違」[21]；《國語・周語下》「用物過度妨於財」[22]等句中的「度」字，即有「限度」、「限制」的意思，可以爲證。《郭店楚墓竹簡・五行》45 號簡「耳目鼻口手足六者，心之渡也」二句，可翻譯作「耳目鼻口手足六種器官，是心限制的」。這樣的解釋亦有文獻記載可以佐證。先秦古籍對於耳目鼻口與心之間的關係，多所涉及，如《呂氏春秋・貴生》云：

> 聖人深慮天下，莫貴於生。夫耳目鼻口，生之役也。耳雖欲聲，目雖欲色，鼻雖欲芬香，口雖欲滋味，害於生則止。在四官者不欲，利於生者則弗爲。由此觀之，耳目鼻口，不得擅行，必有所制。譬之若官職，不得擅爲，必有所制。此貴生之術也。[23]

上文大意云：耳目鼻口，受生命役使，只要對生命有利，四種器官就會去做；若對生命有害，就會停止。由此可知四種器官不能獨斷獨行，必須有所限制。但這種限制究由何者負責？《呂氏春秋・適音》云：

> 耳之情欲聲，心不樂，五音在前弗聽。目之情欲色，心弗樂，五色在前弗視。鼻之情欲芬香，心弗樂，芬香在前弗嗅。口之情欲滋味，心弗樂，五味在前弗食。欲之者，耳目

21 參阮刻十三經注疏本《左傳》，頁 585，台北：藝文印書館，1985 年 12 月。
22 參《國語》，頁 128，上海：上海古籍出版社，1988 年 3 月。
23 參《諸子集成》6，《呂氏春秋》，頁 14，上海：上海書店，1991 年 2 月。

鼻口也；樂之弗樂者，心也。心必和平然後樂，心必樂然後耳目鼻口有以欲之，故樂之務在於和心，和心在於行適。[24]

上文言心情必須愉快，然後耳目鼻口才有各種慾望。所以愉快的關鍵在於心情平和，心情平和的關鍵在於行爲適當。由此可見，心情可以影響四官的行爲，更進一步，甚至可以節制行爲。故《文子・符言》云：

老子曰：聖人不勝其心，眾人不勝其欲，君子行正氣，小人行邪氣・內便於性，外合於義，循理而動，不繫於物者，正氣也；推於滋味，淫於聲色，發於喜怒，不顧後患者，邪氣也・邪與正相傷，欲與性相害，不可兩立，一起一廢，故聖人捐欲而從性・目好色，耳好聲，鼻好香，口好味，合而說之，不離利害，嗜欲也，耳目鼻口不知所欲，皆心爲之制，各得其所，由此觀之，欲不可勝亦明矣。[25]

其中一段說明耳目鼻口是沒有慾望的，都是心在約束它們。使它們各得其所。《淮南子・詮言訓》亦云：

目好色，耳好聲，口好味，接而說之。不知利害嗜慾也，食之不寧於體，聽之不合於道，視之不便於性。三官交爭，以義爲制者，心也。割痤疽非不痛也，飲毒藥非不苦也，然而爲之者，便於身也。渴而飲水非不快也，飢而大飧非不澹也，然而弗爲者，害於性也。此四者，耳目鼻口不知所取去，心爲之制，各得其所。由是觀之，欲之不可勝，明矣。[26]

---

[24] 參《諸子集成》6，《呂氏春秋》，頁49，上海：上海書店，1991年2月。
[25] 參杜道堅《文子纘義》，《子書四十種》，頁891-1892，台北：文文書局，1976年4月。
[26] 參《諸子集成》7，《淮南子》頁242，上海：上海書店，1991年2月。

文中言嗜慾會造成以下結果：口食美味而不能使身體安寧，耳聽優美的聲音而不能合乎大道，眼看美麗的東西而不能使性情隨意。這三種器官互相爭鬥，最後是由心性用義來約束的。又言耳目口不懂得如取捨，而只有用心來節制它們，才可以各得其所。

《郭店楚墓竹簡・五行》「耳目鼻口手足六者，心之滾也」猶言「耳目鼻口手足六種器官，是心限制的」，與以上各先秦文獻所載是相同的道理。故循此而引出下文所謂「心曰唯，莫敢不唯；如（諾），莫敢不如（諾）；進，莫敢不進；後，莫敢不後；深，莫敢不深；淺，莫敢不淺，和則同，同則善」的一番道理。可見耳目鼻口是由心所約束的觀念，在先秦戰國時代是甚爲普遍的。

後記：本文曾於中國文字學會第十一屆全國學術研討會中宣讀，荷蒙暨南大學林清源教授提供寶貴修改意見，特此説明並致謝忱。

《說文通訓定聲》「或曰」淺析

柯明傑

壹、前 言

許愼在《說文解字》（以下簡稱《說文》）中，有「一曰」的用語[1]，其作用是說明義有二歧、形有二構、音有二讀、兼采別說以及物有二名[2]。其後，朱駿聲在《說文通訓定聲》（以下簡稱《通訓定聲》）中雖然也承襲使用，不改其名，但是更多的地方則是使

---

1 《說文》中也偶而使用「或曰」、「或說」、「或云」：

（1）言「或曰」者，如：

①玉部：「玖，石之次玉黑色者。从王久聲。《詩》曰：『貽我佩玖。』讀若芑，或曰：『若人句脊之句。』」（頁16。本文係采用《圈點段注說文解字》，書銘出版公司）

②華部：「畢，田网也。从田从華，象形。或曰：『田聲。』」（頁160）

（2）言「或說」者，如：

③殳部：「祋，殳也。从殳示聲。或說：『城郭市里高縣羊皮，有不當入而欲入者，暫下　驚牛馬曰祋。』」（頁120）

④皀部：「皀，穀之馨香也。象嘉穀在裹中之形，匕所目扱之。或說：『皀，一粒也。』」（頁219）

（3）言「或云」者，如：

⑤虫部：「螭，若龍而黃，北方謂之地螻。从虫离聲。或云：『無角曰螭。』」（頁676）

2 說詳蔡師信發《說文答問》，94頁。

用「或曰」一詞。本文僅就朱氏所援引「或曰」的資料，簡述其內容，略分其類例，並論其得失梗概。

貳、「或曰」之內容

朱氏在《通訓定聲》中，援引保存異說的資料，除了襲用許慎《說文》的「一曰」、「或曰」、「或說」、「或云」的用語之外[3]，

---

3 《通訓定聲》中，使用「一曰」、「或說」、「或云」等語詞：

（1）言「一曰」者，如：

①覞，竝視也。从二見會意。「覼」从此。一曰：「即《禮記・祭義》『覞以俠甒』『覞』字。」（頁351。本文係采用台灣藝文印書館出版之《說文通訓定聲》）

②弱，橈也。上象橈曲，彡象毛氂橈弱也。弱物并，故从二弓。按：當从二彡會意。彡，新生羽也。弱意弱，故并。篆體並作，故上詰詘以隨字勢。一曰：「字从弜，彡者指事，弓力少也。『彊』亦从弓。」存疑。（頁376）

（2）言「或說」者，如：

③公，平分也。从八从厶會意。八，猶背也。《韓非子・五蠹篇》曰：「背厶謂之公。」或說：「分其厶以與人爲公。」（頁102）

④璪，玉飾，如水藻之文。从玉喿聲。《虞書》曰：「璪火粉米。」按：此叚借爲「藻」，《虞書》鄭本作「藻」，《釋文》：「本又作『藻』。」或說：「當作『繰衣之文也』。」非是，許書無「繰」。（頁358）

（3）言「或云」者，如：

⑤櫼，楔也。从木韱聲。……【轉注】〈景福殿賦〉：「櫼櫨各落以相承。」注：「即枊也。」上文「飛枊」注：「今人名屋四阿栱曰櫼枊。」按：馬柱爲枊屋，短柱亦得爲枊，猶欂大者謂之栱欂櫨，亦謂之斗栱也。或云：「『枊』當作『梛』。梛者，栱之借字。」存疑。（頁176）

⑥黍，禾屬而黏者也。从禾雨省聲。……【叚借】爲觚，《呂覽・權勳》：「操黍酒而進之。」注：「酒器也。受三升曰黍。」或云：「借爲『盂』。」（頁459）

偶而也使用「或謂」、「或」以及「一說」等語詞[4]，其中以「或曰」最爲常見，約有四百四十餘例。就其內容來看，約有以下八類：

一、說明假借用字的不同

朱氏以爲某字借爲某字之用，但「或曰」卻表示爲不同的借字，即本字的認定不同。如：

①止，下基也。象艸木出有址，故以止為足。按：「下基」與「丌」、與「阯」同。艸木非形，止部文十四，亦無一涉草木者，當以「足止」為本義，象形也。三出者，止之列多不過三，與𠂇又手同意。字為借義所專，因加足傍作

4　《通訓定聲》中，使用「或謂」、「或」、「一說」等語詞：

（1）言「或謂」者，如：

①刀，兵也。象形。……【叚借】爲舟，《詩・河廣》：「曾不容刀。」或謂：「借爲『舠』、爲『舠』。」（頁364）

②華，箕屬，所以推棄之器也。象形。官溥說。按：貯薉其中，可推而遠棄于野也。箕小華大。或謂：「持柄迫地，推而前，可去薉，納于其中。」非是。（頁758）

（2）單言「或」者，如：

③姕，姕姎也。从女沾聲。一曰善笑皃。按：姕姎，疊韻連語，姕讀如椹質之椹，或姎讀如龍龕之龕也。（頁179）

④嘌，疾也。从口票聲。《詩》曰：「匪車嘌兮。」按：〈匪風〉傳：「嘌嘌，無節度也。」此單辭形況字。《釋文》：「本作『票』。」「嘌」字从口，當有本訓，秦焚之後，古書多亡，許時失其解不少矣。或疑即《詩》「喓喓草蟲」之「喓」。（頁347）

（3）言「一說」者，如：

⑤甚，尤安樂也。从甘匹；匹，耦也。會意。……按：甘者飲食，匹者男女，人之大欲存焉，故訓安樂之大。一說：「甘爲食，匹爲衣。衣食人所大安樂也。」存參。（頁140）

⑥服，用也。一曰：「車右騎所以舟旋。」从舟𠬝聲。……按：本義舟兩旁夾木也。一說：「舟人行舟者，與『般』同意。」存參。（頁272）

「趾」。……【叚借】為阯，《左宣十一傳》：「略基趾。」注：「城足也。」《詩・綿蠻》：「止于邱阿。」箋：「謂飛行所止託也。」〈烈祖〉：「維民所止。」箋：「猶居也。」《禮記・大學》：「在止於至善。」注：「猶自處也。」又《方言・五》：「俎几也，蜀漢之郊曰杫。」字變作「杫」。或曰：「皆借為『基』、為『丌』。」存參。（頁 210～211）

②材，木梃也。从木才聲。……【叚借】……為垂，《管子・地員》：「山之材。」注：「猶旁也。」材、垂雙聲。或曰：「借為『側』。」亦通。（頁 238）

③荼，苦荼也。从艸余聲。……按：菜屬。……【叚借】為藉，《夏小正》：「取荼。」傳：「荼也者，以為君薦蔣也。」「灌荼。」傳：「萑葦之秀，為蔣褚之也。」……《方言・十二》：「荼，借也。」按：如今蘆花之類，可以裝褚為藉，故得藉名。或曰：「借為『賒』。」存疑。（頁 478）

④耆，老也。从老省，旨聲。……【叚借】……為榰，《廣雅・釋詁一》：「耆，強也。」《左昭廿三傳》：「不懦不耆。」注：「彊也。」或曰：「借為『鮁』。」（頁 608）

⑤皇，大也。从自；自、始也。始王者三皇；大，君也。會意。……【叚借】……託名幖識字，《爾雅・釋鳥》：「鳳其雌皇。」〈虞書〉：「鳳皇來儀。」《詩・卷阿》：「鳳皇于飛。」字亦作「凰」。或曰：「借為『翌』也。」（頁 917）

按：例①的「止」，朱氏以爲本義是「足止」，而「下基也」則爲其假借義，所以才說：「『止』借爲『阯』」。再者，《通訓定聲》：「阯，基也。」「基，牆始也。」「丌，下基也。」[5]三者字義相通，彼此也有聲音的關係[6]，所以朱氏才又說：「『下基』與『丌』、與『阯』同。」其實「止」既爲足止，引伸則有「下基」之義，可知朱氏是誤以引伸義爲假借義，則「止」之借爲「阯」，是有待商榷的；至於「或曰」認爲「止」借「基」、「丌」，也是令人質疑的說法。例②的「材」，本爲直條可用之木，而作爲「偏遠旁側」的意思，朱氏以爲是「垂」的假借。垂者，《通訓定聲》：「遠邊也。」[7]與偏遠旁側之義相通，而朱氏又引「或曰」，以爲此義也是「側」的假借。側者，《通訓定聲》：「旁也。」[8]與「垂」引伸義通。例③的「荼」，本爲菜名，而作爲「借也」的意思，朱氏認爲是「藉」的假借。藉者，《通訓定聲》：「祭藉也。从艸耤聲。按：藉之爲言席也。」[9]引伸有「承藉、蘊藉、假藉之義」[10]，而「或曰」則以爲「假藉」義乃「賒」的假借。賒者，《通訓定聲》：「貰買也。」[11]即借貸，引伸也有

---

5 「阯」字見〈頤部〉，頁210；「基」字見〈頤部〉，頁232；「丌」字見〈頤部〉，頁230。

6 阯者諸市切，基、丌皆爲居之切，三字古疊韻。本文的「聲」，是指清儒陳澧的四十聲紐，並輔以近人黃季剛先生的分「明」、「微」爲二紐，以及錢玄同先生的「曉」、「匣」二紐歸於淺喉音、「邪」紐古歸「定」紐，和近人曾運乾先生的「喻四」古歸「定」紐；而「韻」則采曾運乾先生的「古音三十攝」。

7 〈隨部〉，頁534。

8 〈頤部〉，頁265。

9 〈豫部〉，頁500。

10 段玉裁《說文解字・艸部》「藉」字注，頁43。

11 〈豫部〉，頁479。

假借、憑借之義。「荼」與「藉」古疊韻[12]，「荼」、「賖」並從余得聲，所以「荼」借為「藉」、「賖」之用，是可信的。例④的「耆」，本義為「老也」，而《左傳》杜注及《廣雅・釋詁一》均解釋作：「耆，強也。」朱氏認為「強也」之義是「楮」字的假借。楮者，《通訓定聲》：「柱底也。从木耆聲。古用木，今以石。」[13]可引伸為支柱，但並沒有「強也」的意思，反而「或曰」所說的「鬾」，《通訓定聲》：「馬彊也。从馬支聲。」[14]引伸則有剛強之義，與《左傳》杜注、《廣雅》的解釋相同。例⑤的「皇」，字从王，當以君王為本義，引伸為凡大之稱。作為鳳皇鳥名之用，當是託名幖識字，即無本字的用字假借，而後因「鳳」字的類化關係，才再加上「几」旁作「凰」，而「或曰」卻認為是「翌」字的假借。翌者，《通訓定聲》：「樂舞，以羽自翳其首，以祀星辰也。从羽王聲。讀若皇。……或曰：『此實當為鳳皇本字。〈樂師〉注：「皇雜五朱羽，如鳳皇色，持以舞也。」』存參。」[15]翌本是一種手執五彩羽毛的舞蹈，或許是因為艷麗如鳳凰，所以「或曰」才以為是鳳凰的本字。

二、說明字形結構的不同

朱氏《通訓定聲》本於許慎《說文》的釋形之說，而援引的「或曰」則有不同的構形意見。如：

⑥竦，敬也。从立从束；束，自申束也。會意。或曰：「敬

[12] 荼，同都切，收音為曾氏古音之陰聲烏攝。藉，慈夜、秦昔二切，收音為曾氏古音之烏攝入聲。

[13] 〈履部〉，頁609。

[14] 〈解部〉，頁542。

[15] 〈壯部〉，頁918。

立也。从立束聲。束、竦一聲之轉。」存參。（頁 118）

⑦告，牛觸人，角箸橫木，所以告人也。从口从牛，會意。……按：此字篆體小譌，當从口从之，會意，訓「謁白」。或曰：「从口牢省聲。」亦通。牛角木之訓，借告為梏；牛馬闌之訓，借為牿、為牢也。（頁 328）

⑧吚，嘫吚、呻也。《五經文字》引《說文》：「呻吟也。」从口尸聲。……或曰：「从尸誤字，當从『尹』，『伊』省聲。字亦作『咿』，《字林》：『咿，內悲也。』嘫吚者，猶吟呻也。」存疑。（頁 628）

⑨衛，宿衛也。从韋帀从行，會意。行，列也。按：韋者相背也。凡守禦護衛之舍，與禦侮之人必向外背內，故从韋。或曰：「从圍省。」或曰：「韋聲。」亦通。（頁 680）

⑩昜，開也。从日一勿。一曰飛揚，一曰長也，一曰彊者眾皃。按：此即古暘，為侌昜字。侌者見雲不見日也，昜者雲開而見日也。从日，一者雲也，蔽翳之象；勿者旗也，展開之象，會意兼指事。或曰：「从旦。」亦通。經傳皆以山南水北之「陽」為之。（頁 889）

按：例⑥的「竦」，从立从束，《說文》大徐本、段注本及桂馥的《說文解字義證》等皆以爲會意字，然而審其音讀，竦爲息拱切，收音爲曾氏古音之陽聲邕攝；束爲書玉切，收音爲曾氏古音之謳攝入聲，二者古韻相承，則「竦」當是从束得聲的形聲字，不是會意字。例⑦的「告」，許慎釋其形爲「从口从牛」，以爲是會意字，然而告的發聲是見紐，口的發聲是溪紐，同屬牙聲，又告的收音是曾氏古音的陰聲幽攝，口的收音是陰聲謳攝，二字旁轉相通，所以「告」應是從口得聲的形聲字，即「从牛口聲」。朱氏所引的「或曰」，則以爲「告」是「从口牢省聲」，牢爲魯刀切，屬來紐、幽攝，與「告」疊韻，雖然也可以作爲聲符，但不如「从口聲」來得直接密切；不過，將「告」視爲形聲字，則是可取的說法。例⑧的「叩」，朱氏與大、小徐本皆同，字作「叩」，从口尸聲，而所引的「或曰」，卻以爲字當作「咿」，从口伊省聲，所以字又作「咿」，雖有《字林》的例證，但朱氏則采取保留的態度，所以評論說「存疑」。例⑨的「衛」，篆文作「衞」，隸定本作「衞」，今則通省作「衛」、「衞」，許愼釋其形爲「从韋帀行」，爲會意字，朱氏同意其說；然而，衛、韋的發聲同屬爲紐，所以「衛」應是從韋得聲的形聲字，即「从帀行，韋聲」。朱氏所引「或曰」的「韋聲」，視爲形聲字，則是正確的說法。例⑩的「昜」，許愼釋其形爲「从日一勿」，朱氏解釋說：「一者雲也，蔽翳之象；勿者旗也，展開之象。」陽光破雲而出，猶如早晨太陽升空，光芒四射，所以「或曰」以爲當「从旦」，即取日出之意，朱氏覺得這種構形的解釋也言之成理，因而才評論說「亦通」。

三、說明字義的不同

所謂「字義的不同」，是指「或曰」對字義有不同的認定。如：

⑪乘，覆也。从入桀；桀，黠也。《軍法》曰：「椉。」……許以入軍磔人會意，為我加于敵，故訓覆。按：凡自下而升曰登，自上而加曰乘。……又按：此字當訓雞棲于弋也。从桀入，象覆蓋之形，故轉注為加覆，亦為登高。……【別義】《周官・保氏・九數》注：「今有重差夕桀

句股。」按：夕桀，古算術之名，疑即今乘法。「乘」誤為「夕桀」二字也。……或曰：「算術之乘，亦本訓加積之轉注。」或又曰：「『賸』字之叚借。」兩說存參。……【叚借】……又為仍，《文選·典引》：「乘其命，賜彤弧黃鉞之威。」注：「因也。」《演連珠》：「乘風載響。」注：「猶因也。」或曰：「今算術之乘，亦謂之因。因亦荐藉加覆之轉注。」存參。（頁 123）

⑫糾，繩三合也。从糸丩，會意。按：丩亦聲。俗字作「糺」。單股曰紉，兩股曰纆，三股曰糾，亦曰徽。《詩·葛屨》：「糾糾葛屨。」傳：「猶繚繚也。」《漢書·賈誼傳》：「何異糾纆。」注：「絞也。」【轉注】〈江賦〉：「青綸競糾。」注：「繚也。」……《後漢·張衡傳》：「螣虵蜿而自糾。」注：「纏結也。」劉琨詩：「橫厲糾紛。」注：「亂皃也。」〈琴賦〉：「蚉蟺相糾。」或曰：「借為『丩』。」亦通。（頁 289）

⑬霸，水音也。从雨羽聲。按：當為「羽」之俗字。《春秋繁露·五行五事》：「雨者水氣也，其音羽也。」俗本此而製字。宮商角徵羽皆託名幖識字，必無羽音獨有正字之理。或曰：「流水之音，非五音之羽，為水也。」存疑。（頁 458）

⑭綏，車中把也。从糸从妥，會意。……【叚借】為妥，《爾雅·釋詁》：「妥，安也。」《廣雅·釋言》：「妥，撫也。」……或曰：「皆本字之轉注。」亦通。（頁 627）

⑮將，帥也。从寸醬省聲。按：帥也，讀為衛，謂衛領眾卒

者也。或曰：「字从寸，疑當以『將指』為本訓。手以中指為將指，足以大指為將指。《儀禮・鄉射禮》注：『以食指、將指挾之。』轉注為將帥，中軍主也。」（頁909）

按：例⑪的「乘」，覆也，朱氏解釋爲「自上而加曰乘」。《周禮・保氏》鄭注有「夕桀」一詞，賈疏引馬氏注說：「夕桀，亦是筭術之名。」[16] 朱氏認爲「夕桀」二字是「乘」的誤字，原因可能是乘的篆文作「椉」，从入从桀，傳抄時誤拆爲二字，又將「入」誤作爲「夕」。朱氏也認爲算術中的乘法之名，是乘的另一種意義，所以才將這個意義列爲【別義】。其實，乘既然是「自上而加」，引伸則有相加、重疊的意思，所以朱氏才自言說：「轉注爲加覆。」而乘法的內容也是相加重疊之意，則朱氏一者將乘法列爲【別義】，一者視爲「仍」字的假借，似乎並不恰當，反而是「或曰」所說的：「算術之乘，亦本訓加積之轉注。」「今算術之乘，亦謂之因。因亦荐藉加覆之轉注。」視爲引伸義，則是較爲允當的說法。例⑫的「糾」，本是「繩三合也」，引伸有糾合相纏之義，所以將纏結、繚亂等詞義列爲【轉注】；不過，「或曰」卻將此類用義認爲是「丩」字的假借。丩者，《通訓定聲》：「丩，相糾繚也。一曰瓜瓠結丩起。象形。按：瓜瓠之縢緣物糺縵爲本訓，凡相糾繚爲轉注。」[17]「相糾繚也」或「瓜瓠結丩起」，何者爲「丩」字的本義，暫且不論，但二者都有互相纏結的意思，和「繩三合也」的「糾」，引伸義可通，則典籍文獻中的纏結糾葛之義，未必就是「丩」字的假借。例⑬的「羽」，朱氏據《春秋繁露》的資料，以爲是「羽」的後起俗字，並認爲音樂中的「宮商角徵羽」

---

16 《周禮注疏》，頁213。
17 〈孚部〉，頁289。

等曲調名稱，都是無本字的用字假借，所以沒有只為「羽」調特造一個正字的道理，這個說法是正確的。正因為朱氏認為「翤」是「羽」的俗字，而「羽」本是「鳥長毛也」[18]，所以朱氏才對「或曰」以為「流水之音」的說法感到「存疑」。例⑭的「綏」，本義為「車中把也」，《玉篇》引《說文》作「車中靶也」，《廣韻》引同[19]，即上車時牽引的繩子[20]，使人不致發生危險，引伸有平安的意思，但朱氏卻以為「安也」之義是「妥」字的假借，而所援引的「或曰」卻認為是本義的引伸，似乎較為允當。例⑮的「將」，本義為「帥也」，段注以為當作「六」，桂馥以為當作「達」[21]，意思相同，即今率領之義。該字从「寸」構形，表示以手指揮的意思，而「或曰」則認為該字从寸，是以手掌五指的中指為本義。稱中指為將指，其說已久，《說文・手部》：「拇，將指也。从手母聲。」徐鍇說：「所謂將指者，為諸指之率也。」[22]又《左傳・宣公四年》：「子公之食指動。」孔疏：「謂大指為將指者，將者，言其將領諸指也。足之用力，大指為多；手之取物，中指最長。故足以大指為將指，手以中指為將指。」[23]根據孔、徐二人的解釋可

---

18 《通訓定聲・豫部》：「羽，鳥長毛也。象形。」頁 458。

19 《大廣益會玉篇・糸部》：「綏，先唯切。止也、安也。《說文》：『車中靶也。』」（頁 125）。以下簡稱《玉篇》。又《新校正切宋本廣韻・脂韻》：「綏，安也。《說文》曰：『車中靶也。』」（頁 56）。以下簡稱《廣韻》。

20 《儀禮・士昏禮》：「御婦車授綏。」鄭注：「綏，所以引升車者。」（《儀禮注疏》，頁 50）。又《論語・鄉黨》：「升車必正立執綏。」疏：「綏者，挽以上車之索也。」（《論語注疏》，頁 91）

21 段說見《說文・寸部》「將」字注，頁 122。桂說見《說文解字義證・寸部》，頁 256。

22 《說文解字繫傳・手部》，頁 236。

23 《左傳注疏》，頁 369。

知，所以稱中指爲將指，是因爲首領統率諸指的原故，則「將」本義爲統帥、率領，應該是可信的。

四、說明異體字的不同

即朱氏本以爲某爲某字的異體，而「或曰」卻有不同的看法。如：

⑯暗，日無光也。从日音聲。與「晻」略同。……經傳皆以「闇」為之。字亦誤作「陪」，《爾雅・釋言》：「陪，闇也。」或曰：「陪者，『陰』之或字。」存參。（頁144）

⑰闟，樓上户也。从門昜聲。字亦作「闥」。……《廣雅・釋室》：「闥謂之門。」《詩・東方之日》：「在我闥兮。」傳：「門內也。」《韓詩》：「門屏之閒曰闥。」……或曰：「闥者，『闒』之或體。《漢書・霍光傳》：『出入禁闥。』〈高后紀・贊〉：『不出房闥。』〈樊噲傳〉：『排闥直入。』《後漢・張步傳》：『帶劍至宣德闥門。』〈西京賦〉：『重閨幽闥。』〈王莽傳〉：『斧敬法闥。』注皆訓『宮中小門』。《後漢・宦者傳》注引《爾雅》：『小閨謂之闥。』是『闥』即『闒』字。」或又曰：「『闥』即『戾』字。」存參。（頁204）

⑱𨺅，兩阜之閒也。从二阜，會意。音闕。今从《玉篇》讀如「阜」。……按：徐鉉讀如「燧」，或曰：「即今『隧』字。《考工》：『去一以為隧。』先鄭讀如『燧』，後鄭讀如『邃』。」疑未能憭，姑從蓋闕。（頁309）

⑲眣，目不正也。从目失聲。《聲類》：「目露皃。」字亦誤作「眣」，《公羊傳》：「眣晉大夫。」或曰：「『眣』即『眴』字。」今按：此字當訓「目美也」。（頁 658）

⑳晶，精光也。从三日，會意。……按：歲月日時之日可三，日月星辰之日不可三。精光者，姓光也；姓光者，星光也。「星」篆說解云：「古〇復注中，故與日同。」知「晶」字不从三日，乃象星三兩相聚之形。或曰：「晶即古『星』字。」亦通論也。（頁 862）

按：例⑯的「暗」與「陪」，《爾雅．釋言》：「陪，闇也。」郭注：「陪然，冥貌。」[24] 與「暗」同義，《玉篇》說：「陪，烏感切。闇也，與『晻』同。」[25]《集韻》也說：「晻，鄔感切。《說文》：『不明也。』或作『陪』、『暗』。」[26] 而《廣韻》「陪」字則二收：一見於〈平聲．侵韻〉，曰：「於金切。《爾雅》云：『闇也。』注謂：『陪然，冥貌。』又烏感切。」一見於〈上聲．感韻〉，曰：「陪，闇。」[27] 可知「陪」字有二個讀音：一音「暗」，一音「陰」，但字義都與「闇」相同。到了張自烈的《正字通》則說：「陪，舊註烏感切，庵上聲。冥昧貌，與『暗』義近。《篇海》又音陰、音蔭，闇也。……《爾雅》：『陪，闇也。』『暗』譌作『陪』。」[28] 可見朱氏認爲「陪」是

24 《爾雅注疏》，頁 43。
25 《玉篇．阜部》，頁 106。
26 《集韻．上聲．感韻》，頁 127。
27 〈侵韻〉見頁 220；〈感韻〉見頁 330。又「陪」於《集韻》中也三收，除了上文所見的「感韻」外，一處見於〈平聲．侵韻〉，頁 81；一處見於〈去聲．沁韻〉，頁 179。
28 戌集中，《續修四庫全書．經部．小學類》（上海古籍出版社），頁 672。

「暗」的譌字，當是本之於《正字通》。「或曰」認為「陪」是「陰」的異體，可能是「陪」又音「陰」，而二者字義又相近，所以才以為是一字之異體。例⑰的「闒」，為樓上小戶，「闥」者，徐鉉《說文新附》：「門也。从門達聲。」[29] 並不以為與「闒」同字；但是，段玉裁則說：「許書無『闥』，『闒』即今『闥』字。」[30] 鄭珍的《說文新附考》也說：「按《說文》：『闒，樓上戶也。从門𦐇聲。』即古『闥』字。」[31]「闒」與「闥」為一字，當可信從。「閤」者，《通訓定聲》：「門旁戶也。从門合聲。《爾雅・釋宮》：『小閨謂之閤。』」[32] 與「闒」字下「或曰」中的引文不同[33]。「闒」、「閤」雖古疊韻[34]，其引伸義也可相通，但許慎《說文》將二字分列，並不以為同字。「𢨋」者，《通訓定聲》：「輜車旁推戶也。从戶大聲。讀與釱同。凡衣車前後有蔽，旁有開闔戶。……或曰：『亦作「闥」。《後漢・桓帝紀》注：「闒謂之闥，蓋小門也。」轉注為車旁戶。』按：『闥』即『闒』字，非『𢨋』字。」[35] 知「闒」、「𢨋」二字雖古雙聲[36]，而引伸義也可相通，但許慎《說文》將二字分列，並不以為同字，所以朱氏才說「闥非𢨋字」。例⑱的「𨺅」，許慎《說文》以為「音闕」，而《玉篇》則說：「扶救切。《說文》云：『兩阜之

29《說文解字・第十二上・門部》，頁 3。

30《說文・門部》「闒」字注，頁 593。

31《叢書集成新編》（新文豐出版公司），37 册收，頁 262。

32〈臨部〉，頁 163。

33 今本《爾雅・釋宮》也作「小閨謂之閤。」（《爾雅注疏》，頁 74）

34 闒，徒盍切，收音為曾氏古音之奄攝入聲；閤，古沓切，收音為曾氏古音之音攝入聲。二者旁轉可通。

35〈泰部〉，頁 674。

36 闒，徒盍切；𢨋，徒盍切。發聲同屬「定」紐。

閒。』」[37]所以朱氏才說「从《玉篇》讀如『阜』」。元楊桓的《六書統》說：

> 䦛，山間深道也。象兩　相夾之形。即古「隧」字[38]。

周伯琦的《六書正譌》也說：

> 䦛从兩𨸏。兩山之閒曰谷，兩𨸏之閒曰䦛，後人掘墜通道㠯葬，有類乎䦛，故又名墓道為䦛也，別作「隧」[39]。

朱氏所引的「或曰」以爲「䦛」、「隧」異體，或許即本之於此。王筠也說：

> 䦛，兩𨸏之閒也。依此義，則「䦛」即「大風有隧」之「隧」[40]。

其後徐灝也說：

> 䦛，蓋古「隧」字。《左氏襄十八年傳》：「夙沙衛連大車以塞隧而殿。」《莊子・馬蹄篇》：「山無蹊隧。」《釋文》並云：「隧，道也。」此即「䦛」之本義。从反正二𨸏相合會意，其中為徑路也。引伸之，闕地、通道亦曰隧[41]。

---

37 〈䦛部〉，頁 107。

38 《六書統・卷一・地理之形》。《景印文淵閣四庫全書・經部・小學類》（台灣商務印書館），227 册收，頁 227-22。

39 《六書正譌・卷四・去聲・四寘至志》。《景印文淵閣四庫全書・經部・小學類》（台灣商務印書館），228 册收，頁 228-151。

40 《說文句讀・卷二十八・　部》，頁 8。據近人姜亮夫先生《歷代人物年里碑傳綜表》所載，王氏生於清乾隆四十九年（西元一七八四年），卒於咸豐四年（西元一八五四年）；朱氏則生於乾隆五十三年（西元一七八八年），卒於咸豐八年（西元一八五八年）。朱氏的《通訓定聲》，據年譜所記，是道光二十八年刊刻完成，於咸豐元年呈遞朝廷，而王氏的《說文句讀》，據自序所記，則是完成於道光三十年四月。兩人不但年歲相當，就連成書時間也極爲相近，所以朱氏所引的「或曰」是否有參酌王氏的說法，則不敢論斷。

41 《說文解字注箋》，頁 5112。

徐說頗爲合理，當可信從。例⑲的「眣」，其異體作「眹」，朱氏以爲是譌字，但段玉裁卻持相反的看法。他說：

> 按：《公羊傳》文六年：「眣晉大夫使與公盟也。」何云：「以目通指曰眣。」成二年：「郤克眣魯衛之使，使以其辭而為之請。」《釋文》字皆从「矢」，云：「眣，音舜，本又作『眹』，丑乙反，又大結反。」《五經文字》曰：「眣，音舜。」見《春秋傳開成石經》，《公羊》二皆作「眣」。疑此字从「矢」會意，从「失」者，其譌體。以譌體改《說文》，淺人無識之故也[42]。

對於「眣」、「眹」的正譌問題，暫不論段、朱孰是孰非，但都證明此二者爲一字之異體，應是可信的。根據典籍文獻的用例，雖然「以目通指曰眣」的意義和「眴」字義近，《通訓定聲》：「眴，目搖也。」[43] 而且二字古疊韻[44]，但《說文》分列，並不以爲同字。例⑳的「晶」，許愼釋其形爲「从三日」，徐鍇、段玉裁都承其說[45]，而朱氏卻以爲並非从三日，而是「象星三兩相聚之形」，即「星」字的初文，所以贊同「或曰」的「即古『星』字」之說。

---

42 《說文・目部》「眣」字注，頁 136。

43 〈坤部〉，頁 845。

44 眣，丑栗切，收音爲曾氏古音之衣攝入聲；眴，黃絢切，收音爲曾氏古音之陽聲因攝。二者相承可通。

45 《說文繫傳・晶部》：「晶，精光也。從三日。……臣鍇曰：『以《山海經》注言之，以爲天常有十日，迭送一日，爲番次出之也。天無二日，不竝出耳。』」頁 136。段注《說文・晶部》說：「凡言物之盛，皆三其文。日可三者，所謂絫日也。」頁 315。

五、說明典籍文獻用字的譌誤

此類「或曰」的內容，猶如是版本的校勘。如：

㉑陵，大𨸏也。从𨸏夌聲。……《穆天子傳・三》：「山自出。」字亦作「陎」。按：當从「𡴀」。或曰：「『鄰』之誤，以鄰為陵也。陵、鄰聲近。」（129頁）

㉒食，一米也。从皀亼聲。或說：「亼，皀也。」按：六穀之飯曰食。从亼皀，會意。……【叚借】……又發聲之詞，《方言・十》：「食閻，勸也。南楚凡己不欲喜而旁人說之，不欲怒而旁人怒之，謂之食閻。」或曰：「食者，『僉』字或『弇』字之誤，疊韻連語。」存參。（268頁）

㉓瞀，低目謹視也。从目敄聲。按：低目視，則與「瞀」同字。疑本訓「目僮子也」，即《說文新附》之「眸」。《莊子・讓王》：「湯又因瞀光而謀。」《荀子・成相》作「侔」，《孟子》：「莫良于眸子。」《廣雅・釋親》：「珠子謂之眸。」或曰：「眸者『盱』之誤字。」存參。（頁307）

㉔桀，磔也。从舛在木上，會意。按：此字當訓雞棲弋也。舛象雞足。字亦作「榤」……《爾雅》：「雞棲于弋為榤。」【轉注】《淮南・墬形》：「足桀兩龍。」或曰：「『桒』之譌字。」（頁700）

㉕信，誠也。从言从人，會意。……《左昭卅三傳》：「晉韓不信，字伯音。」或曰：「音者，『言』之誤字。」

（頁 841）[46]

按：例㉑的「陵」，朱氏以爲《穆天子傳》的「陎」，是「陵」的異體，而「或曰」則以爲是「鄰」字之誤。陵、鄰發聲皆屬來紐，爲雙聲字，如從「或曰」所說的「鄰之誤」，則是聲近而誤。例㉒的「食閻」，今本《方言》作「食閻、慫涌，勸也。南楚凡己不欲喜而旁人說之，不欲怒而旁人怒之，謂之食閻，或謂之慫涌。」[47]《廣雅・釋詁一》也說：「食閻、慫涌、勵，勸也。」[48]應是本於《方言》，其中的「慫涌」，爲一疊韻連綿詞，而「或曰」將「食閻」的食字，認爲是「僉」或「弇」的誤字，大概是因爲「慫涌」既爲疊韻連語，則並列的「食閻」亦當如是的緣故。例㉓的「瞀」與「眸」、「盱」，眸者，《說文新附》：「目童子也。从目牟聲。《說文》直作『牟』。」[49]而朱氏《通訓定聲》則視爲「瞀」的異體。盱者，《通訓定聲》：「張目也。从目于聲。……【別義】《說文》：『一曰朝鮮謂盧童子曰盱。』《方言・二》：『驢瞳之子謂之矊，燕、代、朝鮮、洌水之閒曰盱。』疑今俗『眸子』字爲『盱』之譌。」[50]據此，則朱氏似乎采信「或曰」的說法，以「眸」爲「盱」的譌字。例㉔的「桀」，朱氏認爲本義

46 《左傳》昭公只有三十二年，則此言「卅三年」，恐是朱氏誤記。又《左傳》原文僅作：「秋八月，王使富辛與石張如晉，請城成周。……范獻子謂魏獻子曰：『與其戍周，不如城之。……』魏獻子曰：『善。』使伯音對曰：『天子有命，敢不奉承以奔告於諸侯……。』冬十一月，晉魏舒、韓不信如京師，合諸侯之大夫于狄泉。」杜注：「伯音，韓不信。」（《左傳注疏》，頁932～933）則朱氏引作：「晉韓不信，字伯音。」應該是合併傳、注之文而立說的。

47 《方言箋疏・卷十》，頁 601。

48 《廣雅疏證・釋詁一》，頁 25。

49 《說文解字・四上・目部》，頁 3。

50 〈豫部〉，頁 455～456。

是「雞棲弋也」，應該是本之於《詩・王風・君子于役》：「雞棲于桀，日之夕矣。」《傳》：「雞棲于杙爲桀。」[51]引伸之，則有乘坐、覆蓋的意思，所以將《淮南子》「足桀兩龍」列爲轉注義。「桀」、「乘」字形近似，但「桀」字引伸既有乘坐之義，則未必爲「乘（椉）」的誤字。例㉕的「信」，春秋時晉國大夫韓不信，字伯音，「或曰」則以名、字相輔的關係，認爲「音」是誤字，正字當作「言」。

六、說明地理之位置

此類「或曰」在《通訓定聲》中只有一例，即：

㉖汝，汝水也。从水文聲。文，古文終。按：字亦作「汵」。或曰：「水在襄陽。」（頁97）

按：汝爲水名，許愼《說文》並沒有說明它的地理位置，而《廣韻》、《集韻》都說：「在襄陽。」[52]

七、說明創作者的不同

此類「或曰」對制度、器物的創製者有不同的看法。如：

㉗市，買賣所之也。市有垣，从冂从乁；，古文及，象物相及也；之省聲。古者神農作市，或曰：「祝融也。」（頁208）

㉘矢，弓弩所發也。从入，象鏑括羽之形。古者夷牟初作

---

[51] 《毛詩注疏》（藝文印書館），頁149。

[52] 「汝」，《廣韻》作「汵」，〈平聲・東韻〉：「汵，水名，在襄陽。」頁25。《集韻・平聲・東韻》：「汝，《說文》：『水也。』一曰：『水名，在襄陽。』亦作『汵』。」頁4。

矢。或曰：「少皞子般為之。」（頁 630）

按：例㉗的「市」，《易・繫辭下》說：「包犧氏沒，神農氏作。斲木爲耜，揉木爲耒，耒耨之利以教天下，蓋取諸益。日中爲市，致天下之民，聚天下之貨，交易而退，各得其所，蓋取諸噬嗑。」[53] 朱氏說的「古者神農作市」，應該就是據此而說的，然《呂氏春秋》則說：「夷羿作弓，祝融作市。」[54]《古史考》也說：「神農作市，高陽氏衰，市官不修，祝融修市。」[55] 據《易・繫辭下》及《古史考》所記，可知市集買賣的行爲，應該是神農氏所創建，其後因衰敗不行，到祝融時再予以振興，則朱氏所援引的「或曰」以爲是祝融所創，或許是就其振興之功而立說的。例㉘的「矢」，《說文》依《世本》所載，以爲是夷牟所作，而《山海經》則說：「少皞生般，般是始爲弓矢。」[56]

八、說明造字時間的不同

此類資料在《通訓定聲》中一樣也只有一例，即：

㉙臣，事君者也。象屈服之形。……《論語・先進》《釋文》：「『恴』，古文臣字。」蓋六朝時俗作，或曰：「唐武后製。」非。（頁 835）

按：「臣」，古文作「恴」，朱氏以爲造於六朝時，而《集

---

53 《易經注疏》，頁 167。

54 《呂氏春秋校釋・卷十七・勿躬》：「大橈作甲子，黔如作虜首，容成作麻，羲和作占日，尚儀作占月，后益作占歲，胡曹作衣，夷羿作弓，祝融作市。」頁 1077～1078。

55 譙周：《古史考》，《叢書集成新編》（新文豐出版公司），110 冊收，頁 46。

56 袁珂：《山海經校注・卷十八・海內經》，頁 466。

韻》、《類篇》則說：「唐武后作『恴』。」[57] 與朱氏之言不同。

參、《通訓定聲》引「或曰」之檢討

朱氏在《通訓定聲》中援引「或曰」的資料，其主要用意應該是保存異說，以備參稽；不過，在這些四百餘例的「或曰」中，至少還有二個地方可以略加討論，即：評斷用語及出處來源。

一、對「或曰」評斷用語「亦通」的討論

綜觀朱氏對這些「或曰」的資料，約有六種態度：

（1）有的只是羅列而不下評斷，如例④的「耆」、例⑤的「皇」、例⑲的「將」、例⑲的「昳」、例㉑的「陵」等；

（2）有的則說「存參」，如例①的「止」、例⑥的「竦」、例⑪的「乘」、例⑯的「暗」、例⑰的「闢」等；

（3）有的則說「亦通」（或「通論」），如例②的「材」、例⑦的「告」、例⑨的「衛」、例⑩的「易」、例⑫的「丩」、例⑭的「綏」、例⑳的「晶」等；

（4）有的則說「存疑」，如例③的「荼」、例⑧的「叩」、例⑬的「霸」等；

（5）有的則說「疑未能憭，姑從蓋闕」，如例⑱的「䏌」；

（6）有的則直斥為「非」，如例㉙的「臣」。

其中的「存疑」與「非」，雖然是持否定的判斷用語，但基本上和不下斷語或「存參」一樣，都可以看出朱氏保存異說的本意。

---

[57] 分見《集韻・平聲・真韻》，頁 34；《類篇・臣部》，頁 104。

至於說「亦通」的評斷，則有商榷之處。

1.說明用字假借的「亦通」

在「說明假借用字的不同」一類中，如例②的「材」，本義是「木梃也」，即直條的木材，而朱氏據典籍的用例，認爲「材」借爲「垂」，即偏遠旁側之意，又引「或曰」說：「借爲『側』。」對這個說法，朱氏的論斷是「亦通」。所謂「亦通」，應該是指「材」也可以借爲「側」。材者昨哉切，側者阻力切，發聲同爲齒聲，收音則「材」爲曾氏古音之陰聲噫攝，「側」爲噫攝入聲，二字音近相通，則「材」借爲「側」，自無疑問。在朱氏的《通訓定聲》中，列舉用字假借的體例，一般是作「某，【叚借】爲某……又爲某……又爲某」，如：

㉚重，厚也。从壬東聲。「壬」者安土不遷之意。【叚借】為緟……又為恒……又為種……又為湩……又為動……又託名標識字。（頁 87～88）

㉛中，和也。从口，丨上下通。……【叚借】為庸……又為充……又為躬……又為仲……又為忡……又為忠……又疊韻連語。（頁 93～94）

㉜徵，召也。从微省，从壬，會意。……【叚借】為瀓……又為懲……又為滕……又為託名標識識。（頁 125）

除此之外，還有「【叚借】爲某、爲某、爲某」的類型[58]，如：

㉝憺，安也。从心詹聲。……【叚借】為燗、為惔、為炎。

---

[58] 有關朱氏《通訓定聲》【叚借】的體例，拙作〈《說文通訓定聲》之假借說淺析〉一文曾有較爲詳細的論述，故此處不再贅言。該文收於《第九屆中國文字學全國學術研討會論文集》，頁 193～214。

（頁 184）

㉞鵠，鴻鵠也。从鳥告聲。……【叚借】為鸌……又為鶯……又為皓、為顥、為翯、為皠……又託名幖識字。（頁328）

㉟虞，騶虞，白虎黑文，尾長於身，仁獸，食自死之肉。从虍吳聲。……【叚借】為娛……又為度、為慮……又為俌……又為誤……又為牾……又託名幖識字。（頁 425）

用字假借，其本字一般都認爲只有一個，然而朱氏經過對典籍用字的考察，提出了本字可能有兩個、甚至兩個以上的觀點，「借爲某、爲某、爲某」就是這種研究結果的表現。既然本字可能有兩個以上，那麼朱氏對用字假借中所援引的「或曰」，既然論斷爲可接受的「亦通」，爲何以不依其體例，也表現成「借爲某、爲某、爲某」的形式呢？

2.字形結構的「亦通」

對字形結構的異說，如例⑥的「竦」和例⑦的「告」，上文已說明二字都是形聲字，許慎《說文》卻將二字誤以爲會意字，而朱氏所援引的「或曰」，正好將「竦」、「告」釋爲形聲字，但朱氏的論斷卻一爲「存參」，一爲「亦通」。這種情形可以推論：若不是朱氏用語體例不一，就是朱氏有關音韻的認知尚有疏略之處。再如例⑨的「衛」，本是从韋得聲的形聲字，《說文》釋作从韋帀行，爲會意字。朱氏援引「或曰」說：「从圍省。」又一「或曰」說：「韋聲。」从圍省，也是會意字；从韋聲，則是形聲字，而朱氏都論斷說「亦通」。同一個字，怎麼可能既是會意字，又是形聲字呢？這種現象至少可以說明：朱氏對六書彼此的界限及分類，似乎並不是很嚴謹，還有模糊不清的地方。

3.說明字義的「亦通」

在說明不同字義的類型中，如例⑫的「糾」，本義是指繩子相交合，引伸有糾結、纏繞之意，所以朱氏《通訓定聲》即將繚亂列爲【轉注】義，這是正確的，可是所援引的「或曰」卻認爲繚亂之義是「丩」的假借，朱氏也論斷說「亦通」。朱氏既已將繚亂義列爲【轉注】，卻又贊同是假借義，這不是前後矛盾嗎？又如例⑭的「綏」，車中把也，本是車上的繩索，方便上車之用，不致發生危險，引伸有安的意思，所以《爾雅・釋詁》：「綏，安也。」[59]《詩・周南・樛木》：「福履綏之。」《傳》：「綏，安也。」[60]段玉裁也說：

> 靶者轡也。轡在車前而綏則系於車中，御者執以授登車者，故別之曰：「車中靶也。」……《論語》曰：「升車必正立執綏。」周生烈曰：「正立執綏，所以為安。」按：引申為凡安之偁。[61]

又「妥」者，《通訓定聲》：「安也。」[62]與「綏」的引伸義相通，所以《禮記・曲禮下》：「大夫則綏之。」《注》：「綏，讀曰妥。」[63]又：「國君綏視。」《注》：「綏，讀爲妥。」[64]《集韻》更說：「妥，安坐也。或作『綏』。」[65]則朱氏以爲「綏」釋

59《爾雅注疏》，頁 24。
60《毛詩注疏》，頁 35。
61《說文・糸部》「綏」字注，頁 668。
62〈隨部〉：「妥，安也。从爪从女，會意。飲食男女，人之大欲存焉，故『盜』从皿，『安』、『晏』皆从女。此字許書奪佚，今據偏旁補。」頁 520。
63《禮記注疏・卷四・曲禮下》，頁 70
64 同注 63，〈卷五・曲禮下〉，頁 100
65〈平聲・灰韻〉，頁 31。

爲安，是「妥」字的假借，這個說法是值得商榷的，反而所援引的「或曰」說是「皆本字之轉注」，則是正確的說法。朱氏一方面認爲「安也」是綏的假借義，另一方面卻又贊同「或曰」以爲是綏的引伸義的主張。同一個詞義，既是假借義，又是引伸義，這和上文的「丩」字的情形一樣，前後矛盾，令人莫名所以。

二、對「或曰」出處來源的討論

在《通訓定聲》中，朱氏不管是注釋說解《說文》，或證明用字的假借，或條列字義的引伸，他都蒐舉豐富的文獻資料，由上文所見的例子，即可見一斑。除了文獻資料之外，有時他也援引通人學者的意見，如：

㊱宰，辠人在屋下執事者。从宀从辛會意。辛，辠也。按：屋下制治辠人謂之宰，與「辟」同意。《小爾雅・廣詁》：「宰，治也。」《白虎通・爵》：「宰者制也。」《周禮・目錄》：「宰者官也。」〈序官〉：「乃立天官冢宰。」注：「主也。」……又此字江氏永曰：「从宀，庖廚也；从辛，五味之一。《史記》陳平曰：『宰天下不當如是肉邪？』本義當為宰割。按：《漢書・宣帝紀》：『損膳省宰。』注：『宰為屠殺也。』《大戴・保傅》：『太宰持斗而御戶右。』注：『膳夫也。』……是从辛者，與『燮』同意，轉注為制治之偁，非治辠轉注為宰殺之誼也。」存參。（頁 240）

㊲谷，泉出通川為谷。从水半見出于口，會意。……【叚借】為穀……又為穀，《詩》：「習習谷風。」傳：「東風謂之谷風。」《爾雅・釋天》孫注：「谷風，生長之

風。」……《廣雅・釋詁二》：「谷，去也。」王念孫訂「谷」為「去」字之誤，與上文「祛」誤「裕」、「朅」誤「𥔲」同，末一「去」字，則曹憲音誤入正文者。其說是也（頁413）。

㊳家，居也。从宀豭省聲。……戴氏侗曰：「字與『牢』同意，借為人所凥室。」段懋堂先生云：「此篆學者但見从『豕』而已。从豕之字多矣，安見其為『豭省』耶？何以不从『叚』而紆回至此耶？竊謂此乃豕之凥，叚為人之凥，如『牢』，牛之凥，叚為拘辠之陛牢也。豢豕之生子㝡多，故人凥聚處，借用其字，久而忘其本義，使叚借之義得冒據之，蓋自古而然。許書之作，盡正其失，而猶未免，此且曲為之說，是千慮之一失也。『家』篆當入『豕』部。」（頁485）

㊴白，西方色也。般用事物，色白。从入合二；二，侌數。……按：青、黃、赤、黑，皆舉一事以形之，「白」字何獨為會意？「入二」，意亦紆曲不憭。蔣驥曰：「字从日，上象日未出，初生微光。」按：日未出地平時，先露其光，恒白，今蘇俗語：「昧爽，日東方發白。」是也。字當从日，丨、指事，訓太陽之明也。（頁494）

㊵倞，明也。从人京聲。字亦作「亮」。錢辛楣師曰：「漢分隸往往以『亮』為『倞』，蓋隸變移人旁于京下，又省京中丨，遂為『亮』形。」按：此說是也。（頁935）

有時也以方言俗語來證明，如：

㊶梂，櫟實。一曰鑿首。从木求聲。按：此字當以「鑿首」為本訓，字亦作「銶」，从金。《詩・破斧》：「又缺我

錄。」傳：「木屬曰錄。」……【段借】為茦，……《詩・山有苞櫟》陸疏：「秦人謂柞櫟為櫟，河內人謂木蓼為櫟，椒椴之屬，其子房生為梂。木蓼子亦房生，故說者或曰『柞櫟』，或曰『木蓼』。」按：梂即樣也，草斗也。其實聚生，故亦謂之茦；外有裹橐，故謂之苞櫟矣。今山東人或曰「槫櫨」，或曰「朴羅」，皆苞櫟之聲轉。（頁288）

㊷醪，汁滓酒也。从酉翏聲。《三蒼》：「醪，有滓酒也。」今蘇俗所謂白酒。（頁305）

㊸瞟，瞭也。从目票聲。《一切經音義》引《埤蒼》：「明察也。」今常州人俗語有「所省視曰瞟瞟」。（頁347）

㊹居，蹲也。从尸，古者居从古。俗居从足。按：居从古，當作「尻」从古，謂古文作「尻」，从古也。此篆本在足部「踞」下，許寫書時未并耳。「踞」當从鍇本作「尻」，古文則从尸古聲也。吾蘇俗語謂之「蹬」。凡足底著席而下其臀、聳其膝曰蹲踞；若臀著席而伸其兩足於前曰箕踞；膝著席而聳其體曰跪；下其臀曰坐。經傳皆用「踞」字，而以「居」為「凥」字。（頁450）

㊺兄，長也。从人从口。按：此字與「孟」不同，本訓當為滋益之詞。从口在人上，與「欠」同意，「兌」、「祝」皆从此。……【段借】發聲之詞，《爾雅・釋親》：「男子先生為兄。」《白虎通》：「兄者，況也。況父法也。」《廣雅・釋親》：「兄，況也。」《釋名》：「兄，荒也。荒，大也。故青徐人謂兄為荒也。」按：今浙江杭州人評兄為「阿況」，亦曰「況老」，蓋古之遺

語。（頁 928）

可知朱氏在析形釋義時，其資料是不分古今雅俗的，只要有助於說解，都是蒐羅的對象，並且多標明其出處來源。因此，若以這樣的體例來審察《通訓定聲》中的「或曰」，可能有些字例是必須標注出處的。

朱氏在《通訓定聲》中所援引的「或曰」，就現有的資料而言，有些的確難以查知它的出處來源，如例①的「止」、例②的「材」、例③的「荼」、例④的「耆」、例⑤的「皇」等等，可能是朱氏所見所聞而記錄下來的資料，由於沒有標注說明，所以出處來源難以得知；不過，有些「或曰」的資料，其出處並不難查尋，但朱氏也一樣不予以注明，這和他廣引典籍文獻用例、蒐羅通人學者之說，一一標明的體例，似乎並不相合。如上文例⑱的「䦧」、例㉖的「汷」、例㉗的「市」、例㉘的「矢」、例㉙的「恖」，皆已說明典籍文獻的相關資料，而朱氏都只說「或曰」。再如：

1.例⑥的「竦」，《說文》大徐本、段注本及桂馥的《說文解字義證》皆作「从立从束」，朱氏引或曰說：「从立束聲。」而小徐本正作「從立束；束，自申束也，亦聲。」[66]

2.例⑧的「㕧」，《說文》大、小徐本及桂馥的《說文解字義證》皆作如此，朱氏引或曰說：「从『尸』誤字，當从『尹』，『伊省聲』。」而《詩・大雅・板》：「民之方殿屎。」《釋文》：「殿屎，呻吟也，《說文》作『㕧』。」[67] 張參《五經文

66 王筠《說文句讀・卷二十・立部》也說：「竦，敬也。從立從束；束，自申束也。亦聲。」頁 14。

67 《經典釋文・卷七・毛詩音義下》，頁 371。

字》也說：「屎，許伊反。《說文》作『咿，呻吟也。』」[68]《正字通》卻說：「咿，『吚』字之譌。」[69]而《說文》段注本正是據《釋文》將字形改作「咿」，並釋為「从口伊省聲」。[70]

3.例⑨的「衛」，各本《說文》都釋形為「从韋帀行」的會意字，朱氏引或曰說：「从圍省。」「韋聲。」而段玉裁注解形構正說：「『韋』者，『圍』之省。圍，守也；帀，匍也；韋亦聲。」[71]

4.例⑩的「昜」，各本《說文》皆釋形作「从日一勿」，朱氏引或曰說：「从旦。」而鄭樵《通志・六書略》正說：「昜，从旦从勿。謂太陽自朝而升，勿勿然而渙散。」[72]趙撝謙的《六書本義》也說：「昜，日出開明也。从旦从勿。大昜朝升，光采勿勿然，開散之意。」[73]桂馥的《說文解字義證》也說：「當云『從旦勿』。旦者開陽也，勿在日旁為冥，勿在旦下為開。」[74]

68 《五經文字・卷上・米部》，《景印文淵閣四庫全書・經部・小學類》，224 冊收，頁 224-258。

69 〈丑集上・口部〉，頁 164。

70 《說文・口部》「咿」字段注：「〈釋訓〉：『殿屎，呻也。』毛傳：『殿屎，呻吟也。』陸氏《詩》、《爾雅》音義皆云：『殿屎，《說文》作「唸咿」。』依《詩》、《爾雅》音義、《五經文字》云：『屎，《說文》作「咿」。』然則今本《說文》作『吚』者，俗人妄改也。以虫部『蛜』字例之，亦為伊省聲。」頁 61。王筠《說文句讀》的注解大抵與段氏相同，但並沒有直接改變篆文。見卷三，頁 18。又《集韻・平聲・脂韻》正說：「『咿咿』，喔咿、強笑。或省。」頁 14。

71 《說文・行部》「衛」字注，頁 79。王筠《說文句讀・卷四・行部》也說：「『從韋帀從行』五字，當作『從行帀，韋聲。』」頁 16。

72 《通志略・六書略第二》，頁 135。

73 《六書本義・卷二・旦部》。《景印文淵閣四庫全書・經部・小學類》，228 冊收，頁 228-305。

74 《說文解字義證・卷二十九・勿部》，頁 815。

5.例⑲的「眣」，異體作「眹」[75]，與「眴」二字音近義通，雖然《說文》分列，不以爲同字，但是朱氏引或曰說：「『眹』即『眴』字。」而《廣韻》、《集韻》、《正字通》等，都以「眣（眹）」、「眴」爲一字[76]。

6.例⑳的「晶」，各本《說文》釋其形皆从三日會意，朱氏引或曰說：「晶即古『星』字。」而周伯琦《六書正譌》正說：「○○○，萬物之精，上列爲星。象形。隸作『曐』，从晶生聲，又作『星』。」[77] 趙撝謙《六書本義》說：「曐，萬物之精，上列爲曐。象三曐形，生聲。古作『[illegible]』、『〇』、『○○○』，亦省作『星』。」[78] 方以智《通雅》也說：「○○○，星。」[79]「晶、△△△爲累；○○○爲晶、星。」[80] 又說：「天精即天晴，陽晶即陽精。古『精』亦通『晶』，『晶』爲星光。」[81]

75《經典釋文・卷二十一・春秋公羊音義》：「眣，音舜，本又作『眹』。……以目通指曰眣，本又作『睙』，音同。字書云：『眣，瞚也。』」（頁1235）阮元《公羊注疏校勘記》則說：「今《釋文》『眹』亦誤『眣』。」（《公羊注疏》，頁174）又《公羊成二年傳》：「郤克眣魯衛之使，使以其辭而爲之請。」阮元校勘說：「《釋文》亦作『眹』，音舜。閩、監、毛本誤作『眣』。」頁225。

76《廣韻・去聲・稕韻》：「瞬，瞬目自動也。『瞚』、『眴』，並上同。『眹』，亦同。」頁395。《集韻・去聲・稕韻》：「瞚，《說文》：『開闔目數搖也。』或作『瞬』、『眹』、『眴』、『瞤』。」頁154。《正字通・午集中・目部》：「眹，同『瞬』，通作『瞚』、『眴』。」頁162。

77《六書正譌・卷二・平聲・青韻》，頁228-127。

78 同注73，〈卷二・晶部〉，頁228-305。

79《通雅・卷首一・推論》。《景印文淵閣四庫全書・子部・雜家類》，857冊收，頁857-20。

80 同注79，〈卷十・釋詁〉，頁857-260。

81 同注79，〈卷十一・天文〉，頁857-273。清徐灝《說文解注箋》也說：「晶即『星』之象形，故『曑』、『曟』字从之。古文作○○○、○○○二形，因其形略，故又从生聲。小篆變體有似於三日而非从日也。」頁2254。

這些都是朱氏撰作《通訓定聲》之前的資料，和朱氏所援引的「或曰」內容相同或類近。雖然沒有直接的證據證明朱氏所說的「或曰」，一定是根據這些資料而來；不過，從《通訓定聲》中所援引的群書資料來看，倒是可以作爲推論的旁證：小徐本《說文》是他校勘版本的依據之一[82]，而段氏的《說文解字注》在《通訓定聲》中也不止一次被引用，至於《六書正譌》、《廣韻》、《集韻》等文獻，朱氏也曾蒐集參酌[83]。因此，如果說朱氏並不知道這些資料的內容，恐怕很難令人信服，除非這些資料並不是取材於以上所論述的典籍文獻，而是另有所見，不然，只說「或曰」而不標明出處，恐怕與引書的體例略有不合。

肆、結　論

漢字的創製、使用，源遠流長，再加上時有古今之別，地有南

---

82 據朴興洙先生《朱駿聲說文學研究》統計，朱氏所引據校勘的版本共有七種：①蜀本、②唐本、③小徐本、④大徐本、⑤宋本、⑥今本、⑦他書引《說文》者。（國立台灣師範大學國文研究所博士論文。頁 113。83 年 6 月）

83 如：①白，西方色也。㱿用事物，色白。从入合二；二，侌數。……按：青、黃、赤、黑，皆舉一事以形之，「白」字何獨爲會意？「入二」，意亦紆曲不憭。蔣驥曰：「字从日，上象日未出，初生微光。」按：日未出地平時，先露其光，恒白，今蘇俗語：「昧爽，日東方發白。」是也。字當从日，丨、指事，訓太陽之明也。……《六書正譌》云：「象魚胞形。」（頁 494）

②极，驢上負也。从木及聲。讀若急。字亦作「笈」。……《廣韻》：「极，驢上負版。」妄增一「版」字。（頁 166）

③鼫，鼠屬。从鼠宂聲。按：與黃鼠狼之「鼬」聲義俱別。《集韻》有「鼵」字，从穴，音由；又有「鼣」字，从冘，音欣。《篇海》有「鼲」字，音沈。皆此字之誤。（頁 107）

北之異，使得形、音、義都起了很大的變化，常有一些不同的解釋與意見，在許慎的《說文》中，所援引的通人學者之說，或標注「一曰」、「或曰」、「或云」等語詞者，就是這種情形的反映。朱氏也注意到這種不同意見的收集保留，所以在《通訓定聲》中，他也用「或曰」、「或說」、「或云」、「或謂」等語詞來標明，和許慎撰作《說文》的精神可說是一襲相承的。

由上文簡要的論述，可以得知，朱氏即使是有意識的廣集異說的資料，對於某些說法甚至是持贊同的態度，然而基本上還是以許慎的《說文》爲宗。對這些異說的論斷，不管是認同的「亦通」，或否定的「存疑」、「非」，還是只說「存參」，都是朱氏研究的心得表現，也是後世研究者探討朱氏《說文》學時的寶貴資料。

朱氏所援引的「或曰」，大部分的資料雖然難以考查其來源出處，但是有些資料在典籍文獻中並不難查覈。假如「或曰」的資料果眞是取材於這些文獻，則朱氏僅說「或曰」，的確和《通訓定聲》全書引文注解的體例略有不合；不過，從另一方面來看，卻又可以證明朱氏所援引的「或曰」，都是有所依據，絕不是鄉壁虛構的。

主要參考書目：

1.《易經注疏》：王弼、韓康伯注　孔穎達疏　藝文印書館。民國七十一年八月九版。

2.《毛詩注疏》：毛亨傳、鄭玄箋　孔穎達疏　藝文印書館。民國七十一年八月九版。

3.《周禮注疏》：鄭玄注　賈公彥疏　藝文印書館。民國七十一年八月九版。
4.《儀禮注疏》：鄭玄注　賈公彥疏　藝文印書館。民國七十一年八月九版。
5.《禮記注疏》：鄭玄注　孔穎達疏　藝文印書館。民國七十一年八月九版。
6.《左傳注疏》：杜預集解　孔穎達疏　藝文印書館。民國七十一年八月九版。
7.《論語注疏》：何晏集解　邢昺疏　藝文印書館。民國七十一年八月九版。
8.《爾雅注疏》：郭璞注　邢昺疏　藝文印書館。民國七十一年八月九版。
9.《大廣益會玉篇》：顧野王著　北京・中華書局。1987 年 7 月第 1 次印刷。
10.《經典釋文》：陸德明撰　上海古籍出版社。1985 年 10 月第 1 次印刷。
11.《五經文字》：張參撰　《景印文淵閣四庫全書・經部 218・小學類》224 册收。臺灣商務印書館。
12.《說文解字》：許慎著、徐鉉校定　臺灣商務印書館。
13.《說文解字繫傳》：徐鍇撰　北京・中華書局。1987 年 10 月第 1 次印刷。
14.《新校正切宋本廣韻》：陳彭年等重修、林尹校訂　黎明文化事業公司。民國七十四年九月七版。
15.《宋刻集韻》：丁度等編　北京・中華書局。1988 年 9 月第 1 次印刷。
16.《類篇》：司馬光等編　北京・中華書局。1984 年 12 月第 1 次印刷。

17.《通志略》：鄭樵 里仁書局。民國七十一年八月臺一版。

18.《六書統》：楊桓撰 《景印文淵閣四庫全書・經部・小學類》227 冊收。臺灣商務印書館。

19.《六書正譌》：周伯琦撰 《景印文淵閣四庫全書・經部・小學類》228 冊收。臺灣商務印書館。

20.《六書本義》：趙撝謙撰 《景印文淵閣四庫全書・經部・小學類》228 冊收。臺灣商務印書館。

21.《正字通》：張自烈撰、廖文英續 《續修四庫全書・經部 234・小學類》。上海古籍出版社。

22.《通雅》：方以智撰 《景印文淵閣四庫全書・子部・雜家類》857 冊收。臺灣商務印書館。

23.《廣雅疏證》：王念孫著 北京・中華書局。1983 年 5 月第 1 次印刷。

24.《圈點段注說文解字》：許愼著、段玉裁注 書銘出版公司。民國七十五年九月四版。

25.《說文解字義證》：桂馥撰 齊魯書社。1987 年 12 月第 1 次印刷。

26.《說文通訓定聲》：朱駿聲撰 藝文印書館。民國六十四年八月三版。

27.《說文句讀》：王筠撰 北京・中國書店。1983 年 11 月第 1 次印刷。

28.《說文釋例》：王筠撰 北京・中華書局。1998 年 11 月第 2 次印刷。

29.《說文新附考》：鄭珍記 《叢書集成新編》37 冊收。新文豐出版公司。

30.《說文解字注箋》：段玉裁注、徐灝箋　廣文書局。民國六十一年初版。

31.《方言箋疏》：錢繹撰　上海古籍出版社。1984 年 5 月第 1 次印刷。

32.《說文答問》：蔡師信發著　國文天地雜誌社。民國八十二年六月初版。

33.《朱駿聲說文學研究》：朴興洙撰。國立臺灣師範大學國文研究所博士論文。民國 83 年 6 月。

34.《古史考》：譙周撰　《叢書集成新編》110 冊收。新文豐出版社。

35.《呂氏春秋校釋》：陳奇猷校釋　上海・學林出版社。1990 年 12 月第 2 次印刷。

36.《山海經校注》：袁珂校注　里仁書局。民國七十年初版。

銅器銘文中的「同銘異範」及其類別與價值之探究

——以故宮所藏西周金文為例

游國慶

提　要

本文由臺北故宮所藏西周帶銘銅器出發，尋找「同銘異範」的各種類型。在「蓋器」、「同類器」、「同組器」的同銘（近銘）共三十餘組件的追索中，儘可能參比了目前可見的相關銘拓（如《集成》、《總集》、《銘文選》等）與器型（各博物館藏品）資料，更藉由《故宮西周金文錄》所刊布的銘文彩照、X光透視片、銘拓摹本及個人目驗銅器鑄造與銘文範鑄痕栽，對金文中的「同銘異範」現象，提出有「校漏字、知訛字、識變化、明眞僞、補文義、增識讀、確名號、證書風」等價值。討論過程中也涉及了鑄、刻銘文的差異，並對容庚曾經致疑的幾件銅器，提出不同的淺見。

關鍵詞：故宮博物院、西周、青銅器、金文、同銘異範

壹、前 言

現在座落於臺北外雙溪的「國立故宮博物院」，其所藏文物主要是合舊北平故宮博物院與南京中央博物院籌備處的藏品而成。故宮博物院所藏，皆清宮舊藏；中央博物院所藏，則除了清瀋陽奉天行宮（盛京）、熱河行宮（避暑山莊）、國子監、頤和園、靜宜園等舊藏外，另有購自善齋（劉體智）、頌齋（容庚）、雙劍誃（于省吾）之部分藏品及陳詠仁所獻之「毛公鼎」。在 1958 年出版的《故宮銅器圖錄》中，將兩院銅器分上、下篇編錄，並各別爲兩項：一爲正目，爲重器精品，選附照片，其有銘文者，並附拓本（多爲縮小版，無釋文）。二爲簡目，爲較普通或疑僞之件，總計正目 3055 件（含璽印、銅鏡）、簡目 1270 件。其中西周銅器 300 餘件，帶銘者近 150 件。來臺新收銅器 200 餘件，屬西周者近 30 件，有銘者 10 餘件[1]。

總計故宮舊藏及新收銅器總數約 4500 件（含璽印與銅鏡），其中商周禮樂器精品約 1000 件，帶銘者近半數。時代跨在商末周初至周末春秋初的「西周銅器」約 350 件，鑄銘者亦近半數。

個人於去年六月於故宮籌辦「文存周金——故宮所藏西周金文特展」之前，曾於院內小型學術研討會，就摩娑西周銅器銘文所得，提出「同銘異範的類別與價值」和「西周三百年書風流變」兩個題目與綱要，乞教於院內同仁，由於專業分科所限，反響不多，今特擇前者予以舖展，祈與會　先進不吝賜教。

---

1 游國慶，《故宮西周金文錄》，〈凡例〉、〈導言〉，國立故宮博物院，2001 年 7 月。

貳、明 義

同銘異範是指銅器上鑄的銘文有內容一致、字數相同（或相近），而不是由同一個陶範所翻鑄出來的現象。西周銅器銘文，經由書手於陶土內範上書寫，刻成反字陽文，再合範翻鑄爲銅器上的正字陰文[2]，雖銘文內容、字數完全一樣，卻都是由不同的另一次書寫、另行刻字範、再灌鑄而成，所以即使字數一樣、行款一樣、書風相同，仔細比對之下，仍可發現各筆畫之方向、位置有所差異。同一書手寫兩次文稿，雖然有可能極爲接近，但每個筆畫粗細與位置，則絕不可能一模一樣，更何況不同書手所寫，其間的變化與差誤就有許多當時用字省變或鑄造脫失的比對價值[3]。

參、類 別

一、蓋器對銘

指一有蓋之銅器，其蓋與器上均有相同（相近）的銘文，基本上字數相同，行數與字之排列亦多一致（部分例外），主要器類爲卣、盉、簋。茲將蓋器皆存故宮者先列，其有一銘可疑者次之，而

2 游國慶，《千古金言話西周・書刻鑄的金文幻化》，國立故宮博物院，2001 年 7 月。

3 歷來金文學者未見有對此類器銘深入分析者，日本林巳奈夫曾將商周同銘銅器排比並列爲「同時作銘青銅器表」（見所著《殷周時代青銅器之研究・殷周青銅器綜覽一》，吉川弘文館，1984 年），惜未進一步研究其間差異與學術價值。

將院藏缺蓋（或缺器身）卻可與院外所藏者比對者殿之。

1. 蓋與器均院藏

⑴小臣謎簋一（《金文錄》24）[4]

西周早期

中博：J.W.41-32[5]

銘文蓋器各八行六十四字。

叡，東尸（夷）大反，白（伯）懋父

以殷八自（師）征東尸（夷）。唯

十又一月，遣自霣自（師），述

東陕，伐海眉（湄）。雩厥復

歸在牧自（師），白（伯）懋父承

王令易自（師）達征自五

齵貝。小臣謎蔑曆眔

易貝，用作寶尊彝。（蓋器二銘同行款）

⑵小臣謎簋二（《金文錄》25）

西周早期

中博：JW42-32

4 見《故宮西周金文錄》編號第 24 器。本書由游國慶文字撰述及圖版美編，收故宮院藏西周金文較長銘或銘文較佳者凡 124 件，分彩色圖版（銘文照片）、金文拓片與銘文著錄表三部分。著錄表中除該器歷來著錄書目外，間附考釋、書法書風與相關資料之說明。以下均簡稱《金文錄》。

5 此為故宮藏品之編號，「J.W.41-32」其意涵為：Jen Wen（南京中央博物院籌備處「人文館」）編號第 41 器，於民國 32 年納編。另外如「崑172-22」，乃北平故宮博物院取「千字文」為代號之第 172 器，於民國 22 年納編；「臺 9161」則為故宮在臺灣新收之銅器科藏品第 9161 號。

銘文蓋器同銘各八行六十四字。

䱷，東尸（夷）大反，白（伯）懋父
以殷八自（師）征東尸（夷）。唯
十又一月，遣自𩁹自（師），述
東𨸏，伐海眉（湄）。雩厥復
歸在牧自（師），白（伯）懋父承
王令易自（師）達征自五
齵貝。小臣謎蔑曆
眔易貝，用作寶尊彝。（蓋銘行款；器銘行款與「簋一」同）

「小臣謎簋二」之蓋銘第七行行末之「眔」字，移至第八行行首，故雖同爲八行六十四字，其行款實與其他三件有異。二器四銘文字大小、結構位置差距頗大，全銘所佔篇幅也不同。「簋一蓋」13.5×12 cm 最大，行列最疏；「簋一器」12.2×10cm 最小，行列最促；「簋二蓋」12.6×10.4cm，字小呈扁勢，字距寬；「簋二器」13.5×11.5cm字形大小篇幅與「簋一蓋」最接近，書風亦相似，但個別字體結構仍有不同。

逐字比對之後，更見出「懋」、「以」、「征」、「遣」、「眉」、「臣」、「謎」、「貝」，各字寫法都有不同。從書風判斷，可能有三個書手，同時爲鑄銘工作寫範，其中「遣」字之從「口」與不從「口」、加「辵」旁或不加「辵」旁之並存現象，可證「口」爲疊加偏旁，而「辵」旁之表行走義，於銘文亦可或省，以聲符代之，加「辵」旁的「遣」字，似尚未成爲統一規範的專用字，至少在同一群書手中的彼此要求都不那麼嚴格。

⑶ 蘊卣（《金文錄》36）

西周早期

中博：J.W.60-32

銘文蓋器各二行八字。

蘊作父甲

寶尊彝。單。

二銘字形大小、書風、筆畫位置、字距與線條粗細變化均極相近。但並列細校，仍可見出器銘行款較疏闊（第一行「父」「甲」二字間距尤大），字體也較大[6]。

⑷ 𤼈簋（《金文錄》56）

西周中期

中博：J.W.46-32

銘文蓋器各七行五十八字重文二。

唯王正月，辰在甲午，

王曰：「𤼈，命女嗣（司）成周

里人眔者（諸）侯（侯）、大亞，訊

6 容庚《通考》（《商周彝器通考》，大通書局，1973 年。）頁 223 以此器「提梁與《古鑑》（十五：十九）不合，蓋銘與《殷文存》（上四十）不合，疑必有僞處，未見原器，不能知也。」疑《西清》與原藏「善齋」之本器爲不同之二器。除提梁一爲絢紋，一作變形獸紋外，器身與蓋上之環帶獸面紋亦有差異。

訟罰，取[illegible]（[illegible]）五寽，易汝
尸（夷）臣十家，用事。」[illegible]拜
䭫首，對揚王休命，用
作寶簋，其子子孫孫寶用。

二器行款全同，書風不同。蓋銘篇幅略大（12.8×9.7cm，器銘爲 12.5×9.5cm），字體也較粗大而開張（如「王」、「曰」、「里」、「人」諸字）。個別字形寫法差距頗大，如「大亞」之「大」，器銘作「[illegible]」，古文字中習見，蓋銘作「[illegible]」，人形雙臂平直化；「用事」之「事」字，蓋、器分別作「[illegible]」「[illegible]」，器銘中豎筆直畫節縮，成爲一新異構。

⑸同自簋（《金文錄》62）
西周中期
中博：J.W.1689-38
蓋器同銘各二行九字。

同自作旅簋，
其萬年用。

蓋器二銘書風極近，而器銘篇幅與字體均略大，足證爲異範同銘之作。

「同」字作「[illegible]」與甲金文習見作「[illegible]」者有異，但「散盤」銘第八行「同道」之「同」作「[illegible]」，第十一行「凡十又五夫」之「凡」作「[illegible]」，第十三行「凡散有司十夫」之「凡」作「[illegible]」，

右畫均有向右曳引揚起之姿，當是毛筆書寫動勢的特殊表現。由此現象也可以用來說明器銘「同」字左直畫末端向右帶的踢勢（蓋銘無）。而「𣪘」字右下手形從慣見的「[illegible]」變成「[illegible]」（「[illegible]」之右下方），逼近於隸楷的「又」字，則亦要歸因於這筆寫動勢與連筆的形體演變。

⑹靜卣（《金文錄》72）

西周中期

中博：J.W.61-32

蓋器同銘，蓋銘七行三十六字重文二，器銘四行三十六字重文二。

隹四月初吉丙
寅，王在䔍京。
王易靜弓，靜
拜䭫首，敢對
揚王休。用作宗
彝，其子子孫孫
永寶用。
（蓋銘）

隹四月初吉丙寅，王在
䔍京。王易靜弓，靜拜
䭫首，敢對揚王休。用作
宗彝，其子子孫孫永寶用。

（器銘）

蓋、器行款不同，字形大小與筆畫位置十分接近，蓋銘各行或五字或六字，而末行則只二字，容庚曾經致疑[7]，《集成》編者從之，故只收器銘（5408）。就字形而言，二銘仍多差異，由「隹」、「才」、「靜」、「彝」、「永」諸字的彩銘與拓片可清楚見出其差別。而卣銘末行字數驟減者雖較罕見，仍不乏其例，如「啓卣」銘五行三十字（《集成》5410）蓋銘末行由一行七、八字減爲五字，「競卣」銘八行五十一字（《集成》5425）蓋、器銘末均只二字，其他行則爲七字。經目驗原器，亦不見僞作痕，容說未必可信。（《金文總集》5488 收《西清》15.20 清宮舊藏之「靜卣」，然器形線繪與本器不同，知非一器，其下引容庚疑僞之說，亦爲誤植，因容庚所指乃原「善齋」所藏之本器。）

⑺伯定盉（《金文錄》78）
西周中期
故博：歲 172-11（《故圖》誤植，當爲崑 172-11）
蓋器對銘各二行五字。

白（伯）定作
寶彝。

蓋、器二銘書風差距頗大，器銘篇幅大（4×2.8cm，蓋

7 《通考》頁 223。唐復年附和容說，但也無新證據，見《西周青銅器銘文分代史徵影集》（中華書局，1993 年）頁 137。

3.2×2.8cm），字亦較大，方折清勁處與「嬴季卣」相似，但較溫婉。蓋銘用圓筆多（尤以二「定」字方圓差別最大），是中期婉秀書風的代表。

此處同銘異範之蓋器二銘似乎訴說著西周中期前段方勁與圓柔二書風的並存及昭穆之交書法審美意識的消長，於西周金文書法史有相當的價值。

蓋、器二銘兩行間均有墊片，拓片上看來似乎已犯到銘文，從彩銘上看則實為貼近銘文筆畫，並未犯字，「應公卣」蓋銘的狀況與此相同，值得留意。

2. 蓋與器一銘可疑

⑻寷卣（舊名：寷父辛卣）（《金文錄》35）

西周早期

中博：J.W.2084-38

銘文蓋器各二行八字（蓋銘疑後刻）。

寷作父辛

尊彝。亞俞。

蓋銘線條扁側靡弱，字口有刀鑿痕，筆畫交接處亦不似鑄銘之渾圓（略似墨迹之漲墨感），應為後世仿器銘偽刻者。

⑼蘇公子簋（《金文錄》97）

西周晚期

中博 J.W.1869-38

銘文蓋器各四行二十二字重文二（蓋銘疑後刻）。

穌（蘇）公子癸父
甲作尊簋，其
萬年無疆，子子
孫孫永寶用享。

蓋銘線條扁側，尖刀側入刻劃之痕甚明晰，當亦仿器銘僞作者，以器銘筆畫部分鑄失或銹掩，僞刻者不察，致蓋銘錯誤百出，如「穌」字少木旁，「公子」之「子」下多重文符，「萬」字蠍子頭內多一橫，「彊」字「弓」旁誤爲「匕」旁，「永」字筆畫疏斷不成體等。

3. 蓋與器一爲院藏
⑽我方鼎（器）（《金文錄》13）
西周早期
中博：J.W.11-32
銘文六行四十三字。

隹十月又一月，丁亥，
我作禦（禦），祟祖乙、妣乙、
祖己、妣癸，征（延）礿（禴）尞（燎），
二母咸服，遣福二，
□貝五朋，用作
父己寶尊彝。亞若。

「我方鼎蓋」藏中央研究院歷史語言研究所，同爲六行四十三字，行款亦同。二銘篇幅大小相當，字形、筆畫位置也多相近，但個別字如「祖己」之「己」、「礿」、「福」諸字，均有大小之別，明顯爲同銘之二範。器與蓋流傳時都經相當程度的綴補，所以有些學者曾予懷疑[8]，經目驗原器並X光的透視，蓋器二銘爲西周早期鑄造當無可疑[9]。

⑾䵼卣（《金文錄》73）

西周中期

故博：麗871

銘文三行十八字。

䵼不叔（淑），庚（賡）乃邦，

烏虖（呼），該（誶、瘁）帝家

以寡子，作永寶。子。

「䵼卣蓋」現存上海博物館，同爲三行十八字，但行款不全同，第三行「以」字，前移至第二行末，族徽「子」字，器銘在第二、三行首之上，蓋銘則置於第三行行末。《西清》（16.6）著錄蓋器二銘時器銘左上缺摹，可知當時已遭銹掩，蓋器原存清宮，後

8 姚孝遂疑器銘僞作，見〈禦鼎辨僞〉，《古文字研究》，第八輯；《集成》編者疑蓋銘僞作，見《集成》第五册2763說明。

9 游國慶，〈我方鼎蓋器眞僞考辨〉，第十一屆中國文字學全國學術研討會論文。又參李學勤，〈從亞若方彝談到我方鼎〉，《中國青銅器萃賞》，National Heritage Board，2000年。

散出經《三代》（13.37.5～6）、《攈古》（上 37）、《古文審》（4.14）著錄，厥後分散，器復入故宮，而蓋則迭經《恒軒》（68）、《愙齋》（19.21.3）、《綴遺》（12.30.1）、《奇觚》（6.13.2）、《周金》（5.92.1）、《小校》（4.58.1）著錄，現存上海博物館[10]。

器銘銹掩處經X光透視加上目驗比對描摹，已可清楚見知與蓋銘書風極相近，宜為異範同銘之作。

⑿周嫯壺（《金文錄》74）
西周中期
故博：水 53
銘文四行二十四字重文二。

周嫯作公日己
尊壺，其用享
于宗，其孫孫子子
邁（萬）年永寶用。[illegible]。
（器銘）

《集成》著錄「周嫯壺」二器四銘（9690.1、9690.2、9691.1、9691.2），9690.2 為故宮現藏壺身，相對之蓋及另一器之蓋器，均僅存銘拓，原器已不知所在。蓋銘六行，亦為二十四字，唯「孫孫子子」作「子子孫孫」，與器銘稍異，另一壺之蓋器銘文同為四

10 參《集成》5392「寡子卣」說明。

行、六行，二十四字。四銘書風一致，而字之大小位置部分不同，尤以「日」字之大小差距最明顯。宜爲四件同銘異範之作。

二、同類器數件同銘

指同一器類（如鼎或簋）數件同銘，當爲同時鑄造之同一組禮器。茲依院藏多件及院外同類器可與參比者。別列爲二項：

1. 同類數件同銘均藏故宮

⒀作册大方鼎一（《金文錄》14）

西周早期

中博：J.W.12-32

銘文八行四十一字。

公來鑄武王
成王異鼎，隹四
月旣生霸己
丑，公賞作册
大白馬，大揚
皇天尹大保
宦，用作祖丁
寶尊彝。鳥册。

⒁作册大方鼎二（《金文錄》15）

西周早期

中博：J.W.13-32

銘文八行四十字。與上一器相比，少了第四行的「公」字。

公來鑄武王
成王異鼎，隹
四月旣生霸
己丑，賞作册
大白馬，大揚
皇天尹大保
宦，用作祖丁
寶尊彝。雋册。

二鼎銘同爲八行，書風一致，銘文內容亦同，「鼎二」少一「公」字，二銘從第二行起行款略異，字體大小隨筆畫繁簡自然變化，仔細逐字比較，發現不只同一字在二銘中長短寬狹不一，連字形偏旁都有不同寫法，如「霸」字左下旁、「𩡧」字左旁、「保」字左右部件位置與方向等，顯示同銘異範的極大變異性。

⒂小臣謎簋一（《金文錄》24）
西周早期
中博：J.W.41-32
銘文蓋器各八行六十四字。

⒃小臣謎簋二（《金文錄》25）
西周早期
中博：JW42-32
銘文蓋器同銘各八行六十四字。

「小臣謎簋」兩器，「簋一」、「簋二」均為蓋器對銘，故於前面「蓋器對銘」項下已有討論，而二簋之間，復為「同類器數件同銘」之例，故再申說之。兩件四銘之各銘內容、字數全同，行款則除「簋二蓋」有異外，其他三銘則同。此皆敘述於前，茲不贅。唯四銘之文字大小與結構位置差距頗大，茲逐行檢列排比，可更見出其間差異：「懋」、「以」、「征」（二見）、「遣」、「海」、「復」、「達」、「鷗」、「臣」、「謎」等字，為其變化尤巨者。

⒄芮公鼎一（《金文錄》93）

西周晚期

故博：麗 770

銘文三行九字。

內（芮）公作

鑄从（從）鼎，

永寶用。

⒅芮公鼎二（《金文錄》94）

西周晚期

故博：潛 8

銘文三行十字。

內（芮）公作鑄

从（從）鼎，永
寶用享。

二鼎銘原鑄已多缺筆，復經銹掩，字形愈爲不清，然二銘銘文內容相同（「鼎二」多一「享」字），書風相近，行款與字形略異，知亦爲同銘異範之作。

2. 院外同類器同銘（近銘）

⒆鄧少仲方鼎（舊名：豆氺仲方鼎）（《金文錄》10）
西周早期
中博：J.W.14-32
銘文四行二十五字，在內壁。

弄（鄧）小（少）仲隹（雖）友（有）得，
弗敢取（沮），用作厥
文祖寶鬶尊，
用尊厥丁□于□宮。

瑞士蘇黎世利特堡博物館藏另一件「鄧少仲方鼎」，器型、紋飾與本器全同，而保存較好，銘文同爲四行二十五字[11]，書風相近，字形結構亦近，只有在個別偏旁上下挪移的位置處理，見出同銘二範布局的不同巧思（尤以第三行「鬶」字的「爿」旁）。

---

[11] 見李學勤、艾蘭編，《歐洲所藏中國青銅器遺珠》（文物出版社，1995年）圖 81，頁 336。個人對本銘隸定與句讀，與李氏略異，詳參《金文錄》頁 209、273。

⑳[illegible]父方鼎（《金文錄》11）

西周早期

故博：調 35-1

銘文三行十二字。

休王易[illegible]

父貝，用作

厥寶尊彝。

傳世三器，原均清宮舊藏，二器已佚，僅存銘拓。《集成》錄爲 2453、2454、2455。三銘大小不一（依序爲 7.3×4.5cm、6×3.2cm、7.2×3.6cm），字形亦多變化，「貝」字作「[illegible]」、「[illegible]」，爲西周早期、中期不同二形的俱存。作器者「[illegible]」，向無明確隸定之字，經三銘比對，證實該字從「羽」從「矢」從「戶」[12]，而院藏本器銘文變異特多，如此不易辨識之字，經由同銘異範比對得以確釋，正徵驗了「同銘異範」銘文的不可忽視。

㉑賢簋（《金文錄》60）

西周中期

中博：J.W.40-32

銘文四行二十七字，在器內底。

[12] 參《金文錄》頁 273、274。

唯九月初吉庚午，
公叔初見于衛，賢
從，公命事，晦（賄）賢百
晦糧，用作寶彝。

《集成》4104、4105、4106 著錄「賢簋」三件（本院藏器未收），前二件蓋器對銘，共有五個銘拓（4104 蓋、4105 蓋器，現存上海博物館，餘均不詳下落），五銘篇幅不一，書風雖多相近，字形、筆畫則皆互有出入，為不同範之同銘器。

故宮藏「賢簋」，原藏「善齋」，器身雙耳形制與西周簋式不類，銘文鑄作尚可，唯與上海博物館藏「賢簋」蓋銘（4104.1）相較，行款、結構與筆畫位置全同（同銘異範之各銘雖或極為相近，但因是不同的書寫底本，筆畫位置終究會有差異），唯線條變粗肥而乏神采，可能即早年古董商依據上博「賢簋」蓋之銘拓翻鑄而成[13]。

㉒頌鼎（《金文錄》89）
西周晚期
故博：調 67
銘文十六行一百五十二字重文二合文一。

隹三年五月既死霸甲
戌，王在周康卲宮，旦，王
各大室即立，宰引右頌

[13] 參《金文錄》頁 60，《千古金言話西周》頁 38~40。

入門，立中廷，尹氏受王命
書。王乎史虢生册命頌。王
曰：「頌，令汝官嗣（司）成周貯廿
家，監嗣（司）新寤（造），貯用宮御。易
女玄衣黹屯，赤市朱黃，䜌（鑾）旂，
攸（鋚）勒（革），用事。」頌拜䭫首，受命
册，佩以出，反入堇（覲）章（璋）。頌敢
對揚天子丕顯魯休，用作
朕皇考龏叔，皇母龏姒
寶尊鼎，用追孝，𣿮（祈）匃（丐）康
虢，屯（純）右（祐），通彔（祿），永令。頌其
萬年眉壽，畯臣天
子霝（靈）冬（終），子子孫孫寶用。

傳世「頌鼎」三件，現分別存於臺北故宮（清宮舊藏，《集成》2828）、上海博物館（李香巖、費念慈舊藏，《集成》2829）與北京故宮（清宮舊藏，《集成》2827）。鼎身大小不一，臺北藏器通耳高 25cm 口徑 25.7cm 重 4935g[14]，北京藏鼎通高 38.4cm 寬 30.3cm 重 7240g[15]，上海的「頌鼎」或記載爲高 30.8cm 口徑 32.8cm[16]，或登錄爲高 31.4cm 口徑 32.9cm 重 9820g[17]，可知三鼎當爲列鼎中的三器，上海的「頌鼎」最大，北京次之，臺北藏器最袖

14 參《金文錄》頁 146。
15 參《故宮青銅器》頁 194。
16 參《銘文選》册三，頁 302。
17 參《中國文物精華大辭典・青銅卷》頁 91。

珍[18]。銘文同爲一百五十二字重文二合文一，書風相近，但行款各個不同（臺北故宮藏器作十六行、上博藏器作十五行、北京故宮藏器作十四行），顯然爲同一銘文內容的多次寫本，鑄造過程中造成的缺筆、缺旁現象也各有不同，上博藏器第六行「家」字誤作「豕」，尤爲特殊，其他諸殘泐字，均可以異範同銘參補之。

㉓大鼎（《金文錄》92）
西周晚期
故博：崑 172-21
銘文八行八十二字重文三合文二。

隹十又五年三月既〔死〕霸
丁亥，王在𢊁張宮，大以厥友
守，王饗醴，王乎善（膳）大（夫）馭
召大以厥友入攼。王召走
馬雁令取誰（騅）䮫卅二匹易
大，大拜頶首，對揚天子丕
顯休，用作朕剌（烈）考己伯盂鼎，
大其子子孫孫邁（萬）年永寶用。

傳世同銘「大鼎」三件，爲同組列鼎之三器，一爲清宮舊藏（《西清》2.19），器最大，惜已佚失[19]。一爲曹秋舫舊藏，1959

[18] 《集成》2829「頌鼎」說明下備注稱「傳世頌鼎三器，此爲最大的一件」，以重最計，當無疑問，但上舉鼎高，北京猶勝於上海器，則二鼎尺寸之紀錄，應有一誤。
[19] 參《集成》2806 說明。

年上海市文物保管委員會從廢銅中揀獲，1995 年北京故宮從上海收購，現存北京故宮博物院。器稍小[20]，與上一器同爲深圓腹、平沿外折、二立耳。另一件即臺北故宮現藏，原亦存清宮（《西清》2.17），器最小[21]，敞口，深腹底略平，二附耳。

三銘同爲八十二字重文三（大、子、孫）合文二（三十、二四合文），雖同排爲八行，行款則皆不同，後二銘書風、字形結構相近，但筆畫位置仍有出入，且北京藏器篇幅較大，布局較疏朗，知爲同銘異範之作。三篇銘文第一行「旣死霸」均奪「死」字而作「旣霸」[22]；第三行「善夫」，疑書銘者均依某一已有奪字訛字之底本抄寫上範，而書者對文字的認知水準又不夠高，遂造成接連三篇之訛誤，這種情形，可以提供銘文製作工序前起稿者與書手或非一人的可能思考。

⑷追簋（《金文錄》100）
西周晚期
故博：往 14
銘文七行五十九（六十）字重文一（二）。

追虔夙夕卹厥死（尸）事，
天子多易追休。追敢對

[20] 參《集成》2807 說明。
[21] 《西清》2.17 載爲「己伯鼎一」：「高八寸五分、深六寸、耳高四寸四分……重二百七十五兩」。《金文錄》頁 150：通高 31.6cm、腹深 19.5cm、重 9904g。
[22] 《銘文選》頁 270，馬承源據其自訂西周年表之推算，定「大鼎」當屬夷王，十五年三月丁亥之月相爲「旣死霸」。

天子覭揚，用作朕皇
祖考尊簋，用享孝于前
文人，用旛（祈）匄（丐）眉壽，永
令，畯臣天子霝（靈）冬（終），追
其萬年子子孫（孫）永寶用。

「追簋」傳世共六件，一件現存臺北故宮（《集成》4220器），兩件存北京故宮（《集成》4219器，4223蓋、器）。流散海外兩件：一件在美國舊金山亞洲藝術館（《集成》4221器），一件藏日本東京書道博物館（《集成》4222蓋）。餘一件清宮舊藏，僅存《西清》銘刻（《西清》27.18），原器下落不明。各銘雖皆作七行，但行款多不一，篇幅大小也不等；書風多相近，筆畫位置卻非一律，知為多篇異範同銘之作。

臺北故宮藏器在末行「孫」字下無重文符，但比對其他各銘多有重文符，故可視為失鑄此符。而西周中、晚期以後銘末吉語的「子子孫孫」，常見作「子=孫=」，若不是約定俗成的一種特殊省略形式，那便是書手或銘文範工不定性的漏書或失鑄了。

㉕史頌簋（《金文錄》101）
西周晚期
故博：鹹 107-5
銘文六行六十三字重文二合文一。

隹三年五月丁巳，王在宗
周，令史頌復（省）穌（蘇），𤅊（湄）友里君、

百生（姓），帥（率）𩰫盩于成周。休又（有）
成事。穌（蘇）賓章（璋）、馬四匹、吉金，用
作𩰫彝。頌其萬年無疆，日
遅天子覭令，子子孫孫永寶用。

傳世八件，除臺北故宮藏一器外，日本存二器（東京書道博物館存蓋、器，東京出光美術館存一蓋），上海博物館亦存二器（蓋一件、器一件），餘已不詳所在[23]。「史頌簋」八器扣除《西清》翻刻二銘拓，尚有十一片（或爲十片[24]）墨拓流傳，各銘篇幅大小略等，皆作六行六十三字重文二合文一，各篇行款亦同，但各字結構位置與筆畫角度則均有差異，明顯爲相近書風下的不同銘範寫本。

㉖趞叔吉父盨（《金文錄》110）
西周晚期

---

[23] 各銘著錄參《集成》4229～4236：
《集成》4229 蓋、器，現存日本東京書道博物館。
《集成》4230 蓋、器，張廷濟舊藏（周金），現不詳所在。
《集成》4231 蓋，現存上海博物館。
《集成》4232 蓋、器，器在上海博物館，蓋不詳所在。
《集成》4233 器，現存臺北故宮博物院。
《集成》4234 器，陳承裘舊藏（澂秋館），今不詳所在。
《集成》4235 蓋、器，清宮舊藏，只存《西清》27.16 刻本。
《集成》4236 蓋、器（？），現存日本東京出光美術館。按：《集成》於 4236 下分 4236.1（蓋）、4236.2（器）二拓本，實則二銘筆畫位置角度全同，若非同一蓋銘之重出，便可依「同銘異範必有差異」之例判定器銘有問題。

[24] 參註 23。

中博：J.W.50-32

銘文三行十七字重文二。

趞叔吉父作

虢王姞旅須（盨），

子子孫孫永寶用。

《集成》收三器四銘（4416、4417、4418.1、4418.2，4417 爲臺北故宮藏器，餘二器現存上海博物館），篇幅大小與書風略近，均爲三行十七字重文二，但四銘字形頗多差異，如「趞」字之自旁作「（4416）、（4418.1）」，或更加一口形（4416）；「姞」字女旁或訛減爲「」（4418.1）；「孫」字右旁作「」（4418.1）或訛減作「」（4418.2），且其下之重文符或多省去（4416、4418）。經由比對同銘，可知故宮藏器銘文雖非最清晰，然字形偏旁結構與符號乃鑄作時最完整之一件，值得珍視。

㉗頌壺（《金文錄》116）

西周晚期

中博：J.W.2460-38

蓋器同銘，器銘二十一行，蓋銘三十七行，皆一百五十二字重文二合文一。

隹三年五月既死霸甲戌，

王在周康卲宮，旦，王各大

室即立，宰引右頌入門，立

中廷，尹氏受王命書。王乎
史虢生册命頌。王曰：「頌，令
汝官嗣（司）成周貯廿家，監嗣（司）
新寤（造），貯用宮御。易汝玄衣
黹屯，赤市朱黃，䜌（鑾）旂，攸（鋚）勒（革），
用事。」頌拜䭫首，受命册，佩
以出，反入堇（覲）章（璋）。頌敢對揚
天子丕顯魯休，用作朕皇
考龔叔，皇母龔姒寶尊鼎，
用追孝，旛（祈）匃（丐）康虢，屯（純）右（祐），通
彔（祿），永令。頌其萬年眉壽，
畯臣天子霝（靈）冬（終），子子孫孫寶用。

「頌壺」傳世二器，蓋器對銘，一在臺北故宮（《集成》9731），一在山東省博物館[25]，二器約略同大小[26]，器蓋同銘，器銘二十一行（有陽線界格），蓋銘三十七行，各一百五十二字重文二合文一。兩件器銘的行款相同，陰鑄銘文基本放置在陽線格內，但又不謹拘於框內，銘文犯線越線之例甚多（臺北故宮器銘尤多），書風雖相近，臺北藏器銘顯然更爲寬疏自由，山東藏器銘則較謹飭。

---

[25] 《集成》9732 只錄蓋銘，未註明現存地。《銘文選》四三六（册一，頁 275、册三，頁 304）收錄山東省博物館藏頌壺，卻只錄器銘。均有缺陷。

[26] 臺北頌壺通高 63cm 腹深 44.4cm 口徑 21.2×16.9cm 底徑 24.3×31.7cm 重 32415g，山東頌壺高 51cm（當是未含蓋時，器身之高）口縱 17.2cm 口橫 20. 9cm 底縱 24.4cm 底橫 31.7cm。參見《金文錄》頁 187 與《銘文選》册三，頁 304。

而二蓋銘雖同爲三十七行，行款卻不盡相同（從第二十行起有異，至第三十二行復同。蓋銘基本上每行四字，臺北「頌壺」蓋第二十行五字，第三十一行三字，造成差異），銘文結體與筆畫位置均略不同。最特殊的是山東藏蓋銘第七行「引」字作「[illegible]」，與臺北藏蓋銘作「[illegible]」相較，「弓」旁反文，一旁鉤筆則爲倒文，究竟是書手之故，還是製範者翻作中的失誤，值得深入研究（第十八行「黹」字二銘方向亦相反）。

㉘芮太子伯壺（《金文錄》118）

西周晚期

中博：J.W.2759-38

蓋銘三行十四字，器銘四行十五字重文二。

內（芮）大子白（伯）作
鑄寶壺，萬
子孫永用享。
（蓋銘）

內（芮）大子
白（伯）作鑄
寶壺，
子子孫孫永用享。
（器銘）

蓋器同銘。傳世二器三銘（《集成》9644、9645 蓋器），皆清宮舊藏。9644 見《西清續鑑甲編》8.41，原器今不知所在，9645 現存臺北故宮，比較之下，可知 9644 亦爲蓋銘，與 9645.1 同爲三行十四字，但讀序一爲左讀，一爲右讀，「萬」下均漏「年」字。器銘之行款與字數和蓋銘不同，「子孫」下有重文符，卻少了「萬年」，尤以銘末「永用享」三字，讀序錯亂，正可用同銘（近銘）的蓋銘補正之。

三、組合器之同銘者

考古發掘中常見鼎簋或尊卣或尊彝等不同器類之組合。以同組器多涉及院外所藏，而銘文全同外，後有同主近銘（同製作者，而銘文相近）可資參比，故列爲此二項：

1. 同組同銘

A、頌壺、頌鼎、頌簋

頌壺（《金文錄》116）

傳世二器，各蓋器對銘，共四篇銘文，均一百五十二字重文二合文一。

頌鼎（《金文錄》89）

傳世三器，皆一百五十二字重文二合文一，但器身大小與行數均不同。

頌簋

蓋器對銘，皆十五行一百五十二字重文二。

《集成》著錄「頌簋」凡八件[27]共十篇銘文，皆十五行一百五十二字重文二，總字數一百五十二與「頌壺」、「頌鼎」同，內文卻有異：於「成周貯」下少「廿家」三字（「廿」爲二十合文，計二字），於「萬年眉壽」下增「無疆」二字，於「子子孫孫」下增「永」字。十銘書風相若，仔細參比，同一字之筆畫角度與構形卻各有不同（「監嗣新造」之「造」或作「艁」，從「舟」，或作「䢐」，從「彳」，而上博「頌鼎」作「廗」，爲異構同出之顯例），可與「頌鼎」三銘、「頌壺」四銘並置成同銘異範之最長銘也最多銘的典範。

B、史頌簋、史頌鼎

史頌簋（《金文錄》101）

傳世八器，有十件同銘異範之銘拓，皆六行六十三字重文二合文一。

史頌鼎

「史頌鼎」傳世二器（《集成》2787、2788），均藏上海博物館，甲器六行六十三字，與「史頌簋」行款同，乙器銘文雖亦爲六十三字，但以器身較小（甲器高 37.3cm、口徑 35.7cm，乙器高

27 《集成》4332 蓋器，美國堪薩斯市納爾遜美術陳列館藏。
《集成》4333 蓋器，方蓮卿、王夢麟、姚觀光舊藏（從古、周金），今不知下落。
《集成》4334 器，山東省博物館藏。
《集成》4335 器，北京故宮博物院藏。
《集成》4336 蓋，現存日本京都黑川古文化研究所。
《集成》4337 器，存《三代》拓片，原器不詳所在。
《集成》4338 蓋，現藏上海博物館。
《集成》4339 器，現藏上海博物館。

29.4cm、口徑 28.7cm），內壁空間較狹，銘文排列成七行，行間亦較局促[28]。

「史頌簋」、「史頌鼎」合共十器、十二篇同銘異範之作，其書風與「頌壺」、「頌鼎」、「頌簋」合共十七篇的「頌」式書風又極相近，其量與質的既精且多，可以作爲西周晚期書風的典則與史籀大篆的代表。

C、彔尊、彔卣

彔尊（《金文錄》66）

西周中期

中博：J.W.66-32

銘文六行四十九字合文一。

王令**䵼**曰：「䖒，淮夷敢

伐內國，汝其以成周

師氏戍于玷𠂤。」白（伯）雍

父蔑彔曆，易貝十朋。彔

拜䭫首，對揚白（伯）休。用

作文考乙公寶尊彝。

彔**䵼**卣[29]

[28] 參《銘文選》册三，頁 300。

[29] 《集成》5420。

蓋器對銘，各六行四十九字。原器現藏美國普林斯頓大學美術博物館 CH.戴爾和 D.卡特藏器。

「彔尊」舊藏「善齋」，容庚引介由中央博物院購藏後，復於《通考》中稱此銘原爲卣銘[30]，綴補於尊底而成，學者或承之而改稱「彔䧑卣」（如《集成》5419），然目驗原器與X光透視，並無補葺痕，而銘拓與現存「彔䧑卣」（《集成》5420.1、5420.2）蓋器二銘比對，雖同爲六行，而行列間距與字形筆畫均有差異，明爲三件同銘異範之作。而尊、卣爲常見酒器之組合器類（如「睘尊」、「睘卣」，「豐尊」、「豐卣」，「邢季㚇尊」、「邢季㚇卣」等），此「彔尊」或本即與《陶齋吉金錄》[31]所收之「彔䧑卣」爲同組禮器，容氏綴鑲之說未必可信。

D、夷曰匜、夷曰盤、夷曰壺

夷曰匜（《金文錄》81）

西周中期

臺 10245

銘文二行六字。

尸（夷）曰作

寶尊彝。

夷曰盤

30 《通考》頁 44。

31 《銘文選》冊三，頁 113 引。

「夷曰盤」銘文二行六字，現藏北京保利博物館，《保利藏金》頁 109 名爲「蛇紋盤」。銘文如下：

尸（夷）曰作

寶尊彝。

其說明稱：「這些銘文的文字存在著若干問題，如應寫作白（伯）字的卻誤作曰字。」

夷曰壺

「夷曰壺」銘文二行五字，現藏臺北國立歷史博物館（1995 年購入）。該館慶祝建館四十周年紀念所出《館藏青銅器圖錄》收錄此器，名曰「帶蓋貫耳銅壺」（頁 73），銘文如下：

尸（夷）曰作

寶尊。

匜、盤、壺三器當爲近年出土之同組禮器，銘文內容近同，書風亦一致，《保利藏金》將「曰」字疑爲「白」字之誤的說法，在三銘參比下，已不攻自破，「夷曰」人名爲此組器之同一作器者，應可確定。

2. 同組（主）近銘

畀尊（《金文錄》33）

西周早期

臺 8258

銘文四行二十七字。

在庰，君命余作册

睘安尸（夷）伯，尸（夷）伯賓用貝

布，用作朕文考

日癸肇（旅）寶。。

睘卣[32]

蓋器同銘，各四行三十五字重文二。

唯十又九年，王在庰。王

姜令作册睘安尸（夷）伯，尸（夷）伯

賓睘貝布。揚王姜休。用

乍文考癸寶尊器。

楊樹達〈睘尊跋〉[33]引「睘尊」、「睘卣」全銘，稱：「二銘所記事同，自是同時之器。」又稱：「二銘互校，知文考日癸與文考癸同是一人，決無疑義。」擴而大之，更可知尊銘銘首省「隹十又九年」之紀時詞、「在庰」之主詞省略「王」字、而「君」即「王姜」，二銘參比，知「睘」乃爲「王姜」效命（安夷伯），受夷伯賞而鑄爲此尊卣二器，並以揚祖先（文考癸即文考日癸）之德。

尊、卣二器一爲二十七字，一爲三十五字，乃記同時同事之近銘，雖非如同字數同文辭之同銘器之可逐字勘比，但其人、事、地、物之相合，正足以說明當時鑄銘之互文見義與減省文詞的特殊現象。

32 《集成》5407

33 楊樹達，《積微居金文說・卷一》，頁25。

肆、價　值

一、校漏字

同銘異範的主要形式爲文字內容和字數相同之不同鑄範（字範），透過多銘比對，可以察覺部分銘文的漏字現象，較之單憑上下文義的擬補，有更堅確的證據說服力。如「作册大方鼎一」、「鼎二」（《金文錄》14、15）。

二器銘文同爲八行，仔細逐字比較，發現自第二行開始行款已異，第四行「賞作册」之前，「鼎一」有「公」字，爲賞賜之主詞，與銘首「公來鑄武王成王異鼎」之「公」相應和，「鼎二」則缺此「公」字，文義上顯然不及「鼎一」通暢，疑是書範時脫漏所致（當然也可以將此現象視爲類似甲骨成套卜辭的省略，但成組同銘金文中「省略」情形，尚不見如成套卜辭那樣的明顯規律，故寧可視之爲「漏字」）。「追簋」與「頌」器銘末「子子孫孫」，「孫」下或漏重文符，亦可視爲此例。

二、知訛字

西周金文多由書範再經鑄造而成，訛字的形成，有可能是原始寫本有誤（如「大鼎」之「善夫」作「善大」、「旣死霸」作「旣霸」），也可能是書範時書手一時筆誤（如「𤼈簋」之「大」字作「**大**」，參下文），也可能是範鑄銅器過程中，不小心將欲鑄的反字泥文（多爲陽凸）的部分偏旁筆畫碰失了（如「頌壺」器身部分銘文之缺筆）或反置、倒置（如山東博物館藏「頌壺」蓋銘「引」

字），遂造成訛錯的現象。如頌鼎（《金文錄》89）。

傳世「頌鼎」三件，一在臺北故宮、一在上海博物館、一在北京故宮，三器尺寸重量不一，應為列鼎中的三件。銘文同為一百五十二字，但行款不同，依序為十六行、十五行和十四行，諸銘文字書風一致，唯上海博物館藏器於第六行「女官司成周賈廿家」之「家」字，訛作「豕」字，透過三銘比對，其訛誤十分明顯。

三、識變化

異範之同銘文字，其書手或同一人，或不同人，部分書風相近者，其結構字形亦有不同，可能是同類書風的不同書手，也可能是同一人的不同筆迹。總之，在鑄成的銘文上可以清楚地看到字形、結構與用筆的變易，互相參比，可以幫助了解西周金文中存在的變化模式，並為銘文識讀添助一臂之力。例如「小臣謎簋」、「𩰫簋」。

1. 小臣謎簋（《金文錄》24、25）

二器均蓋器同銘，總共有四篇銘文，字數相同，行款略有差異，逐字比對之後，更見出「懋」、「以」、「征」、「遣」、「眉」、「臣」、「謎」、「貝」，各字寫法都有不同。從書風判斷，可能有三個書手，同時為鑄銘工作寫範，其中「遣」字之從「口」與不從「口」、加「辵」旁或不加「辵」旁之並存現象，可證「口」為疊加偏旁，而「辵」旁之表行走義，於銘文亦可或省，以聲符代之，加辵旁的「遣」字，似尚未成為統一規範的專用字，至少在同一群書手中的彼此要求都不那麼嚴格。另外「謎」字所從「來」字的變化更為古文字演變律則，直畫上下與左右斜筆的節縮和加短橫，造成「來」旁形體的多樣性，經由比較，舊釋此偏旁為

「束」者[34]，應可不攻自破了。

2. [illegible]簋（《金文錄》56）

蓋器同銘各七行五十八字。二銘行款、字數全同，但書風與字形結構頗多差異，似爲不同書手所爲。如「里」、「大」、「亞」、「取」、「賫」、「事」、「[illegible]（揚）」等字，差別尤大。蓋銘「大」字作「」與習見之金文作「」形者迥異，參比器銘，始能確定其爲「大」字之一特殊訛形。「賫」字一從彳旁，一從辵旁，可證彳、辵於古文字中常常通作。「事」字蓋銘之字形習見，作「」，器銘上作「」，字上弧接之筆變成分岔歧出，中間豎畫貫穿處卻又節縮爲中空，這種分岔與節縮筆畫是戰國文字習見的文字變異[35]，竟可由金文如「[illegible]簋」者，追溯至西周中期，至於「事」下又旁的左右互作，則是商周文字常有的現象，不必贅述。

四、明眞僞

西周之前銅器銘文多由陶範翻鑄而成，當時書手與鑄造，自然形成特有的書風與款銘字口，雖「同銘」之作，亦必異書異範，其字形筆畫角度位置必有差異，而線質則仍維持鑄銘的一定特色，由此原則，可以協助文字學者從銘拓上先發現仿鑄的差謬並釐剔後仿僞刻的銘文。例如「賢簋」、「褱卣」、「蘇公子簋」、「毛伯㖭父簋」。

「賢簋」（《金文錄》60）銘文四行二十七字，原器舊藏「善

34 白川靜，《金文通釋》，白鶴美術館，1964 年。

35 游國慶，《戰國古璽文字研究》，國立中央大學中國文學研究所碩士論文，1990 年。

齋」。《集成》著錄「賢簋」三件：4104 的蓋與 4105 的蓋、器均現藏上海博物館（原為「愙齋」所藏，光緒 14 年河南出土，1956 年入藏上博[36]），4104 與 4106 的器銘則僅存《三代》拓片，原器已不詳所在。

「善齋」舊藏之「賢簋」，《集成》並未收錄，仔細比較故宮藏「賢簋」銘與《集成》所收之三件五銘，可以發現故宮藏器與 4104.1 上博藏簋蓋銘文行款位置與各字筆畫方向角度幾乎全同，只有線質略顯肥滯而乏神采。透過我們對同銘異範的了解，兩個異範銘文，即使書手同一人，在書範及鑄作過程均極力保持一致書風，但仍不免存在字距不勻、字形大小不同和筆畫方向角度不一的現象（如「𤔲卣」、「靜卣」蓋器銘文等），藉由逐行、逐字的排比，不難見出故宮藏器與上博藏簋蓋（4104.1）二銘間太過雷同的詭異現象，有人認為「銘文拓本不足以辨識眞僞」[37]，但在未見原器之前，由同銘異範的比對，確實可以先嗅得一些端倪。

故宮藏「賢簋」的器身雙耳形制與西周中晚期簋式不類，應是雜湊東西周銘紋飾和形制重組的後世僞品。經檢驗原器，器身過重而無墊片，器表有縮蠟現象，判斷可能是古董商在《愙齋集古錄》出版（1918 年）後，依其賢簋銘拓以失蠟法重塑一器而成，由於器型未見發表，只好擅自揑造，致漏洞百出。此器於 1934 年著錄入劉體智《善齋吉金錄》中，1936 年以後劉氏「善齋」陸續出售所藏，容庚「請傅斯年先生為中央博物館收其藏器，及以七萬元購得一百又七器」[38]，這些銅器均在 1943 年同時登錄入中央博物院，故其藏

---

36 李朝遠館長函告。

37 唐復年，《西周青銅器銘文分代史徵器影集》，中華書局，1993 年。

38 容庚，《商周彝器通考》（大通書局，1973 年據 1941 年燕京學報專號 17 本景印）頁 169。購得之西周銅器較重要者為勅𣪘鼎、屯鼎二器、史獸鼎、

品編號同爲「J.W.□□-32」，Jen Wen（南京中央博物院籌備處「人文館」），編號第□□器，於民國32年納編。則僞製賢簋的時間大約在1918至1934年間。

考古類型學和紋飾特徵可以說明一器應屬的時代與地域，從而證知器物型制、紋飾的合理性與眞僞。文字學家一般專注於帶銘銅器的銘文拓本，卻對銅器本身不甚了解，以賢簋的僞製爲例，雖在器影勘驗時眞相大白，但同銘的蒐羅比對，卻可提供文字學界辨僞取眞的先期訊息。

另外，西周早期「寏卣」、西周晚期「蘇公子簋」、「毛伯𠭯父簋」（分見《金文錄》35、97、98）均蓋器對銘，經過比對，可以明顯見出蓋銘的後刻痕跡，入刀斜側，字口銳利，筆畫縱深呈「V」字型，白文線條兩旁則因硬刀推擠使銅面凸起，筆畫交會處單薄且刀鋒交越痕跡明顯，不似鑄銘的渾厚而略帶漲墨的感覺。三器早著錄於《西清續鑑乙編》，其器銘、蓋銘均刊刻其上，至容庚編《寶蘊樓彝器圖錄》，則稱「蓋銘剔損不錄」[39]或「蓋銘泐剔損不錄」[40]，僅錄器身銘文，茲參比各銘，可知容氏所言，實指後世僞刻銘，非與器銘同時鑄造者。

五、補文義

同字數之同銘器可以參比而知訛字。有漏字之同銘器字數略

衛鼎、罙鼎、師湯父鼎、鄧少仲方鼎、作册大方鼎二器、我方鼎、叔父丁鬲、作祖戊簋、縣改簋、辨簋二器、賢簋、伯簋、𠭯簋、作寶簋、小臣謎簋二器、䍙簋二器、𪇰簋、遹簋、趞叔吉父盨、習壺蓋、伯衛父盉、靜卣、𩰫卣、彔尊、𠹊士卿尊、矢令方尊、高觶等。

39 容庚，《寶蘊樓彝器圖錄》（台聯國風出版社，1978年）頁67、72。

40 同註39，頁98。

異，卻可對比察知遺漏何字。銘文相近而同主、同時、同事之近銘，則可互補文義，構成完整篇章型式，此之謂「補文義」。例如「芮太子伯壺」、「睘尊」與「睘卣」。

1. 芮太子伯壺（《金文錄》118）

器銘四行十三字，行款凌亂，銘式如下：

子寶白內
子壺戶太
孫永鑄子
用□

當讀爲「芮太子伯作鑄寶壺子子孫永用□」，末字形體奇怪，恐有脫範，不易辨識，而蓋銘三行十四字：「芮太子伯作鑄寶壺萬子孫永用亯」，經過比對，器銘末字應爲「享」字之訛形，而蓋銘「子」下缺重文符，「萬」字下奪「年」字（依文義補之），綜合二者，方能補足文義，其完整銘文當爲「芮太子伯作鑄寶壺，萬年子子孫〔孫〕永用享」。

2. 睘尊（《金文錄》33）、睘卣

西周早期「睘尊」，清季以來藏家著錄甚多[41]，民國後除黃濬《尊古齋所見吉金圖》（1936 年）著錄器影外，原器已佚，不知藏於何所[42]。1987 年忽然出現並由故宮蒐購典藏[43]，爲院藏增添一件重寶。

「睘尊」銘文四行二十七字重文二。銘文如下：

---

41 《金文錄》第 33 器，頁 276。

42 張光遠，〈故宮新藏周成王時睘尊〉（《故宮文物月刊》61 期，1988 年 4 月，頁 104）一文，其時代訂於成王之說，學界並不認同，一般視爲昭王器。

43 同註 42。

在庈，君命余作册
睘安尸（夷）伯，尸（夷）伯賓用貝
布，用作朕文考

日癸肇（旅）寶。。

舊傳有「睘卣」，蓋器同銘四行三十五字重文二。銘文如下：

唯十又九年，王在庈。王
姜令作册睘安尸（夷）伯，尸（夷）伯
賓睘貝布。揚王姜休。用
乍文考癸寶尊器。

二銘所記事同，自是同時之器[44]。二銘參比，尊銘之「君」即卣銘之「王姜」，學者多視爲昭王之后[45]，則作器時間在昭王十九年，地點在庈（岸）地。尊、卣於酒器中往往同組同銘出現，類此「近銘」者甚爲罕見，或可視爲同銘異範中的一個特殊變例。

六、增釋讀

銅器銘文在正常狀況下可由拓本清楚見知，但由於鑄造過程的疏失，可能造成局部銘文陶範的筆畫或部件乃至全字的掉落缺漏（如「毛公鼎」銘的許多缺字與缺旁），鑄器完成後，自然形成銘

44 楊樹達，《積微居金文說》（科學出版社，1959 年）卷一〈睘尊跋〉。
45 馬承源主編，《商周青銅器銘文選》（文物出版社，1986 年）92 器，「作册睘卣」。

文缺損現象，影響全銘的釋讀。另一種影響釋讀的原因則是銅器在兩三千年的埋藏中生附銅銹，掩蓋了原鑄銘文，拓本中不見其字，這種情形，以現代X光透射，部分可以完整揭開銹掩的秘密，有些因器形角度與器壁厚度、花紋等問題，仍無法透視，但在科技所不及處，藉由同銘異範的比對，補足缺銘部分，仍是增加銘文釋讀的一種良方。例如「鄧少仲方鼎」、「小臣謎簋」、「周𡩜壺」。

1. 鄧少仲方鼎（《金文錄》10）

院藏「鄧少仲方鼎」，全器銹蝕嚴重，銘文鑄在器壁至器底，其上半部銹掩不清，雖從X光透視片可見出部分筆畫字形，但在比較蘇黎世利特堡博物館藏同銘異範的方鼎後，則更能確認X光片上的字形筆畫，使摹本愈形精確。至於在缺乏X光透視技術的環境，採取同銘異範來增加釋讀率，應是更爲重要的了。

2. 𦐖父方鼎（《金文錄》11）

藉由異範三同銘之「𦐖」字對比，證實此作器名爲從「羽」從「矢」從「戶」之字[46]。

3. 小臣謎簋（《金文錄》24、25）

由「小臣謎簋」之「謎」字的同銘比對，查知「來」旁的演變規律，以確釋此字爲「謎」。

4. 周𡩜壺（《金文錄》74）

「周𡩜壺」銘文銹掩，透過異範同銘比照，全銘始得清楚通讀。尤其是蓋銘與器銘在「子子孫孫」與「孫孫子子」的不同，非經比對，極易將故宮藏器銘誤讀。

---

46 參見《金文錄》頁273、274。

七、確名號

故宮在臺新購（86 年 8 月）之「夷曰匜」（《金文錄》81），銘文二行六字，「尸（夷）曰作寶障彝」。北京保利物館收有一「蛇紋盤」，亦有二行六字銘文：「尸（夷）曰乍（作）寶尊彝」。二器紋飾、銘文相同，當爲同組盤匜禮器。二銘書風極近，字形筆法亦相若，但盤銘篇幅較大（9.2×3.7cm），匜銘較小（7×3.2cm），應是同銘異範之作。

《保利藏金》說者[47]稱盤銘：「這些銘文的文字存在著若干問題，如應寫作白（伯）字的卻誤作曰字；彝字所像捆縛雙翅鳥，鳥足方向相反且前面多出一個夕旁。這些，使一些人對銘文的眞僞產生懷疑。」其實以「曰」爲人名的例子，金文中尚非罕見，「夷伯」雖爲習見之人名，卻不宜強將此「夷曰」改爲「夷伯」，以此扣合已知之名，更何況臺北歷史博物館亦於近年間購入「尸（夷）曰壺」，銘文二行五字：「尸（夷）曰作寶障」。作器者名全同，檢視同銘異範之例，尚未見有人名或同一字誤書誤鑄三次之例，《保利藏金》說者恐誤。

經由同銘比對，「夷曰」之名，應可確入金文人名之列，其與「睘尊」中之「夷伯」有何關係，則尚待進一步研究。至於說「彝」字字形可怪，檢諸金文字表，同偏旁布置之例甚多，毋須置疑。

---

[47] 孫華，〈蛇紋盤〉，《保利藏金》（嶺南美術出版社，1999 年）頁 112。

八、證書風

西周全期近三百年，其銘文書風約有三期之變，早期（武、成、康、昭）主要承襲晚商金文，主流是雄肆清勁[48]；中期（穆、恭、懿、孝、夷）逐漸出現風格改變[49]；晚期（厲、共和、宣、幽）似有美術工致與書寫隨意的分途走向[50]，而三期各有較特殊之字形與偏旁寫法。例如「伯定盉」、「𨟻父方鼎」。

1. 伯定盉（《金文錄》78）

「伯定盉」蓋器對銘各二行五字，盉的形制與西周早期「太保盉」（《中國文物精華大辭典・青銅卷》頁 150）、「父癸臣辰先盉」（《商周青銅酒器》頁 159）相近，這種四足盉也見於西周中期的「伯衛父盉」（《金文錄》頁 131）。從銘文看，器銘清勁嚴飭，是早期書風的特色，蓋銘婉整秀麗，已是中期書風的展現，可知二銘書手可能不同一人，但爲早、中期之交，並存了舊、新兩種書風，驗證了西周早、中期過渡的書風流變現象。

2. 𨟻父方鼎（《金文錄》11）

「𨟻父方鼎」傳世三銘拓，「貝」字寫法或作西周早期習見之「」，或作西周中期才普遍的「」形寫法（「貝」下二豎畫突出），可證此鼎鑄造時間應在西周早、中期之交（約昭王至穆王前段），而以形制紋飾衡之，則略近昭王時期。

---

48 參《金文錄》頁 19。
49 參《金文錄》頁 73。
50 參《金文錄》頁 137。

伍、結 語

本文由臺北故宮所藏西周帶銘銅器出發，尋找「同銘異範」的各種類型。在「蓋器」、「同類器」、「同組器」的同銘（近銘）共三十餘組件的追索中，儘可能參比了目前可見的相關銘拓（如《集成》、《總集》、《銘文選》等）與器型（各博物館藏品）資料，更藉由《故宮西周金文錄》所刊布的銘文彩照、X光透視片、銘拓摹本及個人目驗銅器鑄造與銘文範鑄痕迹，對金文中「同銘異範」提出一、校漏字；二、知訛字；三、識變化；四、明眞僞；五、補文義；六、增識讀；七、確名號；八、證書風等價值。討論過程中也涉及了鑄、刻銘文的差異，並對容庚曾經致疑的幾件銅器，提出不同的淺見。

隨著金文銘拓與銅器圖錄的大量刊布，文字學者更能有效地掌握「金文」所倚附的銅器的形制紋飾及其時代性，在考古類型學的輔助下，建構堅實的「斷代工程」與更完整的「標準器」。但在書範與鑄銘的工序中，同銘的異範金文往往透顯了較不爲人注意的文字現象，許多戰國文字的異化情形似乎可推早至西周，銘拓的眞僞與否及銘文的漏字、訛字、隸定與文義等，也可藉由同銘異範比對窺知大要。至於西周書風的流變和特殊用字現象，本文只能略舉一端，全面地討論，只能俟諸來日。

參考文獻

《保利藏金》編輯委員會 （1999 年） 保利藏金 廣州：嶺南美術

出版社

中國社會科學院考古研究所（1984~1994）殷周金文集成（本文簡稱《集成》）北京：中華書局

方濬益（清）（1976年）綴遺齋彝器考釋（本文簡稱《綴遺》）臺北：台聯國風出版社

王杰（清）（1980年）西清續鑑乙編 臺北：台聯國風出版社

王杰（清）（1980年）西清續鑑甲編 臺北：台聯國風出版社

白川靜（1964年）金文通釋 京都：白鶴美術館

吳大澂（清）（1971年）恒軒所見所藏吉金錄（本文簡稱《恒軒》）臺北：藝文印書館

吳大澂（清）（1976年）愙齋集古錄（本文簡稱《愙齋》）臺北：台聯國風出版社

李學勤（2000年）從亞若方彝談到我方鼎 中國青銅器萃賞 新加坡：National Heritage Board

李學勤、艾蘭（1995年）歐洲所藏中國青銅器遺珠 北京：文物出版社

林巳奈夫（1984年）殷周時代青銅器之研究 東京：吉川弘文館

姚孝遂（1983年）𩰫鼎辨僞 古文字研究 第八輯

故宮博物院（1999年）故宮青銅器 北京：紫禁城出版社

唐復年（1993年）西周青銅器銘文分代史徵影集 北京：中華書局

容庚（1973年）商周彝器通考（本文簡稱《通考》）臺北：大通書局

容庚（1976年）善齋彝器圖錄 臺北：台聯國風出版社

容庚（1978年）頌齋吉金圖錄（本文簡稱《頌齋》）臺北：台聯國風出版社

容庚 （1978 年） 寶蘊樓彝器圖錄 臺北：台聯國風出版社

容庚 （1985 年） 金文編 北京：中華書局

馬承源等 （1986 年） 商周青銅器銘文選（本文簡稱《銘文選》） 北京：文物出版社

國立故宮、中央博物院聯合管理處 （1958 年） 故宮銅器圖錄（本文簡稱《故圖》） 臺北：中華叢書委員會

國立歷史博物館編輯委員會 （1995 年） 國立歷史博物館館藏青銅器圖錄 臺北：國立歷史博物館

國家文物局 （1995 年） 中國文物精華大辭典‧青銅卷 上海：上海辭書出版社

張光遠 （1988 年） 故宮新藏周成王時睘尊 故宮文物月刊 61 期

梁詩正（清）（1983 年） 西清古鑑（本文簡稱《西清》） 臺北：臺灣商務印書館

陳芳妹 （1989 年） 商周青銅酒器 臺北：國立故宮博物院

游國慶 （1990 年） 戰國古璽文字研究 國立中央大學中國文學研究所碩士論文

游國慶 （2000 年） 千古金言話西周 臺北：國立故宮博物院

游國慶 （2000 年） 我方鼎蓋器眞僞考辨 第十一屆中國文字學全國學術研討會論文

游國慶 （2000 年） 故宮西周金文錄（本文簡稱《金文錄》） 臺北：國立故宮博物院

黃濬 （1976 年） 尊古齋所見吉金圖 臺北：台聯國風出版社

楊樹達 （1959 年） 積微居金文說 北京：科學出版社

鄒安 （1978 年） 周金文存（本文簡稱《周金》） 臺北：台聯國風出版社

劉心源（清）（1891 年） 古文審 嘉魚劉氏龍江樓刊本
劉心源（清）（1971 年） 奇觚室吉金文述（本文簡稱《奇觚》） 臺北：藝文印書館
劉體智 （1972） 小校經閣金石文字（本文簡稱《小校》） 臺北：藝文印書館
劉體智 （1998 年） 善齋吉金錄 上海：上海圖書館
潘祖蔭（清）（1997 年） 攀古樓彝器款識（本文簡稱《攀古》） 上海：上海古籍出版社
羅振玉 （1980 年） 殷文存 臺北：台聯國風出版社
羅振玉 （1983 年） 三代吉金文存（本文簡稱《三代》） 北京：中華書局
嚴一萍 （1983 年） 金文總集 臺北：藝文印書館

牆𣪘

蓋

器

作冊大方鼎

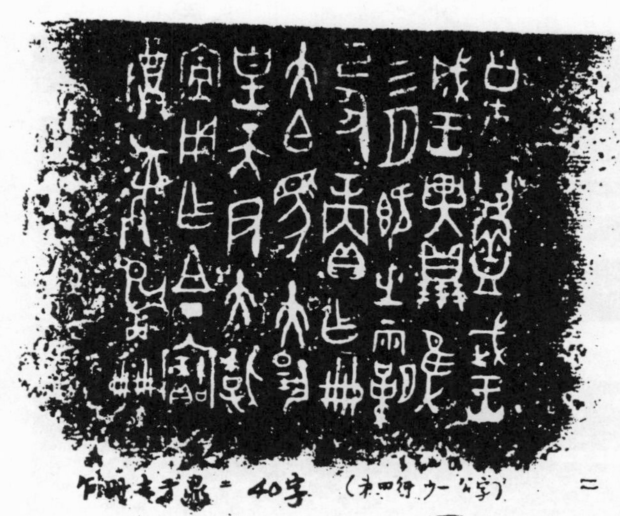

作冊大方鼎二 40字 (第四行少一公字) 二

作冊大方鼎一 41字 (多一公字 第四行) 一

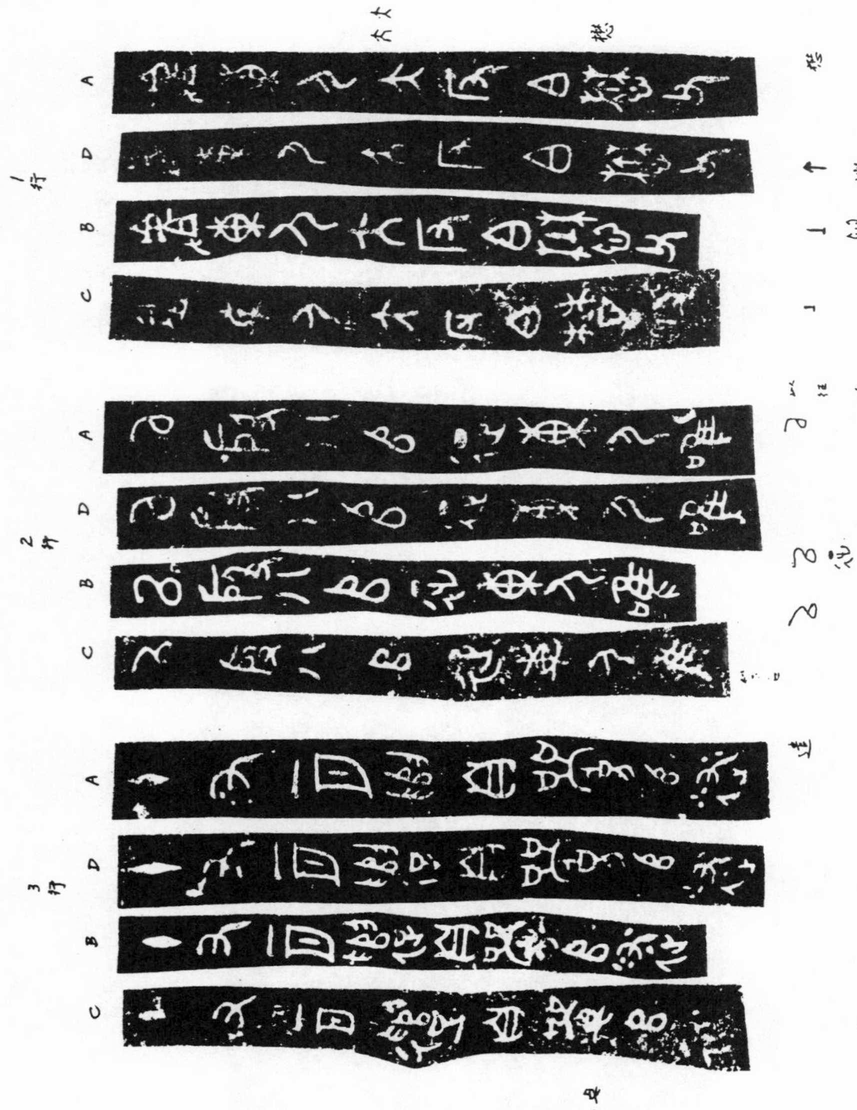

蓋（A）

器（B）

小臣謎毀一

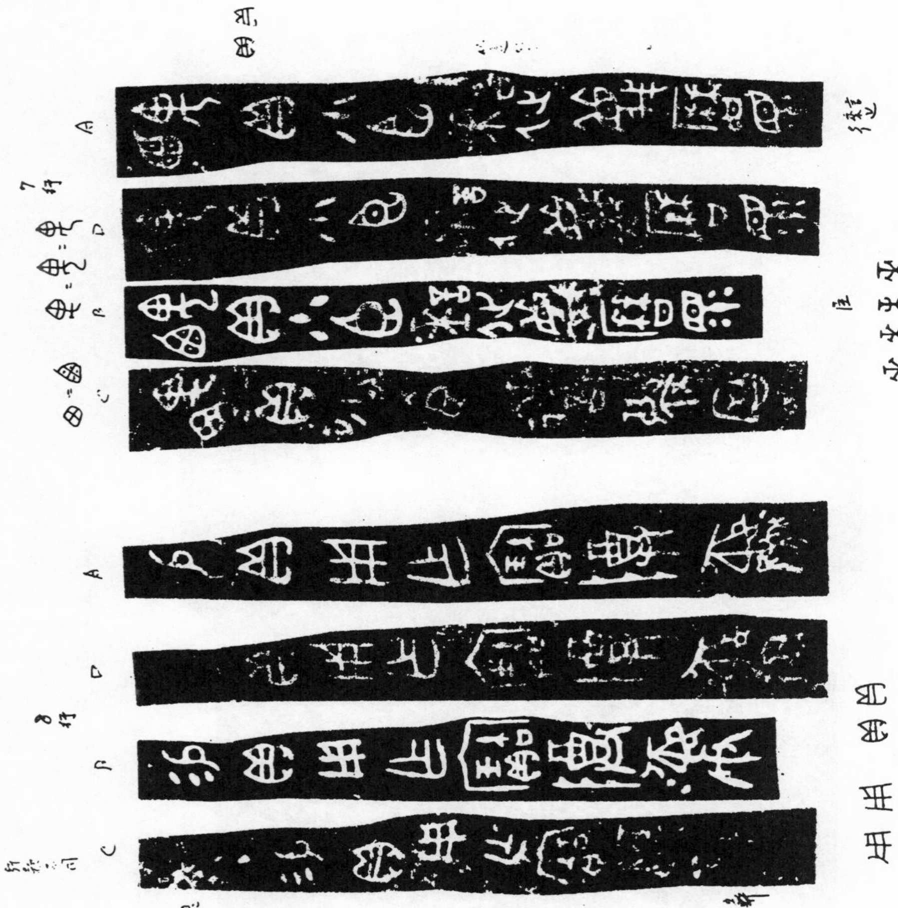

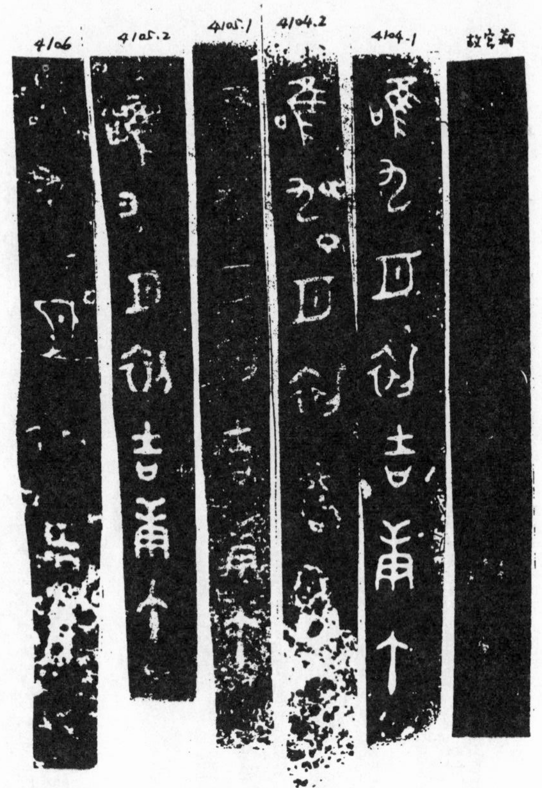
4106
4105.2
4105.1
4104.2
4104.1
故宫藏

4106
4105.2
4105.1
4104.2
4104.1
故宫藏

[illegible]𣪕銘文比對(一)

隱簋

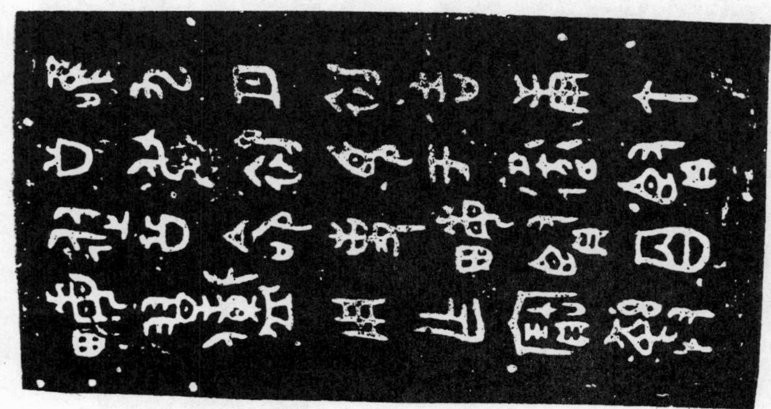

故宮藏

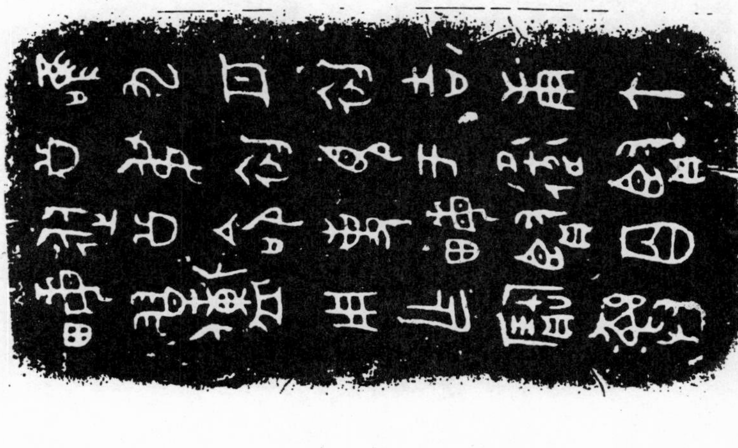

集成 4104.1 蓋（上博藏）

器　　蓋

蘇公子敦

蓋　　器

静　（静𣅜）

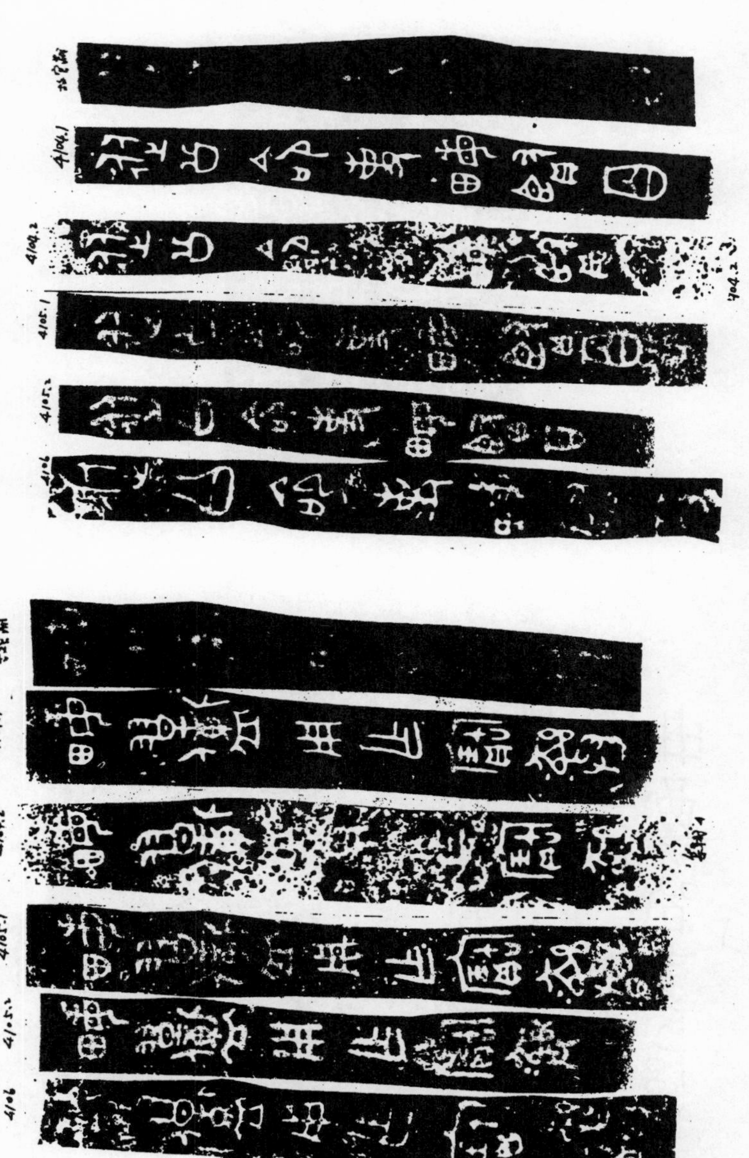

賢𣪘銘文比對(二)

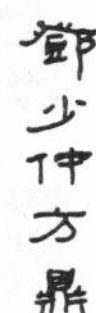

故宮藏拓本

歐藏遺珠

故宮藏摹本（参文光片）

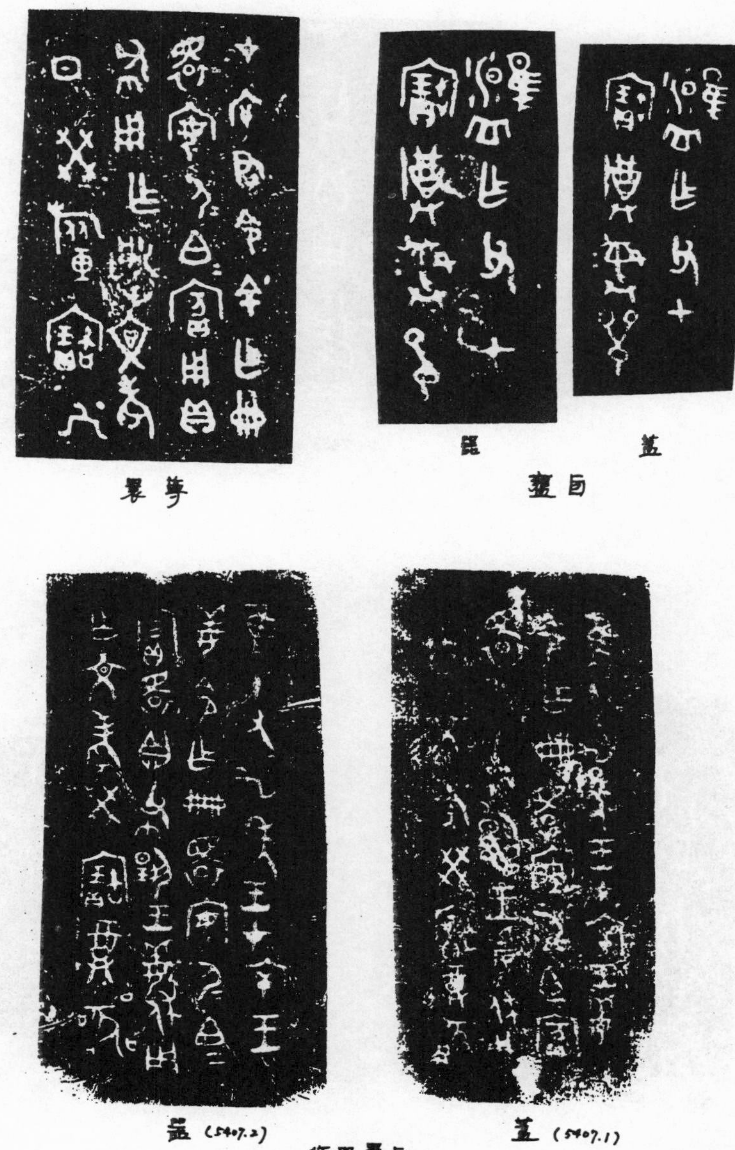

睘尊

器　蓋

盩卣

器 (5407.2)　蓋 (5407.1)

作冊睘卣

[illegible]父鼎

4·2453 故宮藏

[illegible]父鼎

[illegible]父鼎

簋(C)

簋(D)

小臣謎簋二

周䰞壺

9691 · 1

周㝅壺

釋《莊子・應帝王》中的「帠」

何樹環

摘要

《莊子・應帝王》中有一段天根與無名人的對話，其文曰：

> 「天根遊於殷陽，至蓼水之上，適遭無名人而問焉，曰：『請問爲天下。』無名人曰：『去！汝鄙人也，何謂之不豫也！予方將與造物者爲人，厭，則又乘夫莽眇之鳥，以出六極之外，而遊無何有之鄉，以處壙埌之野。汝又何帠以治天下感予之心爲？』又復問。無名人曰：『汝遊心於淡，合氣於漠，順物自然而無容私焉，而天下治矣。』」

文中「帠」字在文獻中僅一見，晉代郭象的注對此字並無訓解，司馬彪的《莊子注》則云：「帠，法也，一本作寱，牛世反。」[1]至唐代陸德明《莊子音義》云：「帠，徐音藝，又魚例反。司馬云：『法也，一本作寱，牛世反。』崔本作爲。」[2]顯然至唐代時對「帠」字的音、義就有不同的看法，且陸德明並不確定「帠」字究竟是讀爲「寱」還是讀爲「爲」。然依其所錄司馬之

1 晉・司馬彪：《莊子注》葉二七。據《四部分類叢書集成三編》第16輯《黃氏逸書》第十八函（台北：藝文印書館 1971 年）。

2 唐・陸德明：《莊子音義》葉二五。據《無求備齋莊子集成初編》第 2 冊（台北：藝文印書館 1972 年）。

說，將「㠯」訓爲「法也」，文意無法通順，則是顯而易見的。清代以來的學者則陸續有不同的看法，可分爲四類：（一）據古文字的字形，認爲「㠯」是「叚」字隸寫之誤；（二）據《說文》「爲」字的字形，並參以「崔本作爲」，認爲「㠯」是「爲」字之訛，「㠯」的字形是由《說文》「爲」字的古文而來；（三）據陸德明所述，認爲「㠯」是「臬」字之誤，「臬」是「寱」的通假字；（四）讀「㠯」爲「詣」，「何㠯」猶「何故」。本文對此四種說法進行檢討，並認爲「㠯」、「臬」二者非誤字，「㠯」可能是「臬」的古文或體或奇字，在文句中做動詞用，整句是說：你又可必說夢話，拿治天下事這種事來擾亂我的心呢？

關鍵詞：㠯；莊子；古文或體、奇字

一、歷來說法檢討

《莊子・應帝王》中「天根」與「無名人」有一段關於治天下的對話，其中「汝又何㠯以治天下感予之心爲？」句中的「㠯」字在文獻中僅此一見，晉代的注本或略而不論，或訓爲「法也」，但訓「㠯」爲「法也」，於文意顯然並不恰當，後世對此字之音義遂有不同的看法。底下對諸說逐一檢討。

（一）以「㠯」爲「叚」之檢討

將「㠯」釋爲「叚」，首見於孫詒讓之《莊子札迻》，其文云：

> 「案，㠯字，字書所無，疑當爲叚。《說文・又部》叚或作𠬪，古金文叚字或爲（見鐘鼎款識晉姜鼎，詳余所著《古籀

拾遺》），故隸變作帠（𢆶變爲臼，屮變爲巾），此亦古字之僅有者，何叚猶言何藉也，崔撰本作『爲』，於文複贅，非也（王筠《說文句讀》據崔本謂帠是爲古文作臼之訛，俞氏平議又謂「帠」當爲「臬」而讀爲「寱」，並未得其義。）」[3]

其後朱桂曜《莊子內篇證補》亦主此說並有修正與補充，其說云：

「曜案，孫詒讓以『帠』爲『叚』之誤字，甚是，但以『何叚』爲『何藉』則非。」[4]

又於〈人間世〉：「何暇至於暴人之所行」證補云：

「曜案，『何暇』蓋古時通語，《呂氏春秋・不侵》：『君恐不得爲臣，何暇從以難之？』《韓詩外傳》：『吾則死矣，何暇老哉？』又『吾君方今將被蓑笠而立畎畝之中，惟事之恤，何暇念死乎！』本篇下文『行事之情而忘其身，何暇至於悅生而惡死？』〈在宥〉：『匈匈焉以賞罰爲事，彼何暇安其性命之情哉？』〈田子方〉：『方將躊躇，方將四顧，何暇至乎人貴人賤哉？』並用『何暇』字。〈讓王〉：『予適有幽憂之病，方且治之，未暇治天下也。』『未暇』與『何暇』義亦通。字亦作『假』，〈德充符〉：『奚假魯國，丘將引天下而與從之。』亦作叚，〈應帝王〉：『汝又何帠以治天下感予之心爲』，孫詒讓謂『帠』乃『叚』之

3 清・孫詒讓：《莊子札迻》p3。據《無求備齋莊子集成初編》第 37 冊（台北：藝文印書館 1974 年）。

4 清・朱桂曜《莊子內篇證補》p201~202。據《無求備齋莊子集成初編》第 26 冊（台北：藝文印書館 1972 年）。

訛。『何帛』即『何叚』也。」[5]

朱氏本孫詒讓以「帛」為「叚」之說，認為「何帛（叚）」猶〈人間世〉、〈在宥〉、〈田子方〉所見之「何暇」，「暇」於〈德充符〉則作「假」。按，假、暇、叚三字古音十分接近，假、暇皆從叚得聲，假、叚二字古音同為見紐魚部字，暇為匣紐魚部字，三字可相互通假是不成問題，將「何暇」視為當時的慣用語，由上舉文例來看，在先秦也確實存在這種用法。然此說之根本在於以「帛」為「叚」，而此一根本是否可信，細按字形，恐不能無疑。蓋孫詒讓所引《歷代鐘鼎彝器款識法帖》卷十所錄〈晉姜鼎〉之摹本，叚字作[古文字]，孫氏將左半部[古文字]視為[古文字]（手），顯然是很有問題的，由其他銅器銘文所見之叚字，叚字左半實未見有作[古文字]（手）形者，如：

[古文字] 寰盤　　　[古文字] 盠尊

[古文字] 師寰簋　　[古文字] 盠方尊

[古文字] 禹鼎

由以上字形可知，叚字雖然有時省掉右半上部之「[古文字]」，但左部之「[古文字]」，筆劃是分開不相連的，與同時期所見之「[古文字]」不至混淆。若由時代較晚的戰國秦漢文字來看，「叚」字左半之形體與同時期之「手」形，亦判然有別，如馬王堆出土的〈戰國縱橫家書〉：「假君天下數年矣」的假字作[古文字]，《睡虎地秦簡》的叚字作[古文字]、[古文字]，漢印中的假字作[古文字]，雖然叚字左半的「[古文字]」、「[古文字]」，橫筆已與豎筆相連，但仍與「[古文字]」有明顯的區別，不至於與右半的[古文字]、[古文字]或[古文字]合為「臼」。其次，孫詒讓將下半部的[古文字]認為即是隸變

5 同注 4，p106。

後的「巾」，也並不正確，ㄓ（手、又）的「開口」方向在古文字中雖有朝上、朝下、朝左、朝右的形體，但其位置在字形的下半部時，幾乎無例外的皆不朝下，且叚或从叚的字，其所从的「又」，無例外的皆作「ㄓ」，不會與「巾」相混。所以，儘管把「何帠」讀爲「何暇」，文意雖可通暢，亦有辭例可供佐證，但字形上卻顯然沒有太多的根據。

（二）以「帠」爲「爲」之檢討

王先謙、錢澄之、王闓運及近人金祥恒先生皆認爲「帠」是「爲」字之訛，王先謙《莊子集解》云：「帠，徐音藝，未詳何字。崔本作爲，當從之。」[6]錢澄之《莊屈合詁》云：「帠，法也，音詣，臬也。崔本作爲。按，古文爲字作𢀳，以此而訛。」[7]王闓運《莊子內篇注》云：「古爲字從二爪相對，下從帣，象之足也。」[8]金先生〈釋帠－爲〉云：

> 「《南華眞經》郭注云：『帠，徐音藝，又魚例反，司馬云：『法也』，一本作寱，牛世反。崔本作爲，治也。』（《續古逸叢書》宋大字本）而王先謙《莊子集解》云：『俞樾曰：『帠未詳何字，以諸說參考之，疑帠乃臬字之誤，故有魚例反之音。而司馬訓『法』，亦即臬之義也。然字雖是臬，而義則非臬，當讀爲寱。寱從臬聲，古文以聲爲

6 清・王先謙：《莊子集解》p98。據《無求備齋莊子集成初編》第26冊（台北：藝文印書館 1972年）。

7 清・錢澄之：《莊屈合詁》p280。據《無求備齋莊子集成初編》第31冊（台北：藝文印書館 1974年）。

8 王闓運：《莊子內篇注》p185。據《無求備齋莊子集成初編》第36冊（台北：藝文印書館 1974年）。

主，故或止作臬也。一本作寱者，破假字而爲正字耳。』《一切經音義》引通俗文曰：『夢語謂之寱，無名人蓋謂天根所問皆夢語也。』俞氏所謂一本作寱，實爲寱之誤，因《説文》有寱而無𢯱，遂將𢯱字訛爲寱，其音讀爲魚例反。𢯱乃𣪠之隸訛，將𠔉隸成手，宀爲宀，𣏟隸爲臬，其身尾隸訛成木，猶帠之隸訛爲巾也。』總而言之，《莊子》：『汝又何帠以治天下』之帠，不論隸定成爲𢯱或帠，實爲一字。爲，𢯱本《説文》之小篆而隸寫，帠本《説文》古文而隸寫也。」[9]

按，王闓運《莊子內篇注》中的「帠」字作「𢂋」，與其他文本皆不同，未詳何據。金先生引宋大字本郭象所注《南華眞經》中的一段文字，實爲陸德明《莊子音義》中的文字，其中的寱字，查原書，確系作「寱」。而收於《續古逸叢書》的宋刻本《南華眞經》，其中的「寱」字作「寱」，並非从「手」作「𢯱」[10]。「爿」當爲「爿」之異體或誤刻，由稍早的字形來看，《武威漢代醫簡》中的牀字作「牀」（84甲），狀字作「狀」（3），那麼宋刻《莊子音義》中的「爿」作「爿」，兩者爲異體的可能性較大，《莊子音義》的刻本中或从「爿」作「寱」，或从「爿」作「寱」，可能是所據寫本不同所造成的。總之，文獻中並沒有從

9 金祥恒〈釋帠一爲〉，收於《金祥恒先生全集》第四册（台北：藝文印書館1990年），p1531~1542。文中「崔本作爲」，底下原爲「治，直吏反，下文同」，非「治也」二字。又，所引王先謙之語即注6所引之文；「《莊子集解》云」底下的一段話系兪樾《諸子平議》之說。

10 即《南華眞經注》，郭象注，陸德明音義。爲北宋、南宋合璧本，收於《續古逸叢書》，江蘇廣陵古籍刻印社1994年有影印本，此本亦收於《無求備齋莊子集成初編》第1册（台北：藝文印書館1972年）。

「手」作「𢳆」的。那麼「𢳆乃𥾆之隸訛，將𠔉隸成手，广爲宀，𥾆隸爲臬，其身尾隸爲木，猶帠之隸訛爲巾也」，此若合符節的說法，也就失去了依據。連帶地，以「帠」爲「爲」字古文隸訛而來的說法，由《說文》爲字古文作𤓰，至多也只能說明「帠」字上半「臼」的來歷，下半所从的「巾」則沒有著落，所以此說法實亦不足深信。

（三）讀「帠」爲「詣」之檢討

陳壽昌《南華眞經正義》於「汝又何帠以治天下感予之心爲」注云：

「何帠，猶何故也。」（「帠」旁注「詣」）[11]

按，讀「帠」爲「詣」，估計是由陸德明「帠，徐音藝」而來，這種讀法在聲韻上還不算太遠[12]，但是意義上則沒有什麼根據。且此說法並沒有進一步對這個文獻中僅一見的「帠」究竟爲何字提出說明，其意義不大，今人所作有關《莊子》譯注，皆不列此說法，可說是已經被淘汰的一種看法。

（四）以「帠」爲「臬」之檢討

在上引金先生之文中，已見到俞樾《諸子平議》中的說法，其說法可歸納爲

---

[11] 見《南華眞經正義》p127。據《無求備齋莊子集成續編》第 37 册（台北：藝文印書館 1974 年）。

[12] 藝的中古音爲蟹攝開口三等，詣是蟹攝開口四等，同爲去聲，詩韻同在霽韻。藝的上古音爲疑紐月部字，詣爲疑紐脂部字。《詩經》中月部字可與脂部入聲的質部字押韻，如《詩經・小雅・正月》之八章：「心之憂矣，如或結之，今茲之正，胡爲厲矣！」結上古爲質部字，厲爲月部字。

A「帠」疑爲「臬」字之誤

B故陸德明《莊子音義》有「魚例反」之音

C司馬彪「帠」爲「法也」，蓋「法也」即「臬」之義

D「帠」（臬）在此爲「寱」假借字，故陸德明《莊子音義》有「一本作寱」

E「寱」做名詞用，意即「夢語」

按，以「帠」爲「臬」之訛，「臬」乃與郭象所云「徐音藝」有聲韻關係（「臬」、「藝」、「魚例反」、「牛世反」四者的上古音都是疑紐月部），但此說法是建立在「帠」爲「臬」字之誤的基礎上，而俞氏並沒有對字形訛誤的情形做進一步的說明，且從《莊子》的各種傳本皆作「帠」來看，亦無充分理由可以說明「帠」、「臬」兩者是正字與誤字的關係。對於「崔本作爲」，俞氏也沒有提出解釋。若從文意來看，「帠」在文句中恐亦非如俞氏所說做名詞用。雖然此說尚非完備，但較之上述三說，更能與較早注本所云「徐音藝」、「一本作寱」有所聯繫，實未可輕忽。今試補充說明之。

二、疑「帠」為「臬」的古文異體

首先就「帠」、「臬」之字形而言。臬字下半从木，帠字下半从巾。觀戰國至漢的文字字形中，作爲偏旁之木、巾皆有作「朩」、「帀」之形者，此現象意味著「木」與「巾」在偏旁中混用的可能性是存在的。先舉字形从巾作「朩」的例子：如曾侯乙墓竹簡中，从巾的字往往作「朩」，如

布字作 [illegible]（122、124、130）；

常字作[illegible]（6）；

幃字作[illegible]（122、137、138）[13]

又如信陽楚簡

布字作[illegible]（1.010）[14]

而以木爲偏旁的字，其所从的木亦有作「朩」之形者，如：滿城漢墓宮中行樂錢銘文：

「樂乃始」的樂字作[illegible]；[15]

見日之光鏡銘文：

「長樂未央」的樂字作[illegible]；[16]

櫟陽高平宮金鼎中的櫟作[illegible]；[17]

漢印中从木的字作朩者不乏其例，如：

欒字作[illegible]；

樂字作[illegible]、[illegible]；

桑字作[illegible]等[18]

木、巾在偏旁中又有皆作朩之形者，先舉字形从巾作「朩」的例子：如馬王堆漢墓《老子》乙本前佚書〈順道〉：

「因而飾（飭）之」的飾字作[illegible]（140 上）；

〈相馬經〉中的飾字作[illegible]（18 下）

13 參中國社會科學院考古研究所編輯：《曾侯乙墓》下，（北京：文物出版社 1989 年）。

14 據滕壬生：《楚系簡帛文字編》（武漢：湖北教育出版社 1995 年），p642。

15 據漢語大字典字形組編：《秦漢魏晉篆隸字形表》（成都：四川辭書出版社 1985 年），p389、1303。

16 據漢語大字典字形組編：《秦漢魏晉篆隸字形表》，p389、1303。

17 據漢語大字典字形組編：《秦漢魏晉篆隸字形表》，p370。

18 據羅福頤編：《漢印文字徵》（北京：文物出版社 1978 年），6.3 欒信私信，6.9 樂雲私印、長樂印，6.12 桑肩私印。

而以木爲偏旁的字，其所从的木亦有作「𣎳」之形者，如馬王堆《老子》乙本前佚書〈果童〉：「夫天有榦，地有恒常」（96上），相近的文句亦見於《老子》乙本前佚書〈行守〉：「天有恒榦，地有恒常」（134下），〈行守〉中榦字从木，但〈果童〉中的榦字作「榦」。又，从巾的字，亦偶有與「木」無別者；如《古泉齋泉拓》第一冊中有布幣之布作「杅」[19]。若是從古文隸定的情形來看，从木的字在隸定過程中，確有變爲从巾的情形，如《龍龕手鏡》棘字古文作「𣛭」，徐在國云：

「此即《說》（引按，即《說文解字》）棘字篆文𣚍形之隸變。」[20]

又如宋本《玉篇》梁字古文作㳽，徐在國云：

「《四》（引按，即《古文四聲韻》）2・陽・13下引崔希裕纂古梁字作𣛭，與㳽形似。」[21]

總之，從戰國文字或漢隸的字形來看，作爲偏旁的「巾」或「木」，在字形上是有混同的情形，且隸定古文時也有原本从「木」隸定作「巾」的例子，那麼《莊子・應帝王》中「帛」字下半所从的「巾」，可能是因爲巾、木都可作「朩」、「𣎳」之形，遂使後來隸定時將原本从木的字隸定作从巾，但仍不能完全排除「帛」字所从的「巾」，就如同棘字古文或隸定从巾，梁字古文或隸定从巾的情形，是對字形誤判所形成的異體的可能性。

臯字上半从自，帛字上半从臼，字形看似差距頗大，但若從戰

---

[19] 據商承祚、王貴忱、譚棣華編：《先秦貨幣文編》（北京：書目文獻出版社1983年3月），p117。

[20] 徐在國：《隸定古文疏證》（合肥：安徽大學出版社2002年6月），p154。

[21] 徐在國：《隸定古文疏證》，p131。

國以至秦漢文字的使用情形來看，「自」要出現形體如「臼」的異體並非不可能。睡虎地秦簡〈封診式〉：「謁黥劓丙」（43）[22]，文中的劓字作，上半从白（非顏色之白），《說文・四上・白部》：「白，亦自字也。」雖然顏色之白與表示「鼻」的「白」各有來源，但在實際的使用上往往沒有刻意區分，如楚系文字的百字作、，下半皆从自不从白。至秦漢時，在文字線條化的趨勢影響下，更使白字、日字造成形體混用的情形，如馬王堆《老子》甲本後佚書〈五行〉：「言其能柏，然笱（後）禮也。」（270）文中的柏作；上引滿城漢墓宮中行樂錢，銘文中樂字所从之白亦作「」，而秦末兩漢時字形中帶有「」形的，有幾個字都有从「」的異體，如申字，《說文》所錄籀文作，馬王堆《老子》甲本作（47），同墓所出〈春秋事語〉則已將筆劃相連作（44），類似的情況尚見於臾字，或作（《老子》乙前 160 上），或作（武威漢簡・燕禮 46）；曳字或作（《老子》乙 242 上），或作（居延簡乙 120.53）[23]。以上是將原本筆劃不相連的「」寫成相連的「」形的例子，在傳世的古文中，則有將原本相連的筆劃分寫爲「」的，如《汗簡》所錄出自義雲章的陳字作、（《說文》中東之形構是日在木中，此顯係當時較普遍的看法）。據鄭珍所云，《義雲章》與《義雲章切韻》應是同一書，時代約在隋陸法言之後[24]，此書時代雖然較晚，但曾對《汗簡》作

---

22 參睡虎地秦墓竹簡整理小組編：《睡虎地秦墓竹簡》（北京：文物出版社 2001 年 12 月 1 版 2 刷）。

23 據漢語大字典字形組編：《秦漢魏晉篆隸字形表》，p1067。

24 鄭珍《汗簡箋正》葉七：「切韻自陸法言後撰者不止一書，以《汗簡》知有《存義切韻》、《義雲切韻》，以《說文繫傳》知有朱　《切韻》，李舟《切韻》，所不者猶多。」葉六義雲章條：「下《義雲切韻》與此是一書。」（台北：廣文書局 1974 年）。

過注釋的黃錫全先生認爲，此書的可信度極高，其說云：

> 「編中（引按，指郭忠恕《汗簡》）錄《義雲章》與《義雲切韻》約計四百九十三文（不含部分重字），其中注《義雲章》者四百三十九字，與三體石經古文、《說文》古文、籀文、或體以及先秦古文字形體大致相合者約占半數以上。有的字形雖暫不見于古文字，然其形體古樸，來源應有根據，是一筆很值得重視的文字材料。連鄭珍也認爲『此書文字頗繁，蓋其體例多錄奇字』。」[25]

綜上所述，臬及從臬的字雖已見於商代甲骨文[26]，但舉凡先秦臬或从臬的字，甚至是从「自」的字，尚未見到將「自」寫作「臼」或近於「臼」的形體，古文字字形「ㄝ彐」隸變爲「自」的情形也尚未見過，據此估計，「自」要出現近於「ㄝ彐」的寫法，至少必須是「自」、「白」混用，「白」與「日」混用之後才出現的，而「自」、「白」混用，據目前的資料來看，大約是在戰國中晚期，「白」、「日」混用大約是在秦至漢初較爲常見，不排除有再提前的可能[27]，目前雖然無法確定《汗簡》所引《義雲章》所錄古文的年代及來源，但字形屬先秦則是應該可以肯定的，再配合木、巾形體相混的時間大致是戰國至漢初較常見，那麼從字形來看，出現以「帠」爲「臬」的時代大約應是在戰國中晚期至秦漢之際，此與《莊子》成書的時代亦大致相合。據此，以「帠」爲「臬」，恐

[25] 黃錫全：《汗簡注釋》（武漢：武漢大學出版社 1993 年 12 月 1 版 2 刷），p44。

[26] 《甲骨文合集》6333 有臬字，《合集》7320 有䆀字，前者作地名用，後者爲水名，五期卜辭又有「在䆀」，䆀作地名用。

[27] 戰國中期〈鄂君啓節〉中晉字作[古文字形]，下半所从的日與〈皆壺〉（《集成》9535）中皆（[古文字形]）的下半已無區別，據《說文》，皆字「从比从白。」

非僅是隸定所造成的訛誤，從各本皆作「帠」來看，「帠」與「臬」亦非爲正字、誤字的關係。很可能由於「巾」、「木」在偏旁時的混同、「𦥑」與「自」、「白」、「日」的異體現象，「帠」實爲「臬」字的或體或古文奇字。

最後對「崔本作爲」稍作說明。以「帠」爲「爲」置於「汝又何帠（爲）以治天下感予之心爲」中觀察，文句中前後兩爲字，文意難以通暢，且據前述，爲之字形與帠顯然不合。故「崔本作爲」之「爲」與他本之「帠」，當是聲韻相近的關係。爲，古音屬匣紐歌部字，與陸德明《莊子音義》所云「徐音藝」、「魚例反」（皆疑紐月部字），讀音相近。是以知「崔本作爲」之「爲」，其所記錄者實乃「帠」之音，「爲」既非「帠」之訛，其意義亦未可就「爲」求之。

三、結　語

《莊子・應帝王》中的「帠」字，文獻僅此一見，陸德明《莊子音義》引司馬彪「帠，法也」的訓解雖不是很通達，對「帠」字也沒有做明確的說明，但「徐音藝」、「牛世反」、「一本作寱」則，保留了「帠」字的聲韻和字形的可能性，爲理解「帠」之音義提供了主要的線索。對「帠」字的訓解，民國以來的學者若非遵從孫詒讓釋爲「叚」、朱桂曜讀「叚」爲「暇」之說，即是採用俞樾「帠」爲「臬」字之誤，「臬」當讀爲「寱」的看法，間有採信金先生釋爲「爲」者。但孫、朱之說在字形上缺乏根據，金說必須建立在典籍字形有誤的基礎上始得成立，但事實上，文獻中的「寱」字雖有不从「爿」者，但並無从「手」做「㩸」者，故此說亦不足深信。俞說在聲韻上雖說得通，字形上也與「一本作寱」較有關聯，惜於帠與臬之關係未有所說明，且未對「崔本作爲」提出解釋。其將「帠」訓爲「夢語」，在意義上是可以說得通，但從文句的語法結構來看，則「帠」在此顯然不做名詞用。個人認爲，從字形上看，「帠」可能是「臬」的古文或體或奇字，從聲韻上看，此字「崔本作爲」，「爲」上古音屬匣紐歌部字，與疑紐月部字的「帠」（臬），兩者發音部位相同，韻母陰入對轉，所寫之字雖是「爲」，但記錄的詞乃是「臬」。從意義上看，將帠（臬）讀爲「一本作寱」的寱是有其合理成分，但此字在反詰疑問語氣詞「何」之下，「帠」（臬）字在此應爲動詞，意謂「治天下」猶如說夢話。整句可加上一個標點，讀爲：「汝又何帠，以治天下感予之心爲？」其意爲：你又何必說夢話，拿治天下（這種事）來擾亂我的心呢？

2006 年 12 月 27 日修訂

引用書目

傳世文獻

晉・司馬彪：《莊子注》。據《四部分類叢書集成三編》第 16 輯《黃氏逸書》第十八函（台北：藝文印書館 1971 年）

唐・陸德明：《莊子音義》。據《無求備齋莊子集成初編》第 2 冊（台北：藝文印書館 1972 年）。

清・孫詒讓：《莊子札迻》。據《無求備齋莊子集成初編》第 37 冊（台北：藝文印書館 1974 年）

清・朱桂曜：《莊子內篇證補》。據《無求備齋莊子集成初編》第

26 册（台北：藝文印書館 1972 年）。

清・王先謙：《莊子集解》。據《無求備齋莊子集成初編》第 26 册（台北：藝文印書館 1972 年）。

清・錢澄之：《莊屈合詁》。據《無求備齋莊子集成初編》第 31 册（台北：藝文印書館 1974 年）。

王闓運：《莊子內篇注》。據《無求備齋莊子集成初編》第 36 册（台北：藝文印書館 1974 年）。

金祥恒：〈釋帠一爲〉，收於《金祥恒先生全集》第四册（台北：藝文印書館 1990 年）。

陳壽昌：《南華眞經正義》。據《無求備齋莊子集成續編》第 37 册（台北：藝文印書館 1974 年）。

古文字材料與論著

中國社會科學院考古研究所編輯：《曾侯乙墓》（北京：文物出版社 1989 年）。

滕壬生：《楚系簡帛文字編》（武漢：湖北教育出版社 1995 年）。

漢語大字典字形組編：《秦漢魏晉篆隸字形表》（成都：四川辭書出版社 1985 年）。

羅福頤編：《漢印文字徵》（北京：文物出版社 1978 年）。

國家文物局古文獻研究室編：《馬王堆漢墓帛書》（北京：文物出版社 1980 年）。

睡虎地秦墓竹簡整理小組編：《睡虎地秦墓竹簡》（北京：文物出版社 2001 年 12 月 1 版 2 刷）。

商承祚、王貴忱、譚棣華編：《先秦貨幣文編》（北京：書目文獻出版社 1983 年 3 月）。

徐在國：《隸定古文疏證》（合肥：安徽大學出版社 2002 年 6 月）。

鄭珍：《汗簡箋正》（台北：廣文書局 1974 年）。

黃錫全：《汗簡注釋》（武漢：武漢大學出版社 1993 年 12 月 1 版 2 刷）。

從細明體與標楷體之筆畫差異論標準國字之規範與書寫

巫俊勳

提　要

「細明體」與「標楷體」是目前電腦 windows 作業系統所配備的兩套基本字型，「細明體」是「明體」的一種，「明體」是源自明代的專業書工所寫的一種橫輕豎重的字體；「標楷體」則是民國七十一年教育部所頒定的標準楷書。兩種字體從筆畫連接方式、筆形變化、組成部件都有相當差異。教育部公佈標準國字，目的即希望在文字教學上，由亂趨整，樹立一個標準，降低學童學習的困擾，並提供資訊界作爲輸入、編碼、及字型的規範。但推行的結果與原來的預期似乎有落差，因此，標準的規範原則，有再討論的空間。再者，規範苛細，字形教學存有彈性空間，標準的拿揑也有討論的必要。

關鍵詞：標準國字、標楷體、細明體、形位、錯字

壹、前 言

「細明體」與「標楷體」是目前電腦 windows 作業系統所配備的兩套基本字型，「細明體」是「明體」的一種，「明體」是源自明代的專業書工所寫的一種橫輕豎重的字體；「標楷體」則是民國七十一年教育部所頒定的標準楷書。兩種字體都出自威鋒數位開發股份有限公司[1]，除了筆畫的粗細形狀不同之外，仍有些結構筆形上的差別。就表達溝通而言，並不會產生困擾。但是對小朋友學習而言，卻會認爲電腦寫錯字，甚至手寫的時候，也受到影響，導致兩種字形摻雜其間。那麼，書寫明體字形，算不算「錯字」？

教育部公佈標準國字，目的即「希望國語文教育在文字教學上，由亂趨整，樹立一個標準，使學生在識字、寫字的過程中，不必因字形的分歧增加學習的困擾。」[2] 但是標準確立之後，與已通行之字體並不相同，實際書寫亦很難完全符合標準。因此，教育部又稱，訂定原則「僅爲確立字樣所需，作爲電腦中文系統及印刷用字之準則，一般手寫筆畫，只要字構合乎原則，不必過分拘泥。」其間彈性空間何在？標準國字只有一套，但是，不同的教師，卻有不同的彈性空間，「錯字」的認定便有不同標準。亦即學童學習的標準，可能隨老師的更換而有不斷調整的可能，那麼標準國字的訂

1 威鋒數位原名華康數位[1]，成立於民國七十六年，以造字技術起家，八十二年完成楷書與宋體母稿，windows所配備的標楷體與細明體，均屬該公司字形。

2 詳見國語文教育叢書第二十二《國字標準字體研訂原則》，位址：http://www.edu.tw/EDU_WEB/EDU_MGT/MANDR/EDU6300001/allbook/biau/c12.htm? open

定與推行，就學童學習而言，困擾並沒有完全消除。

竺家寧曾提出形位理論的概念，認爲「一個音位包含了一群沒有辨義作用的不同音值，一個形位包含了幾個不同卻沒有意義對立的寫法。」[3] 那麼明體與楷體的字形差異，能否以同一個形位來看待。故本文全面分析常用國字細明體與標楷體的筆畫差異，進而探究兩者之字形差異類型，作爲建議字體調整方向之參考，並嘗試建立標準字體的書寫彈性空間，作爲國小教師教學之參考。

貳、標準國字之字形規範原則

教育部於民國七十一年九月公佈《常用國字標準字體表》，並委託華康科技公司研製楷書及宋體字母稿，於民國八十二年六月，公佈了《國字標準字體楷書母稿》及《國字標準字體宋體母稿》，再於八十三年編訂《標準字體教師手册》，供教育界教學參考。其字形訂定原則分爲通則四十，分則一百二十。所規範內容大致如下：

一、即形辨義原則：即透過字形規範，能釐清兩組字形之來源，而達到字義區分不易混淆之功能，如：

1. 凡筆形「舌」、「舌」寫法不同，前者上作「干」，後者起筆作撇。「甜」、「舔」與「括」、「刮」、「活」、「話」偏旁寫法不同。（通則 10）

2. 凡筆形「壬」、「壬」寫法不同：前者作三橫，中橫最長，如：「任」、「妊」、「飪」等字；後者起筆作撇，下作「土」，

3 竺家寧：〈音位理論在漢字上的應用〉，第四屆中國文字學全國學術研討會論文，一九九三年三月。

如：「廷」、「庭」、「挺」、「蜓」等字偏旁同此。（通則13）

3. 凡「匚」部與「匸」部字寫法二分，前者左下折筆為方筆，後者左下折筆為圓筆。篆文前者象裝東西的器具，歸此部之字，義多與此有關，如：「匜」、「匡」、「匠」、「匪」、「匣」、「匱」等字；後者篆文象有所隱藏的樣子，歸此部之字亦多與此義有關，如：「匹」、「匿」、「區」、「匽」等字，同此結構者類推，如：「亡」、「甚」、「曷」等字亦為圓筆。（通則23）

4. 凡「卝」字頭，左右兩橫不穿豎，與「艹」不同。如從「雚」得聲的「歡」、「觀」、「灌」、「鸛」等字。「寬」字下半亦同，與「莧菜」的莧寫法有異。「敬」字左半「苟」亦同，與「苟且」的「苟」有異。（通則28）

5. 凡從「夂」、「攵」二形之字寫法有別。前者末捺不出頭，如：「峰」、「降」、「絳」等字；後者末捺出頭，如：「淩」、「復」、「致」、「夏」、「憂」、「騣」、「夔」等字。（通則39）

6. 「冑」字篆文「從冃由聲」，下作「冃」，為「甲冑」之「冑」，與「胄裔」之「胄」有別。「胄裔」之「胄」，篆文「從肉由聲」，下作「⺝」，前者歸「冂部」，後者歸「肉部」，二字音同形異。（分則91）

二、同化原則：與即形辨義相反，即兩字之來源不同，因隸變而混而爲一，如：

1. 凡筆形為「谷」者，代表山谷的「谷」與「口上阿」的「㕡」二義。此二義本見區別，但後來隸楷寫法多相混，且「口上阿」的「㕡」罕用，故一律取「谷」形，上兩筆不接，次兩筆相接。如：「俗」、「容」、「浴」、「裕」、「卻」、「郤」等

字。（通則 14）

2. 凡「匕」形代表比、化二字，上作一短橫，不作一撇，「比」、「化」、「匙」、「老」、「此」等皆同。但「它」字因整體象形，保留撇筆。（通則 22）

「比、化、它」三字，篆文作「[篆文]、[篆文]、[篆文]」，字形各不相同，標準字「比」、「化」二字作「匕」，「它」字作「匕」，從「比、化」二字來看爲同化，與「它」字比較，則爲即形辨義。

3. 凡筆形非從篆文「土」變來，且作字構的上部件者，多作「士」，以與「土」別。如：「吉」、「志」、「寺」、「喜」、「敖」、「聲」、「鼓」、「壹」等字。（通則 16）

「吉、志、寺、喜、敖、聲、鼓、壹」等字，篆文作「[篆文]、[篆文]、[篆文]、[篆文]、[篆文]、[篆文]、[篆文]、[篆文]」，來源多樣，標準字均同化作「士」。若從各字作「士」與從「土」之字區別來看，則爲即形辨義。

4. 凡篆形從「人」，或形似「人」，且為上偏旁部件者，皆作一撇、一橫撇，如：「兔」、「免」、「色」、「負」等字。與「絕」、「賴」等作「刀」有別。（通則 11）

「兔、免、象、龜、色、負」等字，篆文作「[篆文]、[篆文]、[篆文]、[篆文]、[篆文]、[篆文]」，來源不盡相同，標準字均同化作撇，橫撇。若與「絕、賴」等從「刀」之字來看，則是即形辨義。

5. 凡「半」、「羊」、「弟」、「卷」、「券」、「兼」、「遂」，上皆作點、撇，不作「八」。如：「伴」、「佯」、「涕」、「倦」、「勝」、「滕」[4]、「謙」、「邃」等字。（通則 32）

4 「勝」字篆文從「舟」，民七十一年所公佈之《次常用國字標準字體表》作「勝」，八十二年所公佈之楷書母稿則作「勝」，改「月」爲「⺼」。

「半、羊、弟、卷、券、兼、遂」等字，篆文作「[illegible]、羊、[illegible]、[illegible]、[illegible]、[illegible]、[illegible]」，字形來源不一，標準字上皆同化作點、撇。

三、筆形規範原則：此類原則並不牽涉部件混同問題，純就某類字形之筆形做規範，主要原則有二：

（一）依篆文字形規範：即標準字之規範均以篆文直接隸定之字形作為標準，如：

1. 凡筆形「厶」，次筆作撇挑，共三畫，起筆不作點。「充」、「育」及「流」的右旁皆同。（通則12）

2. 凡從篆文「亼」者，如：「今」、「合」、「令」、「會」、「命」、「食」等字，「人」下作一短橫，不作點。（通則17）

3. 凡從篆文「又」的變形，如：「尹」、「君」、「帚」、「彗」、「兼」、「事」等字，中長橫右皆須出頭。（通則19）

4. 「勻」字篆文「從勹二」，故中作兩短橫，不作「冫」。如：「均」、「昀」、「鈞」等字。（分則22）

5. 「朮」字依篆文之形，下左作撇、右作豎折，與「木」不同。如：「怵」、「術」、「述」、「殺」、「絉」、「剎」等字。（分則41）

6. 「兌」字依篆文上作一撇、一點，不作點、撇，「悅」、「稅」、「脫」、「蛻」、「說」、「銳」、「閱」、等字偏旁同此。（分則70）

（二）依通俗隸變之字為規範：即以隸變通俗所寫字形為規範，而不考慮與篆文之相似度，如：

1. 「之」字筆順為點、挑、撇、捺，共四畫，第二筆不作橫撇。如：「乏」、「芝」等字。（分則37）

2.「羽」字左右各作點、挑，不作兩撇。如：「羽」、「羿」、「翅」、「栩」、「詡」、「扇」等字。（分則62）

3.「弱」字篆文「從彡」，下左右均作點、挑，與「羽」字法相同。如：「弱」「溺」、「篛」等字。（分則105）

4.「為」字小篆為從爪象母猴形，甲骨文為以手牽象形，楷體或作「爲」、「為」，皆與初形差異甚大，取較通俗簡易的「為」形，如：「為」、「為撝」等字。（分則96）

5.「兼」字上作點、撇，不作「八」，中作兩直豎，下左作撇，下右作捺，中長橫右須出頭。如：「兼」、「嫌」、「廉」、「歉」、「縑」、「謙」、「賺」等字。（分則101）

四、異化原則：即來源相同之字，因部件組合位置不同而造成筆畫差異，或因美觀要求，而字形有所調整，如：

1. 凡上偏旁末筆為捺，若可下包下偏旁，則仍為捺筆，否則改捺為長頓點。

（1）可包下者如「奈」、「拏」、「聲」、「督」等字。

（2）不可包下者如「怒」、「弊」、「辱」等字。

（3）一般如「虫」、「糸」、「巾」、「土」、「手」、「貝」等形之上偏旁可作捺筆；如「蚀」、「心」、「皿」、「衣」、「木」、「言」、「寸」等形之上偏旁當作頓筆。

（4）另如「石」、「面」之上偏旁，寫法若可下包者，也宜作捺，如：「磐」、「磬」、「靨」等字。（通則3）

2.「木」字篆文「從屮，下象其根」，中作一豎筆，不鉤。此字寫法多變，例舉如下：

（1）獨用、在右時，中豎不鉤，末筆作捺，如：「木」、

「休」、「床」等字。

（2）在左時，捺筆改點，如、「朽」、「樸」等字。

（3）在下時，左作撇，右作長頓點，不接中豎，如：「呆」、「栗」、「朵」、「柔」、「某」等字。

（4）合體時，如：「本」、「果」、「宋」、「采」、「巢」、「朱」、「末」、「未」、「柬」、「束」等字。寫法如下：

a. 獨用、在右、在下，末筆作捺。如：「果」、「深」、「珠」、「策」、「課」等字。

b. 在左、在上、在中，右末筆作頓點。如：「夥」、「彩」、「裹」等字。

c. 包中時，右作頓點，如：「困」字。（分則 29）

3.「犬」字篆文象狗形，寫法要點如下：

（1）獨用、在右時，作「犬」，如：「犬」、「伏」、「吠」、「默」等字。

（2）在下時：

a. 上半較小、較短時，作「犬」，如：「哭」、「戾」、「突」等字。

b. 上半較大、較長，或已有捺筆時，捺筆改長頓點，如：「臭」、「獎」、「倏」等字。

c. 在中時，捺筆改長頓點，如：「器」字。

（3）在左時，作「犭」，末撇筆不出頭，如：「犯」、「狄」、「狗」等字。（分則 36）

4. 凡筆形為捺者，若為內偏旁，原則上捺筆改頓筆，如：「因」、「困」、「圈」等字，但如「內」字，則保留捺筆，例

外。（通則4）

5. 凡左偏旁末作中豎，原則改為豎撇，如：「判」、「叛」、「羚」、「羯」、「拜」、「辣」等字，但有例外，如「刊」字。（通則5）

6. 凡筆形末筆為中豎筆貫下者，如「牛」與「羊」。若作上偏旁時，豎筆下不出頭，如：「告」與「義」、「美」、「羞」等字。（通則7）

7. 「冫」字作左偏旁時，一律作「冫」，如：「冰」、「冶」、「冷」、「馮」等字。作下偏旁時，作平行兩點，如：「冬」、「寒」等字。（分則3）

8. 「小」字中筆作豎鉤、左撇、右頓點，獨用、在下時，皆同，如：「小」、「你」等字。若在上時，中筆改直豎不鉤，如：「尖」、「雀」等字。在上時，另一變形作一短豎、左點、右撇，如：「肖」、「尚」等字。（分則12）

五、筆畫連結方式之規範原則：

1. 凡筆形末二筆為撇、捺或撇、相接者，如：「衣」、「辰」、「派」、「艮」、「長」、「畏」、「袁」、「展」、「襄」、「食」、「還」等字，撇概不穿捺或點。（通則15）

2. 凡「父」、「交」等形，為求美觀，下撇、捺不與上兩點相接。如：「斧」、「郊」、「姣」等字。（通則30）

3. 凡框中的橫筆皆輕觸左右豎筆，如：「日」、「曰」、「目」、「百」、「白」、「倉」、「良」、「月」、「貝」、「田」、「由」、「裏」等字。（通則36）

4. 凡「瓜」、「爪」的中豎筆不接上撇筆。如：「瓜」、「狐」、「辦」、「爪」、「抓」等字。（通則38）

5. 凡「共」、「具」、「其」等末兩筆皆不接觸上橫筆，但「貝」則左下撇筆輕觸上橫。（通則40）

6.「又」字捺筆與上橫相接封口，「奴」、「馭」、「受」、「隻」等同。但「叉」字則保留不封口。如：「扠」、「杈」、「釵」、「蚤」等字。（分則4）

六、例外原則：即字形規範允許部分例外，如：

1. 凡一字筆畫原則不二捺，如「返」、「途」、「琴」、「鑿」等字捺筆改頓；但如「蹇」、「發」、「趧」、等字，則例外。（通則1）

2. 凡左偏旁末筆作橫筆或豎曲鈎筆者，原則斜挑：

（1）橫筆如以「工」、「土」、「子」、「女」、「丕」、「玉」、「豆」、「丘」、「金」、「登」、「壴」、「垂」等字為左偏旁者，如：「巧」、「地」、「孔」、「奴」、「邳」、「瑤」、「豌」、「邱」、「銅」、「鄧」、「鼓」、「郵」等字。

（2）豎曲鈎如以「己」、「元」、「屯」、「禿」、「危」、「兆」、「北」等字為左偏旁者。如「祁」、「頓」、「頹」、「頠」、「頫」、「邶」等字。

（3）但如「毳」字之左下「毛」、「歡」之左下「隹」，為求字架穩妥，則例外。（通則2）

3. 凡從篆文「𠔼」變來者，保留「𠔼」形，不作「曰」。如「冒」、「冕」、「冑」、「塌」、「榻」等字。但「勗」字因取俗形為標準，故上作「曰」例外。（通則21）

4. 凡筆形中筆或末筆為鈎筆者，若為上偏旁，原則上改為不鈎。如：「小」之與「少」、「匕」之與「旨」、「匙」、「餘」

之與「途」等字。但有例外，如：「忌」、「起」、「逮」、「沓」、「態」等字，為求美觀，保留鉤筆。（通則8）

同化與異化乃兩條相反方向的文字演變途徑，保留篆文字形與依隸變後之通俗字形亦是兩條方向相反的規範依據，從以上標準國字之規範來看，或同化，或異化，或保留篆文字形，或依隸變之通俗字形，其間之取捨標準並不明確，仍有深入討論之必要。

參、標楷體與細明體之字形差異比較

標準字體的選用乃就現有字形加以挑選，並非另創新形，因此當以某一字形爲標準之後，勢必與通行之其他字體有所差異。比較windows 所附標楷體與細明體兩套基本字形[5]，在 4808 個常用標準國字中，超過三分之一以上的字存在字形差異；就標準規範原則來說，在四十條通則所規範之原則中，除 05、14、15、18、19、30，34，36 等八則兩者字形一致外，其餘細明體與標楷體字形都有所出入；一百二十分則中，扣除二十一則與通則相似之內容[6]，仍有五

5 同樣是細明體，win 98 與 win xp 字形也有差異，如，「神、祥、福」三字，98 作「神、祥、福」，xp 作「神、祥、福」,兩者字形不同，本文以 win xp 之字形爲討論範圍。

6 在一百二十分則中，有二十一項可包涵於通則，如下：

編號	通　　則	分　　則
1	通則 06.左旁捺筆改頓點	分則 16.「公」字旁的寫法 分則 20.「分」字旁的寫法
2	通則 07.上偏旁中豎下不出頭	分則 61.「羊」字旁的寫法
3	通則 08.上偏旁鉤筆寫法	分則 48.「亦」字旁的寫法

十七則字形有所差異（如附表），兩者差異不可謂小。其主要差異類型如下：

一、部件判分有所差異：兩組來源不同之字，標楷體與細明體兩者判分不同：

1.「舌、舌」同化：從「舌」之字，標楷體作「舌」，與從「舌」之字判然有別；細明體則一律同化作「舌」。如附表a-9（以下僅列編號）。

2.「壬、壬、王」混同：從「壬」之字，標楷體作「壬」，與「壬」有別；細明體則分「廷、庭、挺、梃」、「呈、程、聖、徵」、「聽、廳、癥、懲、鐵」三組，第一組與從「壬」之字混同，第三組則與從「玉」之字混同。(a-12)

3.「土、士」混同：凡篆文非從「土」而來之字，標楷體多作「士」，以與「土」區別；細明體則分作「吉、志、喜、敖、聲、

編號	通　　則	分　　則
4	通則 09.「幵」旁寫法	分則 53.「幵」字旁的寫法 分則 54.「并」字旁的寫法
5	通則 10.「甜」、「活」之偏旁寫法	分則 51.「刮」字左旁的寫法 分則 64.「舌」字旁的寫法
6	通則 11.「兔」、「色」等字起筆部分寫法	分則 68.「色」字旁的寫法 分則 97.「負」字旁的寫法
7	通則 19.「尹」、「彗」等「又」字變形寫法	分則 15.「丑」字旁的寫法 分則 18.「尹」字旁的寫法
8	通則 21.「冒」字上偏旁寫法	分則 90.「冒」字旁的寫法 分則 115「最」字旁的寫法
9	通則 22.「匕」形寫法	分則 39「它」字旁的寫法 分則 40.「尼」字旁的寫法
10	通則 24.「大」、「矢」寫法	分則 10「大」字旁的寫法 分則 43.「矢」字旁的寫法

鼓、壹」與「 寺、侍、峙、待」兩組，前者從「士」，後者從「土」。另「届」字標楷體則從「土」作「屆」；細明體則從「士」作「届」。(a-13、d-3)

4.「入、人」混同：從「亼」之字，標楷體上作「人」；細明體則分「偷、合、今、餘、余、令、會」與「俞、喩、愉、渝、斜」兩組，前者從「人」，後者從「入」。(a-14)

5.「曰、日」混同：從「曰」之字，標楷體除「曷」字依俗從「曰」外，其餘一律從「曰」；細明體則分爲「冒、帽、瑁、冑、冕、最」、「撮、蹋、榻、曼、慢、蔓、饅」兩 組，前 者 從「曰」，後者則與從「曰」之字混同。(a-16)

6.「匸、匚」混同：從「匚」之字，標楷體一律作「匚」；細明體則作「匹、區、奩、匾、匿」、「嘔、嫗、偃、堰、慝、湛、諶」兩組，後者與從「匸」之字混同。(a-18)

7.「卝、艸」混同：從「卝」之字，標楷體一律作「卝」，與從「艸」之字作「艹」有別；細明體則分爲「繭、寬、獲、舊、夢」、「敬、驚、蔑、襪、勸、灌」兩組，前者保留從「卝」之形，後者則與從「艸」之字混同。(a-23)

8.「夂、夊、攵」同化：從「夂」之字，標楷體作「夂」；細明體則一律同化作「夂」。另從「致」之字，標楷體從「夊」，細明體則從「夂」；從「夐」之字，標楷體從「夂」，細明體則從「攵」。亦即標楷體保留原來構形，細明體則是位置在右者與「夂」同化，在下者與「攵」同化。（a-31、b-53、d-2）

9.「朮、木」混同：從「朮」之字，標楷體一律作「朮」；細明體則分「朮、怵、述、術」、「刹、殺」兩組，後者與從「木」之字混同。(b-17)

10.「肉、月」同化：從「肉」之字，標楷體作「⺼」，與從「月」之字判然有別；細明體則一律同化作「月」。(b-26、b-39、b-48)

11.「儿、几、八」混同：「沉」字標楷體作「沉」，細明體作「沉」，前者從「儿」，後者從「几」。另「沿、鉛」二字，標楷體作「沿、鉛」，細明體作「沿、鉛」，前者從「儿」，後者從「八」。(b-29、b-37)

12.「天、夭」混同：從「天」之字，標楷體作「吞、忝、添、舔」，細明體則分「吞」、「忝、添、舔」兩組，後者與從「夭」之字混同。(b-32)

13.「干、千」混同：從「臿」之字，標楷體作「插、鍤、歃」，細明體作「插、鍤、歃」，前者從「干」，後者從「千」。(b-43)

14.「𣏟、林」混同：從「𣏟」之字，標楷體一律作「𣏟」；細明體則分「麻、痲、嘛、麼、摩、靡、魔」、「嬤、潸」兩組，後者與從「林」之字混同。(b-54)

15.「田、由」混同：從「黃」之字，標楷體作「黃、廣、橫、擴、簧、曠」，細明體作「黃、廣、橫、擴、簧、曠」，前者從「田」，後者從「由」。(b-55)

16.「工、匚」混同：「巨」字篆文從「工」，從「巨」之字標楷體作「巨、拒、炬、苣、渠」，保留從「工」之形；細明體則作「巨」、「拒、炬、苣、渠」兩組，後者與從「匚」之字混同。(c-8)

17.「戊、戌」混淆：從「戌」之字，標楷體作「篾、蔑、襪」；細明體則從「戊」作「篾、蔑、襪」。(d-1)

18.「丹、月」之別：凡從「月、舟、丹」之字，標楷體均同化作「月」；細明體則從「丹」之字，分「青、清、晴、靖、精」、「倩、猜、菁、蜻、請、靛、靜」兩組，前者與「月」混同，後者保留從「丹」之形。(c-18)

上述各項，前十七項是標楷體判分井然，細明體則有混同的現象；第十八項則是細明體部分字例仍保留區別，標楷體則合而為一。

二、筆形規範有所差異：亦即筆形差異不牽涉部件之混同，也與篆文無關，僅因位置不同或美觀要求，如：

1. 點與捺之別：

（1）凡一字有二捺筆者，除少數例外，標楷體均改捺筆為長頓點，如「返、途、婺、奏、餐、鑿」；細明體則作「奏、餐、鑿」、「返、途、婺」二組，前者改為長頓點,後者保留捺筆。(a-1、b-44、b-52)

（2）凡上部件末筆為捺，若無法下包下部件，標楷體改捺為長頓點，如「弊、怒、盤、辱」；細明體則作「弊、怒、盤、辱」，保留捺筆。(a-3)

（3）凡筆形為捺者，若為內部件，除從「內」之字外，標楷皆改捺為長頓點，如「困、因、囚、閣、闌、肉、圈」；細明體則作「綑、姻、菌」、「困、因、囚、肉、圈」兩組，前者改為長頓點，後者保留捺筆。(a-4)

（4）凡有捺筆之字，若作為左部件，標楷體均改捺為點，如「郊、領、私、鮑、頌、劑」細明體則有例外，如「頌」字，仍保留捺筆。(a-5)

（5）其他：凡從「大、夬、央、矢、木、犬、米、兌、換、康、彔」等字，標楷體多做長頓點，如「契、快、映、侯、架、獎、米、兌、奐、康、祿、外」；細明體則作「契、快、映、侯、架、獎、米、兌、奐、康、祿、外」，仍保留捺筆。（a-19、b-12、b-16、b-22、b-28、c-5、c-10、c-12、d-4）

2. 豎曲鉤與豎挑之別：凡以「己、匕、宛、元、禿、危」等字爲左部件者，標楷體均將豎曲鉤改爲豎挑，如「改、頃、傾、剜、頑、頹、頠」；細明體則僅「頹」字作豎挑，其餘均作「改、頃、傾、剜、頑、頠」，保留豎曲鉤。另「鳩」字則是橫折挑與橫折曲鉤之差異。(a-2、b-9、b-10、c-7)

3. 豎曲鉤與豎折之別：凡有以豎曲鉤之字作爲上部件者，除「忌、起、逮、沓、皆、背」等字外，標楷體多將豎曲鉤改爲豎折，如「匙、肆、疑、旨、指、嘗、乘、能、罷、巽、撰」；細明體則一律作「匙、肆、疑、旨、指、嘗、乘、能、罷、巽、撰」，仍作豎曲鉤。凡從「乇、夌、坴、夋、四、西、酉、帶、傻、宂、詹」之字、標楷體亦一律作豎折，細明體則一律作豎曲鉤。(a-7、b-9、b-10、b-17、b-18、b-48、b-54、c-4、c-16)

4. 豎鉤與豎之別：標楷體凡原有鉤筆之字，若作爲上部件則改爲不鉤，細明體則或鉤或不鉤：如從「小、余、戚、原、願、涂、亦、縣」等下有豎鉤之字，若作爲上部件，則豎鉤改爲豎筆，如「途、慼、願、弈、懸、少、劣、尖」；細明體則一律作「途、慼、願、弈、懸、少、劣、尖」，保留鉤筆。另從「尉」之字，標楷體作「尉、蔚、熨、慰」，細明體則作「尉、蔚、熨、慰」，前者左下作豎筆，後者作豎鉤。(a-7、a-21、b-56、d-5)

5. 橫撇與橫折鉤之別：

（1）「也」字起筆，標楷體作橫撇，細明體則一律作橫折鉤，

凡從「也」之字均同。(d-6)

（2）從「臽、免、負、色」之字，標楷體上作撇、橫撇，如「陷、閻、諂、餤、焰、餡、負、免、冤、娩、挽、晚、兔、逸、色」；細明體則作「餡、娩、挽、晚、兔、逸、色」、「陷、閻、諂、餤、焰、負」、「免、冤」三組，前者與標楷體相同，第二組則作撇、橫折鉤，第三組則與從「刀」之字混同。(a-10)

6. 撇與橫之別：從「匕」之字，標楷體作「匕」，細明體作「匕」，前者起筆作橫畫，與「它」字有別；後者則作撇筆，與「它」字混同。(a-17、c-2)

7. 豎與豎撇之別：

（1）凡從「月、冂、用」之字，標楷體左筆作豎撇；細明體則或作豎，或作豎撇，如「胡、服、期、用」與「有、青、肖、庸」，前者作豎撇，後者作豎。(a-24、a-25)

（2）從「卂」之字，標楷體作「訊、迅、煢」，左作豎筆，細明體則作「訊、迅、煢」，作豎撇。(b-5)

8. 點與挑之別：從「冫」之字，若做為下部件，標楷體改作兩點，如「於、菸、冬、咚、疼、終、鼕、寒」；細明體則作「於」、「菸、冬、咚、疼、終、鼕、寒」兩組，後者仍作點、挑。(b-2)

9. 點與短橫、短豎之別：

（1）凡從「亠、主、廣、宀、立、音、言、高」之字，標楷體起筆一律作點；細明體則作「主、住、拄、注、駐、往」、「註、方、妨、旁、之、乏、砭、市、玄、畜、眩、亡、交、亦、亥、亨、京、高、立、音、衷、守、完、序、府」、「言、計、信、誓、商」三組，第一組作點，第二組作短豎，第三組作短橫。

(b-30、d-7)

（2）從「㬰」之字，標楷體作「嬴、羸、贏」，所從「丮」內作點，細明體作「嬴、羸、贏」，內作短橫。(b-4)

10. 豎挑與豎、挑或豎、橫之別：

（1）凡從「卬、比、瓜、派」之字，標楷體作豎挑，如「卬、仰、抑、比、批、昆、皆、瓜、派」；細明體則作豎、挑，分作兩筆，如「卬、仰、抑、比、批、昆、皆、瓜、狐、派、脈」[7]。(a-29、b-11、b-13、b-31、d-8)

（2）「印、兜」二字，標楷體作「印、兜」，左作豎挑；細明體則作「印、兜」，左作豎、橫。(c-3)

11. 橫折橫與橫折曲鉤之別：凡從「几」之字，若做爲上部件，標楷體作橫折橫，如「役、朵、剁、躲、跺」，細明體則作「役、朵、剁、躲」、「跺」兩組，前者作橫折曲鉤，後者與「乃」字混同。(b-19、d-9)

12. 橫與挑之別：從「次」之字，標楷體作「次、咨、姿、恣、懿」所從「次」字左作兩橫筆；細明體則作「次、咨、姿、恣、懿」，左作橫、挑。(b-20)

13. 橫折鉤與橫折之別：從「甬、甫」之字，若作爲上部件，細明體改橫折鉤爲橫折，如「勇、湧、溥、簿、薄」，標楷體則仍作橫折鉤。(c-14)

14. 豎、橫與豎折之別：從「延」之字，標楷體作「延、涎、筵、誕」，所從「止」字下作豎、橫兩筆；細明體則作「延、涎、筵、誕」，「止」下作豎折。另從「曷」之字，標楷體作「曷、

[7] 這種寫法，原是明體字形之特點，但牽涉筆劃數之不同，且標準宋體均改作豎挑，故亦列入討論。

喝、渴、竭」，細明體則作「曷、喝、渴、竭」，則是標楷體作豎折，細明體作豎、橫。(c-11、b-41)

15. 豎折與長頓點之別：「袞、滾」二字，標楷體作「袞、滾」，細明體則作「袞、滾」，前者「六」下右筆作豎折，後者作長頓點。（c-17）

16. 三點與小形之別：從「糸」之字，標楷體分為三類：作為左部件，下作三點，如「紅、紀、細」，若作為下部件，則作「小」形，如「係、累、緊」，若作為上或內部件，則中豎不鉤，如「繭、孫、懸」；細明體則一律作「紅、紀、細、係、累、緊、繭、孫、懸」，不作區別。(b-23)

17. 「雨」字寫法：標楷體作「雨」，內作點、挑、撇、點，細明體則作「雨、漏」、「雷、電、雪、霜」兩組，前者作四點，後者作四短橫。另「脊、瘠、犀、墀、屬、囑、壞、懷」等字，細明體亦作四短橫。(b-38)

18. 「丷、儿」之別：從「鬲」之字標楷體作「鬲、隔、膈、獻」，「鬲」內作「丷」；細明體則作「隔」、「鬲、膈、獻」兩組，後者「鬲」內作「儿」。(c-19)

19. 「爫、爫」之別：從「爪」之字，標楷體作「妥、孚、爭、采、爰、奚、舀、淫、覓、辭、隱」；細明體則作「妥、孚、爭、采、爰、奚、舀、淫、覓、辭、隱」。(c-6)

20. 「彑、彐」之別：從「彐」之字，標楷體作「彘、彙、彖」、「彝」二組，前者從「彑」，後者從「彐」；細明體則一律從「彑」作「彘、彙、彖、彝」。(c-12)

21. 從「辶」之字，標楷體作「送、這、追、逃」，「辶」之第二筆為橫鉤；細明體則作「送、這、追、逃」，「辶」之第二筆為

點。（a-27）

22.「碰」字標楷體作「碰」，細明體作「碰」，兩者所從「並」字寫法不同。標楷體中作點、撇，細明體則與「虛」字下半同化。(d-10)

三、筆畫連接方式或長短配置或部件組合方式不同：

1. 相接與相交之別：

（1）從「善」之字，標楷體作「善、繕、膳、鱔」，所從「羊」字下不出頭；細明體作「善、繕、膳、鱔」，「羊」字中豎穿出第三橫畫。（a-6）

（2）「女」字標楷體作「女」，撇之起筆與橫畫相交；細明體則作「女」，撇與橫畫相接。凡從「女」之字皆同。(b-7)

（3）從「斥」之字，標楷體作「斥、坼、拆、訴」，點輕觸豎筆；細明體則作「斥、坼、拆、訴」，點與豎相交。(c-13)

（4）從「巤」之字，標楷體作「獵、蠟、鬣」，撇、點，點輕觸撇筆；細明體則作「獵、蠟、鬣」，點與撇相交。（d-11）

（5）從「孝」之字，標楷體作「孝、哮」，「子」之起筆輕觸撇筆；細明體作「孝、哮」，「子」之起筆與撇相交。(d-13)

（6）從「夫」之字，標楷體作「奉、春、秦、舂、奏」[8]，捺起於第三橫畫；細明體則作「奉、春、秦、舂、奏」，捺筆起於第二橫畫。另從「卷」之字，捺筆起筆位置標楷體與細明體亦有不同。(d-15)

（7）從「丩」之字，標楷體作「收、叫、赳」所從「丩」字豎挑不穿出豎筆；細明體則作「收、叫」、「赳」二組，後者「丩」

8 「奉、春、秦、舂、奏」等字，篆文作「𡴆、𣌾、𥢶、𦥑、𡚾」，來源不同，隸變同化作「𡗗」，故一併討論。

之挑筆穿出豎筆。（b-1）

（8）從「耳」之字，標楷體作「弭、茸、聞」與「耶、聖、聽」二組，在右、在下、在內時，下橫筆右須出頭，在左時則改作挑筆，不穿右豎筆；細明體則分作「耳、弭、洱、茸、餌、聖」、「聞、聱、聲、耶、聽」二組，下橫筆穿出與否並無規律。（b-25）

（9）從「毋」之字，標楷體作「毒、毐」，豎撇穿出；細明體則作「毒、毐」，豎撇作斜豎，不穿出。(b-33)

（10）從「非」之字，標楷體均作「匪、排、輩、霏」，左下挑筆輕觸豎撇；細明體則作「排、翡」、「俳、匪、靠、翡」二組，後者左下挑筆穿出豎撇。(b-36)

（11）從「黽」之字，標楷體作「黽、蠅、繩」；細明體則作「黽」、「蠅、繩」二組，後一組右豎筆下接豎曲鉤。(b-57)

（12）從「冉」之字，標楷體作「冉、稱、聃、講」[9]，「冉」內橫畫輕觸兩豎筆；細明體則作「冉、再、稱」與「聃、苒、溝、髯」兩組，後者內橫畫穿出兩豎筆。另篆文從「冉」而來之「那、哪、娜、挪」等字，細明體則作「哪」與「那、娜、挪」二組，後一組兩橫畫均穿出橫折鉤。(d-12、d-14)

2. 相接與相離之別：

（1）「爪」字：標楷體作「爪」，中豎與捺筆不連上撇筆；細明體則作「爪」，中豎與捺筆與上撇筆相接。凡從「爪」之字同，另從「瓜」之字亦同。(a-30)

（2）「貝」字：標楷體作「貝」，下撇筆輕觸上橫畫；細明體則作「貝」，撇與橫相離。凡從「貝」之字皆同。（a-32）

9　「冉、聃、稱、講」等字，篆文作「𠕒、𦕐、𥡖、𧭽」，來源不一，隸變同化作「冉」，故一併討論。

（3）「又」字：標楷體作「又」，捺筆起筆與橫畫相接；細明體則作「又」，捺與橫相離；從「又」之字，細明則作「奴、馭、受、隻」，與標楷體相同。另「蚤、搔、騷」三字：標楷體作「蚤、搔、騷」，捺筆起筆與橫畫相離；細明體則作「蚤、搔、騷」，捺與橫相接。(b-3)

（4）從「木」之字：若作為下部件，標楷體作「呆、栗、朵、柔」，下作撇、點，與中豎相離；細明體則作「呆、栗、朵、柔」，下作撇、捺，與中豎相連，不僅筆形不同，連接方式也不同；另從「米」之字亦同。（b-12、b-22）

（5）從「牙」之字：標楷體作「牙、呀、穿、芽」，第二筆撇橫[10]與上橫相接；細明體則作「牙、呀、穿、芽」，撇橫與上橫相離；另「舛、舜、傑」等字所從之「㐄」亦同。（b-15、b-27）

（6）「班、辨」二字：標楷體作「班、辨」，中間點輕觸撇筆；細明體則作「班、辨」，點與撇相離。(d-16)

3. 筆畫長短之別：

（1）從「幸」之字：標楷體作「譯、釋、繹、澤、擇、鐸、摯、墊、報」，下橫畫較長；細明體則作「譯、釋、繹、澤、擇」、「鐸、摯、墊、報」兩組，後者下橫畫較短，與規範不同。(a-28)

（2）「天」字：標楷體作「天」，上橫畫較短；細明體作「天」，上橫畫較長。(d-17)

4. 筆畫分成兩筆與連接成一筆之別：

---

10 「牙」字次筆之筆形，《教師手册》第 272 及《研訂原則》分則 35 均作撇橫，《國字標準字體楷書母稿》所附分則 35 則作豎折，兩者筆形名稱不同。就實際筆形而言，應作撇橫才是。

（1）從「艸」之字，標楷體作「草、花、莠、茲」，「艸」作「艹」，共四畫；細明體作「草、花、莠、茲」，上作「艹」，僅三畫。(a-22、b-47)

（2）「垂」字，標楷體作「垂」，中作「廾」，共九畫；細明體則作「垂」，中作「廾」共八畫。(b-40)

（3）「畢」字，標楷體作「畢」，上田字與下部件相離；細明體則作「畢」，中豎上下相連。(b-50)

5. 筆畫組合方式不同：

（1）「片」字標楷體作「片」，右上豎與橫相接；細明體則作「片」，橫畫出頭。從「片」之字亦同。(b-14)

（2）「亡」字標楷體作「亡」，豎折與橫畫相切，細明體則作「亡」，豎折與橫畫相接。凡從「亡」之字均同。(c-1)

（3）「北」字標楷體作「北」，左豎與挑筆相切，細明體則作「北」，挑筆與左豎相切。凡從「北」之字均同。(c-2)

6. 部件組合位置不同：「啓」字標楷體作「啟」，細明體作「啓」，「口」之位置不同。(b-49)

四、保留篆文筆意或從通俗字形：

1. 標準字保留篆文筆意，細明體從通俗字形：

（1）「𠫓」字篆文作「𠫓」，從「𠫓」之字，標楷體作「育、喸、充、統、流」，細明體則作「育、喸、充、統、流」。(a-11)

（2）「眾、聚、鄹、驟」等字，篆文作「眾、聚、鄹、驟」，標楷體作「眾、聚、鄹、驟」，下保留三人之形；細明體則作「衆」與「聚、鄹、驟」二形，皆已看不出完整三人之形。(b-51)

（3）「望」字篆文作「望」，標楷體作「望」，保留斜月之形；細明體則作「望」。（d-18）

（4）「翱」字篆文作「翶」，標楷體作「翱」，保留從「皋」之形；細明體則作「翺」。（d-19）

（5）「碳」字篆文作「碳」，標楷體作「碳」，所從「炭」字從「屵」，與篆文同；細明體則作「碳」，所從「炭」字從「灰」。(b-21)

2. 標楷體從通俗字形，細明體或從俗或保留篆文筆意：

（1）「幵」字篆文作「幵」，從「幵」之字，標楷體作「妍、刑、形、開、研、屏、併、姘、拼、摒、駢」，細明體則作「妍、刑、形、開、屏」、「研、併、姘、拼、摒、駢」兩組，後者保留從「幵」之形。(a-8)

（2）「皀」字篆文作「皀」，從「皀」之字標楷體作「既、暨、飢、餓、鄉、嚮、響、溉、概」，細明體則作「既、暨、飢、餓」、「鄉、嚮、響、溉、概」兩組，後者保留較多從「皀」之篆文筆意。(a-15)

（3）「示」字篆文作「示」，從「示」且位置在左之字，標楷體作「社、祀、祈、神、祥、福」，細明體則作「神、祥、福」、「社、祀、祈」兩組，後者保留「示」字之形。(a-20)

（4）「肖、尚、半、酋、平」等字，篆文作「肖、尚、半、酋、平」，標楷體作「肖、尚、半、酋、平」，上作點、撇；細明體則作「肖、尚、半、酋、平」，保留從「八」之筆意。(a-26、b-8)

（5）「勺」字篆文作「勺」，從「勺」之字，標楷體作「妁、灼、芍、約、豹、酌、哟、的、釣」，細明體則作「的、釣」、「妁、灼、芍、約、豹、酌、喲」兩組，後者保留篆文「勺」內橫畫之形。(b-6)

（6）「羽」字篆文作「羽」，從「羽」之字標楷體作「羽、習、耀、扇、翰」，細明體則作「羽」、「習、耀、扇、翰」兩組，後者保留撇筆之形。(b-24)

（7）「直」字篆文作「直」，從「直」之字標楷體作「直、值、植、殖」，「直」字末筆作橫畫；細明體則作「直、値、植、殖」，末筆保留篆文筆意。(b-34)

（8）「者」字篆文作「者」，下從「白」，從「者」之字標楷體作「都、緒、堵、奢」，下皆作「日」；細明體則作「都、緒、諸、賭」、「者、堵、奢、煮」二組，後者保留從「白」筆意。(b-35)

（9）「爲」字篆文作「爲」，從「爲」之字標楷體作「為、偽」，細明體則作「爲、僞」，保留從「爪」之形。(b-42)

（10）「兼」字篆文作「兼」，從「兼」之字標楷體作「兼、嫌、廉、歉」，細明體則作「兼」、「嫌、廉、歉」二組，後者上作兩撇筆，保留篆文筆意。（b-45）

（11）「弱」字篆文作「弱」，從「弱」之字標楷體作「弱、溺、箬」，下作點、挑；細明體則作「弱、溺、箬」，保留撇筆之形。(b-46)

（12）「縣」字篆文作「縣」，從「縣」之字標楷體作「縣、懸」，細明體則作「縣、懸」，「縣」字左上保留篆文筆意。(b-56)

（13）「真」字篆文作「眞」，從「真」之字，標楷體作「真、顛、填、滇、瑱、鎮、闐、顛、癲」；細明體則作「真、顛」、「塡、滇、瑱、鎭、闐、癲」兩組，後者保留從「眞」之形。(c-15)

（14）「鰥」字篆文作「鰥」，標楷體作「鰥」，右下作點、

挑、撇、點；細明體則作「鰥」，保留篆文筆意。（d-20）

（15）「竇、瀆、犢、牘」等字，篆文作「[illegible]、[illegible]、[illegible]、[illegible]」，標楷體作「竇、瀆、犢、牘」，中作「罒」；細明體則作「竇」、「瀆、犢、牘」兩組，後者中作「四｜，保留部分篆文筆意。(d-21)

（16）「令」字篆文作「[illegible]」，從「令」之字標楷體作「令、冷、苓、領、嶺」，細明體則作「令、冷、苓、領、嶺」，保留從「卩」之形。(d-22)

肆、標準國字之規範原則與書寫彈性空間

教育部於七十一年公佈《常用國字標準字體表》，國立編譯館亦配合推廣，逐年將國中小學課本改用標準字體排版，以期在紛紜的用字狀況中建立共同的標準。推行迄今已逾二十年，筆者三年來均針對師院大學部與師資班部分同學進行字形測驗，整體而言，答對率並不高，亦即標準國字並未眞正在手寫系統中完全落實。究其原因，字形規範與通行之印刷或海報字體或原有之書寫字形有差異，應是原因之一。標準字體乃就現有字形加以挑選，因此，當立某一字形爲標準之後，其他字形便相對成爲非標準，如前述細明體與標楷體之差異，以及隨處可見之廣告印刷字體，與標準字都有相當差異，而這些不標準的字形，有些可能是手寫的習慣字形，亦即規範內容與原先的書寫習慣不同，那麼寫錯的機率便相對增加。因此，規範的原則應有討論的空間。再者，依規範原則作爲書寫的標準依據，規範過於苛細，不易正確書寫，也是原因之一。教育部也知道這個問題，因此提醒「本原則僅爲確立字樣所需，作爲電腦中文系統及印刷用字之準則，一般手寫筆畫，只要字構合乎原則，不

必過分拘泥。」[11] 顯然，就書寫而言，其間應有彈性空間。以下即就這兩個問題深入討論。

一、標準國字規範原則之討論：教育部希望整理出屬於這時代的用字標準，因而訂定標準國字，立意與用心都值得肯定，進而以標準字作爲書寫與教學之依據。但就規範之後的執行成效而言，有些原則似有再討論與修訂的空間。

1. 就研訂總原則來說，規範標準「或從古，或從俗，皆以符合六書原理爲原則」[12]，這有討論的空間。字形之規範，「約定俗成」是重要力量，但它與六書原理卻不一定吻合。當兩者有衝突時，選擇的標準，孰先孰後？從歷來字書對字形規範之討論，容易被提出來強調的字形區分，所代表的正是這類字容易混淆寫錯，被約定俗成同化爲一的機率也相對提高，如「谷、㕡」、「肉、月、舟、丹」之別，在《佩觿》、《字彙》均有分別 [13]，今日則將「谷、㕡」同化作「谷」，「月、舟、丹」三者同化爲「月」。因此，六書原理與約定俗成，應有調整的空間。

從前述標準國字規範之原則，或從古、或從俗，手寫最容易出錯的，便在從古即形辨義的部分，從細明體與標楷體的字形比較，也呈現同樣的情形，因此，「谷、㕡」、「月、舟、丹」可以合併，下列各組部件也可以考慮合併：

（1）「舌、舌」同化：「舌」字並不獨用，因此細明體「舌」作「舌」，從「舌」之字亦同；兩者並未產生辨義之困擾，故兩者

---

[11] 同註二。

[12] 同註二。

[13] 參見巫俊勳：〈《字彙．辨似》探析〉，《第十三屆全國文暨海峽兩岸中國文字學學術研討會論文集》頁三七四，民國九十一年四月。

應可合併作「舌」。

（2）「肉、月」同化：「肉、月」二字均可獨用，從屬之字在常用字中並無對立之情形，細明體將從「肉」之字同化作「月」，並無辨義之困擾，故兩者應可合併作「月」。

（3）「夂、夊」同化：「夂、夊」二字並不獨用，從「夊」之字，除「致」字以「夊」爲右部件外，其餘一律以「夊」爲下部件；從「夂」之字則一律爲上部件，就組合位置而言，兩者互補，細明體均同化作「夂」，並無辨義困擾，故兩者應可考慮合併作「夂」。

（4）「壬、𡈼」同化：「𡈼」字並不獨用，故細明「壬」作壬，從「壬」之字，部分亦作「壬」，並無混淆之虞，整體而言，兩者並無對立情形，故可考慮合併。

（5）「卝、艸」同化：兩者並不獨用，其從屬之字，在常用字中並無對立情形，部分從「卝」之字，細明體已與從「艸」之字混同，並無辨義之困擾，故兩者可考慮合併。

（6）「曰、臼」同化：「曰」字並不獨用，兩者從屬之字亦無對立情形，細明體部分從「曰」之字已與從「臼」之字混同，標楷體「舃」字亦依俗從「臼」，兩者並無辨義之困擾，故可考慮合併作「臼」。

（7）「匸、匚」同化：「匸、匚」二字並不獨用，兩者從屬之字亦無對立情形，細明體已有部分混同，注音符號「ㄈ」，也是以「ㄈ」之形記「匸」之音，兩者並無辨義之困擾，故可考慮合併。

（8）「天、夭」同化：「天、夭」二字各字獨用，兩者從屬之字並無對立情形，細明體從「天」之字部分與從「夭」之字混同，並無辨義之困擾，故從「天」之字可考慮同化作「夭」。

（9）「𣏟、林」同化：「𣏟」字並不獨用，兩者從屬之字並無對立情形，細明體已有部分混同，應可考慮兩者合併。

（10）「八、丷」合併：「兌」字篆文作「㕣」，上從「八」形，故標準字作「兌」。但是「半、肖、酋、尚」等字，篆文作「半、肖、酋、尚」，亦作「八」形，標準字卻作點、撇，與整體變化並不一致，故「兌」應可考慮改作點、撇。

2. 就美觀原則之運用時機來說，若無辨義作用，不宜淩駕整體字形之規範，再者美觀原則，往往見仁見智，過度的規範，容易增加學習的負擔。因此有些筆形之規範原則可以有討論的空間，如：

（1）通則8：

凡筆形中筆或末筆為鉤筆者，若為上偏旁，原則上改為不鉤。如：「小」之與「少」、「匕」之與「旨」、「匙」、「餘」之與「途」等字。但有例外，如：「忌」、「起」、「逮」、「遝」、「態」等字，為求美觀，保留鉤筆。

因美觀原則而有例外，徒增記憶之負荷。細明體一律作鉤筆，因此是否需要依位變形，似乎也有調整的空間。

（2）通則40：

凡「共」、「具」、「其」等末兩筆皆不接觸上橫筆，但「貝」則左下撇筆輕觸上橫。

就整體字形來看，所有下作撇、點之字形，均與上橫畫相離，「貝」字之規範，與整體並不一致，細明體一律相離，應可考慮從之。

（3）分則49：

「㐬」字篆文「從巛𠫓聲」，上「𠫓」折筆為圓筆，下「儿」末筆不鉤。如：「慌、荒、謊」等字。

凡筆形在右下者，如「兒、充、兄、克、見、尢、尬、毛、鹿、化、尼、己、已、巳、巴、包」等字，一律作豎曲鉤，「㐬」字作豎折，與整體字形規範並不一致，細明體均作豎曲鉤，應可考慮從之。

（4）分則 57：

「次」字篆文從二，故有次第的意思，左半作二短橫，不作「冫」。如：「咨」、「姿」、「恣」、「瓷」、「資」等字。

爲使從「二」與從「冫」有所區別，故從「二」之字均保留兩橫畫，但與通則 2「凡左偏旁末作橫筆者，原則斜挑」之原則相違背。細明體則作「次、咨、姿、恣、瓷、資」，所從「二」字，上作橫畫，下作挑筆，既保留與「冫」之區隔，又符合通則 2 所規範，亦是不錯的處理方式。若再進一步從互補的角度來看，從「冫」與「二」之字並無對立情形，將從「二」之字與從「冫」之字同化，亦是可以考慮的方式之一，如華康細黑體即作「次、咨、姿、恣、瓷、資」，並未造成辨義之困擾。

（5）《教師手册》第 176「彝」字，標準字從「彐」作「彞」，歸入彐部。但同部首之「彙、彘、彔、彖」等字，均從「彑」（部首與屬字字形不同），而「彝」字特別強調從「彐」，似乎有點突兀。細明體一律從「彑」作「彝、彙、彘、彔、彖」。因此，若將「彞」改作「彝」，則字形一致，「彐」部亦可考慮改爲「彑」部，免除一部二形之困擾。

二、書寫字形之彈性空間：教育部訂定標準國字，「希望國語文教育在文字教學上，由亂趨整，樹立一個標準，使學生在識字、寫字的過程中，不必因字形的分歧增加學習的困擾。」但是公佈實施之後，李郁周所看到實際情形是：

> 標準字體公佈將近十年，民間書寫混亂的情形，比較和緩或比較嚴重？不知道改善了多少？而學校師生與家長對於鉤不鉤、點不點、橫不橫、撇不撇、長不長、短不短等新的爭論迭起，我根據教育部公佈的，你根據傳統寫法的，他根據字書理論的，公說公有理，婆說婆有理，時常為了對不對、錯不錯，考試多一分、少兩分而爭論不休，教學或學習者無所適從。[14]

這種現況，與教育部的目的並不相符。這是十年前的情形，現在似乎也沒有改善多少，尤其與標準字體相關之課程不再是國小學程之必修課程，因此，未來的老師對標準國字的素養只能依靠自我提昇，要改善書寫字形紛亂的局面，似乎更不容易。

沈祥和認爲，以印刷字體之規範原則，作爲書寫之規範原則，在習字過程的要求與一般書寫的要求，標準應有所區分：

> 對以書寫字形為目的的手寫楷體，如學字、習字（書法除外），不論用硬筆還是軟筆，字形筆畫應以印刷楷體為規範。對以表達內容為目的的手寫楷體，字形筆畫的容忍度適當放寬。為避讓而將捺改作點的寫法，視為藝術標準，不作正誤標準。[15]

提出「以書寫字形爲目的時依據標準規範，以表達內容爲目的時則放寬標準」的因應措施。寫得不標準，並不等同於寫錯字，其

---

[14] 詳見李郁周：<是符號？還是實物？常用國字標準字體掠影>，《中國語文》第 370 期。

[15] 參見沈祥和：〈試說木的手寫楷書字形規範容忍度〉，《語文建設》，1999 年第 3 期，頁 5-6。

間有彈性空間。但是每位老師的彈性標準並不一致，因此建議應建立書寫的容忍範圍，作爲手寫規範的依據。亦即生字教學時務必依據標準字形，但在平時作業則可以放寬標準。竺家寧認爲「一個音位包含了一群沒有辨義作用的不同音值，一個形位包含了幾個不同卻沒有意義對立的寫法。」提出形位確立的原則：

第一、一個形位包含幾種同位變體，但不包含異體字。

第二、不同的形位，在建構一個新的合體字時，可以轉為同一形位。

第三、形位元的判斷，以單獨字形為單位元，不能引申擴充。[16]

從形位的觀點來看，細明體與標楷體的字形差異，都可以同一個形位來看待。但是作爲書寫的彈性形位，標準應更嚴格，筆畫數是重要考量，除了因筆畫連接方式所造成的畫數差異外，其餘不可改變，亦即隨意增減筆畫不在容忍範圍。就前述教育部所研訂的各原則及細明體之字形差異，屬於下列情形者或許是可以容忍的範圍：

1. 筆形完全一樣，僅部分筆畫連接方式不同、或筆畫長短配置、或部件組合位置略有差異，並未造成辨義困擾者，可以歸爲同一形位，如前述「參之三」之各例；若如「田、由、甲、申」、「工、土、士」、「入、人、八」、「己、已、巳」等字組，各字均有辨義作用，則不可歸爲同一形位。

2. 部分筆形有差異，但不造成辨義困擾者，可視爲同一形位。如前述「參之二」各例；若如「千、干」、「天、夭」、「干、

---

[16] 同註三。

于」等字組，筆形差異正是辨義之所在，則不可歸爲同一形位。

3. 某一部件不同，但字形相近，且不致造成辨義困擾者，可視爲同一形位。如「寺－寺」，上部件「士、土」並不影響全字之辨識，故可視爲同一形位。前述「參之一」各例，除「朮、木」筆畫數有所增減，不宜歸爲同一形位外，其餘都可視爲同一形位；若如「翱－翺」、「真－眞」、「為－爲」，兩者部件差異較大，不宜視爲同一形位。

4. 一字有多重差異，若各項差異仍在上述三原則之內，仍歸爲同一形位。如「警－警」、「醫－醫」，雖各有三處不同，仍可視爲同一形位。

上述之形位規範原則，僅能作爲基礎教育「錯字」的認定參考，在彈性範圍內，只能說寫得不標準，但不能算錯字。至於生字的習寫指導，仍要以標準國字爲指導依據，畢竟取法乎上，才能得乎其中。

伍、結　論

教育部建立字形標準，目的即在提供資訊界作爲輸入、編碼及字型之規範。從上述細明體與標楷體的字形比較，兩者差異頗大。從文字溝通的角度來看，這些差異並不影響辨義，不會造成溝通困擾的問題，因此，電腦標準字體推行十年，資訊公司也只做了標楷體與標宋體，其餘各體仍各行其是。但是基層老師在字形教學卻會產生困擾，當小朋友接觸電腦後，總會懷疑，到底是老師教錯了？還是電腦寫錯字？當老師以電腦多媒體輔助教學時，如果所選用的字體不是標準字，小朋友也會懷疑：爲什麼老師生字教學和平常使用的字形不一樣？如果識字課本所使用的字體不是標準國字，如全國教師會選編的《語文領域集中識字國語》課本，採用明體字形，其中「采、採、踩、彩、菜、爭、睜、箏、淨、靜、也、他、她、地、池、馳、弛、外、夢、肝、肢、胖、胎、胡、湖、糊、蝴、鬍、芭、芽、苔、苗、苟、薯、藷、爬、翅、翔、養、癢、舌、皓、餓、半、伴、拌、胖、判、絆、颱、綺、罕」等字，均與標準字不同；又如臺北市教育局編印《成人基本教育教材》，習寫字形雖採用楷書字形，字形也與標楷體不同，如「說、總、護、灌、舊、寬、等、脂、態、育、統、堪、特、玲、渙、鸛、勸、怒、悠」等字，以這些字形作爲識字教學之依據，那影響就更大。再如字典之編輯，教育部之《重編國語辭典修訂本》網路版，那是使用最方便的辭典，也是採用明體字形，使用的字形也是不標準的。因此，資訊字形統一的工作，仍有繼續推行的必要。

再從兩者之整體規律來看，標楷體要比細明體規律得多。但是在實際的教學中，小朋友常將「儿－几、夭－天、釆－采、艸－卄、曰－日」等部件混同[17]，與細明體的情形一樣，這也突顯出標準字的規範原則，可以有再討論的空間。調整標準字的規範原則，建立書寫的彈性空間，並非要放棄標準字形，反而是要更落實推行標準國字教育。畢竟規範過於苛細，既無益於辨義，卻會增加記憶的負荷及寫錯的機率，那麼它推行的困難度便相對的提高。以現今標準而言，教育部所編規範原則，也有誤差，如「籐、滕」二字，標楷體前者從「月」，後者從「肉」；另電腦公司所製作的標準字形，也不見得一定標準，如「裸」字，標準字作「裸」，華康標宋

[17] 許淑娟：〈台南市低年級學童錯別字之分析〉，國語文教育通訊第十期，頁61-83。

體則作「𥝢」，「木」的寫法仍不相同；因此，適當的調整，應可以減少推行的阻力，減輕學童學習的負擔。至於調整的原則、彈性空間之建立，則有待教育部彙整各方意見，做最適當之選擇。

參考資料

王立軍：《宋代雕版楷書構形系統研究》（上海：上海教育出版社，2003 年 7 月）

巫俊勳：〈《字彙．辨似》探析〉，《第十三屆全國暨海峽兩岸中國文字學學術研討會論文集》頁三七四，民國九十一年四月。

李郁周：〈是符號？還是實物？常用國字標準字體掠影〉，《中國語文》第 370 期。

沈祥和：〈試說木的手寫楷書字形規範容忍度〉，《語文建設》，1999 年第 3 期，頁 5-6。

竺家寧：〈音位理論在漢字上的應用〉，第四屆中國文字學全國學術研討會論文，一九九三年三月。

徐光烈：〈楷體和宋體的筆畫差異〉，《語文建設》，1995 年 10 月。

張慶龍：〈國民小國語課本新字體與舊字體之比較、整理研究一國字標準化政策的推行資料〉，《人文及社會學科教學通訊》，三卷四期，頁 133-146。

教育部國語推行委員會：《國字標準字體研訂原則》，國語文教育叢書第二十二，教育部國語會網站。

教育部國語推行委員會：《國字標準字體楷書母稿》，國語文教育叢書第十，民九十年十二月。

許長安：〈台灣標準字體評介〉，《語言大字應用》，2003 年第 4 期。

許淑娟：〈台南市低年級學童錯別字之分析〉，國語文教育通訊第十期，頁 61-83。

許學仁：〈「常用標準國字」在師院文字教學之理論與實踐〉，《第八屆中國文字學全國學術研討會論文集》，民八十六年三月。

許錟輝：〈兩岸標準字體同異比較述要〉，《東吳中文學報》，民八十六年五月，頁 1-21。

曾啓雄、林長慶、楊剴勛：〈關於印刷字體歷史性演進之研究－以現今稱呼中之宋體字、仿宋體、明體字爲例〉，《科技學刊》，第 10 卷第 3 期，民九十年五月，頁 219-229。

曾榮汾：《國字標準字體教師手册》，國語文教育叢書第九，教育部國語會網站。

嚴羽：〈宋體和楷體的區別〉，《語文建設》，2003 年第 3 期。

附表一：細明體與標楷體字形差異比較表

凡例：

1. 編號:a 代表通則部分、b 代表分則部分、c 代表教師手册字號、d 代表其他。
2. 備註欄內各數字，代表正文參之各項內容，如 2-1 即代表筆形之差異之長頓點與捺筆之別。
3. 凡標楷體與細明體字形有差異者，均以粗體表示。

編號	標準國字規範原則	標楷體字例	細明體字例	備註
a-1	通則 01.一字不二捺	1. 返奏揍湊餐麩爨縫途鏊癸葵楚礎麓食養灸遨謦倏遷韃逖退逢蓬篷蘩 2. 蹇燹趧	1. 鏊奏揍湊餐麩爨縫 2. 返途鏊癸葵楚礎麓食養灸遨謦倏遷韃逖退逢蓬篷蘩蹇燹趧	2-1
a-2	通則 02.左旁末筆斜挑	1. 邧頑頹頓顧頻邶改頃傾剜鳩 2. 毳歡	1. 邧頹 2. 頑頓顧頻邶改頃傾剜鳩毳歡	2-2
a-3	通則 03.改捺為長頓點	1. 極怒愁恣悠懇盔盤盜辱褥犛蠡弊斃煞懲警犫婆亟悉蟋番播替輋撵魅犛釐秀委香透誘稟凜曆靂 2. 奈聲督繫幣拳賢磐罄壓幣瞥彆鱉驚禾	1. 極 2. 怒愁恣悠懇盔盤盜辱褥犛蠡弊斃煞懲警犫婆亟悉蟋番播替輋撵魅犛釐秀委香透誘稟凜曆靂奈聲督繫幣拳磐罄賢幣瞥彆鱉驚禾	2-1
a-4	通則 04.內偏旁捺筆改頓筆	1. 絪胭氤恩姻嗯咽菌攔欄蘭丙困捆梱睏因茵囚泅閿肉圈閔憫閣擱閤閃閑炳柩 2. 內吶納	1. 絪胭氤恩姻嗯咽菌攔欄蘭丙 2. 困捆梱睏因茵囚泅閿肉圈閔憫閣擱閤閃閑炳柩內吶納	2-1
a-5	通則 06.左旁捺筆改頓點	郊領私皰劑頌頒	1. 郊領私皰劑 2. 頌頒	2-1
a-6	通則 07.上偏旁中豎下不出頭	告美義羞善膳繕鱔	1. 告美義羞 2. 善膳繕鱔	3-1

編號	標準國字規範原則	標楷體字例	細明體字例	備註
a-7	通則 08. 上偏旁鉤筆寫法	1. 匕余戚原願塗亦縣小忌起逮遝態背冀 2. 旨匙肆疑凝擬礙指詣嘗嚐嗜鰭乖剩乘能罷熊擺態燕嚥途感願塗弈奕懸少劣尖吵妙抄沙炒砂秒娑紗莎雀鈔裟步頻鯊瀕蘋顰遼穎哥歌	匕余戚原願塗亦縣小忌起逮遝態背冀旨匙肆疑凝擬礙指詣嘗嚐嗜鰭乖剩乘能罷熊擺態燕嚥途慼願塗弈奕懸少劣尖吵妙抄沙炒砂秒娑紗莎雀鈔裟步頻鯊瀕蘋顰遼穎哥歌	2-3 2-4
a-8	通則 09. 「幵」旁寫法	並屏妍刑形開併姘拼摒駢研	1. 並屏妍刑形開 2. 併姘拼摒駢研	4-2
a-9	通則 10. 「甜、活」之偏旁寫法	1. 舌恬舐甜舔憩 2. 括刮活話	舌恬舐甜舔憩括刮活話	1-1
a-10	通則 11.「兔、色」等字起筆部分寫法	餡娩挽晚兔逸陷閻諂燄焰負免冤	1. 餡娩挽晚兔逸 2. 陷閻諂燄焰負 3. 免冤	2-5
a-11	通則 12. 「厶」形寫法	育唷充統侃流梳琉疏硫毓蔬	育唷充統侃流梳琉疏硫毓蔬	4-1
a-12	通則 13. 「任、廷」等字偏旁寫法	1. 壬任妊飪賃 2. 廷庭挺梃蜓艇霆呈逞程聖徵聽廳癥懲鐵	1. 壬任妊飪賃廷庭挺梃蜓艇霆 2. 呈逞程聖徵 3. 聽廳癥懲鐵	1-2
a-13	通則 16.「土」頭與「士」頭的寫法	吉志喜敖聲鼓壹寺侍峙待恃持時特痔等詩	1. 吉志喜敖聲鼓壹 2. 寺侍峙待恃持時特痔等詩	1-3

編號	標準國字規範原則	標楷體字例	細明體字例	備註
a-14	通則 17. 從「亼」起筆部分寫法	今合令會命食偷余餘俞喻愉渝愈榆瑜逾瘉覦諭輸癒斜	1. 今合令會命食偷餘餘 2. 俞喻愉渝愈榆瑜逾瘉覦諭輸癒斜	1-4
a-15	通則 20. 「即、既」等左偏旁寫法	1. 即既暨飢餓溉概慨節櫛鯽唧卿蝕 2. 鄉嚮鄉	1. 即既暨飢餓 2. 溉概慨節櫛鯽唧卿蝕鄉嚮響	4-2
a-16	通則 21. 「冒」字上偏旁寫法	1. 冒帽瑁胄冕最撮蹋榻塌曼幔慢漫蔓鏝饅鰻 2. 勗	1. 冒帽瑁胄冕最 2. 撮蹋榻塌曼幔慢漫蔓鏝饅鰻勗	1-5
a-17	通則 22. 「匕」形寫法	1. 匙肄疑凝擬礙旨指詣嘗嚐嗜鰭乖剩乘能罷熊擺態燕嚥 2. 老佬姥尼妮泥 2. 它沱蛇駝	匙肄疑凝擬礙旨指詣嘗嚐嗜鰭乖剩乘能罷熊擺態燕嚥老佬姥尼妮泥它沱蛇駝	2-6
a-18	通則 23. 「匝、匹」等字部首的寫法	匝匡匠匪匣匱 匹區奩匾匿嘔嫗嶇樞歐毆甌鷗匽偃堰鼴愿甚湛諶	1. 匝匡匠匪匣匱嘔嫗嶇樞歐毆甌鷗偃匽堰鼴愿甚湛諶 2. 匹區奩匾匿	1-6

編號	標準國字規範原則	標楷體字例	細明體字例	備註
a-19	通則 24. 「大、矢」寫法	1. 知雞吳悮蜈誤奕契美鎂獎莫漠膜模蟆謨奧澳襖央快決映殃盎瑛鞅夬快抉決袂訣奚溪僕噗撲蹼嘆漢契楔族嗾簇鏃疾嫉猴矣俟唉埃挨侯候樊嗅器獘 2.大尖夾礬	1. 知雞 2. 吳悮蜈誤奕契美鎂獎莫漠膜模蟆謨奧澳襖央快決映殃盎瑛鞅夬快抉決袂訣奚溪僕噗撲蹼嘆漢契楔族嗾簇鏃疾嫉侯候猴矣俟唉埃挨侯候嗅器獘大尖夾礬	2-1
a-20	通則 25. 「示、衣」當偏旁寫法	社祀祁祆祉祈祇祕祐祠祖祝祗祚視祺祿禎禍禧禪禮禱神祥福	1. 社祀祁祆祉祈祇祕祐祠祖祝祗祚視祺祿禎禍禧禪禮禱 2. 神祥福	4-2
a-21	通則 26. 「木、示」結構的寫法	示祟票漂標瞟鏢剽飄祭察際禁襟禦宗崇棕淙粽綜鬃蒜奈賒	1. 示 2. 祟票漂標瞟鏢剽飄祭察際禁襟禦宗崇棕淙粽綜鬃蒜奈賒	2-4
a-22	通則 27. 「艸」頭寫法	茉莉花草菜蔬薄懂	茉莉花草菜蔬薄懂	1-7 3-4
a-23	通則 28. 「卝」頭寫法	繭寬髖獲穫護懵舊夢敬儆警驚蔑襪勸權歡灌罐觀	1. 繭寬髖獲穫護懵舊夢 2. 敬儆警驚蔑襪勸權歡灌罐觀	1-7
a-24	通則 29. 「月」旁寫法	胡湖蝴糊服期有青肖肴	1. 胡湖蝴糊服期 2. 有青肖肴	2-7

編號	標準國字規範原則	標楷體字例	細明體字例	備註
a-25	通則 31.「用、甫」二形寫法	1. 用庸傭墉 2. 甫輔脯敷	1. 用 2. 甫輔脯敷庸傭墉	2-7
a-26	通則 32.「䒑、羊、弟」等字起筆寫法	羊佯弟涕益半伴判拌叛胖畔絆兼曾僧增層憎贈隊遂墜隧燧邃券拳眷卷豢倦圈捲勝謄藤騰酋猶猷奠鄭躑尊遵蹲送朕溢隘縊	1. 羊佯弟涕益 2. 半伴判拌叛胖畔絆兼曾僧增層憎贈隊遂墜隧燧邃券拳眷卷豢倦圈捲勝謄藤騰酋猶猷奠鄭躑尊遵蹲送朕溢隘縊	4-2
a-27	通則 33.「辵、辶」等字部首的寫法	巡迄迅迎送這追逃	巡迄迅迎送這追逃	2-21
a-28	通則 35.「辛、幸」二形寫法	譯釋繹澤擇鐸摯墊報	1. 譯釋繹澤擇 2. 鐸摯墊報	3-3
a-29	通則 37.「派」之右旁與「瓜」之寫法	派脈瓜狐弧	派脈瓜狐弧	2-10
a-30	通則 38.「瓜、爪」的中豎筆寫法	爪抓爬瓜呱孤狐弧瓠瓢	爪抓爬瓜呱孤狐弧瓠瓢	3-2
a-31	通則 39.「峰」的右上部與「致」的右偏旁寫法	1. 峰蜂降絳 2. 俊唆峻浚梭皴竣酸駿後夏麴馥愎復履璦擾憂優夔致緻	1. 峰蜂降絳俊唆峻浚梭皴竣酸駿後夏麴馥愎復履璦擾憂優夔 2. 致緻	1-8

編號	標準國字規範原則	標楷體字例	細明體字例	備註
a-32	通則 40.「共、具、貝」等末二筆寫法	1. 共具其 2. 貝賊賤賢寶	共供具俱其琪貝賊賤賢寶	3-2
b-1	分則 01.「丩」字旁的寫法	收叫糾赳	1. 收叫糾 2. 赳	3-1
b-2	分則 03.「冰」字左旁的寫法	1. 冰冶冷馮 2. 於菸冬咚疼終鼕寒	1. 冰冶冷馮菸冬咚疼終鼕寒 2. 於	2-8
b-3	分則 04.「又、叉」字旁的寫法	1. 又奴馭受隻 2. 叉扠杈釵蚤	1. 又叉 2. 奴馭受隻扠杈釵蚤	3-2
b-4	分則 06.「丸」、「丮」字旁的寫法	1. 丸紈 2. 執嬴羸嬴蛩築鞏	1. 丸紈 2. 執 3. 嬴羸嬴蛩築鞏	2-9
b-5	分則 07.「訊」字右旁的寫法	訊迅煢	訊迅煢	2-7
b-6	分則 09.「勺」字旁的寫法	的釣妁灼芍約豹酌喲	1. 的釣 2. 妁灼芍約豹酌喲	4-2
b-7	分則 11.「女」字旁的寫法	女安汝耍要奴奸奶	女安汝耍要奴奸奶	3-1
b-8	分則 12.「小」字旁的寫法	肖俏削哨宵屑峭悄捎消梢逍硝稍趙銷霄鞘尚倘淌敞廠趟躺瑣鎖	肖肖俏削哨宵屑峭悄捎消梢逍硝稍趙銷霄鞘尚尚倘淌敞廠趟躺瑣鎖	4-2

編號	標準國字規範原則	標楷體字例	細明體字例	備註
b-9	分則 14.「己」字旁的寫法	1. 己忌妃紀記配巳起包 2. 改 3. 巽選譔撰饌	己忌妃杞紀記配巳起包改巽選譔撰饌	2-2 2-3
b-10	分則 21.「切」字旁的寫法	1. 七 2. 切沏砌	七切沏砌	2-2 2-3
b-11	分則 23.「卬」字旁的寫法	卬仰抑昂迎劉	卬仰抑昂迎劉	2-10
b-12	分則 29.「木」字旁的寫法	1. 木休床本果宋采巢 2. 朽樸夥彩困晒 3. 呆栗朵柔某臬鎳築條滌欒灤查喳業棄茶裹	1. 木休床本果宋采巢朱困晒呆栗朵柔某臬鎳築條滌欒灤查喳業棄 2. 朽樸夥彩 3. 茶裹	2-1 3-2
b-13	分則 31.「比」字旁的寫法	比批毗昆混饞皆諧鹿塵	比批昆混讒皆諧鹿塵	2-10
b-14	分則 33.「片」字旁的寫法	片版牌牖	片版牌牖	3-5
b-15	分則 35.「牙」字旁的寫法	牙呀穿芽邪雅鴉	牙呀穿芽邪雅鴉	3-2
b-16	分則 36.「犬」字旁的寫法	1. 犬伏吠默哭戾突 2. 臭獎倏	犬伏吠默哭戾突臭獎倏	2-1
b-17	分則 41.「朮」字旁的寫法	朮怵述術剎殺	1. 朮怵述術 2. 剎殺	1-9 2-3
b-18	分則 49.「㐬」字旁的寫法	㐬慌荒謊侃流梳琉疏硫毓蔬	㐬慌荒謊侃流梳琉疏硫毓蔬	2-3

編號	標準國字規範原則	標楷體字例	細明體字例	備註
b-19	分則 56.「朵」字旁的寫法	朵剁躲跺	1. 朵剁躲 2. 跺	2-11
b-20	分則 57.「次」字旁的寫法	次咨姿恣瓷資懿	次咨姿恣瓷資懿	2-12
b-21	分則 58.「灰」字旁的寫法	1. 灰恢盔詼 2. 炭岸碳	1. 灰恢盔詼碳 2. 炭岸	1-18
b-22	分則 59.「米」字旁的寫法	米粉粒粗鄰磷	1. 粉粒粗 2. 米鄰磷	2-1 3-2
b-23	分則 60.「糸」字旁的寫法	1. 紅紀結經轡戀變蠻鸞 2. 絲係縣累紮紊緊 3. 繭懸	紅紀結經轡蠻鸞絲係縣累紮紊緊繭懸	2-16
b-24	分則 62.「羽」字旁的寫法	羽羿翌習翟扇翁翔翰	1. 羽 2. 羿翌習翟扇翁翔翰	4-2
b-25	分則 63.「耳」字旁的寫法	1. 耳弭洱茸餌聞聱聲聳 2. 耶聖聶聽	1. 耳弭洱茸餌聖 2. 聞聱聲聳耶聶聽	3-1
b-26	分則 67.「肉」字旁的寫法	1. 肉腐 2. 肋冗肖育肩肴肯胥胃冑背胤胡散能厭脊徹 3. 將獎槳蔣醬鏘炙祭察際蔡然撚燃搖	1. 肉 2. 腐 3. 肋冗肖育肩肴肯胥胃背胤胡散能厭脊徹 4. 將 5. 獎槳蔣醬鏘炙祭察際蔡然撚燃	1-10
b-27	分則 69.「舛」字旁的寫法	舜舛舞桀傑韋違偉	1. 舜舛傑 2. 舞韋偉 3. 違	3-2

編號	標準國字規範原則	標楷體字例	細明體字例	備註
b-28	分則 70.「兑」字旁的寫法	兑悅稅脫蛻說銳閱兗	兌悅稅脫蛻說銳閱兗	2-1
b-29	分則 73.「沈」、「沉」二字的寫法	1. 沉 2. 沈忱枕耽	1. 沉 2. 沈忱枕耽	1-11
b-30	分則 78.「言」字旁的寫法	言信唁這罰	言信唁這罰	2-9
b-31	分則 79.「卸」字旁的寫法	卸啣禦禦	卸啣禦禦	2-10
b-32	分則 81.「忝」字旁的寫法	忝添舔	忝添舔	1-12
b-33	分則 82.「毒」字的寫法	毋毐毒	1. 毋 2. 毐毒	3-1
b-34	分則 83.「直」字旁的寫法	直值植殖置矗	直值植殖置矗	4-2
b-35	分則 84.「者」字旁的寫法	都緒諸賭者堵奢屠渚暑煮著睹署嘟褚豬赭儲曙薯躇	1. 都緒諸賭 2. 者堵奢屠渚暑煮著睹署嘟褚豬赭儲曙薯躇	4-2
b-36	分則 85.「非」字旁的寫法	排輩非俳匪啡徘菲腓痱緋靠霏翡	1. 排輩 2. 非俳匪啡徘菲腓痱緋靠霏翡	3-1
b-37	分則 86.「沿」字右旁寫法	沿鉛	沿鉛	1-11
b-38	分則 89.「雨」字頭的寫法	1. 雨漏 2. 雷電雪霜 附:脊瘠犀墀屬囑壞懷	1. 雨漏 2. 雷電雪霜 附:脊瘠犀墀屬囑壞懷	2-17

編號	標準國字規範原則	標楷體字例	細明體字例	備註
b-39	分則 91.「肙、肙」的寫法	肙肙	肙肙	1-10
b-40	分則 92.「垂」字旁的寫法	垂唾捶錘陲睡綞郵 附:華嘩樺譁	垂唾捶錘陲睡綞郵 附:華嘩樺譁	3-4
b-41	分則 95.「曷」字旁的寫法	曷喝歇渴竭葛褐謁遏揭	曷喝歇渴竭葛褐謁遏揭	2-14
b-42	分則 96.「為」字旁的寫法	為偽撝	爲僞撝	4-2
b-43	分則 98.「臿」字旁的寫法	插鍤歃	鍤歃	1-13
b-44	分則 100.「食」字旁的寫法	1. 養餐饜食饔 2. 飢餓飽餉飭蝕	1. 養餐饜 2. 食饔 3. 飢餓飽餉飭 4. 蝕	2-1
b-45	分則 101.「兼」字旁的寫法	兼嫌廉歉濂縑謙賺簾鎌	1. 兼 2. 嫌廉歉濂縑謙賺簾鎌	4-2
b-46	分則 105.「弱」字旁的寫法	弱搦溺篛	弱搦溺篛	4-2
b-47	分則 106.「茲」字旁的寫法	1. 茲 2. 孳慈滋磁	1. 茲 2. 孳慈滋磁	3-4
b-48	分則 107.「能」字旁的寫法	能態熊	能態熊	1-10 2-3,6
b-49	分則 108.「啓」字的寫法	啟	啓	3-6

編號	標準國字規範原則	標楷體字例	細明體字例	備註
b-50	分則 109.「畢」字旁的寫法	畢嗶華	畢嗶華	3-4
b-51	分則 110.「衆」字的寫法	眾聚鄹驟	1. 眾 2. 聚鄹驟	4-1
b-52	分則 111.「敝」字旁的寫法	1. 敝幣瞥彆撇蔽鱉 2. 弊斃	敝幣弊彆撇蔽斃鱉	2-1 4-2
b-53	分則 112.「麥」字旁的寫法	麥麩麴麵	麥麩麴麵	1-8 3-1
b-54	分則 113.「麻」字旁的寫法	麻痲嘛麼摩魔磨靡蘑魔嬷潸	1. 麻痲嘛麼摩磨靡蘑魔 2. 嬷潸	1-14 2-3
b-55	分則 117.「黃」字旁的寫法	黃廣橫璜磺擴獷簧曠礦	黃廣橫璜磺擴獷簧曠礦	1-15
b-56	分則 119.「縣、懸」的寫法	1. 縣 2. 懸	縣懸	2-4 4-2
b-57	分則 120.「龜」字的寫法	龜黽蠅繩	1. 龜黽 2. 蠅繩	3-1
c-1	手册 014 亡	亡妄忙忘育芒氓盲罔茫惘慌網羸瀛贏	亡妄忙忘肓芒氓盲罔茫惘慌網羸瀛贏	3-5

編號	標準國字規範原則	標楷體字例	細明體字例	備註
c-2	手册 063 北	北背冀驥	1. 北 2. 背冀驥	2-6 3-5
c-3	手册 073 印	印兜	印兜	2-10
c-4	手册 124 奄	1. 電 2. 奄俺庵掩淹菴	1. 電奄俺庵掩淹菴	2-3
c-5	手册 125 奐	奐喚換渙煥瘓	奐喚換渙煥瘓	2-1
c-6	手册 128 妥、268 爭、456 采	妥綏孚乳俘浮孵爭崢掙淨猙睜箏錚采彩採菜睬綵踩爰媛援暖緩鍰奚溪谿蹊雞舀滔稻蹈韜淫霪覓辭亂隱穩癮 附:爵嚼愛曖噯	妥綏孚乳俘浮孵爭崢掙淨猙睜箏錚采彩採菜睬綵踩爰媛援暖緩鍰奚溪谿蹊雞舀滔稻蹈韜淫霪覓辭亂隱穩癮 附:愛曖－噯爵嚼	2-19
c-7	手册 150 屯	1. 屯沌鈍 2. 頓噸	1. 屯 2. 沌鈍頓噸	2-2
c-8	手册 155 巨	巨拒炬苣矩渠	1. 巨 2. 拒炬苣矩渠	1-16
c-9	手册 160 平	平坪抨砰秤萍評	平坪抨砰秤萍評	4-2
c-10	手册 165 康	康慷糠棣隸	康慷糠棣隸	2-1
c-11	手册 171 延	延涎筵誕	延涎筵誕	2-14
c-12	手册 176 彝	1. 祿碌 2. 緣彙 3. 彝	祿碌緣彙彝	2-1 2-20
c-13	手册 212 斥	斥坼拆訴	斥坼拆訴	3-1
c-14	手册 288 甬、289 甫	甬湧蛹勇湧溥簿薄	1. 甬湧蛹 2. 勇湧溥簿薄	2-13

編號	標準國字規範原則	標楷體字例	細明體字例	備註
c-15	手册 311 眞	真顛填滇瑱鎮闐顛癲	1. 真顛 2. 塡滇瑱鎭闐癲	4-2
c-16	手册 341 罕、393 虎、413 西、453 酉	陸逵睦熱虎虐虔琥虛虞西哂曬迺湮煙甄裔攜四泗駟傻帶稷淩陵菱稜綾酉酊酗酒醫醬皂探深罕詹擔簷	陸逵睦熱虎虐虔琥虛虞西哂曬迺湮煙甄裔攜四泗駟傻帶稷淩陵菱稜綾酉酊酗酒醫醬皂探深罕詹擔簷	2-3
c-17	手册 412 衮	衮滾	衮滾	2-15
c-18	手册 471 青	青清晴靖精倩猜菁蜻請靛靜	1. 青清晴靖精 2. 倩猜菁蜻請靛靜	1-18
c-19	手册 496 鬲	隔鬲膈融獻	1. 隔 2. 鬲膈融獻	2-18
d-1		1. 戌篾蔑襪 2. 戍	1. 戌篾蔑襪 2. 戍	1-17
d-2		夐瓊	夐瓊	1-8
d-3		屆	屆	1-3
d-4		外	外	2-1 3-1
d-5		尉蔚熨慰	尉蔚熨慰	2-4
d-6		也他地她弛池牠迆拖施馳	也他地她弛池牠迆拖施馳	2-5

編號	標準國字規範原則	標楷體字例	細明體字例	備註
d-7		主住拄注駐往註方妨紡旁之乏泛砭貶市玄畜眩率絃亡交亦亥亨享烹京亭亮高立音衷守完家寶序府席廟衷麗儷邐驪言計信誓商舟舢航舫艘	1. 主住拄注駐往 2. 註方妨紡旁之乏泛砭市玄畜率眩絃亡交亦亥亨享烹京亭亮高立音衷守完家寶序府席廟麗儷邐驪舟舢航舫艘 3. 言計信誓商	2-9
d-8		昏婚抵戊越留溜劉瀏	昏婚抵戊越留溜劉瀏	2-10
d-9		役投段疫般設發慇骰廢撥毅潑盤磐穀緞罄燬轂鑿	役投段疫般設發慇骰廢撥毅潑盤磐穀緞罄燬轂鑿	2-11
d-10		並椪碰	1. 並椪 2. 碰	2-22
d-11		獵蠟	獵蠟	3-1
d-12		冉聃苒再稱媾溝構講購髯	1. 冉再稱 2. 聃苒媾溝構講購髯	3-1
d-13		孝哮酵教	孝哮酵教	3-1
d-14		那哪娜挪	1. 哪 2. 那挪娜	3-1
d-15		奉俸捧棒春秦榛臻舂椿	奉俸捧棒春秦榛臻舂椿	3-1
d-16		班辨	班辨	3-2
d-17		天	天	3-3
d-18		望	望	4-1

編號	標準國字 規範原則	標楷體字例	細明體字例	備註
d-19		皋翱	1. 皋 2. 翺	4-1
d-20		鰥	鰥	4-2
d-21		賣竇瀆櫝牘犢續讀 贖黷	1. 賣竇 2. 瀆櫝牘犢續讀贖 黷	4-2
d-22		1. 命 2. 令冷拎玲苓羚翎 聆鈴零領鴒嶺齡	命令冷拎玲苓羚翎 聆鈴零領鴒嶺齡	4-2

《說文》古文之來源與性質再探

——對王國維「戰國時秦用籀文，六國用古文說」之幾項修正意見

許文獻

摘　要

自王國維提出「戰國時秦用籀文，六國用古文說」之論以來，學界今猶多依承其說。惟近年新出戰國文字陸續發表，似又可為王國維此說作幾項補證：

一、許慎所取古文當泛指先秦之古文字，而非僅指春秋以來之新興字體。

二、戰國文字體系猶具一定之規範性，各國雖多異形，然其並行異體仍為主要之通行體。

三、《說文》古文多為戰國東西土各系文字通行字體外之異構。

四、《說文》古文非戰國東土之專行文字。

五、《說文》古文亦與甲金文關係密切，非僅籀文最近西周金文。

六、秦統一文字所罷之文，非盡指古文，亦應包括秦系文字，

換言之，秦統一文字時，李斯應有其審查標準，而非全以秦系文字爲基準。

故綜而言之，王國維「戰國時秦用籀文，六國用古文說」之論，或猶多存疑義，當可依新出資料作適度之補證。

關鍵詞：說文、古文、戰國文字、秦、六國、王國維。

壹、緒　論

《說文》古文之來源複雜，曩昔論者多從商周古文資料作比較研究，並據以推論其分期斷代，惟於分系分域之研究上或猶嫌不足。故本文即試從分系分域之研究方法著手，冀能突破往昔《說文》古文之研究侷限，並能對《說文》古文之性質與來源有所補證。本文之主要研究方法爲：

一、《說文》古文性質與來源之研究述評。

二、《說文》古文之分系分域研究。

三、重行詮釋《說文》古文之來源與性質。

貳、《說文》古文性質與來源之研究述評

王國維「戰國時秦用籀文，六國用古文說」之論於《說文》古文性質與來源之研究影響甚鉅。茲以此說爲本節論述之基礎，兼論諸家之說。王國維〈戰國時秦用籀文，六國用古文說〉一文，見載於所著之《觀堂集林》。[1] 今重行分析王國維此說，其主要論證依

[1] 詳見王國維著《觀堂集林》第七卷，北京：中華書局出版發行，1959 年 6 月第 1 版，305 頁-307 頁。

據爲：

一、戰國時「六藝之書」之載體：王國維以爲「六藝之書行於齊魯，爰及趙魏，……其書皆以東方文字書之，漢人以其用以書六藝，謂之古文」。[2]

二、秦統一文字之標準與焚書之內容：王國維以爲「秦人所罷之文與所焚之書，皆此種文字（古文）」。[3]

三、戰國秦漢間「古文」之義界。

歸納學界對王國維此說，大抵有如下幾項意見：

一、肯定之論：

（一）以爲王國維確立了《說文》古文之時代性與地域性。[4]

（二）肯定王國維之說，並以爲古文乃「春秋戰國以來新興的字體，盛行於東方諸國」。[5]

（三）以爲王國維此說「重視共時的地域性差異，缺乏歷時演變的史觀」，惟肯定「戰國時古文行用於東土」之觀念。[6]

---

2 詳見王國維著《觀堂集林》第七卷，北京：中華書局出版發行，1959 年 6 月第 1 版，305 頁-307 頁。

3 詳見王國維著《觀堂集林》第七卷，北京：中華書局出版發行，1959 年 6 月第 1 版，305 頁-307 頁。

4 詳見金德建著〈古代東西土古籀文字不同考〉，浙江省立圖書館編印，1937 年 3 月出版，1777 頁-1823 頁；江舉謙著〈說文古文研究〉，《東海學報》第二十一卷，1980 年 6 月出版，2 頁；林素清著〈《說文》古籀文重探-兼論王國維〈戰國時秦用籀文六國用古文說〉〉，《中央研究院歷史語言研究所集刊》第五十八本第一分，1987 年 3 月出版，209 頁-252 頁。

5 詳見林素清著〈《說文》古籀文重探-兼論王國維〈戰國時秦用籀文六國用古文說〉〉，《中央研究院歷史語言研究所集刊》第五十八本第一分，1987 年 3 月出版，209 頁-252 頁。

6 陳昭容著《秦系文字研究-從漢字中的角度觀察》，臺北市：中央研究院歷史語言研究所發行，2003 年 7 月出版，15 頁-46 頁。

（四）肯定王國維「古籀分用」之觀念。[7]

二、否定之論：

（一）以爲古文乃先秦古文，或其當以六國文字爲主，並含部分「遠古文字」。[8]

（二）以爲古文之來源可疑。[9]

（三）以爲古文之分域多有可疑，並或以爲古文當與齊系文字相涉。[10]

（四）以爲古文乃春秋以前形成的古文字。[11]

綜上所述，知學界對於王國維「戰國時秦用籀文，六國用古文說」之論，猶多聚訟。實則持反對論者之議，亦多有可取之處，如容庚所謂「齊魯之彝器文與秦固無大異，古文之異於秦者並異於齊

7 詳見林素清著〈《說文》古籀文重探-兼論王國維〈戰國時秦用籀文六國用古文說〉〉，《中央研究院歷史語言研究所集刊》第五十八本第一分，1987年3月出版，209頁-252頁。

8 詳見許錟輝師著《說文重文形體考》，臺北：文津出版社發行，1973年3月出版，5頁-9頁；季旭昇著《說文新證（上册）》，台北市：藝文印書館出版發行，2002年10月初版，36頁-37頁。

9 詳見錢玄同著〈論說文及壁中古文經書〉，載顧頡剛編著《古史辯》第一册，香港：太平書局出版兼發行，1962年11月版，231頁-243頁；李若暉著〈《說文》古文論略〉，《紅河學院學報》2006年第1期，52頁-54頁，88頁。

10 詳見邱德修著《說文解字古文釋形考述》，臺北市：臺灣學生書局出版，1974年8月初版，34頁-47頁；楊澤生著〈孔壁竹書的文字國別〉，《中國典籍與文化》2004年第1期，73頁-77頁，而李家浩於北京大學講學時，早已主說《說文》古文與齊系文字最近，惟李家浩此說猶未撰成專文，茲列備參，又近來郭店簡問世，學者亦曾據此證其相關字形亦與齊系文字相涉，此則可參林素清著〈楚簡文字綜論〉，中央研究院第三屆國際漢學會議論文，2000年7月；周鳳五著〈郭店竹簡的形式特徵及其分類意義〉，載《郭店楚簡國際學術研討會論文集》，武漢：湖北人民出版社，2000年。

11 詳見祝敏申著《《說文解字》與中國古文字學》，上海市：復旦大學出版社出版發行，1998年12月第一版，120頁-123頁。

魯，不能謂為東土文字如是也」之說，即為卓識，雖尚不能藉此全盤否定王國維之論，然或可對王國維之說有所修正。今復考諸家之說，最具爭議處乃在於「古文」之義界與分系分域部分：關於分系分域之研究，詳見下文，而「古文」義界之疏證，論者多從傳世典籍著手，然據許慎《說文‧敘》所述，可知許慎所云「古文」為：

一、「古文」之時代當早於籀文。

二、許慎言戰國文字乃以七國立說，六國與秦未嘗分也。

三、許慎未言戰國文字與古文之關係。

四、許慎未言秦文字與古文之關係。

故欲釋《說文》古文之分期斷代，則不必僅侷限於戰國文字之範疇，亦不能將古文與戰國文字之分系分域強行比附，畢竟此不合許慎之原意也。今本文即於此立論基礎上，以反證之方式，針對諸家所爭論之來源與性質部分，續以戰國文字分系分域之方式，推證《說文》古文之來源與性質。

參、《說文》古文之分系分域研究

若以戰國文字分系分域之方式分析《說文》古文之來源與性質，並依王國維之說，將六國文字歸為東土文字、秦系文字歸為西土文字，則可議者有四：

一、上承甲金文之古文，亦多見於東土文字：

上述王國維以為籀文最近西周金文，然今以古文分系分域資料比對之，則上承甲金文之東土古文或東西並見之古文為數甚多，其數量遠多於上承甲金文之西土古文，況此猶未含僅見於甲金文之古文；據此可知，古文與甲金文之關係亦甚密切，許慎所取古文之形

當可溯及商周甲金文，甚或泛指先秦之古文字，而非僅指春秋以來之新興字體耳。茲列舉類例如后：[12]

（一）獨見東土文字之上承甲金文例：

1. 正（卷二）：《說文》「正」字古文作 、 等二形。[13] 楚系「正」字或作 （包山楚簡簡 111）、晉系「正」字或作 （晉璽）、齊系「正」字則作  （禾簋），皆與甲文 （《甲》3940）、金文 （欒書缶）等形相類，然此類構形尚未見於秦系文字。

2. 得（卷二）：《說文》「得」字古文作  之形。楚系「得」字或作 （郭店楚簡《老子・甲》簡 5）、齊系「得」字亦作  （齊陶），皆與甲文  （《前》7.42.2）、金文  （沵其鐘）等形相類，然此類構形亦尚未見於秦系文字。

（二）並見東西土文字之上承甲金文例：

1. 嚴（卷二）：《說文》「嚴」字古文作 之形。楚系「嚴」字作 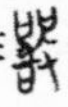 （郭店楚簡《五行》簡 22）、晉系「嚴」字亦作  （中山王方壺），又秦系「嚴」字亦作 （睡虎地秦簡《爲吏之道》簡 4），皆與金文  （虢叔鐘）之形相類。

2. 御（馭）（卷二）：《說文》「御」字古文作 之形。楚系文字或作 （包山楚簡簡 33）、晉系文字亦作  （中山王壺）、秦系文字或作  （石鼓文），此類字形皆類近金文  （九年衛鼎）之形。

---

[12] 各字例後皆括號注明《說文》之卷數。

[13] 本文《說文》古文之形皆引自〔漢〕許慎著、〔宋〕徐鉉校定《說文解字》，收入《續古逸叢書》，揚州市：江蘇廣陵古籍刻印社影印發行，1994 年 8 月第 1 版。

他如：

王（卷一）、莊（卷一）、册（卷二）、商（卷三）、善（卷三）、農（卷三）、鞭（卷三）、及（卷三）、友（卷三）、晝（卷三）、殺（卷三）、教（卷三）、學（卷三）、烏（卷四）、舄（卷四）、敢（卷四）、利（卷四）、箕（卷五）、旨（卷五）、平（卷五）、豆（卷五）、養（卷五）、侯（卷五）、嗇（卷五）、賓（卷六）、游（卷七）、明（卷七）、多（卷七）、容（卷七）、宜（卷七）、疾（卷七）、胄（卷七）、市（卷七）、侮（卷八）、裘（卷八）、般（卷八）、視（卷八）、頁（卷九）、首（卷九）、鬼（卷九）、長（卷九）、豕（卷九）、沬（卷十一）、州（卷十一）、雲（卷十一）、西（卷十二）、播（卷十二）、我（卷十二）、曲（卷十二）、續（卷十三）、終（卷十三）、堯（卷十三）、堇（卷十三）、金（卷十四）、斷（卷十四）、禹（卷十四）等皆其例。

二、見於東土文字之古文，其並行異體亦多見於西土文字或近小篆之形：

此類古文構形當可釋爲東土文字之異構，然因其並行異體亦見於西土文字或近小篆之形，故亦可釋爲戰國文字體系雖多異形，然其體系猶具一定規範性之主要論證，換言之，此類古文當屬戰國文字通行體系外之異構耳。此類字例尤多，茲列舉類例如后：

（一）正（卷二）：《說文》「正」字古文作、等二形。而據上釋「正」字所引，知楚、晉、齊三系「正」字皆近古文形；然楚系「正」字又作（郭店楚簡《語叢三》簡 2）、晉系「正」字亦作（哀成叔鼎）、齊系「正」字亦作（齊幣）等形，皆類秦系「正」字（（秦璽））與小篆之形。

（二）遠（卷二）：《說文》「遠」字古文作之形。楚系「遠」字作（郭店楚簡《六德》簡48）之形，與古文形近；然楚系「遠」字亦作（郭店楚簡《尊德義》簡 16）之形，類近秦系「遠」字（（睡虎地秦簡《秦律十八種》簡119））與小篆之形。

他如：

一（卷二）、君（卷二）、唐（卷二）、遠（卷二）、牙（卷二）、謀（卷三）、信（卷三）、善（卷三）、僕（卷三）、共（卷三）、與（卷三）、及（卷三）、學（卷三）、卜（卷三）、烏（卷四）、敢（卷四）、死（卷四）、平（卷五）、弟（卷五）、時（卷七）、期（卷七）、外（卷七）、多（卷七）、宜（卷七）、保（卷八）、仁（卷八）、比（卷八）、丘（卷八）、屋（卷八）、鬼（卷九）、長（卷九）、懼（卷十）、至（卷十二）、戶（卷十二）、閒（卷十二）、聞（卷十二）、奴（卷十二）、終（卷十三）、二（卷十三）、圭（卷十三）、五（卷十四）、己（卷十四）、亥（卷十四）等皆其例。

三、西土文字亦多見古文之形：

此爲王國維「古籀分用」說之反證。若依古文見於各系文字之數量作統計，則目前所見最多者乃楚系文字，凡百二十六例，依序分爲晉系文字六十三例、齊系文字四十三例、秦系文字二十五例、燕系文字二十二例，[14] 可知除楚系文字或因目前所見資料較多之緣故，所見古文例最多外，餘晉、齊、秦、燕等四系古文例之數量相去不遠，甚至秦系文字之古文例亦且超過燕系文字。茲據以製作圖

[14] 本文此處所列之統計數字，即各系文字構形中所見古文構形之數量。

表如后：

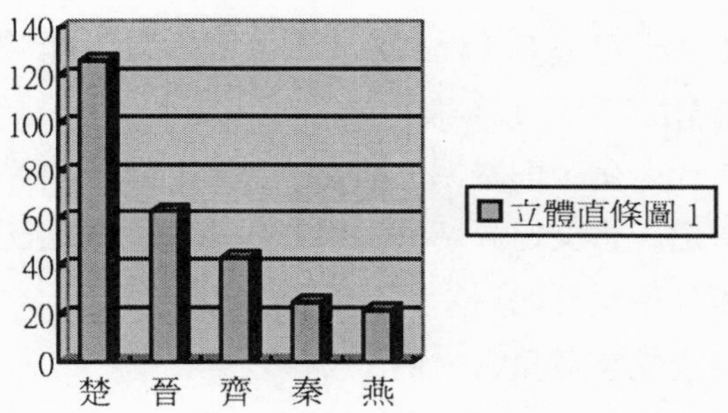

實則見於西土文字之古文非僅如此而已，又見幾個類近古文之秦系文字，例如：

（一）（卷三）：《說文》「叚」字古文作之形。而秦系「叚」字或作（睡虎地秦簡《秦律十八種》簡 101）、（睡虎地秦簡《秦律雜鈔》簡 1）等形，與古文之形相類。

（二）隸（卷三）：《說文》「隸」字古文作之形。而秦系「隸」字或作（高奴權）、（卅八年上郡守戈），與古文之形相類。

（三）簋（卷五）：《說文》「簋」字古文作、、等三形。而秦系「簋」字或作（秦璽），與古文之形相類。

（四）巷（卷六）：《說文》「巷」字古文作之形。而秦系「巷」字或作（秦璽），與古文之形相類。

（五）髮（卷九）：《說文》「髮」字古文作之形。而秦系「髮」字或作（睡虎地秦簡《日書・甲》簡 13 反），與古文之形相類。

（六）開（卷十二）：《說文》「開」字古文作之形。而秦系「開」字或作[illegible]（睡虎地秦簡《日書・甲》簡 14），與古文之形相類。

（七）辰（卷十四）：《說文》「辰」字古文作[illegible]之形。而秦系「辰」字或作[illegible]（秦璽），與古文之形相類。

故若續補入此七例，則秦系文字古文例幾可接近齊系文字古文例之數量，換言之，古文之分系分域特徵，實際上未若王國維所云如此明顯。茲續列舉類例如后：

（一）東西土文字並見古文例：

1. 御（馭）（卷二）：《說文》「御」字古文之形爲[illegible]。楚系文字或作[illegible]（包山楚簡簡 33）、秦系文字或作[illegible]（石鼓文），二系字形皆近古文之形。

2. 兆（卷三）：《說文》「兆」字古文之形爲[illegible]。楚系「兆」字或作[illegible]（包山楚簡簡 265）、秦系文字或作[illegible]（睡虎地秦簡《日書・乙》簡 161），二系文字皆近古文之形，尤有甚者，秦系「兆」字之形較楚系文字更近古文。

3. 百（卷四）：《說文》「百」字古文之形爲[illegible]。楚系文字或作[illegible]（郭店楚簡《忠信之道》簡 7）、晉系文字或作[illegible]（中山王鼎）、秦系文字則作[illegible]（青川木牘），三系字形皆近古文之形。

（二）獨存西土文字古文例：

1. 速（卷二）：《說文》「速」字古文之形爲[illegible]。秦系文字或作[illegible]（秦陶）之形，與古文形近，皆從欶聲。尤有甚者，楚系「速」字已聲化從「朱」聲，反與古文之形不類。

2. 肆（卷三）：《說文》「肄」字古文之形爲[illegible]，與秦璽文字形近。

他如：

上（卷一）、下（卷一）、示（卷一）、嚴（卷一）、要（卷三）、反（卷三）、難（卷四）、敢（卷四）、簋（卷五）、虐（卷五）、南（卷六）、參（卷七）、明（卷七）、宜（卷七）、呂（卷七）、疾（卷七）、裘（卷八）、長（卷九）、豫（卷九）、驅（卷十）、雲（卷十一）、西（卷十二）、拜（卷十二）、蠡（卷十三）、毀（卷十三）、野（卷十三）、己（卷十三）、申（卷十三）等皆其例。

另此項特色亦多見東土文字反近篆文者，是知此又涉及秦統一文字之標準，例如「肆」、「難」、「簋」、「參」、「明」、「宜」、「呂」、「西」、「拜」、「野」等例。陳昭容曾以為「所謂『罷其不與秦文合者』，是廢除戰國東土文字中結構與秦式寫法相異的區域性異體字」，[15] 然今觀所統計之資料，知見於西土文字之古文例為數既多，且亦多見不合於秦篆者，故王國維以為「秦人所罷之文與所焚之書，皆此種文字（古文）」，未盡允當，換言之，秦統一文字時，李斯應有其審查標準，其所謂秦所罷之文尚應包括秦系文字，而非全以秦系文字為基準。

四、東西土分用之古文例：

所謂「分用」乃獨見於東西土文字之古文，亦即東土或西土專行之文字。此類古文例當最近王國維「戰國時秦用籀文，六國用古文」之說。然由於目前所見文字資料尚闕，其形今雖僅見於東土文字，未來於新資料發表後，則分類亦猶可商，況此類構形除類似古文之形外，亦多見並行異體者，故此類文字實可暫歸於第二類構形之中，換言之，此類古文構形之來源當可於未來更多古文字資料發

[15] 詳見陳昭容著《秦系文字研究-從漢字中的角度觀察》，臺北市：中央研究院歷史語言研究所發行，2003 年 7 月出版，69 頁-115 頁。

表之情況下，尋得更多與西土文字相關之構形，甚且據此以復商「戰國時秦用籀文，六國用古文」之論。茲列舉類例如后：

（一）可見並行異體例：

1. 後（卷二）：《說文》「後」字古文之形為。楚系、晉系與齊系「後」字皆從「辵」，近古文字形，例如：（郭店楚簡《老子・甲》簡 3）、（中山王　方壺）、（齊陶）等；秦系「後」字則從「彳」，例如：（睡虎地秦簡《日書・乙》簡 243），與小篆形近。

2. 肅（卷三）：《說文》「肅」字古文之形為。楚系「肅」字或作（包山楚簡簡 174），與古文形近，然楚系「肅」字又有一異構作（王孫遺者鐘）之形，則與小篆形近。

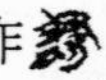

3. 弇（卷三）：《說文》「弇」字古文之形為。楚系「弇」字或作（郭店楚簡《六德》簡 31），與古文形近，然楚系「弇」字又有一異構作（曾侯乙簡 62）之形，則與小篆形近。

（二）未見並行異體例：

1. 退（卷二）：《說文》「退」字古文之形為。而楚系「退」字作（郭店楚簡《老子・乙》簡 11）之形、晉系「退」字則作（中山王　方壺）之形，皆類古文之形；惟秦系文字未見「退」字異構。

2. 彗（卷三）：《說文》「彗」字古文之形為。而楚系「彗」字作（曾侯乙簡 9）之形，類古文之形；惟秦系文字未見「彗」字異構。

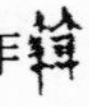

他如：

旁（卷一）、莊（卷一）、册（卷二）、嗣（卷二）、商（卷三）、彗（卷三）、友（卷三）、肅（卷三）、畫（卷三）、鞭

（卷三）、得（卷三）、殺（卷三）、教（卷三）、譙（卷三）、弇（卷三）、農（卷三）、革（卷三）、鞭（卷三）、奭（卷四）、鳥（卷四）、棄（卷四）、脊（卷四）、利（卷四）、制（卷四）、箕（卷五）、巽（卷五）、巨（卷五）、甚（卷五）、旨（卷五）、豆（卷五）、豐（卷五）、養（卷五）、倉（卷五）、射（卷五）、侯（卷五）、良（卷五）、嗇（卷五）、舜（卷五）、乘（卷五）、游（卷七）、盟（卷七）、宅（卷七）、容（卷七）、冑（卷七）、席（卷七）、侮（卷八）、徵（卷八）、量（卷八）、衰（卷八）、履（卷八）、般（卷八）、視（卷八）、頁（卷九）、旬（卷九）、苟（卷九）、廟（卷九）、豕（卷九）、麗（卷十）、狂（卷十）、吳（卷十）、愼（卷十）、恕（卷十）、愛（卷十）、恐（卷十）、淵（卷十一）、沬（卷十一）、巠（卷十一）、州（卷十一）、冬（卷十一）、(75)（卷十一）、手（卷十二）、播（卷十二）、民（卷十二）、我（卷十二）、曲（卷十二）、繭（卷十三）、絕（卷十三）、續（卷十三）、紹（卷十三）、恆（卷十三）、壞（卷十三）、堯（卷十三）、堇（卷十三）、勳（卷十三）、強（卷十三）、動（卷十三）、鈕（卷十四）、鈞（卷十四）、且（卷十四）、斷（卷十四）、禹（卷十四）、辰（卷十四）、醬（卷十四）等皆其例。

綜上所論，由第一類古文類型，可推知《說文》古文之分期斷代當可前溯至甲金文，且與戰國之分系分域應無一定之聯繫；由第二類與第四類之古文類型，則可推知《說文》古文當爲戰國各系通行字體外之異構，而非東土專行之文字；由第三類則可推知《說文》古文之來源非專由六國文字體系而來。

肆、結　論

王國維「戰國時秦用籀文，六國用古文」之論影響甚鉅，惟王國維所處時代，可見之器銘尚少，故僅能針對幾件特定之器作考證，然王國維此說已爲戰國文字之研究奠立基礎，擘畫之功不可滅矣。然藉今日所見資料豐碩之便，得以對《說文》古文作進一步之研究與分析，實乃吾輩之幸也。經由前文之初步推論，可知許慎《說文》所收之古文，其範圍當泛指先秦之古文字，且並未對其分系分域作詳細之區分，然或因去古未遠之緣故，則又以戰國文字體系之古文爲最大宗。綜上之所論析，茲列舉本文對此相關問題之初步推論：

一、許慎所取古文當泛指先秦之古文字，而非僅指春秋以來之新興字體耳。

二、戰國文字體系猶具一定之規範性，雖各國多異形，然其並行異體仍爲主要之通行體。

三、《說文》古文多爲戰國東西土各系文字通行字體外之異構。

四、《說文》古文非戰國東土之專行文字。

五、《說文》古文亦與甲金文關係密切，非僅籀文最近西周金文耳。

六、秦統一文字所罷之文，非盡古文，亦應包括秦系文字，換言之，秦統一文字時，李斯應有其審查標準，而非全以秦系文字爲基準。

七、《說文》古文當即有別於篆文之古文字異體。

主要參考資料

許慎〔漢〕著、徐鉉〔宋〕校定　《說文解字》，香港：中華書局（香港）出版發行，1972 年

許慎〔漢〕著、段玉裁〔清〕注　《說文解字注》（經韻樓本），臺北市：黎明文化公司出版，1974 年

丁福保編纂 《說文解字詁林及補遺》，臺北市：臺灣商務印書館發行，1959 年

于省吾主編 《甲骨文字詁林》 北京：中華書局出版 1996 年

中國社會科學院考古研究所 《殷周金文集成》 北京：中華書局出版 1994 年-1996 年

中國社會科學院考古研究所編著 《校正甲骨文編》 台北縣：藝文印書館， 1974 年

李孝定 《甲骨文字集釋》十四卷，首一卷，補遺一卷，存疑一卷，待考一卷，臺北市：中央研究院歷史語言研究所 1965 年

何琳儀 《戰國文字通論》，北京市：中華書局，1989 年

何琳儀 《戰國古文字典 戰國文字聲系》 北京市：中華書局 1998 年

湯餘惠主編 《戰國文字編》，福州市：福建人民出版社出版發行，2001 年

周法高 《金文詁林》 京都：中文出版社 1981 年

周法高 《金文詁林補》 臺北：中央研究院歷史語言研究所 1982 年

姚孝遂 《殷墟甲骨刻辭摹釋總集》 北京：中華書局 1988 年

姚孝遂 《殷墟甲骨刻辭類纂》 北京：中華書局 1989 年

徐中舒 《甲骨文字典》 四川：四川辭書出版社 1988 年

高明 《古文字類編》 北京：中華書局 1980 年
容庚編著，張振林、馬國權摹補 《金文編》，北京：中華書局出版發行，1998 年

附錄：《說文》古文分期斷代與分系分域表

【說明】

一、本表僅羅列可確認古文字形來源者。

二、分卷茲據《說文》。

三、「甲」謂甲文；「金」謂金文；「楚、秦、晉、齊、燕」乃戰國文字之分系。

卷一

	古文字形來源	並行異體來源
一	楚	楚
上	甲	
旁	楚	
下	甲	
示	楚、晉、齊、燕	楚、晉、齊、燕
王	甲；金；楚	楚
莊	金；楚、晉	

卷二

	古文字形來源	並行異體來源
君	晉	楚、秦、晉、齊、燕
唐	齊	秦、晉
嚴	金；楚、秦、晉	
正	金；楚、晉、齊	楚、秦、晉、齊、燕
速	秦	秦
遠	楚	楚、秦
退	楚、晉	
後	楚、晉、齊	秦
得	甲；金；楚、晉、齊、燕	秦
御	金；楚、秦、晉、齊、燕	
齒	楚	楚、秦、晉、齊、燕
牙	楚、晉	楚、秦、燕
册	金；楚、晉	晉
嗣	金；楚、晉	楚、晉

卷三

	古文字形來源	並行異體來源
商	金；楚	
謀	楚、晉	秦、燕
信	晉、齊	楚、秦、晉、齊、燕
譙	晉	晉
善	金；齊	楚、秦、晉、燕
僕	楚	秦、燕
弇	楚	楚
共	楚	楚、秦、晉、燕

	古文字形來源	並行異體來源
與	楚	楚、秦、晉、齊
要	秦	
農	甲；金；齊	秦
革	楚	秦
鞭	金；楚、晉、燕	
及	金；楚	秦、晉
彗	楚	
友	金；楚、晉	楚
肄	金；秦	
肅	楚	楚
畫	金；楚、晉	
役	甲	
殺	甲；金	
徹	甲；金	
教	甲；金；楚	楚
學	金；晉	楚、秦
卜	楚	秦、晉、齊、燕
兆	楚、秦	
爽	金	

卷四

	古文字形來源	並行異體來源
百	楚、秦、晉	秦
奭	楚	楚
雉	甲	
鳳	甲	
難	金；楚、秦	楚
烏	金；楚	楚、秦、晉、齊
舄	金；楚	
棄	楚、晉、燕	秦
敢	金；楚、秦、晉、齊、燕	楚、秦、晉
死	楚、晉	楚、秦、晉
利	金；楚	則
金	制	楚

卷五

	古文字形來源	並行異體來源
箕	甲；金；楚	
巽	楚、晉	楚、晉
巨	楚、晉、齊、燕	秦
甚	楚、齊	秦
旨	金；楚	楚
平	金；齊、燕	楚、秦、晉
喜	楚	楚、秦、晉、齊、燕
豆	甲；金；楚、齊	
豐	楚	
養	金；楚	

	古文字形來源	並行異體來源
倉	楚、晉	秦
射	楚、齊、燕	秦
侯	甲；金；楚、晉、齊、燕	
冋	金	
良	楚、晉、齊、燕	
秦	嗇	甲；楚
舜	楚	
韋	甲	
弟	楚	楚、秦、晉
乘	楚	秦

卷六

	古文字形來源	並行異體來源
槃	金	
麓	甲；金	
南	楚、秦、晉、齊	
賓	金；楚	

卷七

	古文字形來源	並行異體來源
時	楚、晉	楚、秦
游	金；楚、晉	
參	楚、秦、晉、齊	
期	楚、齊	楚、秦
明	金；楚、秦、晉、燕	
盟	楚、晉	楚、晉、齊
外	晉、燕	楚、秦、齊

	古文字形來源	並行異體來源
夙	甲	
多	金；楚	楚、秦、晉
宅	楚、晉	
容	金；楚、晉	
寶	金	
宜	金；楚、秦、晉	楚、秦、晉
宄	金	
呂	甲；金；楚、秦、晉	
疾	金；楚、秦、晉、齊、燕	
冑	金；楚	晉
席	楚	秦
市	金；楚	

卷八

	古文字形來源	並行異體來源
保	晉	楚、秦、晉
仁	楚、晉	楚、秦
侮	金；晉	
比	楚、晉	楚、秦
丘	楚、晉、齊	楚、秦、齊
徵	楚	秦
望	甲；金	秦
量	楚	秦
衰	楚	
裘	金；楚、秦	
屋	楚	秦、燕

	古文字形來源	並行異體來源
履	楚	秦
般	金；齊	
視	甲；金；晉	

卷九

	古文字形來源	並行異體來源
頁	甲；楚、燕	
首	甲；金；楚、秦	
旬	楚	秦
苟	楚	
鬼	甲；楚、齊	楚、秦
廟	楚、晉	楚
磬	楚	
長	金；楚、秦、晉、齊	楚、秦、燕
豕	金；燕	
豚	金	
豫	秦	

卷十

	古文字形來源	並行異體來源
馬	金	
驅	秦、晉、齊、燕	
麗	齊	
狂	楚	
災	甲	
吳	楚、晉	秦
慎	楚、齊	
恕	金；楚、晉	
懼	楚	楚、秦、晉
愛	楚、齊	楚、晉
恐	楚、晉	秦

卷十一

	古文字形來源	並行異體來源
淵	甲；金；楚、晉、齊	秦
津	金	
沫	甲；楚	
巠	楚、齊	
州	甲；金；楚、晉、燕	秦
冬	楚、齊	
雨	甲、金	
電	金	
雲	甲；楚、秦	秦

卷十二

	古文字形來源	並行異體來源
至	楚、晉	楚、秦、晉
西	甲；金；楚、秦、晉、齊、燕	
戶	楚、齊	秦、齊
閒	楚	楚、秦、晉、齊
聞	楚、晉	秦、晉、齊
手	楚	秦
拜	楚、秦、燕	
扶	金	
播	金；楚	
奴	楚、晉	楚、秦、晉
民	楚	
我	甲；金；楚、晉	
曲	金；楚	

卷十三

	古文字形來源	並行異體來源
糸	甲	
繭	楚	
絕	楚、晉	
續	甲、齊	秦
紹	楚	晉
終	甲；金；楚	楚、秦、齊
蠢	秦	
二	楚	楚、秦、晉、燕
恆	楚、晉	

	古文字形來源	並行異體來源
封	金	
毀	楚、秦	
壞	楚	
秦	圭	
楚	秦、晉	
堯	甲；楚、齊	
堇	金；楚、齊	
野	秦	楚
勳	晉	
強	楚	
動	楚	
勇	楚	楚

卷十四

	古文字形來源	並行異體來源
金	金；楚、晉、齊、燕	秦
鈕	楚	
鈞	齊	
且	楚	楚、齊
斷	金；楚	
四	楚、燕	楚、晉、齊
五	齊	楚、秦、晉、齊
禹	金；楚	
己	齊	楚、秦、晉、齊
辜	金	
辰	齊	
申	甲；金	
醬	楚、晉、齊	秦
亥	楚、齊	楚、秦、齊

《曹沫之陣》簡「沒身就世」釋讀

高佑仁

摘　要

《上海博物館藏戰國楚竹書(四)・曹沫之陣》(以下簡稱「《上博(四)・曹沫之陣》」)在曹沫敘述「天命」概念之處，其中「沒身就⿰歹⿱丗万」四字一直無法順利地通讀，導致研究者對於本簡整段「天命」之論，無法順利地理解。其中「沒身就⿰歹⿱丗万」一詞之疑難處又聚焦在「沒」、「⿰歹⿱丗万」二字上，「沒」字在《曹沫之陣》簡之前僅見《郭店・唐虞之道》簡2一處，釋讀的意見非常分歧，共有「叟」、「抎」、「及」、「約」、「邊」等說法，《上海博物館藏戰國楚竹書・(五)》(以下簡稱「《上博(五)》」)發表後又見三處，原整理者咸讀作「沒」，但其字形的考釋及其演變脈絡，學者多未詳談，筆者本文以字形分析為主，討論該字實从「回」即「沒」字無誤。另外，「⿰歹⿱丗万」字首見於楚簡，研究者多釋作「死」，文例讀作「就死」，但「沒身」(即「壽終正寢」)與「就死」一詞的概念是衝突的，《上博(五)》出版後，陳劍先生首先釋出《季庚子問於孔子》簡14「[illegible]」字為「⿰歹丗」之後，筆者進一步以為《曹沫之陣》簡「⿰歹⿱丗万」與「⿰歹丗」乃異體關係，字形稍有訛變，文例應讀為「就世」，與「沒身」之概念正合，「沒身就世」即壽終正寢之義。

關鍵字：上博四・楚竹書・曹沫之陣・沒身・就世

壹、前 言

《曹沫之陣》[1] 第 8~9 簡的內容是曹沫對於「天命」問題進行闡述，曹沫對魯莊公云「臣聞之曰：『君子以賢稱而失之，天命；以亡道稱而沒身就𡵽，亦天命。」，其中「沒」、「𡵽」二字實爲疑難之字，並且窒礙了吾人對整段天命概念之理解，可知二字的釋讀可說無比重要。筆者將「沒」、「𡵽」二字分別進行考釋與訓讀，期盼學者不吝批評指教。

貳、釋「沒」

《曹沫之陣》簡 9「沒」字作「[古文字]」(下文暫以「△」形符號代替)，在此字之前僅見《郭店・唐虞之道》簡 2 一例，字作「[古文字]」，二字之文例如下：

「身窮不均，[古文字]而弗利。」(《唐虞之道》簡 2~3)[2]

「以亡道稱而[古文字]身就𡵽，亦天命。」(《曹沫之陣》簡 9)

上述二字从「又」，學者罕有疑義[3]，但「又」上之偏旁，學

1 參馬承源主編：《上海博物館藏戰國楚竹書（四）》，（上海：上海古籍出版社，2004 年 12 月）。

2 「身窮不均」之「均」字，亦是個頗具爭議之字，此處我們暫依原整理的隸定。見荊門市博物館編：《郭店楚墓竹簡》，(北京市：文物出版社，1998 年)，頁 157。

3 不往从「又」思考的學者較少，僅見涂宗流先生、劉祖信先生的看法，兩位

者意見不一，有釋作「回」、「云」、「及」、「勺」等說，其中尤以「回」及「云」二說爲最多學者所主張，此偏旁之認識更直接影響到該字的訓讀。及至今年春《上海博物館藏戰國楚竹書(五)》一出，又見三例，文例如下：

「其身不，至於孫子。」(《三德》簡 3)

「其身哉」(《三德》簡 17)

「身不爲天下笑」(《鬼神之明》簡 2)

原考釋者李零先生及曹錦炎先生皆釋作「沒」[4]，但是截至目前爲止，學者尚未對字形進行通盤的比對，筆者此處即欲以字形爲據進行分析研究。

一、學者對於諸「」字的考釋意見

關於△字學者的討論意見頗多，整理歸納後可分以下爲五種說法：

(一)第一種說法主張字从「又」、「云」聲。徐在國先生、黃德寬先生以爲「甲骨文中有字作，《甲骨文編》(中華書局 1965 年版)懷疑是『叜』字(見該書 733 頁)。施謝捷先生釋爲『抎』(《甲骨文字詁林》，中華書局 1996 年版，1149 頁)，可从。我們認爲字即甲骨抎字之省體，應隸定作『叐』，釋爲『抎』。」[5]；陳斯鵬先

學者以爲字「从身从乏」，即俗「邊」字。參涂宗流先生、劉祖信先生：《郭店楚簡先秦儒家佚書校釋》，(台北市：萬卷樓：2001 年)，頁 40。

4 《三德》簡 3、17 字形分別參馬承源先生主編：《上海博物館藏戰國楚竹書（五）》，（上海：上海古籍出版社，2005 年 12 月），頁 290 與頁 300。《鬼神之明》簡 2 字形參馬承源先生主編：《上海博物館藏戰國楚竹書（五）》，（上海：上海古籍出版社，2005 年 12 月），頁 312。

5 參徐在國先生、黃德寬先生：〈郭店楚簡文字續考〉，《江漢考古》，1999 年第二期，頁 75。

生釋作「抎」以爲「極可能是『損』字異體」，其云：「《說文・手部》：『抎，有所失也。』又『損，減也。』二義本通。《戰國策・齊策五》：『（齊宣王）曰：『寡人愚陋，守齊國，惟恐失抎之。』』鮑彪注：『抎，失也。』《字彙・手部》，『損，失也。』則抎、損同訓。又云、員上古音相同，常可通作。《書・泰誓》：『雖則云然。』《漢書・李尋傳》顏注引云作員。《郭簡・緇衣》『云』皆作『員』。……準此，抎、損當是一字之異構。《說文》立爲二字，未當。此簡『抎而弗利』也即『損而弗利』。」[6]；劉釗先生將字隸定作「⿰云又」，以爲「『⿰云又』字從云從又，疑是『抎』字異體。『抎』字意爲損失。又楚文字中『云』聲與『員』經常可以相通，所以『抎』也可以假借爲『損失』之『損』。」[7]，而在《郭店楚簡校釋》一書中則將字隸定作「⿱爫⿱云又」，讀作「損」，以爲「⿱爫⿱云又『(損)而弗利』意爲遭受損傷而不自利」[8]。上述學者都將「□」釋作从又、云聲，而將字導向《說文》解釋作「有所失」的「抎」字，或通假成「損」。另外，李銳先生以爲□、□同字，並指出：

> 「□而弗利」，讀爲「損而弗利」，比較合適，…就《曹沫之陳》來說，此字當讀爲「殞」，「殞身」，《大戴禮記・曾子立事第四十九》記有：「太上不生惡，其次而能夙絕之

6 見陳斯鵬先生：《讀郭店楚墓竹簡札記（10 則）》，《中山大學學報論叢》，1999 年第 6 期，頁 146。

7 劉釗先生：〈讀郭店楚簡字詞箚記(四)〉，收入《古籍整理研究學刊》，2002 年第五期，頁 5。又見劉釗先生：《出土簡帛文字叢考》，(台北市：台灣古籍，2004 年，頁 73。

8 見劉釗先生：《郭店楚簡校釋》，(福州：福建人民出版社，2003 年 12 月)，頁 151。

> 也，其下復而能改也。復而不改，殞身覆家，大者傾覆社稷。」「殞身」，義同于「沒（歿）身」，但是從《唐虞之道》來看，將該字釋爲「抎」讀爲「損」，似乎更合適。不過楚文字「云」字與此字不類，尚需更多資料進一步考察。[9]

李銳先生承襲將「[illegible]」讀作「損」的理路，而把「[illegible]」讀作「殞」。將△字通假爲「損」或「殞」的看法，就字音而言，是可以成立的，「云」、「員」通假在古籍及出土文獻中的例證都很多[10]，而「損」、「殞」咸从「員」得聲，字音的通假關係確可成立，然此說法所面臨最大的問題，莫過於李銳先生所點出的「楚文字『云』字與此字不類」一處，王輝先生在談古文字通假的原則時，首條即云「仔細分析字形，字形未認準者不可輕言通假」[11]，可見該字是否从「云」聲，是通假前最應先釐清的問題，是以筆者將於後文整理分析△字與「云」字字形上的關係。

(二)第二種說法主張字从「又」、「回」：李零先生據《唐虞之道》簡字形以爲「此字原無水旁，但從字形看，實即『没』字所从，這裏讀爲『没』或『歿』，是身死命終的意思。這兩句，『身

---

9 見李銳先生：〈讀上博四札記（一）〉，簡帛研究網，(2005/2/20)，網址：http://www.jianbo.org/admin3/2005/lirui001.htm。

10 古籍方面的通假例證可參《古字通假會典》，高亨纂著、董治安整理《古字通假會典》，(濟南：齊魯書社，1997 年 7 月)，頁 107~108。出土文獻方面可參《古文字通假釋例》「員(文匣)讀爲云(文匣)」、「云(文匣)讀爲損(文心)」等條，王輝先生：《古文字通假釋例》，(台北縣：藝文印書館，1993 年)，頁 777。

11 見王輝先生：《一粟集：王輝學術文存》，(台北市：藝文印書館，2002 年)，頁 802。

窮』對『没』，『不貪』對『弗利』，乃互文見義。」[12]。張桂光先生釋作「𠬛」即《說文》之「𠬛」字，以爲「身窮不均，𠬛而弗利，窮仁矣哉！」即爲「身居極位而不求均沾利益，身没（或隱退）亦不謀求私利，眞是仁極了呀！」[13]。《曹沫之陣》原考釋者李零先生釋作「𠬛」，讀作「没」[14]。廖名春先生也以爲字上部从「囘」，下部从「又」，即《說文》之「沒」字，他認爲「『沒身』，文獻一般指終身。」，以爲簡文並非此義，因此將文例讀作「歿身」，並云「『歿身』與『就死』並稱，其義也同」[15]。邴尚白先生也隸定作「沒」，但訓作「終身」，以爲即「壽終正寢」之義[16]。就字音上看，「沒」、「歿」从「𠬛」得聲，音韻通假沒有問題，但比較可惜的是學者未舉戰國或楚系之「𠬛」字以證，張桂光先生雖舉出《說文》之「𠬛」，但是小篆字形上與△是存有距離的，小篆「回」字，一筆成形，而△字分作兩筆，因此我們必須透過的比對更多古文字的「回」字資料。

(三)第三種說法主張字應釋作「及」，此乃張光裕先生的意見。

---

12 見李零先生：《郭店楚簡校讀記》，《道家文化研究》第 17 輯（「郭店楚簡」專號），499 頁，三聯書店出版社，1999 年 8 月。亦見李零先生：《郭店楚簡校讀記》增訂本，（北京：北京大學出版社，2002 年 9 月），頁 96。

13 見張桂光先生：《〈郭店楚墓竹簡〉釋注續商榷》，《簡帛研究二〇〇一》，(桂林：廣西師範大學出版社，2001 年 9 月)，頁 189。亦見張桂光先生：《古文字學論集》，(北京：中華書局，2004 年)，頁 182。

14 馬承源主編：《上海博物館藏戰國楚竹書（四）》，（上海：上海古籍出版社，2004 年 12 月），頁 249。

15 廖名春先生：〈讀楚竹書《曹沫之陳》劄記〉，簡帛研究網，(2005/2/12)，網址：http://www.jianbo.org/admin3/2005/liaominchun002.htm。

16 邴尚白先生：〈上博楚竹書〈曹沫之陣〉注釋〉，於台灣大學《中國文學研究》第十四屆論文發表會上宣讀，2005 年 9 月 25 日，頁 9。邴尚白先生：〈上博楚竹書〈曹沫之陣〉注釋〉，收入台灣大學《中國文學研究》第二十一期，2006 年 1 月，頁 15。

張光裕先生在《郭店楚簡研究》一書中，將「」置於「及」字下，並於〈緒言〉第7條云：「疑即『及』字……『及而弗利』猶言『及其位而不牟私利』也。」[17]，不過「郭店楚簡資料庫」則釋作「損」[18]。然而《郭店楚簡研究》字頭 0190 號所收八例「及」字皆作（性・59），楚系「及」字的標準寫法，但字形與不同[19]，且《唐虞之道》簡文亦有「及」字，出現於簡 15、19、24 皆作(簡 19)形，字從《說文》的古文形態而省其「辵」旁 20，與亦不類。此外，《曹沫之陣》簡 29、56 都有「及」字，簡 52 亦有「返」字，但字形與△似稍嫌遠。

(四)第四種看法主張字从「又」、「勺」聲，此爲周鳳五先生的意見。周鳳五先生將「」字讀作「約」，指出「字从又，聲，聲符即『勺』字。〈中山王譽鼎〉：『與其溺於人也，寧溺於淵。』，『溺』字从水，勺聲，作。勺，古音禪母藥部；溺，泥母藥部，二字音近可通。簡文此字以勺爲聲符，讀作『約』。……簡文此二句謂古代的賢仁聖者身處窮乏而不慍怒，遭遇窘困而不自利」，並引《論語・里仁》、《管子・版法解》、《呂氏春秋・貴公》、《史記・五帝本紀》中的文句以證[21]。周鳳五先生以爲〈中

17 見張光裕先生：《郭店楚簡研究・緒言》，(台北市：藝文印書館，1999年)，頁 5。

18 見張光裕先生與香港中文大學圖書館、中國語言及文學系所共同製作的「郭店楚簡資料庫」，網址：http://bamboo.lib.cuhk.edu.hk/basisbwdocs/bamboo/bam_main.html?。

19 見張光裕先生：《郭店楚簡研究・緒言》，(台北市：藝文印書館，1999年)，頁 102。

20 參李零先生：《郭店楚簡校讀記》，(北京：北京大學出版社，2002 年 9月)，頁 97。

21 周鳳五先生：〈郭店楚墓竹簡唐虞之道新釋〉，中央研究院歷史語言研究所集刊，第 70 本第 3 分，1999 年 10 月，頁 742~743。

山王嚳鼎〉「」字應釋作「汋」，甚確。然言〈中山王嚳鼎〉與字形相同，則稍可商，〈中山王嚳鼎〉「汋」之「勺」旁作「」，與戰國楚系「勺」字作(郭店・語四・24)、(郭店・性・9/約)、(望山・2.47)很明顯字形相同，「」字《金文編》摹作[22]，《殷周金文集成》所收張守中先生摹本作[23]，「勺」字形的特色乃「勺」字中多存有一點，象勺中之實，該點偶與勺形之末端相連而作(包・2.277/豹)，但其「勺」字字形一筆成形，很明顯還是與、有距離，而《曹沫之陣》簡 29 亦有从「勺」之「訋」字，字作「」。

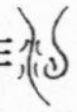

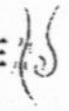

(五)第五種看法主張字从「身」从「辵」，即俗「邊」字，此乃涂宗流先生、劉祖信先生的意見。涂宗流先生、劉祖信先生認爲「『邊』，簡文從身從辵，俗『邊』字見《字彙》」[24]，又指出「『邊』，盡頭。《公羊傳僖公十六年》：『是月者何？僅逮是月也。』何休住：『是月邊也，魯人語也，在正月之幾盡。』」[25]。《字彙》「邊」字作「邉」，但△字與楚簡的「辵」、「身」字形都還是有距離，釋作「邉」字形稍有距離。

經過上述的字形分析，我們先保留釋作「及」、「約」、「邊」等意見，進一步分析「云」、「回」與△字的關係，以釐清

---

22 《金文編》將此字釋作「沒」，以爲「从水从叟省」，其說可商。見容庚：《金文編》，(北京：中華書局，2004 年 8 月)，頁 737。

23 中國社會科學院考古研究所編：《殷周金文集成》第五册，(北京市：中華書局，1985 年 6 月)，頁 256。

24 參涂宗流先生、劉祖信先生：《郭店楚簡先秦儒家佚書校釋》，(台北市：萬卷樓：2001 年)，頁 40。

25 參涂宗流先生、劉祖信先生：《郭店楚簡先秦儒家佚書校釋》，(台北市：萬卷樓：2001 年)，頁 42。

此△字究竟所从爲何。

二、古文字中的「云」與△的差異

我們首先看「云」字在古文字中的演變脈絡，「云」字甲骨文作(續・2.4.11)、(掇・2.455)、(粹・838)、(庫・972)、(存下・956)、(菁・4.1)，雲氣作順時針、逆時針並無差別，金文作(春秋・姑發䦈反劍)、(春秋晚・敬事天王鐘/陰)、(春秋晚・敬事天王鐘/陰)、(春秋・𦤎伯子㚸盨/陰)，甲骨文「云」字的兩橫筆〈姑發䦈反劍〉已省至一筆，而〈敬事天王鐘〉的橫筆更進一步縮成一小圓點，這個「縮筆成圓點」的特色由晉系、楚系的戰國文字所繼承。秦系文字作(璽彙 4876)、(璽彙 4877)[26]，(睡虎地・33.20)、(古陶・5.294/雲)，橫筆不縮成圓點，而且尙保留甲骨兩橫筆的形態。晉系文字作(璽彙 0068/侌)、(璽彙・3162/侌)、(璽彙・1010)，圓點有下移的現象。

戰國楚系「云」字承〈敬事天王鐘〉「」之「云」旁而來，如(邛戈)，但原本金文縮成小圓點之處，有些字形已填實而誇大，作(帛書丙一)、(郭・緇衣・35)、(包・135/侌)、(包・134/侌)、(郭・太・5/侌)、(郭・太・5/侌)、(信・3.01/囩)、(望 2・48/囩)、(信・2.1/囩)、(包・264/囩)等形[27]，

---

[26] 璽彙 4876、4877 等二例「云」字，何琳儀先生、湯餘惠先生俱列爲秦系文字，參何琳儀先生：《戰國古文字典》，(北京：中華書局，1998 年)，頁 1313。湯餘惠先生：《戰國文字編》，(福州：福建人民出版社，2001 年 12 月)，頁 767。

[27] 另外，這種型態的「云」字在楚簡中又與「㔾」字作(天卜)、(天卜)者形近，相關問題可參《先秦同形字研究舉要》「云㔾同形」一節中的討論。參詹今慧學姊：《秦同形字研究舉要》，國立政治大學碩士論文，2005 年，頁 179~181。

另外又可作[ancient character](天星 4405/雲)、[ancient character](曾侯乙・120/囩)等形，頭部不作圓點而保留以橫筆形態出現。

從上述甲骨、金文以及戰國各系「云」字可知，甲骨文中象其回轉之雲氣可作「逆時針」方向之[ancient character](掇 2.455)，也可作「順時針」方向之[ancient character](續 2.4.11)，而目前所見金文〈姑發[ancient character]反劍〉之[ancient character]是以「逆時針」爲之，時至秦、晉二系文字，也多以「逆時針」方向爲之，除秦系[ancient character](璽彙 4876)外，較少有順時針方向者。楚文字「云」字寫法很特別，大多都以頭部填實的形態出現，而象雲氣迴轉之筆畫，還是多以「逆時針」方向呈現，只不過除了[ancient character](邔戈)之外，其迴轉的弧度已不如甲、金文來的強烈，只是稍微向右撇而已。

由上述字形分析，我們可以發現戰國楚系「云」字的三點特色：一、頭部多以「填實」形態出現。二、雲氣迴轉的方向乃「逆時針」方向爲之。三、迴轉的弧度並不強烈。由此可見，△字與「云」字的甲骨、金文及部分的秦系文字字形吻合，但是若將△字與楚系三項「云」字特色做比較，即會發現無一符合，李銳先生認爲「楚文字『云』字與此字不類」甚是。

其次，就楚文字的通假習慣而言，「損」郭店簡咸假「員」字爲之共九例之多[28]，如《唐虞之道》簡 19「有天下弗能益，亡天下弗能▽」，▽字作「[ancient character]」，即是「員」字，在此讀作「損」，則何以簡 2 之「損」作[ancient character]，而簡 19 之「損」字則假「員」爲之，此中有合理的懷疑空間。

---

[28] 分別是《老子》簡 3(三例)、《唐虞之道》簡 19、《語叢三》簡 11、簡 12、簡 13(兩例)、簡 16 等共九例。

三、古文字中的「叟」與△字的差異比較

我們進一步比對△字與古文字「回」字的差異，「叟」字《說文・三篇下・又部》云：「叟，入水有所取也，從又在回下，回、古文回，回、淵水也，讀若沫。」[29]，字从又从回，嚴式隸定應作「叟」。《說文》：「回，轉也。从口、中象回轉之形」[30]，從古文字來觀察，「回」並不从「口」。甲骨文中筆者僅見「回」字，尚未見到「叟」字出現，「回」字作□(前 2.9.2)、□(甲・930)、□(乙・6310 反)、□(𠇍回父丁爵)，孫詒讓釋作「亘」[31]，吳其昌亦釋「亘」，以為「象迴環之形」[32]，《甲骨文字詁林》亦釋作「亘」，姚孝遂按語云：「亘回實本一字，後始分化」[33]。甲骨文中「亘」、「回」同字，金文中「亘」才在「回」字上添釋筆，進而分化成二字，如「趄」字，西周中〈㾓鐘〉作「□」，西周中〈史趄簋〉作□，「回」旁上下各增一筆，到了周代晚期〈虢季子白盤〉作□，已經重複「亘」形，此時「亘」已與「回」分化而成二字[34]。關於「回」字的本義，楊樹達先生以為「荀子云：『水深

29 (清)段玉裁注：《解字注》，經韵樓藏版，(台北市：洪葉出版社，1999 年 11 月)，頁 117。

30 (清)段玉裁注：《說文解字注》，經韵樓藏版，(台北市：洪葉出版社，1999 年 11 月)，頁 279。

31 (清)孫詒讓遺書、樓學禮校點：《契文舉例》，(濟南市：齊魯書社，1993 年)，頁 12。

32 吳其昌：《殷虛書契解詁》，(台北市：藝文印書館，1960 年)，頁 294。

33 見于省吾主編《甲骨文字詁林》，(北京市：中華書局出版，1996 年)，頁 2225。

34 參季旭昇師：《說文新證(下冊)》，(台北市：藝文印書館，2004 年 11 月)，頁 229。

則回』，回即今言旋渦是也。」[35]，商承祚先生以爲「回」之古文，乃「雲」的借字，因此爲「象雲氣之回轉」[36]，但將「回」字視爲「云」的借字，則「㲺」字即無法會出「沒溺」之義，字形上解釋作淵水、旋渦是較正確的訓讀。

關於甲金文之後的字形演變，戰國燕系「回」字作(古幣文編・316)、(古幣文編・316)[37]、(燕・貨幣 80)，晉系作(璽彙 4790)，偏旁或作(侯馬 3：22/頮)。楚系「回」字於單字中見(新蔡・甲三：294、零：334)，偏旁見(曾侯乙・130/𣓌)、(曾侯乙・126/𣓌)，與小篆作「」相近，除此種字形外，亦作「」(者沪鐘/頮)[38]，其「回」旁以順時針方向爲之，與侯馬盟書字形相同，但「回」旁上添一飾筆。秦系亦有保留古體者如(秦陶・1068)，但大多字形都作(秦・睡虎地・52.2)、(睡虎地 18.149)、(詛楚文)，字形作兩個圈形，與楚系新蔡、曾侯乙等字形相近。秦統一後廢除不與秦系相合者，因此漢代「回」字皆作兩圈形，如(銀雀山・孫臏・284)，而戰國其他系的「回」字遂滅，但是在秦、漢文字偏旁从「回」的字形中，仍保留古體「」形態的寫法，如(秦・103/沒)、(殽阬君碑/沒)。

---

35 見楊樹達：《文字形義學》，(上海市：上海古籍出版社，1988 年)，頁 22。

36 見商承祚：《說文中之古文考》，(上海市：上海古籍出版社，1983 年)，頁 101。

37 二例《古幣文編》字形，張頷先生未釋，但何琳儀先生釋作「回」，可從。見張頷先生：《古幣文編》，(北京：中華書局，1986 年)，頁 316。何琳儀先生：《戰國古文字典》，(北京：中華書局，1998 年)，頁 1180。

38《殷周金文集成》所收器號 124、128、131 等三器〈者沪鐘〉共有三處銘文，《集成》字形殘泐頗甚，字形較清楚者作，何琳儀先生摹作「」，拓片中「回」旁字形仍是十分清楚。見何琳儀先生：《戰國古文字典》，(北京：中華書局，1998 年)，頁 1180。

接下來，我們試圖從戰國文字从「回」者，推敲其與△字關連。△字與「頞」有很重要的關係，「頞」《說文》云：「𩕳，內頭水中也。从頁㲿，㲿亦聲。」段注云：「內者入也，入頭水中，故字从頁㲿，與水部之沒義同而別，今則㲿頞廢而沒專行矣。」[39]，由此看來，「頞」可能是「㲿」所衍生出來的字[40]，增「頁」旁有義符的作用，人溺水時臉沒於水面之下，以彰顯沒溺之「沒」的本義。其次，小篆「頞」、「㲿」字之「回」旁保留較早寫法，與小篆「回」作「回」不同，此又是單字與偏旁演進速度不同的例證之一。「頞」字楚文字作「[illegible]」(戰國早・者沪鐘/頞)」，晉系文字春秋〈侯馬盟書〉作[illegible](侯馬 3：22)、[illegible](侯馬 156：25)，或易「又」旁為「攴」旁如[illegible](侯馬 156：19)、[illegible](156：20)，而其「回」旁或作[illegible](185：4)，「回」旁起筆直貫而下。〈者沪鐘〉、〈侯馬盟書〉等「頞」字「回」旁都以順時鐘方向為之。〈侯馬盟書〉例文例咸為「▽嘉之身」，侯馬盟書編者隸定作「𩓥」，以為「通沒」[41]，而在〈156：20〉注釋云；「𩓥－沒字的古体字，音握(wò)。盟書中或作𩓥」[42]。何琳儀先生亦釋作「𩓥」，以為「讀沒。《禮記・檀弓》『不沒其身』，注『沒，終身也』」[43]。字形上，《侯馬盟

39 (清)段玉裁注：《說文解字注》，經韵樓藏版，(台北市：洪葉出版社，1999年11月)，頁423。

40 從文字的角度，「㲿」分化出「頞」似比較合乎字形的演變規律，雖然目前「㲿」字僅見楚簡，但「頞」字則可上溯至春秋時的侯馬盟書，但相信日後會有更早「㲿」字的出土資料來補足這部份的空白。

41 山西省文物工作委員會：《侯馬盟書》，(北京：文物出版社，1976年)，頁350。

42 山西省文物工作委員會：《侯馬盟書》，(北京：文物出版社，1976年)，頁38。

43 見何琳儀先生：《戰國古文字典》，(北京：中華書局，1998年)，頁1180。

書》「頌」字「又」旁上之「回」作 (156：20/顠)，很清楚是以兩筆完成，先作 ，後一筆作 ，與《唐虞之道》、《曹沫之陣》△字「回」旁分別作 與 僅稍有差異，其差別僅在簡文字形的第一筆稍短，而第二筆起於第一筆的中間部分而已，可見「 」、「 」又上所从實是「回」字。

其次，由「回」字所而分化出來的「亘」，也是個重要線索。「亘」字金文中作 (西周中・癲鐘/趄)，於「回」旁上加一飾筆，此時與「回」差異不大，或重複兩個「回」形作 (西周晚・虢季子白盤/趄)、 (春秋早・秦公簋/趄)、 (戰國晚・中山王礐鼎/趄)、 (戰國・曾姬無卹壺/趄)，這些「亘」旁之「回」形與△字的偏旁近似。另外，曾侯乙鐘「宣」字作 、 ，其「亘」旁寫法與一般字形稍有異，曾侯乙鐘「宣」字「亘」旁所从的兩「回」形與「 」、「 」二字「又」上所从之偏旁形體非常近似，而曾侯乙編鐘向來都視之爲楚系文字，則△與「回」字的關係得到更進一步的確認。而「亘」字在楚簡中作 (包二.135 反/宣)、 (曾 158/趄)，細審字形，可知「亘」旁上半的「回」形作「 」明顯分作兩筆，與△字寫法相同。不過，早期金文「回」字作一筆成形的「 」(癲鐘/趄)，何以晚出字形要將其分作兩筆，其目的恐仍需進一步的研究。

四、關於「叟」字在偏旁中的演變問題

古文字的「叟」在偏旁或單字中有兩種寫法，以「回」形作一筆或作兩筆爲判別的標準，作一筆者乃秦系字體如： (睡・秦・103)，這種形體保留「回」字甲金文的原始形貌，在漢文字中亦有

所承，如[illegible](殽阬君碑/沒)、[illegible](費鳳碑陰/沒)、[illegible](孔宙碑/歿)，而秦系及少數楚系有作「回」形之「回」字，正是從此系而來演變而來；作兩筆者可以新出楚簡的[illegible]、[illegible]、[illegible]、[illegible]、[illegible]等爲代表。

我們知道从「㲻」的「玫」、「沒」、「頞」、「歿」等字，它們的古文字其實應當都从「回」，一直到秦文字時，偏旁仍是作「㲻」，睡虎地秦簡「沒」字二見，都作从「回」之形，如《秦律十八種》【簡 103】作[illegible]，張守中先生摹作[illegible](秦・ 103)[44]，而「殳」字作[illegible](爲・ 23)、[illegible](效・ 45)，這表示「㲻」尚未類化作「殳」。到了漢代，文字資料顯示雖有部分从「㲻」旁者保留「回」形，但「㲻」旁大多都已類化作「殳」，如[illegible](沒讓私印/沒)、[illegible](銀雀山・624/沒)、[illegible](馬王堆・相・2)、[illegible](馬王堆・合・110)[45]等，其偏旁都已从「殳」，除此之外也偶見偏旁中本應从「殳」然卻作从「㲻」的特殊現象，如漢印「殿」字作[illegible](殿中司馬)、[illegible](殿中司馬)，但又有作[illegible](殿中司馬)[46]。不過，雖然從漢文字開始从「㲻」偏旁已產生類化作「殳」的現象，但是我們看《廣韻》的从「㲻」者仍作「[illegible]」、「[illegible]」[47]，這透露出它們仍是有意識地想要與「殳」字作區隔。

44 其文例見《睡虎地秦簡・秦律十八種》簡 103 爲「皆▽入公」，釋作「沒」合理。見張守中先生：《睡虎地秦簡文字編》，(北京：文物出版社，1994 年 2 月)，頁 171。此字《秦文字類編》摹作「[illegible]」，已類化作「殳」，恐有失眞。參袁仲一先生、劉鈺先生：《秦文字類編》，(西安市：陝西人民教育出版社，1993 年 11 月)，頁 476。

45 漢文字「投」字作[illegible]，可知「殳」旁與「殳」旁已類化。「投」字字形見《漢印文字匯編》，(台北市：美術屋發行，1978 年)，頁 383。

46 上述三例「殿」字，咸引自《漢印文字匯編》，(台北市：美術屋發行，1978 年)，頁 383。

47 陳彭年：《廣韻》，(台北市：洪葉文化，2001 年)，頁 479、481。

五、關於「沒身」一詞的訓讀

我們確認《曹沫之陣》簡 9「△身」應讀作「沒身」之後，進一步要做的是訓讀的工作，簡文「沒身」後接「就𡚬」一詞，「𡚬」原考釋者李零先生釋作「死」[48]，廖名春先生指出「『沒身』乃殺身之意，…『歿身』與『就死』並稱，其義也同。」[49]，廖名春先生著眼「沒身」與「就死」並稱，因此不將「沒身」解釋作古籍常見的「終身」之義，而解釋作「殺身」[50]，邴尚白先生以爲「『沒身』指終身，如：《老子》第十六章：『沒身不殆』；《禮記・內則》：『沒身敬之不衰』。『沒身就死』即壽終而卒。簡文言『天命』無常，所以存在『以賢稱而失之』、『以無道稱而沒身就死』這樣無理可說之事。《史記・伯夷列傳》感嘆盜蹠，竟以壽終，與此同義。」[51]，邴尚白先生以爲「沒身」即古籍中常見的「終身」，但是對於「沒身就死」何以能有「壽終正寢」之義，尚未進一步說明。其實「終身」與「就死」一詞是相衝突的，因爲「就

48 參馬承源主編《上海博物館藏戰國楚竹書（四）》，（上海：上海古籍出版社，2004 年 12 月），頁 249。

49 廖名春先生：〈讀楚竹書《曹沫之陳》箚記〉，簡帛研究網，(2005/2/12)，網址：http://www.jianbo.org/admin3/2005/liaominchun002.htm。

50 筆者在本論文的初稿中亦是支持廖名春先生此觀點，以爲「沒身」與「就死」相對，「就死」一詞古籍多爲「赴死」之義，與「壽終正寢」實有衝突，因此以主張「沒身」應即「死」之義。參拙文：〈談《唐虞之道》與《曹沫之陣》的「沒」字〉，武漢大學簡帛網，(2005/12/25)網址：http://www.bsm.org.cn/show_article.php? id=145。

51 邴尚白先生：〈上博楚竹書〈曹沫之陣〉注釋〉，於台灣大學《中國文學研究》第十四屆論文發表會上宣讀，2005 年 9 月 25 日，頁 9。邴尚白先生：〈上博楚竹書〈曹沫之陣〉注釋〉，收入台灣大學《中國文學研究》第二十一期，2006 年 1 月，頁 15。

死」一詞古籍咸爲「赴死」之義，如《管子·明法解》：「故以法誅罪，則民就死而不怨」[52]指死於誅罰；《漢書·蒯伍江息夫傳》「守相有罪，車馳詣闕，交臂就死，恐懼如此」[53]，「交臂」乃綑綁犯人雙手，而「就死」則指犯罪而受到殺戮；《漢書·司馬遷傳》：「假令僕伏法受誅，若九牛亡一毛，與螻蟻何異？而世又不與能死節者比，特以爲智窮罪極，不爲自免，卒就死耳。」[54]「就死」乃指「伏法受誅」而死；《後漢書·銚期王霸祭遵列傳》：「熊叩頭首服，願與老母俱就死。」，即與老母一同受死[55]，可知「就死」與「終身」之意義不同，則此處的釋讀實有障礙，這個問題至《上博(五)》發表後，我們才知道「就死」實爲「就世」之誤釋。

參、釋「[illegible]」

《曹沫之陣》簡9「沒身就[illegible]」一句，「[illegible]」(下文暫以「△」形符號代替)字原考釋者李零先生釋作「死」，以爲「與簡文常見死字(作[illegible])相近，這裡釋『死』」[56]，學者多從之，僅陳斯鵬先生釋作「殂」，無解釋理由[57]。楚簡「殂」作[illegible](九店56·50)[58]，李家浩

52 王冬珍先生等校注：《新編管子》，(台北市：國立編譯館出版社，2002年)，頁1360。

53 王先謙：《漢書補注》，(北京市：中華書局，1983年)，頁1038。

54 王先謙：《漢書補注》，(北京市：中華書局，1983年)，頁1239。

55 王先謙：《後漢書集解》，(北京：中華書局，1984年2月)，頁270。

56 參馬承源主編《上海博物館藏戰國楚竹書（四）》，（上海：上海古籍出版社，2004年12月），頁249。

57 陳斯鵬先生：〈上海博物館藏楚簡《曹沫之陣》釋文校理稿〉：簡帛研究網，(2005/2/20)，網站：http://www.jianbo.org/admin3/list.asp? id=1328。

先生以爲字「當從『歹』從『柞』聲，即『殅』的異體。『乍』、『且』古音相近，可以通用。《說文》以『殅』爲『殂』之古文即其例。簡文『殅』與『增』對言，應當讀爲『沮』」[59]，九店簡字《楚文字編》、《戰國文字編》都置於「殂」字下[60]，陳斯鵬先生釋△作「殂」很有可能即據此來。但該字从「柞」實與△有別，《曹沫之陣》簡17「复」作，其「乍」旁明顯△字所从不同，釋作「殂」似可商。

而今《上博(五)》出版後使△字有更多可供比對的文例，《季庚子問於孔子》簡14有個字作，文例爲「且夫[illegible]今之先人，三代之傳史，豈敢不以其先人之傳志告」，原考釋者濮茅左先生隸定作「[illegible]」以爲「『[illegible]』即『喪』字」[61]，陳劍先生改釋作「[illegible]」讀「世」，並且指出「『[illegible]今』的先人世世相繼爲三代遞傳之史官（「世」字用法參《國語・周語上》：『昔我先王世后稷，以服事虞、夏。』），其言亦爲有據」[62]，侯乃鋒先生隸定作：「[illegible](忘)三代之連(轉)[illegible](變)。」，指出「『三代之連[illegible]』頗疑其讀爲『三代之

58 此字《楚文字編》、《戰國文字編》咸云出於九店五十六號墓簡51，但經筆者覆查《九店楚簡》原簡，發現乃簡50，二書一時手民之誤。參湖北省文物考古研究所、北京大學中文系編：《九店楚簡》，(北京市：中華書局，2000年)，頁116，注205。

59 湖北省文物考古研究所、北京大學中文系編：《九店楚簡》，(北京市：中華書局，2000年)，頁116。

60 李守奎先生：《楚文字編》，(上海：華東師範大學出版社，2003年12月)，頁252。湯餘惠先生主編：《戰國文字編》，(福州：人民出版社，2001年12月)，頁253。

61 參馬承源主編《上海博物館藏戰國楚竹書（五）》，（上海：上海古籍出版社，2005年12月），頁222。

62 參陳劍先生：〈談談《上博(五)》的竹簡分篇、拼合與編聯問題〉，武漢大學簡帛網，(2006/2/19)，網址：http://www.bsm.org.cn/show_article.php?id=204。

轉變』，指三代更革而言。郭店楚簡《語叢四》簡 20：『善□□□者，若兩輪之相連（轉），而終不相敗。』『連』即讀爲『轉』。從文義上講，『列今（從陳劍先生意見以之爲人名）之先人』作爲一個群體，即使是世代史官，孔子於其話語中也不可能認爲『三代之傳史』這麼重大的事情與他們會有什麼關聯。」[63]，筆者以爲陳劍先生釋作「世」的意見較佳。首先，[illegible]、[illegible]應爲同一字的異體，而《季庚子問於孔子》「𦍒」字作「[illegible]」，然簡10「亡」字作「[illegible]」，但从「世」之「殜」則作「[illegible]」，字與[illegible]所从之「世」聲相同，「世」旁上都有一橫筆，可知字實从「世」無誤。另外，《曹沫之陣》「[illegible]」字，與簡 54 从「亡」之「[illegible]」(忘)不類，而與从「世」之「殜」字作「[illegible]」相合，可知《季庚子問於孔子》簡釋作「世」，正確，「世」即世代繼承之義。

[illegible]、[illegible]二字應爲異體字的關係，二字上半所从的「[illegible]」與「[illegible]」，形體雖似有異，然實同爲「世」字。「世」字甲骨字形作[illegible](合集・ 6046)，于省吾先生釋作「笹」，並以爲「世」字乃「係於止字上部附加一點或三點，以別於止，而仍因止字以爲聲（止世雙聲）」[64]，高鴻縉先生[65]、陳初生先生[66]都以爲字从「止聲」，季旭昇師以爲「『世』字假借『止』形而分化」而視爲「假借分化

---

63 參侯乃鋒先生：〈上博（五）幾個固定詞語和句式補說〉，武漢大學簡帛網，(2006/3/20)，網址：http://www.bsm.org.cn/show_article.php? id=295。

64 于省吾先生：《甲骨文字釋林》，(北京：中華書局，1999 年 11 月)，頁 460。

65 參高鴻縉先生：《中國字例》，(台北：三民書局，1992 年 10 月)，頁 607。

66 陳初生編纂、曾憲通審校：《金文常用字典》，(西安市：陝西人民出版社，1987 年)，頁 238。

增體指事字」[67]，從目前的古文字材料來看，「世」從「止」字分化出來，是比較理想的講法[68]，但「世」字上古音透紐、月部，「止」字端紐、之部[69]，二字聲紐都爲舌頭音，但之(*-ə)、月(*-at)二部稍遠，若僅有雙聲關係恐無法說成从止得聲，但是「世」字從「止」字分化出來，正確可從，金文例證更多。金文「世」字將原本的圓點填實，而作[illegible](且日庚簋/笹)、[illegible](吳方彝)，或作[illegible](伯作蔡姬尊)、[illegible](郐王擢鼎)[70]等形，字形省略圓點，與「止」字無別，而這種形態的「世」字在偏旁中更多，如[illegible](鄭虢仲簋)[71]、[illegible](趩觶/貰)，又前述且日庚簋作[illegible](《集成》器號3992)之「笹」字，但另一

67 參季旭昇師：《說文新證(上冊)》，(台北市：藝文印書館，2002年10月)，頁147。

68 另外，尚有主張「世」從「枼」字而來，方濬益指出〈拍敦〉「世」字作「[illegible]」，字「與葉爲古通字」字，已提出「世」、「枼」二字古通的關係。劉釗先生進一步以爲「甲骨文葉字作『[illegible]』、『[illegible]』形，像樹木長有葉形。金文作『[illegible]』，樹葉形省爲一點，『[illegible]』形變爲『[illegible]』。而『世』字就是截取葉字上部而成，讀音仍同葉」(《古文字構形研究》頁214)，季旭昇師不贊成此說，以爲出甲骨「葉」字字形與「世」字金文不似，而「葉」从世乃後世屬「聲化」(《說文新證・上》頁147)，正確可從。劉釗先生所舉「[illegible]」字實與方濬益所據之〈拍敦〉字形相同，然字形已晚至春秋，相對於商代甲骨之[illegible](合集・ 6046)及西周早之[illegible](且日庚簋/笹)字形與「止」字相近，證據力恐較爲薄弱。參方濬益：《綴遺齋彝器款式考釋》卷18「趩尊」之考釋，收入《國家圖書館藏金文研究資料叢刊》第十七冊，(北京：北京圖書館出版社，2004年)，頁493。劉釗先生：《古文字構形研究》，(吉林大學博士論文，1991年)，頁214。季旭昇師：《說文新證(上冊)》，(台北市：藝文印書館，2002年10月)，頁147。

69 本文上古音的聲紐系統據黃侃先生「古聲十九紐」之說，韻部系統及擬音則據陳新雄師「古韻三十二部」之說。

70 伯作蔡姬尊文例爲「其萬年▽孫子永寶」，郐王擢鼎文例作「子子孫孫，▽▽是若」，二處釋作「世」正確無誤。

71 該字稍殘泐，《金文編》摹作「[illegible]」，字確實省其圓點而與「止」字無別。容庚編著：《金文編》，(北京：中華書局，2004年8月)，頁137。

器作[glyph](器號 3991)，省略圓點，而《季庚子問於孔子》的「[glyph]」字，「死」旁上的「[glyph]」即是此種形態的呈現，陳劍先生釋作「𣦸」，正確。進一步看《曹沫之陣》簡的「[glyph]」字「世」旁作「[glyph]」，它與楚文字「世」旁作[glyph](信・1.034/牒)、[glyph](牒・天卜/殜)相同，一直到漢印「世」字亦作[glyph](王世)、[glyph](程安世)、[glyph](郭世之印)[72]。另外，「[glyph]」字「死」旁「人」形寫作「力」形，筆者以爲「力」應爲「人」之訛，《曹沫之陣》「死」字作[glyph](簡 58)，「人」旁添加飾筆而成「千」，飾筆再稍延伸即「[glyph]」之寫法[73]。

筆者懷疑「𣦸」、「殜」同爲「世」之異體，「殜」字金文已多見如[glyph](中山王譽鼎)、[glyph](中山王譽方壺)、[glyph](𠮊䖵壺)，《金文編》入「世」字，張守中先生、張政烺先生都以爲即「世」字異體[74]，正確可從。而古文字中常見「死」、「歺」二偏旁常可替換，如「殪」字《說文》云：「[glyph]，古文殪从死」[75]，又如，《說文》「辜」字下云「[glyph]，辜从死」[76]，金文「[glyph]」字作[glyph](中山王圓壺)、

72 以上三例漢印俱參《漢印文字匯編》，(台北市：美術屋)，頁 5~6。

73 除此之外，或以爲字从「殄」之古文「劮」(見《龍龕手鑑・歹部》、《玉篇・歹部》、《字彙・歹部》)，但「劮」字不見古文字，且無法與《季庚子問於孔子》之字形產生聯繫，是以筆者不做此思考。

74 張守中先生以爲字乃「世字異體」，張政烺先生也以爲「殜，从歺，世聲，世之異體。」，參張守中先生：《中山王𰯌器文字編》，(北京市：中華書局，1981 年)，頁 37。張政烺先生：〈中山王𰯌壺及鼎銘考釋〉，收入《古文字研究》第一輯，(北京：中華書局，1979 年 8 月)，頁 217。

75 (清)段玉裁注：《說文解字注》，經韵樓藏版，(台北市：洪葉出版社，1999 年 11 月)，頁 165。

76 (清)段玉裁注：《說文解字注》，經韵樓藏版，(台北市：洪葉出版社，1999 年 11 月)，頁 749。

(包．248)，而其字又可从「歺」作「⿰歹古」，如(包．217)[77]、(望山．1.78)，另外又如「殂」字小篆作「」字从「歺」，古文則从「死」作「」[78]，又「葬」字包山簡中常从死、臧聲作(包．155)，又可从歺、臧聲作(包．91)、(包．155)。又《懷特氏等收藏甲骨文集》B0959 有個「」字，字右旁从「死」，許進雄先生逕釋作「死」[79]，金祥恆先生釋作「殊」，他以為小篆「殊」从「歺」乃「死」之省[80]，史景成先生亦有同樣觀點[81]，季旭昇師釋作「殊」，並指出「从死與从歺同義」[82]，「死」、「歺」義近而偏旁替換，可證「⿱艹殜」、「殜」應爲異體關係。

「就⿱艹殜」讀作「就世」，「就」字訓作盡、終之義。《爾雅．釋詁下》：「就，終也。」，「就世」文例亦見古籍，《國語．越語下》記載句踐對范蠡云：「先人就世，不穀即位。」，韋昭注：「先人，允常；就世，終世也。」[83]，又劉向《說苑．君道》：「齊

77 包山簡「」(包．248)字文例作「使攻解日月與不⿰死古」，「」(包．217)字文例為「使攻解日月於不⿰歹古」，「⿰死古」、「⿰歹古」文例相近，且同讀作「不辜」，視為異體字，可信。

78 (清)段玉裁注：《說文解字注》，經韵樓藏版，(台北市：洪葉出版社，1999年11月)，頁749。

79 參 Hsu Chin-hsiung：《Oracle bones from the White and other collections》，(Toronto : Royal Ontario Museum，1979年)，頁49。

80 金祥恆先生：〈加拿大多倫多大學安達黎奧博物館所藏一片牛胛骨的刻辭考釋〉，收入台灣大學文學院中國文學系編《中國文字》第三十八期，1970年，頁10

81 史景成先生：〈加拿大多倫多博物館所藏一片骨胛銘文的考釋〉，收入台灣大學文學院中國文學系編《中國文字》第四十六期，1972年12月，頁8~9。

82 參季旭昇師：《說文新證(上冊)》，(台北市：藝文印書館，2002年10月)，頁326。

83 (吳)韋昭注：《國語》二十一卷，(台北市：台灣商務印書館，1965年)，頁149。

桓公問於甯戚曰：「筦子今年老矣，爲棄寡人而就世也」[84]，左松超先生以爲「『就世』猶『即世』。左成十三年傳『獻公即世』『文公即世』，謂死也。」[85]，王鍈先生、王天海先生以爲「就世：終於人世，指死亡」[86]。而《曹沫之陣》簡文「沒身就世」亦即「壽終正寢」，回歸簡文文義，君子賢而失之，是天命，亡道之君竟能壽終正寢，也是天命，天命是人無法掌握，否則賢能則得，亡道則失，這是人世間的規律，如此訓釋文通義順，「沒身」一詞的解釋，邴尚白先生的說法正確可從[87]。

肆、結　論

透過上述將「[古文字]」字與古文字的「云」、「回」做比較後，我們得知其與甲骨、金文及部分秦系之「云」字相近，但是與大量楚系的「云」字，無論單字或偏旁都嫌不類。再來，我們得知「[古文字]」與古文字的「回」有很密切的關係，其「回」旁分作兩筆爲之，其實只是將古體的「[古文字]」(𤼷鐘/超)分作兩筆書寫。可見從字形上的分析，「[古文字]」是「叟」字的可能性較高，將它釋作「叟」在字形上也較釋作「[古文字]」來得合理。當然，我們也可以懷疑「[古文字]」字是保留「云」字甲金文的古體，戰國文字保留早期文字的形體也不少見，但是這

---

84 (漢)劉向撰：《說苑》二十卷，(台北市：世界書局，1958 年)，頁 12。

85 參左松超先生：《說苑集證》(上)，(台北市：國立編譯館，2001 年)，頁 14。

86 (漢)劉向著、王鍈先生、王天海先生譯注《說苑全譯》，(貴陽：貴州人民出版社，1992 年)，頁 22。

87 邴尚白先生：〈上博楚竹書〈曹沫之陣〉注釋〉，台灣大學《中國文學研究》第 21 集，2006 年，頁 5~38。

樣的懷疑，在我們發現「[illegible]」與「回」字如此密切的關聯性後，可能性較低。而原本隸定作「[illegible]」的字則應改隸定作「[illegible]」，讀作「世」，而「沒身」與「就世」一詞正合，亦即「壽終正寢」之義。

參考書目

古　籍：

1. (三國・魏)曹丕著、易健賢先生譯注：《魏文帝集全譯》，(貴州人民出版社，1998 年)。
2. (唐)房玄齡等撰；楊家駱主編：《新校本晉書并附編六種》，(台北市：鼎文書局，1987 年)。
3. (唐)李延壽撰、楊家駱主編：《新校本南史附索引》第三册，(台北市：鼎文書局，1980 年)。
4. (宋)陳彭年：《廣韻》，(台北市：洪葉文化，2001 年)。
5. (明)汪瑗撰、董洪利點校：《楚辭集解》，(北京：北京古籍出版社，1994 年)。
6. (清)王先謙：《後漢書集解》，(北京：中華書局，1984 年 2 月)。
7. (清)王先謙：《漢書補注》，(北京市：中華書局，1983 年)。
8. (清)阮元：《校勘十三經註疏・禮記》，嘉慶廿年江西南昌府學開雕影印本，(台北：藝文印書館，1993 年)。
9. (清)段玉裁注：《解字注》，經韻樓藏版，(台北市：洪葉出版社，1999 年 11 月)。
10. (清)孫詒讓遺書、樓學禮校點：《契文舉例》，(濟南市：齊魯書社，1993 年)。

專 書：

1.《漢印文字匯編》，(台北市：美術屋發行，1978 年)。
2. 于省吾先生主編：《甲骨文字詁林》，(北京市：中華書局出版，1996 年)。
3. 山西省文物工作委員會：《侯馬盟書》，(北京：文物出版社，1976 年)。
4. 中國社會科學院考古研究所編：《殷周金文集成》第五册，(北京市：中華書局，1985 年 6 月)。
5. 王冬珍先生等校注：《新編管子》，(台北市：國立編譯館出版社，2002 年)。
6. 王叔岷先生撰：《莊子校詮》，(台北市：中央研究院歷史語言研究所，1994 年)。
7. 王輝先生：《一粟集：王輝學術文存》，(台北市：藝文印書館，2002 年)。
8. 何琳儀先生：《戰國古文字典》，(北京：中華書局，1998 年)。
9. 吳其昌先生：《殷虛書契解詁》，(台北市：藝文印書館，1960 年)。
10. 李零先生：《郭店楚簡校讀記》增訂本，（北京：北京大學出版社，2002 年 9 月）。
11. 季旭昇師：《說文新證(上册)》，(台北市：藝文印書館，2002 年 10 月)。
12. 季旭昇師：《說文新證(下册)》，(台北市：藝文印書館，2004 年 11 月)。
13. 夏傳才先生、唐紹忠先生注：《曹丕集校注》，(鄭州市：中州古籍出版社，1992 年)。

14. 容庚先生：《金文編》，(北京：中華書局，2004 年 8 月)。
15. 荆門市博物館編：《郭店楚墓竹簡》，(北京市：文物出版社，1998 年)。
16. 袁仲一先生、劉鈺先生：《秦文字類編》，(西安市：陝西人民教育出版社，1993 年 11 月)。
17. 馬承源主編：《上海博物館藏戰國楚竹書（四）》，（上海：上海古籍出版社，2004 年 12 月）。
18. 涂宗流先生、劉祖信先生：《郭店楚簡先秦儒家佚書校釋》，(台北市：萬卷樓：2001 年)。
19. 商承祚先生：《說文中之古文考》，(上海市：上海古籍出版社，1983 年)。
20. 張守中先生：《睡虎地秦簡文字編》，(北京：文物出版社，1994 年 2 月)。
21. 張頷先生：《古幣文編》，(北京：中華書局，1986 年)。
22. 陶梅生先生注譯、葉國良先生校閱《新譯晏子春秋》，(台北市：三民書局，1998 年)。
23. 湯餘惠先生：《戰國文字編》，(福州：福建人民出版社，2001 年 12 月)。
24. 楊樹達先生：《文字形義學》，(上海市：上海古籍出版社，1988 年)。
25. 劉釗先生：《出土簡帛文字叢考》，(台北市：台灣古籍，2004 年)。
26. 劉釗先生：《郭店楚簡校釋》，(福州：福建人民出版社，2003 年 12 月)。

單篇論文：

1. 李零先生：〈郭店楚簡校讀記〉，《道家文化研究》第 17 輯（「郭店楚簡」專號），三聯書店出版社，1999 年 8 月。
2. 周鳳五先生：〈郭店楚墓竹簡唐虞之道新釋〉，中央研究院歷史語言研究所集刊，第 70 本第 3 分，1999 年 10 月。
3. 台灣大學《中國文學研究》第 21 集，(台北市：國立台灣大學中國文學研究所，2006 年)，頁 5~38。
4. 徐在國先生、黃德寬先生：〈郭店楚簡文字續考〉，《江漢考古》，1999 年第二期。
5. 劉釗先生：〈讀郭店楚簡字詞劄記(四)〉，收入《古籍整理研究學刊》，2002 年第五期。

網站資料：

1. 李鍌師、陳新雄師、李殿魁先生等編：教育部《異體字字典》網路版，民國九十三年一月正式五版，網址：http://140.111.1.40/main.htm。
2. 香港中文大學圖書館與香港中文大學中國語言及文學系張光裕教授共同製作的「郭店楚簡資料庫」，網址：http://bamboo.lib.cuhk.edu.hk/basisbwdocs/bamboo/bam_main.html?。
3. 廖名春先生：〈讀楚竹書《曹沫之陳》劄記〉，簡帛研究網，(2005/2/12)，網 址：http://www.jianbo.org/admin3/2005/liaominchun002.htm。
4. 李銳先生：〈讀上博四札記（一）〉，簡帛研究網，(2005/2/20)，網址：http://www.jianbo.org/admin3/2005/lirui001.htm。
5. 陳劍先生：〈談談《上博(五)》的竹簡分篇、拼合與編聯問題〉，武漢大學簡帛網，(2006/2/19)，網址：http://www.bsm.org.cn/show_article.php? id=204。

6. 侯乃鋒先生：〈上博（五）幾個固定詞語和句式補說〉，武漢大學簡帛網，(2006/3/20)，網址：http://www.bsm.org.cn/show_article.php? id=295。

【附錄一】中國文字學歷屆研討會發表論文目錄

第一屆文字學學術研討會論文篇目（台灣師範大學，78.12.17-18）

謝清俊：論電腦用的中文字形定義

黃克東：文字檢索中對角碼的符號分析

張仲陶：字形與字碼

曾榮汾：處理中文資料的電腦利用及實例介紹

孔仲溫：說文品型文字形構析論

黃沛榮：簡體字之探討——由教育部標準字說起

賴明德：從文字形構以探討古代的器物

李國英：說文亦聲字綜論

應裕康：論中共簡體字

蔡信發：指事析論

陳光政：論正體字與簡體字的分合

簡宗梧：漢字簡化之商榷

許學仁：古文字中的繁簡之道

汪學文：中共文字改革及其對中華傳統文化之影響

第二屆中國文字學國際學術研討會論文篇目（高雄師範大學，80.03.23-24）

陳新雄：章太炎先生轉注假借說一文之體會

第三屆中國文字學國際學術研討會論文集目次（輔仁大學，81.02.21-22，輔仁大學出版社出版，81 年 6 月初版）

第四屆中國文字學全國學術研討會論文集目次（中央大學，82.03.19-20，大安出版社出版，1993 年 5 月，ISBN：957-9233-42-X）

第五屆文字學全國學術研討會論文集目次（政治大學，83.05.07）

第六屆中國文字學全國學術研討會論文集目次（中興大學，84.04.29-30）

第七屆中國文字學全國學術研討會論文集目次（東吳大學，85.04.20-21，萬卷樓圖書有限公司出版，85年4月初版）

第八屆中國文字學全國學術研討會論文集目次（彰化師範大學，86.03.22-23）

第九屆中國文字學全國學術研討會論文集目次（台灣師範大學，87.3.21-22）

第十屆中國文字學全國學術研討會論文集目次（逢甲大學，88.04.24-25）

第十一屆中國文字學全國學術研討會論文集目次（台南師範學院，89.10.21-22）

第十二屆中國文字學全國學術研討會論文集目次（銘傳大學，90.03.14-15）

第十三屆全國暨海峽兩岸中國文字學學術研討會論文集目次（花蓮師範學院，91.04.24-25，萬卷樓圖書有限公司出版，91 年 4 月初版，ISBN：957-739-390-X）

第十四屆中國文字學全國學術研討會論文集目次（中山大學，92.03.29-30）

第十五屆中國文字學國際學術研討會論文集目次（輔仁大學，93.04.17-18）

形聲專題學術研討會論文集目次（輔仁大學，93.12.18，收錄於《先秦兩漢學術》學報第三期，輔仁大學中文系出版，2005 年 3 月，ISSN：1811-6329）

第十六屆中國文字學國際學術研討會論文集目次（高雄師範大學，94.04.29-30，高雄師範大學國文學系出版，94 年 4 月，GPN：1009401104，ISBN：986-00-0920-1）

假借專題學術研討會論文集目次（彰化師範大學，94.12.17）

第十七屆中國文字學全國學術研討會論文集目次（逢甲大學，95.05.20-21，聖環圖書公司出版，95 年 5 月，ISBN：957-781-121-3）

正俗與繁簡——漢字演化的承傳及其規律學術研討會（輔仁大學，95.06.10）

※第一、二屆及「正俗與繁簡」研討會因無論文集出刊，故未列頁碼

分類説明

吳浩宇

自清乾嘉以降，諸儒解經自《說文》、《爾雅》入，故張之洞有由小學入經學，其經學始可信之論，梁啓超評說清代學術發展云小學由附庸蔚爲大國，文字、聲韻、訓詁此三門學問從經學附庸地位獨立出來，各自分化成專門學科。文字學一門，與《說文》學關係密切。自晚清發現甲骨文以來，配合西方傳入考古學與中國固有金石學傳統結合，使古文字學、古器物學大放光采。文字學，作爲一獨立學科發展至今，前賢後學，分別撰述，成果豐碩，中國文字學會舉辦論文研討會迄今已一十七屆，今綜觀歷屆論文，筆者認爲可分爲五大類：

第一類爲研究方法論，專門學科之成立，回顧該學科之研究歷史、省思前人研究成果、進行研究方法的討論，是爲專門之學延續發展之常態，故置第一類。

第二類爲核心議題，回顧文字學科發展歷程中，自宋鄭樵《六書略》以降，歷代皆有學人深究六書理論，迄今不息，有六書學一項；有清一代，《說文》之學大盛，以《說文》開展出各類研究規模，成爲日後文字學主要核心議題，有說文學一項；而晚清以降，古文字學的蓬勃發展，與上古史研究、考古學彼此相呼應，可爲六書學、說文學分庭抗禮，有古文字學一項；至於單辭訓詁、文句考釋爲前賢常用之討論方式，今人亦多沿用，且有以甲骨文、金文資料詮釋文獻，以詁新證，有訓詁考釋一項。

第三類爲次級論題，包含(1)字體史：研究文字起源與文字變遷之歷史；（2）字樣學：文字發展滋乳變化，歷代皆有正字之舉，含教育與樹立標準之意，故字樣之學，至今不衰。在文字規範、語文教學外，古人校勘亦常援此資源。今日電腦資訊發展一日千里，各類資料庫之設立，亦與之相關，雖形式、內容有別，然精神相近，故並列入字樣學範圍。（3）俗文字學：文字發展演變，俗文字爲常民便用之別體，亦有社會文化之研究價値。（4）字書研究：歷代字書、辭書與該編輯體例之討論。

第四類爲相關論題：(1)文字學與學術思想之關係：道沿聖以垂文，聖因文以明道。故經典所載文字資料與訓詁解釋之不同，常促成學術思想發展的各種可能性。經學作爲中國學術思想之主幹，而自漢代今古文字之聚訟紛紜，影響後代學術發展甚鉅。(2)文化史：民國二十五年，沈兼士作〈「鬼」字原始意義之試探〉時，陳寅恪覆沈兼士函曾言：「今日治文字學之要，當知凡解一古文字即是作一部文化史也。」（沈兼士：《沈兼士學術論文集》，北京：中華書局，頁202）考辨古字與古代文化史之關係，亦實承《說文・敘》之精神而言。（3）文化語言學：此爲近年新興發展學科，探討文字、語言在社會文化脈絡中對應關係。(4)書法史：字體之變遷亦影響書法藝術之發展，古代小學名家，亦多善書者。

第五類爲其他：(1)古器物學：爲古文字學研究相關論題，考辨古器物之形制。(2)域外研究：域外漢字文化圈的發展。(3)相關報導。

以上簡述各項分類之用意，若該文論題性質涵括二類，如涉及古文字學與文化史者，則於分類上兩處並見。筆者學思淺陋，分類取舍之間，有失當之處，敬請不吝指正。

最後，筆者要說明進行分類工作的經過以及完成之後的感想。分類之前，筆者先瀏覽歷屆屆論文內容後（除第一屆僅有篇名可考外），再依據內容、性質進行歸納、逐步發展分類，再於各門類下依照情況分設小項，如此畫分是希望能反映出近年來學界前賢各自關懷的焦點與相關議題的研究面向。在修改調動分類表時，筆者曾對照《說文解字詁林》之分類，發現其中論題有承繼發揚之處，亦有乏人問津者，因此完成分類之後，筆者希望藉由此分類表，應可考見各門類中有諸多尚待開發之議題，希冀能為文字學研究者提供日後進行研究之參考，在前人研究基礎之上，持續深耕，且能省思研究方法、開拓研究視野、汲取相關學術資源與豐富自身研究議題，俾使文字學研究持續發揚光大。

分類示意簡表

<table>
<tr><td>第一類：
研究方法論</td><td colspan="2">前人研究、研究方法、研究史</td></tr>
<tr><td rowspan="4">第二類：
核心議題</td><td>說文學</td><td>總論、版本研究、字形、古文、說文條例、說文重出字、說文分部、清代說文學、段注研究</td></tr>
<tr><td>六書學</td><td>總論、六書次第、象形、指事、會意、形聲、轉注、假借、其他</td></tr>
<tr><td>古文字學</td><td>甲骨文、甲骨文研究方法、金文、金文研究方法、甲、金文、戰國文字、字源研究、著錄</td></tr>
<tr><td>訓詁考釋</td><td>以金文詮釋文獻、以甲文詮釋文獻</td></tr>
</table>

<table>
<tr><td rowspan="4">第三類：
次級論題</td><td>字體史</td><td>文字起源、文字變遷</td></tr>
<tr><td>俗文字學</td><td>敦煌文獻</td></tr>
<tr><td>字書研究</td><td>先秦字書、遼代字書、明代字書、清代字書、編輯體例</td></tr>
<tr><td>字樣學</td><td>古代字樣、研究史、正簡字討論、語文教學、輸入法、資料庫、標準字體討論</td></tr>
<tr><td rowspan="6">第四類：
相關論題</td><td>文字學與學術思想</td><td>經學、易學</td></tr>
<tr><td>文化史</td><td>制度、器物、祭祀、度量衡、社會現象、植物、地名、占夢</td></tr>
<tr><td>文化語言學</td><td>習俗、祭祀、初民文化、外來語、網路文化</td></tr>
<tr><td>文字學與修辭</td><td></td></tr>
<tr><td>方言漢字學</td><td></td></tr>
<tr><td>書法史</td><td></td></tr>
<tr><td rowspan="3">第五類：
其他</td><td>古器物學</td><td></td></tr>
<tr><td>域外研究</td><td></td></tr>
<tr><td>報導</td><td></td></tr>
</table>

【附錄二】中國文字學歷屆研討會發表論文分類表

■前人研究

孫劍秋：段玉裁《詩經小學》研究（第三屆）

喬衍琯：高鴻縉先生的文字學（第五屆）

王　甦：《文字析義》初探（第五屆）

程克雅：孫詒讓「古言」「古字」典籍訓釋方法探究（第九屆）

王　甦：魯實先先生解字釋例（第十二屆）

許錟輝：魯實先先生《假借溯源》述例（第十二屆）

■研究方法

王初慶：淺談文字結構與六書（第八屆）

周　何：談未來中國文字學研究之範圍及方法（第十一屆）

周　何：形聲字形符義近者得組合歸類說（第十一屆）

王初慶：談治說文學與治古文字學之關係（第十二屆）

■研究史

蔡信發：一九四九年以來臺灣地區大學院校國（中）文研究所《說文》論文研究（第十六屆）

■說文學

◆總論

吳 璵：說文幽眇闕誤探微（第三屆）

吳 璵：《說文》價值之再體認（第五屆）

◆版本研究

王初慶：試由《說文繫傳・祛妄》蠡測李陽冰之說文刊本（第三屆）

王書輝：校勘段玉裁《說文解字注》芻議（第八屆）

◆字形

孔仲溫：說文品型文字形構析論（第一屆）

林平和：敦煌《隸古定尚書》寫卷中原自《說文解字》古文之隸字研究（第四屆）

蔡信發：《說文》中一字正反之商兌（第七屆）

謝一民：說文解字同文異體字考原舉隅（第八屆）

柯明傑：《說文解字》「同體字」初探（第八屆）

洪燕梅：秦金文與說文解字小篆書體之比較（第十二屆）

杜忠誥：說文篆文訛形釋例三則——「姤」、「牪」、「乘」（第十三屆）

何樹環：《說文解字》省體字初探——省體字的初步整理與研究（第十五屆）

巫俊勳：《說文解字》解說用字之字形歧異探析——以段注本為範圍（第十六屆）

許錟輝：《說文》「匕」部諸字形義及其相關問題之探究（第十七屆）

◆古文

南基琬：說文籀文至小篆之變所見中國文字演變規律（第三屆）

許文獻：《說文》古文之來源與性質再探——對王國維「戰國時秦用籀文，六國用古文說」之幾項修正意見（第十六屆）

陳秀玉：宋薛季宣《書古文訓》中所見《說文》古文研究——以堯典爲例（第十七屆）

◆說文條例

許錟輝：說文脫序文字釋例（第三屆）

宋建華：《說文》用語「相似」、「同」、「同意」考辨（第七屆）

蔡信發：《說文》變例之商兌（第八屆）

蔡信發：《說文》載錄後起字爲本字之商兌（第十四屆）

許錟輝：《說文》訛誤釋例（第十五屆）

王初慶：《說文》引《詩》重出、互見探頤（第十五屆）

◆說文重出字

蔡信發：說文正文重出字之商兌（第三屆）

◆說文分部

蔡信發：《說文》會文字部居之誤（第六屆）

宋建華：《說文》五百四十部首系聯用語初探（第六屆）

◆清代說文學

柯明傑：朱駿聲《說文通訓定聲》釋形用語之商兌（第十屆）

柯明傑：《說文通訓定聲》言「同」用語淺析（第十一屆）

張惠貞：王鳴盛與文字學（第十一屆）

柯明傑：《說文通訓定聲》「或曰」淺析（第十二屆）

柯明傑：《說文解字義證》引「本書」釋義淺析（第十三屆）

朱小健：從《說文解字集斠》看《惠氏讀說文記》之性質（第十三屆）

柯明傑：桂馥《說文解字義證》引「本書」釋形淺析（第十四屆）

臼田眞佐子：論胡重《說文字原韻表》和陳奐《說文部目分韻》（第十五屆）

柯明傑：王筠《說文句讀》之「省形存聲」說（第十七屆）

◆段注研究

阿辻哲次：段懋堂「說文解字讀」について（第二屆）

汪壽明：從《說文解字注》看段玉裁的俗字觀（第二屆）

蔡信發：段注《說文》古今字之商兌（第十一屆）

柯明傑：《說文》段注「以許證許」淺析（第十五屆）

蔡信發：段注《說文・邑部》之商兌（第十七屆）

許文獻：《說文》段注所云釋形「未知」例試探（第十七屆）

◆說文分類

吳憶蘭：《繫傳・類聚》探析（第十五屆）

■六書學

◆總論

陳新雄：章太炎先生轉注假借說一文之體會（第二屆）

陳新雄：說文借形爲事解（第三屆）

蔡信發：段注會意形聲之商兌（第四屆）

杜松柏：由形象思維探論中國文字之成文與構字（第四屆）

陳光政：六書學紛爭論試辨舉隅（第六屆）

張意霞：《說文繫傳》六書理論析述（第七屆）

張意霞：徐鍇「三耦論」研究（第十一屆）

丁　亮：論漢儒六書說之性質（第十三屆）

◆六書次第

蔡信發：轉注先於假借之商兌（第十屆）

◆象形

蔡信發：「象形兼聲」分類之商兌（第九屆）

許錟輝：《說文》「从某聲・象形」及其相關諸字之探討（第十六屆）

◆指事

蔡信發：指事析論（第一屆）

季旭昇：從古文字談指事（第八屆）

◆會意

許錟輝：《說文》會意字補述例釋（第九屆）

蔡信發：段注《說文》會意有輕重之商兌（第十五屆）

吳憶蘭：《六書略》之會意說探析（第十六屆）

◆形聲

李國英：說文亦聲字綜論（第一屆）

竺家寧：形聲字聲符表音功能研究（第五屆）

竺家寧：形聲結構之比較研究（第六屆）

劉雅芬：由字義辨識看形聲字的構造與形成（第七屆）

許錟輝：形聲字形符表義釋例（第十屆）

許錟輝：形聲字聲符表義釋例（第十一屆）

蔡信發：形聲字同形異字之商兌（第十三屆）

馬偉成：王筠《說文解字句讀》「聲兼意」之探析（第十三屆）

馬偉成：《說文解字》部首亦聲字初探（第十五屆）

楊徵祥：楊桓《六書統》形聲「四體」析論（第十五屆）

陳新雄：從形聲立場看六書體用與造字之本說（形聲專題）
許錟輝：從四體六法說看形聲（形聲專題）
李宗焜：龍宇純先生六書形聲說（形聲專題）
王初慶：形聲探微（形聲專題）

◆轉注

許錟輝：轉注造字說綜論（第十四屆）
魏清元：許慎轉注論（第十五屆）
陳光政：許慎轉注說發微（第十六屆）

◆假借

常宗豪：楊魯交誼及其叚借說（第三屆）
周行之：「假借」之起源與發展（第五屆）
蔡信發：狀聲、方國之後起形聲字，由假借造字而來（第五屆）
許錟輝：許慎造字假借說證例（第五屆）
陳新雄：許慎之假借說與戴震之詮釋（第七屆）
許錟輝：段玉裁「引伸假借說」平議（第七屆）
柯明傑：《說文通訓定聲》之假借說淺析（第九屆）
李綉玲：《說文段注》假借字例依聲託事之探究（第十三屆）
馬偉成：段玉裁「引申假借」之探析（第十四屆）
陳新雄：許慎假借說索解（假借專題）
蔡信發：魯實先先生造字假借說（假借專題）
王初慶：假借商榷（假借專題）
許學仁：由古文字談六書之假借（假借專題）
蘇建洲：論古文字材料對「本字」概念的補充（假借專題）

◆其他

陳光政：六書之餘——反倒書（第三屆）

■古文字學

◆甲骨文

單周堯：古文字札記二則（第三屆）

蔡哲茂：甲骨文考釋二則（第三屆）

朱歧祥：釋奴（第三屆）

金榮華：說「壇」（第三屆）

朱歧祥：周原甲骨文考釋補正（第四屆）

唐健垣：卜辭中有關樂舞文字考釋（第四屆）

蔡哲茂：說[illegible]（第四屆）

蔡哲茂：釋殷卜辭的「速」字（第五屆）

周聰俊：殷商古文字中之告禮（第六屆）

蔡哲茂：甲骨文考釋四則（第七屆）

黃競新：甲骨文「翌」「來」分用釋例（第七屆）

邱德修：甲骨文「今」字考（第八屆）

朱歧祥：周原甲骨考釋二則（第八屆）

蔡哲茂：甲骨文合集綴合補遺（十二片）（第八屆）

黃競新：天犬、天狗、天狼；大星・新星・新大星——重辨一片午?祭天犬卜辭（第八屆）

蔡哲茂：說殷卜辭中的「[illegible]」字（第九屆）

朱歧祥：卜辭中「乎」字非疑問語詞考（第九屆）

魏慈德：說甲骨文骨字及與骨有關的幾個字（第九屆）

朱歧祥：從甲骨文論文字繁簡問題（第十屆）

魏慈德：說甲文的河字（第十屆）

蔡哲茂：甲骨綴合對殷卜辭研究的重要性（第十一屆）

沈建華：《甲骨文全集補編》校勘記（二）（第十一屆）

魏慈德：讀甲骨文筆記三則（第十一屆）
李旼姈：甲骨文例研究舉例（第十一屆）
朱歧祥：論子組卜辭一些同版異文現象（第十一屆）
魏慈德：試對賓組卜辭中和雀有關的卜辭排譜（第十二屆）
施順生：甲骨文異字同形之探討（第十三屆）
蔡哲茂：甲骨文釋讀析誤（第十三屆）
何樹環：釋「五丰臣」（第十三屆）
楊郁彥：殷墟卜辭斷代中「子」、「巳」二字之探討（第十三屆）
魏慈德：十三月對甲骨文排譜的重要性（第十三屆）
蔡哲茂：《殷虛文字乙編》4810 號考釋（第十四屆）
林宏明：甲骨文字綴合新例（第十四屆）
林宏佳：形義分析與卜辭斷代——以「帝」字爲例（第十四屆）
楊郁彥：卜辭斷代中作翌字諸形之析辨（第十五屆）
蔡哲茂：《甲骨文合集》辨僞舉例（第十五屆）
林宏明：殷墟甲骨文字綴合新例三（第十五屆）
魏慈德：論同見於花東卜辭與王卜辭中的人物（第十六屆）
林宏明：殷墟甲骨文字綴合新例（四）（第十六屆）
蔡哲茂；殷卜辭「肩凡有疾」解（第十六屆）
宋鎮豪：甲骨文中的夢與占夢（第十六屆）
季旭昇：從甲骨文說「勞」字（第十六屆）
姚志豪：談祭祀卜辭的「又、彳、歲、伐」（第十七屆）
魏慈德：殷非王卜辭中所見商王記載（第十七屆）
呂佩珊：殷商卜辭「祭祀動詞+巫」及相關句型考（第十七屆）
乃俊廷：論花園莊東地甲骨中界劃的施用情形（第十七屆）

◆甲骨文研究方法

朱歧祥：殷商甲骨文兆辭的檢討（第六屆）

胡雲鳳：論釋讀甲骨文的方法——以甲骨語法爲例（第十七屆）

◆金文

吳匡、蔡哲茂合撰：釋「[illegible]」（第二屆）

周虎林：金文繁體字探究（第二屆）

汪中文：商周青銅器銘文選（三）讀記（第二屆）

松丸道雄：關於西周時代重量單位的寽和匀（第三屆）

汪中文：〈利簋〉銘文釋彙（第三屆）

蔡崇名：師獒毁銘文綜合研究（第三屆）

汪中文：微史家族銅器群瑣記（第四屆）

李　民：《宰梳角》銘文研究——釋「[illegible]」字（第五屆）

沈寶春：論戴侗《六書故》的金文應用（第五屆）

蔡哲茂：金文研究與經典訓讀－以《尙書・君奭》與《逸周書・祭公篇》兩則爲例（第六屆）

鄭憲仁：周厲王害夫簋綜合研究（第九屆）

邱德修：春秋〈子軋編鐘銘〉考釋（第十屆）

何樹環：〈史頌簋〉辨僞（第十屆）

蘇建洲：新出柞伯簋研究（第十一屆）

胡雲鳳：秦文例流變考（第十一屆）

蔡哲茂：釋[illegible]（第十二屆）

黃靜吟：徐舒金文析論（第十二屆）

游國慶：銅器銘文中的「同銘異範」及其類別與價值之探究——以故宮所藏西周金文爲例（第十三屆）

劉　釗：金文字詞考釋（三則）（第十三屆）

姚志豪：從行款位置談商金文族徽的性質（第十三屆）

邱德修：《金文編・附錄》「倲」字考——兼論「東」與「重」的關係（第十三屆）

乃俊廷：西周金文「其」字中的「丌」形偏旁研究（第十三屆）

賴昭吟：論楚國金文的特殊句型——以「以事紀年」及「某爲之」爲例（第十三屆）

林聖傑：仲臣盤銘文考釋（第十三屆）

邱德修：晉侯銅人銘考——兼論《尙書・立政》「休茲」乙詞（第十四屆）

蔡鴻江：晉國銘文與侯馬盟文形構關係之探究（第十四屆）

鄭憲仁：西周銅器銘文「金甬」探究（第十六屆）

何樹環：〈四十二年逨鼎〉「贅書」、「册贅」釋義——附「册命銘文」命名小議（第十六屆）

何樹環：金文「叀」字別解（第十七屆）

◆金文研究方法

江村治樹：春秋時代青銅器銘文的書式及其用語（第三屆）

宗靜航：詞語斷代法——以害夫器爲例（第三屆）

汪中文：媵器銘文所見周代女子名號例（第五屆）

汪中文：金文中的女子名號條例（第十一屆）

◆甲、金文

周聰俊：殷周燎祭考（第七屆）

何樹環：肇、肁、肇三字構形研究（第十一屆）

胡雲鳳：甲金文雙重否定句比較研究（第十三屆）

林文華：《我方鼎》銘文新釋——兼考周原甲骨（H11：1）（第十四屆）

◆戰國文字

林清源：從「造字」看春秋戰國文字異形現象（第三屆）

左松超：馬王堆帛書中的異體字與通假字（第三屆）

孔仲溫：楚𨜏陵君三器銘文試釋（第六屆）

洪燕梅：試論河南官莊 3 號墓及其器銘（第七屆）

許學仁：《古文四聲韻》古文合證例釋（一）（第七屆）

孔仲溫：望山卜筮祭禱簡文字初釋（第七屆）

孔仲溫：再釋望山卜筮祭禱簡文字兼論其相關問題（第八屆）

陳茂仁：淺探帛書〈宜忌篇〉章題之內涵（第九屆）

蔡哲茂：關於戰國文字「全」字的探討（第十屆）

袁國華：郭店竹簡「䢔」（卲）「其」、「卡」（卞）考釋（第十屆）

王仲翊：試論包山、望山「卜筮祭禱簡」之異同及其相關問題（第十屆）

孔仲溫：郭店緇衣簡字詞補釋（第十屆）

林文華：戰國文字考釋兩則（第十一屆）

許文獻：戰國疊加勹聲符構形研究（第十一屆）

季旭昇：古璽雜識二題（第十一屆）

袁國華：《郭店楚墓竹簡・五行》「遉」字考釋（第十一屆）

傅榮珂：秦簡勞役刑探論（第十一屆）

王仲翊：《楚簡老子柬釋》「通假字」之含意商榷——以其「通假字匯解」的部份為例（第十二屆）

劉國勝：包山二七八號簡釋文及其歸屬問題（第十三屆）

許文獻：先秦楚系文字聲符替換結構初探——分類之一：非屬同一諧聲系統之共時性同字異構例（第十三屆）

季旭昇：由上博詩論「小宛」談楚簡中幾個特殊的從肙的字（第十三屆）
魏慈德：郭店楚簡的臺字及其所從的「⊗」部件（第十四屆）
穆虹嵐：釋上博簡中的「譴」字（第十四屆）
許文獻：楚系「就」字（[illegible]、[illegible]、[illegible]）與從「就」之字相關論題之探討（第十四屆）
洪燕梅：論秦文字之繁化現象（第十四屆）
季旭昇：從新蔡葛陵簡說「熊」字及其相關問題（第十五屆）
李天虹：新蔡楚簡補釋四則（第十五屆）
高婉瑜：雲夢龍崗秦簡小議（第十五屆）
魏慈德：說古文字中的「改」字（第十五屆）
呂佩珊：秦駰玉版與秦詛楚文文字研究（第十六屆）
陳美蘭：談戰國齊璽「遷皿之鉨」的「皿」字（第十六屆）
蘇建洲：楚文字零釋（第十六屆）
邱德修：《郭店簡・成之聞之》「貴而[illegible]纕」新證——兼論〈中山王器〉「舉賢使[illegible]」一語（第十六屆）
高佑仁：《曹沫之陣》簡「沒身就世」釋讀（第十七屆）

◆字源研究

周聰俊：說醴（第三屆）
邱德修：說「輦」及其相關問題（第三屆）
季旭昇：說互（第四屆）
邱德修：說克（第四屆）
周聰俊：說鬱（第四屆）
周聰俊：說「𠀠」（第五屆）
季旭昇：說皇（第六屆）

季旭昇：說一（第九屆）

何樹環：說「營」（第九屆）

李國英：說屮與㞢（第十二屆）

林宏明：古文字釋叢（第十三屆）

陳麗紅：說朋倗（第十三屆）

季旭昇：說李（第十七屆）

◆**著錄**

汪中文：《金文總集與殷周金文集成銘文器號對照表》補正（第十三屆）

鄭憲仁：《殷周金文集成引得》與《殷周金文集成釋文》隸定相異處探討——以樂器爲例（第十七屆）

■**訓詁考釋**

邱德修：《左》《國》所見「不穀」考（第二屆）

翁世華：「辭」字形義的發展與推闡——兼論其與「詞」字的相關問題（第三屆）

黃坤堯：《釋文》「解」字音義辨析（第三屆）

鍾克昌：王弼本老子文字諟正（第四屆）

邱德修：《說文》「紳」字考——兼論《論語》「拖紳」與「書諸紳」的問題（第五屆）

朱守亮：高本漢《詩經注釋》解〈周南・兔罝〉「干」字之再商榷（第八屆）

張意霞：《詩經・小雅・無羊》「三百維群」義證（第九屆）

劉文清：讀《墨子》札記五則（第十屆）

馮勝君：談《老子》中的「孩」字（第十三屆）

何樹環：釋《莊子‧應帝王》中的「帠」（第十四屆）

◆以甲文詮釋文獻

季旭昇：釋秦風小戎「蒙戎有苑」（第五屆）

◆以金文詮釋文獻

季旭昇：從曩國銅器談經「彼其之子」的新解（第三屆）

■字體史

◆文字起源

朱歧祥：文字起源重探（第五屆）

南基琬：從甲骨文金文所見古代文化現象談中國文字的發生時期（第十五屆）

◆文字變遷

江舉謙：漢文字同字異形研究（第四屆）

張成秋：中國文字的回顧與前瞻（第六屆）

邱德修：漢字形體重疊考（第六屆）

朱歧祥：從甲骨文論文字繁簡問題（第十屆）

李淑萍：論「形似」在漢字發展史上的意義與作用（第十四屆）

蔡崇名：二十一世紀世界文字之主流——漢字的未來發展（第十六屆）

許錟輝：從《說文解字》看漢字的傳承與演化（正俗與繁簡）

許學仁：小篆以後的正字運動（正俗與繁簡）

曾榮汾：漢語俗字的演化（正俗與繁簡）

王初慶：漢字演化的規律（正俗與繁簡）

■俗文字學

李添富：《古今韻會舉要》俗字研究（第三屆）

鄭阿財：越南漢文小說中的俗字（第四屆）

蔡信發：《宋元以來俗字譜》之商兌（第十二屆）

汪壽明：從《說文解字注》看段玉裁的俗字觀（第二屆）

黃方民：《說文》俗字研究（第十四屆）

呂瑞生：《集韻》俗字考異及其意義（第十六屆）

蔡忠霖：對唐宋俗字的幾點考察——兼從各載體間用字差異看俗字的書寫現象（第十六屆）

◆敦煌文獻

潘重規：敦煌卷子俗寫文字之整理與發展（第二屆）

蔡忠霖：敦煌俗字中的形體混同現象試析（第十七屆）

■字書研究

◆先秦字書

左松超：《史籀篇》的作者與時代及其與秦篆的關係（第二屆）

◆遼代字書

黃沛榮：《龍龕手鏡》版本考述（第八屆）

◆明代字書

黃沛榮：正字通之版本及其作者問題（第九屆）

巫俊勳：《字彙・辨似》探析（第十三屆）

巫俊勳：明代大型字書編纂特色探析（第十七屆）

◆清代字書

李淑萍：《康熙字典》解義釋例（第十屆）

李淑萍：《康熙字典》古文溯源舉隅（第十三屆）

◆編輯體例

曾榮汾：談部首序字典編輯觀念的改進（第二屆）
洪　固：字典部首檢字法的改進研究（第三屆）
姚秋清：漢字編碼在字典上應用之研究（第五屆）
陳新雄：異體字典編撰緣起（第十一屆）
李淑萍：《康熙字典》古文例淺析（第十二屆）
張意霞：《康熙字典》同體字組研究——造形篇（第十三屆）
呂瑞生：《集韻》處理大徐本《說文解字》徐鉉所注俗字探析（第十七屆）
曾榮汾：《玉篇》編輯觀念研究（第十七屆）

■字樣學

◆古代字樣

鄭阿財：敦煌文獻與唐代字樣學（第六屆）

◆研究史

曾榮汾：字樣學的新發展（第三屆）

◆正簡字討論

黃沛榮：簡體字之探討——由教育部標準字說起（第一屆）
應裕康：論中共簡體字（第一屆）
陳光政：論正體字與簡體字的分合（第一屆）
簡宗梧：漢字簡化之商榷（第一屆）
許學仁：古文字中的繁簡之道（第一屆）
汪學文：中共文字改革及其對中華傳統文化之影響（第一屆）
皮述民：新加坡施行簡體字的回顧、得失與前瞻（第二屆）
應裕康：論文字教育之重要性——差論簡體字在文字教育中之負面

影響（第三屆）

竺家寧：形聲系統的科學性與拉丁化問題（第三屆）

王忠林：談兩岸文字的統合與整理（第四屆）

方俊吉：在兩岸追求「中國統一」過程中，中國文字學會的當務之急（第四屆）

吳登神：兩岸文字之統合關係文化之傳承（第四屆）

徐德江：漢字的科學性易學性與兩岸文字的發展（第四屆）

陳光政：從小篆看簡化字（第四屆）

黃沛榮：從語文教學的立場看論簡化字與正體字（第四屆）

陳新雄：正體字盛衰之關鍵（第六屆）

許淑華：漢字簡化對漢語教學的衝擊（第十六屆）

◆語文教學

周行之：教外國人學漢字——一項舊議重提的嘗試（第三屆）

黃沛榮：對外漢字教學的策略與重點（第十五屆）

◆輸入法

謝清俊：論電腦用的中文字形定義（第一屆）

黃克東：文字檢索中對角碼的符號分析（第一屆）

張仲陶：字形與字碼（第一屆）

陳新雄：倉頡檢字法與文字構造的關聯（第四屆）

黃沛榮：論當前一般電腦中文系統的缺失（第六屆）

姚秋清：漢字、數字國音音截法在電腦中文輸入上應用之簡介（第六屆）

姚秋清：漢字・國音數字截止檢字法之研究（第七屆）

姚秋清：字首形符在成語編碼上應用之研究——成語・天碼檢索法簡介（第九屆）

◆資料庫

曾榮汾：處理中文資料的電腦利用及實例介紹（第一屆）

董忠司：漢字間聲韻相關度的測定與聲旁諧聲關係的計量方法（第三屆）

謝清俊、林晰、許金定、傅武嫦、張翠玲：廿五史的文字統計與分析（第三屆）

張俊盛、鄭縈：漢語語料庫之設計與研究（第三屆）

謝清俊等：中文字形資料庫的設計與應用（第六屆）

陳郁夫：「先秦字頻庫」系統說明（第七屆）

宋建華：論小篆字樣之建構原則——以《段注》本爲例（第十屆）

宋建華：《說文》小篆字庫的設計與應用（第十二屆）

謝清俊、莊德明、許永成：如何使用電腦處理古今文字的銜接——以小篆爲例（第十四屆）

鄒濬智：「楚系簡帛文字構形資料庫」的建置及其與「漢字構形資料庫」的整合（第十六屆）

鄒濬智：Unicode 漢字標準字——異體字表的設定及其字形資料庫的建置（第十七屆）

黃沛榮：電子本《說文解字》的建置與運用（第十七屆）

◆標準字體討論

竺家寧：音位理論在漢字上的應用（第四屆）

黃沛榮：漢字部件研究（第七屆）

曾榮汾：正異體字筆畫比較研究法的析介（第九屆）

黃靜吟：漢字筆順商榷（第十四屆）

巫俊勳：從細明體與標楷體之筆畫差異論標準國字之規範與書寫（第十五屆）

曾榮汾：略論漢字藉形定義的特色（第十六屆）

◆異體字

金周生：《集韻》「鳥」「隹」部異體字補（第三屆）

左松超：馬王堆帛書中的異體字與通假字（第三屆）

黃沛榮：由漢賦的流傳看漢字的孳乳——以司馬相如、揚雄賦爲例（第三屆）

臧汀生：從台灣俗寫形聲字推測形符兼具指示讀音的作用（第八屆）

呂瑞生：論異體字與通假字的辨析（第九屆）

呂瑞生：論異體字例及其運用（第十三屆）

曾榮汾：異體字考釋法析述（第十三屆）

曾榮汾：教育部異體字字典之分析（第十四屆）

呂瑞生：論異體字觀念在校勘文獻上的重要性——以王念孫《讀書雜志》爲例（第十五屆）

劉雅芬：《慧琳音義》異體字「俗字例」研究（第十五屆）

張意霞：王念孫《廣雅疏證》古今異字考索（第十六屆）

馬偉成：唐代俗字研究——以《五經文字》爲考察對象（第十七屆）

■文字學與學術思想

陳雅雯：《說文》干支字之思想蠡探（第十六屆）

◆經學

孫劍秋：漢代古今字研究在經今古文學發展史上的意義與價值（第二屆）

◆易學

林政華：文字學對於易學研究之助益舉隅（第二屆）

賴貴三：符號與思維——由《周易》卦象反思文字意義的詮釋深度（第九屆）

■文化史

◆制度

傅榮珂：秦簡勞役刑探論（第十一屆）

◆器物

邱德修：說「鞏」及其相關問題（第三屆）[1]

◆祭祀

周聰俊：殷商古文字中之告禮（第六屆）

周聰俊：殷周燎祭考（第七屆）

◆度量衡

松丸道雄：關於西周時代重量單位的寽和勻（第三屆）

◆社會現象

王讚源：中國古代有奴隸社會嗎？——從文獻和甲金文看古代奴隸現象（第十三屆）

◆植物

周聰俊：說鬱（第四屆）

◆地名

王敏東：外國地名有關德國諸名稱之表記史——以中日對照為中心（第四屆）

---

[1] 該文從金文與《說文》討論「鞏」字外，並從文獻與出土實物資料研究「鞏」的形制，故亦入文化史（器物）。

王敏東：音譯地名之漢字發展流變及其對日文影響——以表利音者爲例（第五屆）

王敏東：地名「亞美利加」起源考（第六屆）

◆占夢

宋鎮豪：甲骨文中的夢與占夢（第十六屆）

■文化語言學

朱歧祥：論夏文字與夏文化（第七屆）

王　甦：從古文字看古文化（第七屆）

李存智：從「飆車」「掠狂」等詞彙管窺漢語與漢字的關係（第八屆）

◆習俗

朱守亮：由文字窺測古時之搶婚習俗（第七屆）

◆祭祀

程克雅：字根與語根——以《周禮》「六祈」爲中心的祭禮語彙釋例（第十三屆）

陳雅雯：談巫、舞、雩的同源文化義涵（第十五屆）

◆初民文化

陳明道：生生之德——試以藏緬苗瑤等親屬語言追尋帝字原始音義（第九屆）

◆外來語

王敏東：中文裡的外來語——從日文中借用之外來語（第七屆）

◆網路文化

許麗芳：書寫之另一種可能——試論網路言談中之文字運用與相關意義（第十屆）

◆部首

呂瑞生：部首的文化意義初探（第十四屆）

◆器物

賴明德：從文字形構以探討古代的器物（第一屆）

■文字學與修辭

蔡宗陽：論修辭與文字學的關係（第六屆）

■方言漢字學

姚榮松：從方言字的系統比較看漢字的多源體系（第七屆）

張學謙：台語漢字的社會語言學分析（第十四屆）

■書法史

羅運環：論失傳已久的垂露篆（第十三屆）

蔡崇名：史獸鼎銘文考釋與書法藝術（第十六屆）

■古器物學

袁國華：包山楚簡遣策所見「房𠯑」、「亥鐳」等器物形制考（第六屆）

黃盛璋：失傳的古國——邊國銅器的新發現（第六屆）

洪燕梅：試論河南官莊 3 號墓及其器銘（第七屆）

季旭昇：楚王熊璋劍考（第七屆）

彭宗平：楚王熊璋劍科學鑑定（第七屆）

陳美蘭：《詩經・秦風》車馬器探略（第八屆）

周聰俊：簠簠爲黍稷圓器說質疑（第十屆）

游國慶：〈我方鼎〉蓋器眞僞考辨（第十一屆）

林宏明：古璽中的「弦」氏及其相關問題（第十一屆）

周聰俊：文獻與考古資料所見�器考辨（第十二屆）

高婉瑜：旆比堂忻布幣考（第十二屆）

周聰俊：兕觥辨（第十三屆）

高婉瑜：試論布幣的單位（第十三屆）

徐筱婷：秦駰玉版研究（第十三屆）

周聰俊：再論簠𥳑異實說（第十四屆）

羅仕宏：西周芮國器探論（第十七屆）

■域外研究

阿辻哲次：日本的三種漢字規格（第十六屆）

林慶勳：日本製漢字六書分析舉隅（第十六屆）

■報導

謝雲飛：原始文字及其中的一些數字組（第三屆）

陳光政：哈佛燕京圖書館文字學藏書六類觀（第五屆）